本书为教育部人文社会科学重点研究基地
重大项目（项目批准号：07JJD720038）

中国现代直觉论研究
Zhongguo Xiandai Zhijuelun Yanjiu

胡 军 著

图书在版编目（CIP）数据

中国现代直觉论研究/胡军著.—北京：北京大学出版社，2014.5
ISBN 978-7-301-24255-1

Ⅰ.①中… Ⅱ.①胡… Ⅲ.①直觉-理论研究-中国 Ⅳ.①B017

中国版本图书馆 CIP 数据核字（2014）第 097861 号

书　　　名：中国现代直觉论研究
著作责任者：胡　军　著
责 任 编 辑：魏冬峰
标 准 书 号：ISBN 978-7-301-24255-1/B·1200
出 版 发 行：北京大学出版社
地　　　址：北京市海淀区成府路 205 号　100871
网　　　址：http://www.pup.cn
新 浪 微 博：@北京大学出版社
电 子 信 箱：zpup@pup.cn
电　　　话：邮购部 62752015　发行部 62750672　编辑部 62750673
　　　　　　出版部 62754962
印 刷 者：三河市北燕印装有限公司
经 销 者：新华书店
　　　　　　965 毫米×1300 毫米　16 开本　27.5 印张　372 千字
　　　　　　2014 年 5 月第 1 版　2014 年 5 月第 1 次印刷
定　　　价：58.00 元

未经许可，不得以任何方式复制或抄袭本书之部分或全部内容。
版权所有，侵权必究
举报电话：010-62752024　电子信箱：fd@pup.pku.edu.cn

目 录

第一章 导论：中国现代直觉论与生命哲学 …………………（1）
第二章 柏格森：直觉与绵延的汉语解读 ……………………（22）
　一、柏格森思想在中国语境中的际遇 ………………………（22）
　二、"绵延"、"直觉"观念的汉译困境 ………………………（42）
　三、《创化论》中译本的翻译 …………………………………（49）
　四、从"duration"到"绵延"概念的转换 ……………………（51）
　五、"Intuition"与"直觉"概念所涉及的问题 ………………（61）
　六、柏格森思想汉译行为在话语实践中的意义阐述 ………（70）
第三章 梁漱溟：活水似流了去的生命 ………………………（84）
　一、自然、活泼的生命观 ……………………………………（84）
　二、以直觉解读儒家思想 ……………………………………（103）
　三、由感觉而至本体 …………………………………………（114）
　四、直觉即生命 ………………………………………………（119）
第四章 熊十力：真的自己的觉悟 ……………………………（134）
　一、内在生命之体验 …………………………………………（134）
　二、哲学与科学之分途 ………………………………………（141）
　三、性智与量智之相互发明 …………………………………（150）
第五章 冯友兰：人生境界与直觉方法 ………………………（161）
　一、逻辑是哲学的入门 ………………………………………（161）
　二、直觉方法的解读与介绍 …………………………………（167）
　三、人生境界与逻辑方法之间的张力 ………………………（177）
　四、对《新理学》的逻辑批判 …………………………………（186）

五、人生境界与负的方法 …………………………………… (193)
第六章 贺麟的知行合一新论与直觉论 ……………………… (211)
  一、知行合一新论 …………………………………………… (211)
  二、直觉与理性的辩证统一 ………………………………… (216)
第七章 "人文途径"的探寻与"生命哲学"的建构
  ——方东美哲学之方法论研究 ………………………… (222)
  一、"人文途径"之探寻 ……………………………………… (222)
  二、"生命本体"的建构 ……………………………………… (250)
第八章 牟宗三:"智的直觉"(上) …………………………… (271)
  一、中国传统哲学的思维方式 ……………………………… (271)
  二、"直觉"的双重内涵:"理智直觉"与"生命直觉" ……… (277)
  三、牟宗三"智的直觉"的思想渊源 ………………………… (290)
  四、牟宗三与康德之间的根本区别:究竟有无"智的直觉"
    ………………………………………………………………… (294)
  五、牟宗三对"智的直觉"含义之界定 ……………………… (298)
第九章 牟宗三:"智的直觉"(下) …………………………… (316)
  一、牟宗三关于"智的直觉"之所以可能的论证 …………… (316)
  二、牟宗三"智的直觉"理论之局限 ………………………… (353)
  三、牟宗三"智的直觉"中的人学直觉主义之局限 ………… (376)
第十章 唐君毅:超越的反省法 ……………………………… (395)
  一、直觉之界说 ……………………………………………… (395)
  二、直觉方法与科学方法之关系 …………………………… (398)
  三、唐君毅"超越之反省"的哲学方法 ……………………… (401)
  四、唐君毅超越之反省法与其哲学体系之关联 …………… (410)
  五、张岱年与唐君毅哲学方法比较 ………………………… (413)
参考文献 …………………………………………………………… (419)
人名索引 …………………………………………………………… (424)
术语索引 …………………………………………………………… (427)
后记 ………………………………………………………………… (434)

第一章　导论:中国现代直觉论与生命哲学

一

　　无论是人物、流派还是专题,中国现代哲学研究均已达到相当水平,研究成果颇为丰富。如,中国传统哲学与现代化的关系历来就是中国现代哲学研究的重头戏,这方面的研究硕果累累,尤其是关于新儒家思想的研究成果,几乎是目不暇接,时有新著出现,数量颇为壮观。又如,西方哲学在中国发生过或大或小影响的流派,如马克思主义哲学、进化论、实在论、现象学、实用主义、分析哲学、后现代主义、基督教哲学、康德黑格尔哲学、存在主义哲学、解释学、现象学等近二十年来也都有不少研究专著出版,研究也相当深入。如此等等。

　　但是,使我们感到颇为遗憾的却是,关于中国现代哲学中的直觉论却很少有人专门做过比较系统和深入的研究。有的研究著作虽有涉及,却也轻描淡写,一笔带过。这一研究现状与直觉论在中国现代哲学曾发生过的重要作用和产生过的巨大影响是不相称的。其实,我们只要稍加注意,就能发现这样一个事实,即中国现代哲学家虽然重视辩证法、分析方法、归纳方法,但是由于他们与生俱来的深厚的中国传统文化情结,他们的内心深处似乎更钟情于直觉的方法,因为中国传统思想所强调的悟或体悟或体验等毕竟与现代意义上的直觉有着剪不断理还乱的颇为复杂的关系。

　　众所周知,20世纪20年代梁漱溟为了凸显中国传统文化与哲学的现代价值曾经高举起直觉论的大旗,认为中国传统哲学走的就是直觉主义的思想方法路径,直觉论要高于西方的理智或分析的方法。正是因为他的大力提倡,直觉论在当时的中国思想界、学术界曾一度产生过较大的影响,不少年轻人响应着梁漱溟的话语,竭力倡导这一很难解读的直觉论。但是,令人困惑的是,几年之后,梁漱溟本人也不再谈及直觉论这一他本人曾经热衷的话题。

后来的冯友兰在其《中国哲学简史》一书的末尾也清楚地指出,分析的方法或用他自己的话说"正底方法"只能带领我们走到哲学殿堂的大门口,而要达到哲学的顶点或最高境界却似乎只有借助于"负的方法"。而熊十力建构其哲学思想体系的方法就是直觉的方法,而自觉地排斥所谓的科学的方法。贺麟等人则试图将直觉方法与辩证法、分析方法结合起来建构哲学方法论系统。新儒家的代表人物如牟宗三、唐君毅等则进一步认为,唯有直觉的方法能够引导我们进入道德理想的境界。可见,加强中国现代哲学的直觉论研究有助于全面、深入、系统地推进中国现代哲学的研究,使中国现代哲学的研究走上新的高度。

不过,需要特别注意的是:我们此处所谓的直觉方法在中国现代哲学家那里有不同的称谓。梁漱溟高扬直觉或直觉方法,后来改用理性。当然他所说的理性与西方哲学所谓的理性截然不同,却与他早期的直觉颇有不少相同之处。冯友兰将与分析的方法或正的方法不同的方法称之为负的方法。而在熊十力的思想深处是排斥科学的或分析的方法的,因他想要真正把握的是内在的"真的自己",所以他的方法可称之为"真的自己的觉悟"。我们现在可以清楚地知道,他所谓的"真的自己的觉悟"的途径主要的仍然是直觉或直觉方法。又比如唐君毅的哲学思想体系中,此种直觉方法也有着不同的称谓,这就是他所谓的"超越的反省法"。方东美早年就曾对柏格森的直觉思想有着浓厚的兴趣,他后来的哲学思想研究惯用的途径主要也是与科学途径不同的所谓的"人文途径"。当然,像牟宗三等哲学家却是直接用"智的直觉"来申说自己的哲学思想方法的。虽然上述的称谓很是不同,但我们不能否认的则是,这些不同称谓的指向却是相同的,即它们都不约而同地指向直觉或直觉方法。

就中国哲学研究的主要方法论而言,直至今日,如分析方法、归纳方法、辩证法等,都还带有强烈的自然科学色彩,上述种种研究方法在当今的人文学科研究领域内仍然是支配性的、占主导地位的研究方法,其作用真是无可估量。舍弃了这些方法,好像谁也无法从事学术研究。

当然,谁也不可否认,这些研究方法确实具有巨大的优点。但是理性却明确而清晰地告诉我们,任何方法在具有其不可否认的优点之外,也必然带有本身不可避免的缺陷或不足。那么上述的这些方法论究竟具有什么样的缺陷呢？深入的分析和研究使我们不难发现这些方法的共同缺陷在于,它们都不得不借助于语言、概念或语词对研究对象做外在的、形式的、零打碎敲的研究。这样的研究越系统、越深入,也就越具有形式化的特点,于是离实际存在的事物也越远。也是在这样的方法作用下,对象与研究对象的主体打成两橛。不可否认的是,这样的研究方法虽也能在一定程度上反映客体的某些属性,但我们却不可能通过它们真实而全面地达到或直接进入被研究的对象。

尤其是以这样的方法来研究人内在的精神生活、情感生活和信仰世界时,我们会觉得自己简直是在盲人摸象。所以19世纪中期以来,以心理学、生物学、人文学科等学科为背景的哲学家试图抛弃上述的研究方法,而提倡直觉方法,认为此种方法能够引领我们直接走入研究对象的内部,对对象做全面、深入、系统、直接的体悟或直接认取。尤其是要进入形而上学所追求的那种最高境界并进一步借以实现自己道德理想的研究者,就必须诉诸这里所讲的所谓的直觉或直觉方法。或者可以更进一步说,直觉本身在此已不止是一种方法,而就是一最高的道德境界。就中国现代哲学而论,有的中国现代哲学家如贺麟就积极提倡这样的看法。

更为重要的是,由于受到西方生命哲学的影响,20世纪20年代以来有些哲学家已经自觉地意识到中国传统哲学的方法不同于西方哲学的分析方法。如果说西方哲学是以理智的分析的方法为主的话,那么中国哲学的方法显然与此不同,所以梁漱溟等人认为如果中国传统思想有自己的方法的话,此种方法应该就是直觉方法。受梁漱溟的影响,此后的熊十力、冯友兰、贺麟、方东美、唐君毅、牟宗三等都积极地提倡此种直觉或直觉方法。其他如张君劢、钱穆等人也十分重视直觉或直觉方法。

当然我们必须认识到,直觉方法不是万能的,直觉必须与科学的或分析的方法结合才能在思想、哲学的研究领域内发挥积极的作用。加强对中国现代哲学直觉论的研究有益于我们促进直觉方法论逐步得到提升,也有益于我们进一步运用此种方法推进生命哲学的研究,促进道德学科的发展,以期在人生哲学思想的研究领域取得更大的成绩。

加强中国现代哲学直觉论研究还有助于我们更进一步地推进中、西、印文化和哲学的比较研究。因为中国现代哲学中的直觉理论从其来源上说,既有中国传统哲学的思想资源,也有西方康德,尤其是柏格森直觉思想的巨大影响。当然印度的唯识学也对其有过影响。如梁漱溟的直觉方法或思想就是柏格森、唯识学和儒家等诸家思想方法的融合。熊十力的直觉方法也可以说是儒家思想方法和唯识学方法的自觉综合。所以在研究中国现代哲学直觉论的过程中,我们可以理清直觉思想的来龙去脉,从中比较研究中、西、印直觉论的异同。

要真正看清楚中国现代哲学思想中关于直觉的种种论述,我们首先就必须了解中国传统思想的特色。而要达到这一目的,我们就不得不将中国传统思想与西方古代哲学思想,尤其是古希腊哲学思想及其方法论做一番大概的对比。通过这样的比较,我们就能清楚地看出中西哲学思想传统走的路向是很不同的。这样的对比也能使我们理解中国现代哲学思想中直觉或直觉方法的来源、自身的特征及其不可避免的局限性。

二

从现象上看,中国传统哲学家与西方哲学家的一个显著的区别似乎在于,中国哲学重视的始终是人本身的生命或精神,而绝少关注外部自然的研究。即便是受过西方哲学长期影响的中国现代哲学家,他们哲学思想的意趣也绝大部分地投放在人生哲学上。不信的话,你细看梁漱溟、熊十力、冯友兰、唐君毅、牟宗三等人的著述,就会了然他们的哲学思想共同关注的焦点都在人生哲学和人生境界。

其实,苏格拉底以前的哲学,如毕达哥拉斯、赫拉克利特等人关注的重点固然在自然万物,但苏格拉底却将他的眼光投向了人自身,用他的话说就是"认识你自己"。也就是说,至少从苏格拉底开始,古希腊哲学也将重点放在了人生哲学的研究上,《柏拉图对话集》中有着丰富的关于"美德是知识""什么是正义""什么是美德"等围绕社会、人生问题的讨论。

翻看关于古希腊的文化史、科学史,我们可以清楚地知道,古希腊哲学家大都也是几何学家,都有着很好的科学背景。或者更进一步说,在古希腊,哲学与科学本身就是连接在一起,不可分割的。如毕达哥拉斯、柏拉图、亚里士多德、欧几里得等都是著名的几何学家。这样的学术的或科学的背景极大地影响了他们的哲学观,尤其是他们的哲学方法论。这就是说,他们讨论哲学问题时首先注重的就是几何学方法。传说柏拉图学园的门口就挂着这样的牌子,上面写着"不懂几何学者,请勿入内"。科学史教科书告诉我们,古希腊学者酷爱几何学。

按其本性来说,几何学主要就是一门论证的艺术。几何学固然看重结论,但更重视的却是得出结论的过程或推导、论证的过程。比如说,"三角形的内角之和是 $180°$"。我们要得出这一结论就应该求证,且这个求证的过程必须充分、明确、系统。所以,我们细看《柏拉图对话集》中几乎所有的对话都有这样的特色:1. 强调的是论证的过程而不是结论,而且这样的过程如果是完全而详尽的话,那么也就逻辑地包含着结论,所以结论也就不是很重要了;2. 讨论的问题要明确,要清楚,重视的是"一",而不是"多"。这里所说的"一"和"多"的理念也源自几何学的方法,因为几何学所说的点或圆等永远是理想的点或圆,它们就是"一"。而经验世界中的点或圆永远就是"多",它们分有的是几何学上的点或圆,如此等等;3. 因为重视的是推导过程或论证过程,而甚少涉及终极性的答案,所以大部分对话的结论都是模糊不清的,是开放性的,而从不提供终极性的真理性的结论;4. 但是对话的推导过程却是明白的,清楚的,并且是充分的。我们极想获得的结论就蕴涵在思想的论辩或推导的过程中。5. 思想必须跟着论证走,而不是相反。所以我们看到西方哲学史上有的哲学家的思想屡有变化，前后颇不一致，比如罗素。但我们也同样看到，罗素对逻辑分析方法的重视与贯彻却始终是一致的。

上述的几何学方法强调的是清楚、明确、系统的论证。而此种清楚、明确、系统的论证也必须借助于同样清楚、明确、系统的语言来表述、分析或论证。思想的明确、清晰是古希腊哲学思想的最大特色。

当然，古希腊哲学思想中也同样不乏神秘主义色彩。但清晰、明确的思想与神秘思想可以并存于古希腊的哲学思想系统中。他们尽其所能，极力追求明确、清晰的思想，凡是能够讲清楚的，他们绝不含糊。由于首先能够得到清晰、明确的论证或表述的是自然万物，所以自然科学就此得到长足的发展。关于社会发展、演变的思想虽然远不及自然万物那样明确和精密，但是人的理性的成熟和发展，却也构造出了不少揭示社会性质和结构分析的理论。于是，社会科学紧随着自然科学之后不断成长和成熟起来。以数学模式来精确地处理经济问题、金融问题便是显著的例证。人文学科也同样在理性的关注之下慢慢地培育发展起来，心理学、人格学、情感学等学科也在不断地繁衍滋长。同理，在西方，即便是信仰的上帝，同时也可以是认知的上帝、知识的上帝。中世纪的教父们努力地把希腊的"知"与希伯来的"信"统合起来，以为信仰奠定学理性的基础，从而借助于学术发扬出信仰真理的力量。托马斯·阿奎那就试图将对上帝的信仰建筑在理性知识的基础之上。他提出了关于上帝存在的五种论证。如他从事物的运动、因果关系、可能性与必然性、完善性和目的性等方面对上帝的存在做了尽可能详尽的理性论证。虽然他提出的五种论证在哲学理论上充满着种种的困难，有的论证在今天看来甚至是荒谬的，但有一点却是非常清楚的，即他在积极地运用理性的思辨来为上帝的存在寻找理性知识的根据。正因如此，所以我们可以说，罗马天主教在中世纪的贡献，就在于使理性与信仰结合起来。信仰在引导人类的生命,而理性则为信仰提供知识基础。① 成熟而健康的信仰不是任意妄为,而是有着理性知识基础的。

上面的简单回顾,就令我们看出,西方文化走着一条充分理性化的道路,哲学家和其他研究领域内的思想家都在积极地提倡和努力运用理性来研究自然、社会和人生。于是,我们看到,关于自然、社会和人生的种类繁多的学科和教科书绝大多数都出自西方思想家之手。

不可否认的是,西方也有着不同于理性的分析方法的思想家。如柏格森对于直觉的不遗余力的提倡。但是,柏格森本人的困境在于,他本人在阐述直觉及其方法论的时候,也不得不利用清晰的语言来告诉我们直觉及其方法论究竟是什么样的东西,它与科学的或分析的方法之间究竟具有什么样的性质上的差异。当柏格森如此思考的时候,他显然没有充分意识到自己也是贴着理性思考的边缘行走。

三

中国传统哲学却走着一条完全不同于西方哲学的路子。

我们细读中国传统思想典籍,在其中几乎找不到几何学或任何其他相关的代数学等的踪迹。其结果也就是,论证、说理不是我们传统哲学思想的特色。即便是《九章算术》这样的数学典籍也缺乏学理方面的明确、系统、充分的论证。这一点在明末时已为徐光启所意识到。他在利马窦的口授下翻译欧几里得的《几何原本》前几卷。对于《几何原本》,他深表钦佩。翻译完之后,他写下一篇小短文,比较了《几何原本》与《九章算术》的异同,曾经说过这样的话来评价《九章算术》:"其义略同,其法全阙。"也就是说,在关于结论性的论说上,中国与古希腊似乎没有太大的不同。但是其间最大的区别在于,《几何原本》对于得出结论的过程有着详尽繁密而明确充分的论证。而《九章算术》却仅仅停留在得

---

① 参见邬昆如:《人生哲学》第四章"教父世代的人生哲学"、第五章"中世纪的人生哲学",北京:中国人民大学出版社2007年版。

出一般性的结论,而对于为什么能够得出这样结论的过程却未曾用过很多的心思,且也缺乏严密的推导过程。因此徐光启才说"其法全阙"。

由于上述原因,所以中国古代的思想家论述问题时从来不留意论证的方法与过程。他们关注的只是原则性的结论。而且他们的兴趣也完全在以一种充满诗意的或散文式的文体申说人生与社会及其相互关系之类的问题和意义。

不但古代如此,现代中国哲学家亦如是此。

他们认为哲学就是人本哲学或生命哲学或人格哲学,因此这样的哲学显然是不能运用分析方法或其他的科学方法来研究的,因此只能反诸人的生命本身,进入生命之内,于是都自觉而积极地提倡直觉方法。如熊十力就曾明确地主张哲学与科学各有不同的关注对象,所以应将它们区别开来。即便是早年在属于中国现代实在论哲学阵营的清华大学,冯友兰和张岱年也清楚地意识到,为了达到外在的实在,或达致最高的人生境界,仅仅使用分析方法或科学方法是难以奏效的。此种情形若用柏格森的语言来表述就是:分析的方法或科学的方法是围绕着物体在外面打转,这样的方法是绝对不能够使我们进入物体之内的。

我们尤须注意的是,在柏格森或受其影响的中国现代哲学中那些坚持直觉方法的思想家看来,分析方法的另一弊端在于,它必须要用语言来表述所研究的对象。好的文学作品的语言,如果应用得当,可以帮助我们进入作品中主人翁的内心世界之中,与主人翁同命运、共呼吸。但是要注意的是,语言在此的作用也仅仅是工具的作用。一旦进入了主人翁的内心世界,我们也就不再需要语言或文字。任何语言只是起着一种桥梁作用,过了河就必须拆桥。如果此时还执著于语言,我们就不免在自己与主人翁的内心世界之间筑起了一道不可逾越的围墙。

同样的道理,在科学思想体系中用语言来描绘外在实在的做法却也间隔了我们与外在事物的联系。为什么呢?众所周知,在这个世界中随便择取任何一个事物,我们都会发现,它是圆的或方的,也同时是有几何图形的,是硬的或是软的,是有温度的等。更重要的是每一事物都具有众多物理和化学等方面的性质。如此等等。但如果选取任何一种语言来表达事物时却发生了我们往往忽视的性质上的根本改造。比如当我们用"重"这一语词来表述某一事物时,毋庸置疑,那个事物本身是重的,但用来描述这一事物的语词"重"本身却没有重量。而且当用"重"这一词语来描述事物时,我们已经完全忽略了事物其他的所有性质。我们也注意到,语词的运用必须是一个一个叠加的,且是一维性的。但是被描述的对象恰恰与此完全相反,它们是多维度的,是在某一时间空间内立体的存在。如此等等。人类的困境在于,我们没有其他更有效的工具或手段或技术来描述和表达事实上存在的对象。

运用语言描述外在事物尚且会出现上述的种种困境。如果不得已而用科学方法和语言来研究人类的生命,那么我们将会面临更多的问题。

应该说,上述的分析方法和语言给哲学带来的问题并没有为中国哲学家们所明确地意识到。可以说,中国现代哲学的直觉论思想方法的相关问题绝大部分是从西方引进的。康德哲学关于智的直觉的理论,西方生命派哲学的代表柏格森的直觉理论等在上个世纪20年代的中国有着广泛深入的影响。

尤其是梁漱溟在其早年的代表作《东西文化及其哲学》一书中运用柏格森的"直觉"来解读孔孟儒学思想,申说中国文化为什么不同于西方文化的理由。应该说,国内最早介绍柏格森直觉思想的并不是梁漱溟,但自从运用直觉解读中国文化,梁漱溟即在当时的国内有了巨大的影响。

第一次世界大战爆发后,欧洲学者率先对科学及其方法的局限性提出了不少尖锐的批判,于是"科学破产"的说法在中国不胫而走。恰逢此时,批判科学方法与分析方法的柏格森思想势头正猛。这就引起了国内学术界的关注,柏格森的著述也就持续地被译成中文而影响着国内的学术界。柏格森的直觉思想是中国现代直觉思想的主要源头。

当然,柏格森直觉思想在中国流传并不是直接来自于法国,而是主要绕道美国而后转入中国。因为他的思想和著述首先被翻译成英文,在英文世界产生影响后,遂被中国学界重视。

1919年9月20日,美国哲学家约翰·杜威(John Dewey)在北京大学法科大礼堂里开始了他著名的"五大讲演"。在杜威的"五大讲演"中,有一章名为"现代的三个哲学家",分别介绍了詹姆士(Willian-James)、柏格森和罗素(Bertrand Russell)的生平与思想。作为讲演的修辞手段,杜威的介绍在这三个人的相互参照下进行,尤其强调了柏格森与詹姆士之间的相近之处。文章也较为全面地介绍了柏格森思想在西方人文传统和当时思想界的整体背景。

在杜威之后来中国讲学的英国著名哲学家罗素也曾在北京大学有过"五大讲演"。罗素是分析哲学的开创者和积极的提倡者。有趣的是,当罗素在世界范围内大力提倡分析方法的时候,柏格森的直觉主义及其方法也正处于鼎盛时期。在罗素看来,逻辑分析方法与直觉方法是对冤家,要大力弘扬逻辑分析方法就必须将直觉方法置于死地而后快。于是,在来中国讲学的前后,他在其文章、书籍中对于柏格森的直觉思想及其方法有过极其严厉的批评。

其实,在杜威、罗素来华讲学前,就有中国学者著文介绍柏格森的直觉思想及其方法。如1913年钱智修在《东方杂志》上发表了《现今两大哲学家学说概略》可以说是最早介绍柏格森思想的文章。但是这篇文章在当时中国学界的影响显然是微乎其微的。杜威与罗素则不同,因为他们来华前已经是具有世界性影响的哲学家,他们来华讲学的影响是巨大而深刻的。可以说,其影响持续地支配了当时中国的学术界、思想界的走向达四五年之久。有这样巨大影响的美国哲学家杜威居然将柏格森的哲学思想列入三位有世界性影响的哲学家名单之中,这对当时的中国学界无疑具有轰动的效应。

如下的一个思想史事实也使柏格森的直觉思想及其方法迅速走红中国学界,这就是,柏格森的哲学具有东方的或中国式的思维特征。不能说中国传统思想中就有柏格森的直觉思想及其方法,但不可否认的是,中国传统思想早就有直觉思想的某些极其重要的因素。中国学界有能力接受杜威和柏格森的思想。对于罗素哲学却有着别样的情景。中国人敬仰罗素及其思想、方法。且此种敬仰延续了好几十年。但罗素来华讲学时所讲的那些话题几乎没有一个中国学者能够听懂,更不要说普通的中国人了。就连杜威也自谦,他也不懂罗素的逻辑分析方法的理论。他还紧接着补充道,即便在全世界真正能够弄懂罗素哲学思想的学者人数也仅在20位以内。同样使我们感觉到极大遗憾的是,即便在现在的中国哲学界真正懂得逻辑分析方法和分析哲学的又有多少人呢?于是,我们发现这样一个有趣的现象,即罗素的哲学思想是典型的西方的,而柏格森则不同,他的哲学思想,尤其是他关于直觉思想的论述既具有西方思想的色彩,也有与中国传统思想颇有相通之处。难怪,当罗素在中国讲学严厉批评柏格森直觉思想及其方法的时候,梁漱溟有点坐不住了,尽管他本人对罗素是很敬仰的。于是,他写了篇小短文要与罗素商榷。文章题为《对于罗素之不满》①。对于罗素之批评柏格森表示了强烈的不满。梁漱溟对罗素的批评当然有不少偏颇之处,但却清楚地反映出梁漱溟与柏格森直觉思想及其方法之间的默契与互通。其实,中国现代那些对于生命哲学思想有强烈兴趣者都会自觉地持守柏格森哲学思想的立场,而对罗素的分析方法颇不感冒。

通过两位英语世界著名哲学家的来华讲学,柏格森直觉思想迅速在当时的中国思想界、学术界走红。

当其时在美国的冯友兰也关注着柏格森的思想。1921年前后他就从英文学习和研究柏格森的直觉思想。方东美也在此段时间内接触到了柏格森的直觉思想,并表现出了极大的学术兴趣。他在美国威斯康星大学所做的硕士学位论文就是关于柏格森直觉思想的。他后来所积极提倡的"人文途径"进路即源自柏格森的直觉思想及其方法。

---

① 梁漱溟:《对于罗素之不满》,原载《中华新报》(上海),1921年;又见《梁漱溟全集》第4卷,济南:山东人民出版社1991年版,第651—654页。

四

中国现代哲学家对直觉方法的理解之间也存在着种种差异,比如牟宗三所谓的"智的直觉"显然不同于梁漱溟的,也不同于方东美的,而是得自于康德。他就是以康德的"智的直觉"为自己的道德形而上学奠定基础的。但康德认为作为有限的人类是不可能具有智的直觉的,只有上帝才具有智的直觉。与此不同,牟宗三却坚定地指出,中国哲学认为人可以具有智的直觉。尽管有此种差异,但不可否认的是,牟宗三的"智的直觉"还是来源于康德的。由于牟宗三关于智的直觉思想的论述是中国现代哲学中最为系统详尽的理论,所以本书中关于牟宗三直觉理论的篇幅较其他的要来得多些,这原在情理之中。

牟宗三是受到康德的"智的直觉"理论启发,遂认为儒家思想本与智的直觉紧密地联系着。这中间当然有牟宗三本人对康德的"智的直觉"理论的误读。因为我们很难说儒家思想体系有自己明确的、系统的直觉理论。且在西方哲学史中,直觉思想本就是与其他种种方法论,尤其是与逻辑分析方法论对举的。如柏格森就将自己的直觉方法用来与科学的、分析的方法对举,以表明直觉方法有着自己独特的运用领域和不可替代的优越之处。不同的哲学方法论之间激烈的争辩和讨论也就历史地形成了互补共进的态势。所以在西方,逻辑分析方法获得了长足的进步,同样直觉方法也走上了逐步发展的路途。

但在儒家思想体系中,没有这样强烈的方法论的学术背景,既没有分析的方法,当然也无所谓直觉方法。我们最多只能说,儒家思想体系有着某些与直觉方法类似的要素。儒家思想对于生命的关怀经常运用的就是体悟、体验、反省自问的进路。

其实不但儒家思想如此,道家思想也是如此。老子说:"道可道非常道,名可名非常名。"可道之道不是永恒之道。同理,可名之名也不是永恒之名。《道德经》开篇的这两句话就明确而清楚地点出了永恒的或最高的实体是不能言说的。或者说,任何言辞都是有限的。我们不可能通过有限的言辞或语言来进入最高的万事万物的本源之中。

佛家思想更是。正是为了矫正世人对文字或语言的迷失,禅宗南派创始人六祖慧能提倡"顿悟"成佛说,主张不立文字,专靠当下的领悟把握佛理。他所谓的"顿悟"是指凭自己的智慧或根器"单刀直入",直接把握佛理。慧能如是说:"一闻言下便悟,顿现真如本性。"所以他们反对念经拜佛,甚至反对坐禅。为什么呢?因为在他们看来,佛性就是人性,这就是他们的"本性即佛"说。"本性是佛,离性无别佛。"既然人性即佛性,所以大可不必向身外去求,长途跋涉去西天取经。"佛向身中作,莫向身外求。"佛不在遥远的彼岸,而就在自己的内心。只需返身内求,当下体认,"自性若悟,众生是佛"。于是,也就无须念经拜佛,同样也不必立文字。"真如佛性"不在语言文字之内,不必通过念经拜佛这些外在的形式表现出来。

要把握"佛法大意",只有抛却语言文字。雪峰义存禅师云:"我若东道西道,汝则寻言逐句。我若羚羊挂角,若向甚么处摸。""佛法大意"不在语言文字中。如在语言文字中,那么我们就可以循着逻辑的规则寻找摸索。但禅宗坚决反对这样的做法,称之为"死于句下"。"佛法大意"本不在语言文字中,所以不可以通过语言文字的迹象来求。这就是所谓的"羚羊挂角"。

禅学大师铃木大拙在其《通向禅学之路》一书中说道:我们没有能突破知性的各种局限,因为它们已经非常强烈地控制了我们的大脑。然而禅宗却宣称,语言是语言,它只不过是语言。在语言与事实并不对应的时候,就是应当抛开语言而回到事实的时候。逻辑具有实际的价值,应当最大限度地活用它,但是当它已经失去了效用或越出了它应有的界限的时候,就必须毫不犹豫地喝令它"止步"!可是,随着期望的增长,我们却没能得到我们所期待的精神的和谐宁静、彻底的幸福及对人生与世界更靠近一步都不可能,灵魂深处的苦闷也无法表露。这时光明降临在我们的全部存在之上,这就是禅宗的出现。因为它使我们领悟了"A即非A",知道了逻辑的片面性。……"花不红,柳不绿"这是禅者所说的玄妙之处。把逻辑当做终极真理,就只能作茧自缚,得不到精神的自由。看不见活生生的事实世界。可是,现在我们找到了全面转换的金钥匙,我们才是实在的主体,语言放弃了对我们的支配力,当我们具有了发自本心的活动而锄头也不再被当做锄头的时候,我们就赢得了完完整整的权利,也没有锄头一定要是锄头的时候。不仅如此,按照禅者的看法,正是当锄头不必是锄头的时候,拒绝概念束缚的物实相才会渐渐清晰地呈露出来。

概念与逻辑的专制崩溃之日,就是精神的解放之时。因为灵魂已经解放,再也不会有违背它的本来面目使它分裂的现象出现了,由于获得了理性的自由而完完全全地享有了自身,生与死也就不再折磨灵魂了。因为生与死这种二元对立已不复存在,死即生,生即死,虽死而生。过去,我们总是以对立、差别的方式来观察事物,与这种观物方式相应,我们又总是对事物采取了对立的态度,可是,如今我们却达到了能从内部来即物体察的新境界。于是,灵魂便是一个完整的、充满了祝福的世界。

著名哲学家维特根斯坦就曾经在可以言说的东西和不可言说的东西之间划下一道严格明确的界限。他说过这样的话:诚然有不可言说的东西。它们显示自己,此即神秘的东西。哲学的正当方法固应如此:除可说者外,即除自然科学的命题外——亦即除与哲学无关的东西外——不说什么。于是,每当别人要说某种玄学的事物,就向他指出:他对于他的命题中的某些符号,并未给以意谓。对于别人这个方法是不能令人满意的——他不会觉得这是在教他哲学——但这却是唯一正当的方法。我的命题由下述方式而起一种说明的作用,即理解我的人,当其既已通过这些命题,并攀越其上之时,最后便会认识到它们是无意义的(可以说,在他已经爬上梯子后,必须把梯子丢开)。他必须超越这些命题,然后才会正确地看待世界。对于不可说的东西,必须沉默。命题是可以言说的东西,外界的实在是不可言说的。对于不可言说的,我们必须保持沉默。可以说,禅宗的思想与维特根斯坦的看法有极其相似之处。

其实柏格森在维特根斯坦之前就以一种十分明确的方式突出了直觉方法的重要性。他认为,概念的分析只能停留在事物的外围、现象,而不能洞察事物的本质。他指出,要真正能够把握事物的实质就不能仅仅运用理智的力量，还必须借助于直觉的力量。直觉能够使我们从总体上来把握事物内在的本质。概念只能运用于死的寂静的事物，而不能运用于生活和运动。他认为，哲学真正的世界观，是直觉，是生活。人的生活是活的流水；宇宙中充满着创造的精神，它是一种活生生的动力，是生命之流。生命之流是数学等自然科学知识所无法把握的，只能由一种神圣的同情心，即比理性更接近事物本质的感觉所鉴赏。他说：哲学是从其过程、生命原动力方面来理解和把握宇宙的艺术。

正是基于这样的看法，柏格森指出，概念的思维模式应该是科学思维的模式，应该是理智的模式，所以概念思维不应该是哲学思维的模式，或者说概念思维是哲学思维中的低级模式。哲学应该属于直觉的领域。当然他并没有将这两者完全地对立起来，而认为它们是可以统一起来的，但此统一的基础应该是直觉。他这样说道："科学和形而上学在直觉中统一起来了。一种真正直觉的哲学必须能实现科学和哲学的这种渴望已久的统一。"当然，直觉并不反对概念的认识，而是一定要以概念的认识为其基础。

由于概念不能使我们把握认识对象的整体和其本质，所以我们只能在概念认识的基础上依赖于直觉。那么我们是怎样借助于直觉而把握事物的呢？柏格森说，直觉"是一种单纯而不可分割的感受"。

我们以阅读为例来理解什么是直觉。在阅读中，我们显然不能仅仅停留在文字或概念式的认识之中。作家在其创作过程中也显然没有把文字或概念视为其真正的目的。他的目的是要通过语言文字或概念来揭示出一定的境界或状态，帮助我们进入这一境界或状态之中。如果我们不能领会作家的企图，而只是仅仅停留在语言文字或概念的认识中，那么这显然是我们自己的过错，是对作家企图的真正误解。我们注意的是，语言文字或概念仅仅是一种工具或手段。这正如中国古代思想家王弼所说的那样："言者所以明象，得象而忘言。象者所以存意，得意而忘象。"他认为，言是得象的工具，象也只是得意的工具。言和象是得意的工具，故得到了意就应该抛弃言和象。如拘泥于物象，就会妨碍对义理的把握；如拘泥于语言，就会妨碍对于物象的表达。因此要想真正地把握住义理,就得忘象。如拘泥于语言文字或概念,那么我们永远也不可能真正地进入境界或状态或义理之中。

阅读时读者要努力直接进入阅读对象之中,与对象融成一片。一个优秀读者的注意力并不是投放在语言文字之上的,他是在不经意间或无意识地阅读语言文字时直接地进入作品的对象之中,与对象打成一片。

如果采取这种观点学习和研究孔子的哲学思想,那么我们就不能仅仅停留在对孔子用来表达自己思想的概念或语词的爬梳和分析之上,而应该进一步进入孔子思想的境界中去,与孔子本人进行对话或交流,使自己的心灵直接与孔子的相碰撞。用柏格森的话说,就是要与孔子进行一种理智的交融,"这种交融使人们自己置身于对象之内,以便与其独特的从而是无法表达的对象相符合"。所说的"无法表达的对象"就是思想,就是人格,就是生命,就是所要达到的境界。

阅读《论语》时,我们既要细心地阅读经典,理解其中的每一字每一句,也要能不断地掩卷思索玩味,想见孔子的为人处世,时时努力地进入孔子思想的深处,极力使自己成为孔子本人,与孔子的生命之流贯通融会在一起,仿佛身处孔子的时代境遇之中。这样长期的沉潜涵咏,体味深察,我们就能逐渐地进入孔子思想之中,领略他的思想妙处。学习和研究中国传统的哲学思想尤其要重视这一点,而不能停留在概念的演绎、分析之上。把研究的兴趣完全地投放在语言文字或抽象概念的分析演绎上往往会丢失中国传统哲学思想的精义。

我们承认逻辑思维的重要作用,但逻辑思维并不是我们思想的全部,而且逻辑思维自有其局限性,所以它应该得到直觉思维的补充。在紧张的逻辑思维之后,直觉思维的能力就得到了展现。它产生一种勃发的、动态的顿悟境界,给人的思想灌注巨大的清新感和欢乐感,从而加速理性思维的运思,加大理性思维的流量;它使人们能够在问题丛生的杂乱中找到摆脱思维困顿的突破口从而明确前进的方向。一旦直觉思维的能力处在紧张的运思之时,它就会呈现出一种特别的境界。在此境界中,直觉思维能以一种直接、整体的方式领悟和体认周围一切的奥秘。这时各种局部的形式及其界限消退了,它们形成了一个浑然融合的整体。在这样的境界中,主体和客体之间的界限消失,两者融为一体。这就是柏格森所说的"入戏"。我进入了作品主人公的生命深处,仿佛我自己就是主人公。

总之,中国传统哲学思想中不能说有着与柏格森等人的直觉思想及其方法完全一致的系统理论,但我们完全有理由说,中国传统的禅宗与西方的直觉思想及其方法有着相似之处,只是没有得到升华或没有系统化。之所以没有得到升华或系统化的主要原因,仍在于中国传统哲学思想与西方哲学的文化或知识背景是全然不一样的。

五

我们在前面曾经指出过,西方哲学,无论是古希腊的,还是近现代的,都具有强烈的科学背景,他们的哲学思想都与几何学、数学等紧密相连。而中国传统哲学思想却不一样,与科学思想根本毫无瓜葛。正是由于这样的原因,西方科学的、分析的方法得到了长足的发展与广泛的运用。也正是这样的原因,促使思想家一直在关注和思考着科学的分析方法的弊端。显然科学分析方法绝对不是哲学思考的唯一方法。提倡直觉方法的思想家正是意识到了科学分析方法的局限性,于是奋起高扬直觉方法,以弥补科学分析方法的不足。可以说,科学分析方法与直觉方法的尖锐对峙既有利于科学分析方法的进步,也有利于直觉方法长足发展。

中国传统哲学思想缺乏这样的学术背景,所以我们没有自觉的科学分析方法理论,也同样没有强烈的直觉方法的意识。需要注意的是,我们的古人虽没有强烈的直觉方法意识,但我们却具有类似的直觉方法的要素。正是在这样独特的文化思想传统中诞生的中国现代哲学家们似乎对直觉思想及其方法更为钟情,对西方独有的科学的、分析的方法却时时处处表现出格格不入的情绪。他们中很少有人对科学方法和分析方法有强烈的兴趣,而对直觉方法有持久而浓厚兴趣的却大有人在,本书所研究的对象都对直觉方法情有独钟,都在自己的哲学思想体系中将最崇高的位置留给了直觉。而少数几位对科学方法、分析方法曾经有极大兴趣的,也最终转向了直觉或直觉方法。如冯友兰后期指出,要到达他所谓的最高的人生境界即天地境界必须借助于所谓的"负的方法"。同样,曾经研习过数理逻辑的牟宗三也坚定地持守这样的思想立场,即只有直觉才是他的道德形而上学坚实的理论基石。只有这样的形而上学才能最终开出所谓的民主与科学的外王。这样的看法尽管不免一厢情愿,但却清楚地表现出他本人对于直觉及其方法的执著与持守。

我们在此必须注意到的另一个现象是,中国现代哲学家看到直觉论与其他种种哲学方法的差异是正确的,但却过分强调了直觉方法的排他性,梁漱溟、熊十力、牟宗三等人明显具有这样的倾向。如梁漱溟早期在其《东西文化及其哲学》一书单挑出直觉来解读传统的儒家思想,进而纵论中国文化的特色。这种思想史的处理态度与方法,都不免流于偏颇。有的哲学家看到了不同哲学方法之间的不同,试图将各种哲学方法综合融会在一个系统内,但明显的是,这样的常识是值得赞赏的,但其处理的方法却很值得商榷。

中国现代哲学家在讨论研究直觉方法的时候,都未曾对什么是直觉方法这一最为复杂也最为重要的问题,提供清晰而明确的解说。这本就在情理之中,因为直觉或直觉方法本来就是针对着分析方法的,如果将直觉或直觉方法讲得头头是道,清楚明白,那就好像不是直觉方法,而转而成了分析的方法了。所以,直觉本身难以给出清楚的解析。能够给出明确而清晰解析的已经不是直觉了。但是只要细读他们关于直觉的论说,我们可以大致将他们关于直觉或直觉方法的思想归结为如下七点。

第一,所谓直觉是一种向内处理和研究人的精神生活或生命的取向、态度或途径。细看中国现代哲学家们,不能说全部,但绝大多数讨论的就是生命哲学或精神生活。在他们看来,要处理生命、精神等问题,唯一可用的态度只能是他们所谓的体悟、感悟。若用我们现在的话讲,这就是直觉。

第二,对于生命的把握或认知不能采取将其看做外在对象的认知进路。这样的认知进路隔绝了主体与客体,完全与当下的生命不搭界。还需注意的是,我们更不能借助于其他种种非生命的手段,如言语或分析的话语系统,而必须让自己直接地进入生命本身。这就是所谓的"一闻言下,顿见真如佛性"。也正是在这样的思维状态下,我们细读中国传统典籍,就会轻而易举地发现,儒释道三家对于言语文字并不看重。《论语》中就有"子欲无言""天何言哉!天地行焉,万物生焉!"等。道家更是强调此点。佛家中的禅宗干脆不立文字,当下认取。此类趋向,用现代的话语说就是直觉。在他们看来,唯有依靠着直觉而不必借助第三者为媒介才能直接进入生命状态本身之中。

第三,不同于一般意义上的生命概念,任何个体生命都是一整体。这样的生命截然不同于用语言、概念或其他类似手段把捉到的生命,因为它们是不能分割的,所以我们不能运用科学或分析的方法对之做零打碎敲的分析或破裂的处理,而只能对之做整体的把握或领悟。

第四,此种把握不是静态的、死的,如科学的分析方法所运用的语言、概念那样静态的或死的,而是动态的,是流动的。就是在这样流动、动态的过程中一个灵动的生命进入另一个活生生的生命之中,这是生命与生命动态的融合。

第五,此种把握绝对不是借助于语言、语词、概念只做形式的无内容的把握,而是对生命内容的深切体悟与直接切入。因为任何语词都具有普遍的性格,而生命却是具体的当下的特殊的存在。为语词把捉住的不是真实的有血有肉的生命,而是抽象掉了生动的具体的个性的一般,是死去了的东西。语言或概念过滤掉了的正是生命本身。我们不要轻信通过语言观照到的生命。在这一过程中语言已经偷偷变换了对象的本质。

第六,此种把握需要经过长期的努力或艰苦的摸索或百般的计较才有可能。比如看戏时的入戏要求我们不能分神,不能三心二意,而是需要全身心的投入;欣赏名画时的入画,情景融为一体、泯灭主客;听音乐或演唱某一曲目时,听者或演唱者必须对作品有着深入的理解,要能够入乎其内,让听者或演唱者进入曲目之中;

第七,在某些中国现代哲学家看来,直觉不仅仅是一种方法,而且更是一种境界。如贺麟就反复申说直觉的这一性质。他将直觉区分为前理智的直觉和后理智的直觉。他认为,后理智的直觉主要已不是一种方法,而更是一种境界。而且在中国现代哲学家们看来,依靠分析的方法我们绝对不可能达到最高的人生境界。在他们看来,真正能够帮我们进入这样的最高境界的只有一条路,这就是直觉或"负的方法"或"真底自己的觉悟"。冯友兰早期坚持以分析的方法或正的方法来使中国哲学现代化,但在构建自己的哲学思想体系时幡然醒悟,分析方法只能将我们领到哲学殿堂的大门口,要真正登堂入室还得有另一种叫做直觉的方法或负的方法。

上述的七点概括可以使我们从整体上把握中国现代哲学家关于直觉及其方法的精髓。

在此需要格外注意的是,由于中国现代哲学家关于直觉及其方法的思想有着不同的思想来源,他们对直觉及其方法也有着不同的理解,因此我们所论述的某一位哲学家的直觉及其方法不一定完全具备上述的七点,有可能只具备其中的某几点。因为上述七点是整体上对于中国现代直觉论的综括,很有可能不适合某一位或某几位思想家。

我们也必须认真考虑的是,中国现代哲学家,特别是新儒家的代表,他们的直觉思想方法的主要缺陷在于还未能成功地将直觉方法与演绎、归纳、分析等科学方法结合融会起来。他们的哲学观仍然偏重于心性之学,对于外在实在的研究不重视,在方法论上也就容易轻视分析、演绎、归纳诸种科学方法,而偏重直觉及其方法。他们虽然怀抱从内圣开出外王的崇高的治学目标,但是由于此种原因,他们的治学目标是绝不可能实现的。人生境界或道德理想确实很难从纯粹的科学分析方法达致。但是如果不重视科学分析方法,而完全将直觉及其方法抬高到一个不合适的地位,其结果就是既很难达到内圣的境界,更开不出外王业绩,如果这里所谓的外王是指科学与民主的话。在我看来,科学、民主、法治、学理等均是理性化的果实。从本质上看,现代化就是理性在制度和器物层面上的落实。粗粗翻看一下西方科学技术史,我们就能清楚地看到,所谓的科学必须同时具备两个要素。一个是古希腊形而上的、抽象的、明确的、经过确证的理论系统,再一个就是文艺复兴之后兴起的精确的、可控的实验技术。这两者在16世纪的欧洲结合而形成了科学。我们可以认清,这两个要素都需要高度发展了的理性。不幸的是,这两个要素在我们自己的传统内不具备,而新儒家各位也并没有真正地认识到这一点,更不知从何着手来开出外王。所以,其结果免不了两头落空。

当然,理性本身也有着不可避免的局限,甚或弊病。历史告诉我们,正是理性也曾给人类带来了不少的灾难。但是反过来看,我们同样也发现,没有一种思想方法是绝对完美的,是没有局限或弊病的。正因为理性的方法有这样或那样的局限,才诱发了柏格森等哲学家积极提倡所谓的直觉及其方法。这两种方法应该是互补的。我们的看法是,正是科学分析的方法诱导了直觉的方法。同样,直觉的方法也在补充着科学分析的方法。

中国古代思想不重视思想的论证或推导,当然也就根本没有论证、推导必须具有的方法论系统。这一思想传统对于中国现代哲学的重要影响就是中国现代哲学不得不引进西方哲学的各种方法论。由于中国现代哲学家关于直觉及其方法、关于分析的方法主要是从西方引进的,所以他们的哲学方法论就必然没有西方的哲学和科学的方法论背景。他们因此也就没能充分认识到这两种方法论之间真正应该具有的互补关系,而只看到了这两种方法之间的排斥关系。正是由于这一重要的原因,他们也不能正确地处理好其间的关系,而过度倚重了直觉及其方法。

我们现在研究中国现代的直觉论和直觉主义就应该清醒地认识到,直觉的方法与科学的或分析的方法之间既有着不同或相互排斥的关系,也有着互补的关系。科学的或分析的系统方法论需要直觉来补充。同理,直觉方法也需要科学的或分析的方法滋养。

第二章 柏格森:直觉与绵延的汉语解读

一、柏格森思想在中国语境中的际遇

亨利·路易·柏格森(Henri Louis Bergson,1859—1941)在他的世纪里将法国传统推进到一种广泛的西方思想的背景之下,"柏格森主义"(Bergsonism)成为"生命哲学"与"直觉主义"的代言人,即便对他颇有微词的罗素也无法否认柏格森是"本世纪最重要的法国哲学家"①。一方面,他的思想受到理性主义者的非难,他们将他置于科学、理性的对立面,即"反理性"来进行批判,另一方面,存在主义与现象学又在自身之内寻找生命哲学提供的理论原动力。② 柏格森思想的影响以及人们对他的认识始终滞留在一种鲜明的二元对立形态之中。而被移植到20世纪初中国知识语境中的柏格森,由于失去了作为根蒂的西方思想场域,在中国文化努力寻求"科学""民主"的救亡运动中,他所遭遇的"二元对立"的认识方式无疑被更加热烈地强调与接受,"绵延"与"直觉"就像一对羽翼一样引领着我们对非理性生命科学的认识。我们今天不是旨在探讨柏格森哲学是否具有"非理性"的内核,而是首先要对我们已有的认识进行反思。事实上,我们每个人都乐于认同一个舌战风波中的

---

① 罗素著,马元德译:《西方哲学史》下卷,北京:商务印书馆1991年版,第346页。
② 〔美〕威廉·巴雷特著,段德智译:《非理性的人——存在主义哲学研究》,"没有柏格森,存在主义者进行哲学探讨的整个氛围就会面目全非。他最早坚持抽象理智不足以把握经验的丰富性,坚持时间是一种紧迫的、不可还原的原始存在;而且,从长远的观点看问题,他最有意义的洞见或许是坚持自然科学定量分析方法测不出精神生活的内在深度。由于柏格森提出了上述这些观点,存在主义者极大地受惠于他"。上海:上海译文出版社1992年版,第15页。

柏格森,一个在"科玄"对峙中身担勇士角色的柏格森,因为我们对他的认识从来都是如此被给予的(并且,我们依据这个最初的方式树立了我们看待事物的认知范式)。尽管这种趋向简化的叙述体系曾经使我们的求知欲获得了清晰性和整体性方面的抚慰,但毕竟是暂时的。一旦发现自己受制于意识形态般的话语霸权和思想强势的时候,"勿意勿必勿故勿我"的警示则将我们的思考引向自身认识方式的建构机制上去。

如果我们屈从于一种类似于好奇的质疑的话,这种质疑将把我们带回到19世纪末20世纪初的中国。宏大叙事(grand narrative)告诉我们:此时的中国被迫经历了一场重大的文化转型,"被迫"当中依然保有进行自主的文化选择的可能,这种独特境遇下的自由选择成为我们现在进入思想史所必须遵循的规则。比如"西学东渐",比如"反帝反封的五四运动",比如尼采的"权力意志"和"超人"概念。当然还包括我们这里要触及的柏格森的"绵延"和"直觉"以及"反理性"——宏大叙事的理路正在以一种对普遍性的偏好妨害着我们对思想史真实事件的认知。一个概念可以代替一个人思想的全部意义;一句词条可以涵盖一段充满了细枝末节及偶然因素的历史真相,这种方式不仅仅无法满足我们的知识欲望,更重要的是它包含着一种认识论上的悖论:概念和词条来自于人的认识对过往事件的归纳性把握,这种归纳中暗含的因果律及推理原则依赖于时间序列的演进,正如这个意义上时间序列不可逆一样,当我们以归纳性的结论作为认知起点,同样不是处在通向原始事件的路上。因此归纳法的特征便是缺乏还原的力量。

这篇论文中所作的方法论方面的尝试首先缘于上述疑惑,这一疑惑同时关乎中国近现代思想史上的"西学东渐"。这个名词首先提供了一种方向感和动势,孰为使动,孰为受动,似乎是一目了然的事情。所谓"中西""体用""强弱""存亡",包括"理性""直觉",这些极具辩证色彩的词汇无一例外地指向这种方向感。由此而来的后果是中国的知识群体在那个年代里更改及重建了传统的文化模型。重建的前提是自身日常之用的文化成为认识的对象,如果中国文化的特质通常被看做主客不二的混沌的话(我怀疑这种说法肇始于近现代,已经不是一种自然的文化反思了），那么这种特质，或者说这种特质的非自觉状态在20世纪初的中国被迫中断了。从废除科举到白话文运动，重建的结果实际上是树立了一种新型的汉字语法形态，并以此为认识工具，使我们疏离了以经典文献为知识载体的传统文化谱系。问题在于这种重建是否真的依据西学标准"以西学剪裁中学"，是否真的可以从一种文字的相似出发来追踪思想的渊源？①

出于上述疑问，这里选取了柏格森思想1913年至1921年在中国的传播这样一个个案，以尽量翔实的文献及细部的分析构成文章方法上的立足点。其目的并非简单描述中国化的柏格森思想与其原生态之间的差异，而是将文字作为文化碰撞过程中最敏锐的部分来进行也许是力不从心地对中国文化当时特殊境遇的本位思考。"敏锐"的含义是：在自我与异己的角逐中文字不仅成为双方角色的标示，而且率先分泌出抗体，最终依靠其固有的弹性来愈合因纳入新细胞而受创的文化肌体。本文所探讨的是在文字层面上截取的一个文化置换的细小片段，试图通过对柏格森"duration""intuition"概念从翻译到传播过程中语义转变的细部考察，来具象地进行一种文字与观念互动关系的描述及思考。正如冈奎莱姆对概念的位移和转换的分析表明的那样："某种观念的历史并不只是，也不全是这个观念的逐步完善的历史以及它的合理性不断增加、它的抽象化渐进的历史，而是这个观念的多种多样的构成和有效范围的历史，这个观念的逐渐演变成为使用规律的历史。"②也就是说，本文所执掌的方法论前提在于避免一种文化整体性意识浸入到对文本的处理

---

① 米歇尔·福柯在《知识考古学》中提到："首先应该完成一项否定性的工作，即：摆脱那些以各自的方式变换连续性主题的概念游戏。这些概念虽然不具有一个十分严格的概念结构，但它们的职能却是明确的……还有影响这个概念，它为转让和传递的事实提供了一个支点——这个支点奥妙无穷，以至无法对它进行清楚的分析；它把相似或者重复的现象归结于因果变化的程序（这个程序既没有严格的界定，也没有理论的定义）；它在一定的距离中和通过时间——正如通过某种传播环境中的中介那样——把诸如个体、作品、概念，或者理论这些确定的单位联系起来。"（三联书店1998年版，第23、24页）柏格森也表达过类似的看法：概念的固定性、非流动性使得我们的思想也禁锢其中。这一点与魏晋时代"得意忘言"的命题以及禅宗"不立文字"的思想殊途同归。

② 米歇尔·福柯著，谢强、马月译：《知识考古学》，北京：三联书店1998年版，第3页。

中去,但这并不意味着我们仅仅在忠于历史的立场上去还原所谓的"真相",而是力图通过对概念构成的多样性及其陈述形态与规则的观察,来了解一个西方概念在中文语境下是如何铺展自身所蕴涵的思想容量的;以及它是在哪些规则之下、在怎样一种具体际遇当中来和中国的固有思想相接壤的;同时中国接受异己思想的场所与潜质又是怎样的。当然,出于这种视角下的文化特性与当时中国社会的处境是密不可分的,后者实际上成为了前者的诱因,而探寻前者的过程也同样可以促成对后者的关照与反思。

任何一个方法论都从属于它所针对和解决的具体问题,而对柏格森思想传播过程中诸多零落的文本,我们上述的由质疑而生的方法论将仅仅作为前提被确立,并不独立担当对质疑的解释。也许它不能令我们在纷繁的文字流传物面前更加游刃有余,但至少对我们认识思路的建设是有启发意义的。

由于这种方法论的支持,本章的考察重点落实在"duration"和"intuition"两个概念上,以便使论述进程保持统一的方向。另外也是因为,这两个概念历来被看做柏格森思想"非理性"特色的最主要的论据:20世纪初,这两个词还隐藏在传统文化的谱系里面,经由翻译行为才使其显露出来,而到了20年代,它们的作用及范围都已颇具规模。同时,这两个概念之间的承传启合也加剧了对"非理性"这一认识模式的建构力量。

同样是出于方法论上的考虑,我们的视野无须涵盖全部的翻译及评论作品,而将时间锁定在1913年到1919年之间。其中,1919年商务印书馆出版的张东荪先生的译作《创化论》将作为本篇论文的核心读本,①此前中国文化界已经以期刊文章的形式对柏氏的思想进行了初步的但却十分关键的介绍,可以说这些零散的文本构成了柏格森思想传播的蛰伏期,某种意义上,这些文本暗示了《创化论》译本出版的必然;而《创化

---

① 这部译作即问世于1907年的《创造进化论》(L'évolution Créatrice),这是使柏格森获得广泛声誉的最著名的一部著作。

论》译本中涉及的翻译问题则最为直接地指向文化交流中的理解如何达成，这将作为我们讨论的关键。此后，柏格森的思想像其他所有非马克思主义的西方学说一样，或者成为知识界论争中简化概念形式的论据，这种"简化"无疑偏离了学理思辨的内在需求，或者重新沉寂于静默的故纸当中。①

从对柏格森在中国传播文献的梳理中可以发现一个有趣的现象：翻译的顺序并不依照柏格森原著的出版顺序，有的时候这种顺序甚至是完全颠倒的，比如柏格森最重要的三部著作依次为《时间与自由意志》（1889）、《物质与记忆》（1896）、《创造进化论》（1907），而译本的序列正好相反，首部著作的翻译迟至1927年方才问世。②

我们知道，一个人思想的发展遵从于生命历程的天然逻辑，我们当然不能按照一种粗鄙的因果律来认识这种逻辑，但依循与作品的产生相一致的阅读顺序却是我们进入理解的最初并且唯一的方式。因此，问题始终就不在于我们所接纳的是真值几何的柏格森，或者说，原生态的柏格森从来就不是我们的知识所寻求的最终标的。这也是我们没有必要穷尽全部译作与评论的一个重要因素。

正如刘禾所认为的那样："词语的意义不是由欧洲传统哲学规定的

---

① 本文所忽略的1921年以后译本如下：

《形而上学序论》，杨正宇译，上海：商务印书馆1921年版，即1903年柏格森在《形而上学与道德序论》上发表的重要文章"Introduction à la métaphysique"。

《物质与记忆》，张东荪译，上海：商务印书馆1922年版，即1896年出版的柏格森的第二部著作 Matière et mémoire。

《心力》，胡国钰译，上海：商务印书馆1923年版，即出版与1919年的论文集 L'énergie spirituelle。收辑写于1900—1914年之间的论文集。

《时间与自由意志》，潘梓年译，上海：商务印书馆1927年版，这是柏格森发表于1889年的第一部著作 Essai sur les données immédiates de la conscience，法文原意为《论意识的直接材料》，英译本更名为 Time and Free Will，汉译从英译。

《笑之研究》（即《笑》），张闻天译，上海：商务印书馆1933年版，即1900年发表于《巴黎评论》上的"La Rire"。

② 1927年中国知识界的关注点早已转向中国当时的社会性质。类似的转向充斥了近现代的思想历程，此中遵循的乃是中国文化发展的内在逻辑。《时间与自由意志》在1927年出现译本恐怕与此书在当年获诺贝尔文学奖不无关系——这一点则体现出中国思想对西方语境的自我期待。

（虽说欧洲传统哲学是这些概念的发源地），而是在不同文化场合中'游历'（travel）的，并在历史的发展起落中得到重新创造。"因而，她对20世纪初中西方文化历史性交往的研究定位在语言实践的领域，由此提出"跨语际实践"（Translingual Practive）的概念，并且，她补充道："对跨语际实践的研究重心并不是技术意义上的翻译，而是翻译的历史条件，以及由不同语言间最初的接触而引发的话语实践。"①这种话语实践涉及一个文化对作为"他者"（The other）的异文化的理解，同时，更为隐秘地涉及文化的自我理解问题。我们完全可以称这一系列以文字文本为单位的话语实践为一场"行动"。不仅仅因为其本质上将思想和观念的变更纳入到一种动作性的话语操作之中，更因为这场"行动"所造成的最直接的事实："现代性"以一种文化体验的方式重构了中国20世纪以来的知识系统，尽管"现代性"与"西方"之间的关系构成了对中国传统文化的重重威压，然而事实上，中国的"现代化"是掺杂了很大程度"西化"因素的复合体，绝非一个充满了诸如"本土文化遭受践踏"之类不安想象的简单判断。

在下文的分析中我们将看到，西方思想融入中国语境过程中每一个可能的细节上，都伸展着某种体现为依据自身的当下境遇而进行文化选择的自由意志。最重要的是，我们对"西学东渐"与中国近现代思想形成之间的关系将获得一个更为清晰的认知。

---

① 刘禾：《跨语际的实践：往来中西之间的个人主义话语》，引自许纪霖主编：《二十世纪中国思想史论》（上卷），上海：东方出版中心2000年版。在这篇文章里，刘禾还援引了萨依德（Edward Said）在《世界，本文，批评家》（The World, the Text and the Critic）中提出的所谓"理论之旅行"（Traveling theory）的概念："首先有个起点，或看上去像起点的东西，标志某个概念的产生，或标志某个概念开始进入话语的生产过程。其次，有一段距离，一段旅程，一段概念从此至彼地移动时的必经之路。这段旅程意味着穿越各种不同语境，经历那里的各种压力，最后面目全非地出现在一个新的时空里。第三，移植到另一个时空里的理论和观念会遇到一些限定性的条件。可称之为接受条件，也可称为拒绝条件，因为拒绝是接受行为不可分割的组成部分。这些条件使人可以引进和容忍外来的理论和观念，不论那些理论看起来多么怪异。第四，这些充分（或部分）移植过来的（或拼凑起来的）概念在某种程度上被它的新用法，以及它在新的时间和空间中的新位置所改变。"（Edward W. Said：*The world, the Text, and the Critic*, Cambridge：Harvard University Press, 1983, pp.226—227）。

我们现在所要处理的，并不直接关涉柏格森思想的文本，而是对1913年之前"西学东渐"过程的景观式讨论。一方面，这些思想背景可以为我们提供一种想象的可能，而这一可能将有效地克服对于文本的生疏感；另一方面，"景观式"的描述不同于"全景式"的描述。事实上，对"思想景观"的选择依然是围绕着核心读本来展开的。这种描述将有助于我们对核心的概念演变形成全面的了解。

　　首先让我们来关注一下宏大叙事的描述。李泽厚认为人们对中国近代以来"西学东渐"的基本遭遇达成了以下的共识："不少人提出，西学东渐或向西方学习经历了科技——政治——文化三个阶段，亦即洋务运动——戊戌、辛亥——新文化运动三个时期。由船坚炮利振兴实业以富国强兵，到维新、革命来改变政体，到文化、心理的中西比较来要求改造国民素质，人们今天认为这是历史和思想史层层深入的过程。"① 如果不把这种共识绝对化，不使它成为一个硬性的观念，我们还是可以从相关的史料中获得诸多印证的。所谓"相关史料"涉及中国近代以来的留学史、翻译史、出版史和期刊报纸的发展史。正是细微的实证数据以及这些分门别类的断代史之间在时间上的相配关系记录着近代中国对于"西方"之整体意识的变迁：即"实力（军事）、两政（法政、师范）、两艺（农工、商矿）而西学"的变迁。② 并且，在这个过程中，中国的知识群体

---

① 李泽厚：《中国现代思想史论》，合肥：安徽文艺出版社1994年版，第316页。陈少明、单世联、张永义：《被解释的传统——近代思想史新论》，广州：中山大学出版社1995年版，第200—202页，认为大体而言这种对西学东渐过程的概括是恰当的，但它需要几点限制：第一，这几个阶段之间并没有截然的界限，因为每个人对西学的了解不同，常常会出现超前或滞后的现象；第二，西学并不是一个严密和系统的整体，它里面有不同层次之分，有时代和地域之别，有立场和方法的不同，所以笼统地谈西学的影响几乎是没有意义的，我们必须进一步深入到具体的情势中去；第三，有一个无法归属到这三个阶段的问题，就是在西学东渐过程中传统文化心理定势的作用……在传统文化心理定势之中，最典型最重要的恐怕就是政治中心主义，它对近代知识分子介绍和宣传西学有极大的影响。

② 舒新城：《近代中国留学史》，1926年初版，此为中华书局上海书店1987年据1933年版复印，第195页。舒新城将近代的中国留学史分为以下四个阶段：同治末年——光绪二十九年；光绪二十九年——光绪三十四年；宣统元年——民国六年；民国六年——民国十五年。这四个阶段不但以自身的时间性印证了西学东渐的历程，且在每一个阶段内部以不同的留学科目给予这一进程以标识。

建立起一套以"语言—思想—观念"为模式的操纵话语权力的机制,以后对于西学的输入,包括本文将要讨论的柏格森思想的中文语境无一不是借助此种机制来达成的。

自1862年京师同文馆开启近代译书新纪元伊始,所译之书的数量、种类及发行渠道的增加逐步改变了传统的知识传承形式。这一过程可暂以戊戌为界;以前多集中于对"夷情",即史地、国家概貌方面的介绍,中西文化的冲突尚未激烈到势不两立的地步,"中学西源""西学中源""西学古微""中体西用"这样的命题体现着近代知识群体对中国文化自身承受力度的足够信任。戊戌变法之后,维新派知识分子将智识与眼光从科举制下的经邦济世转移到以翻译为主的思想启蒙上来。梁启超在《读日本书目志后》一文中这样写道:"今日之中国欲为自强,第一策,当以译书为第一义。"(《饮冰室合集》第1册,第50页)事实上,这种转移只是一种反击无可更改之现实的策略,其背后蕴涵的依然是同一种期待。此后,译书机构的执掌权很大程度上落在了知识分子的手里。另一方面不妨说这种操纵信息的权力机制在某种意义上造就了近代以来知识分子群落的社会功能。

这其中有两个可圈可点的时间与事实:一是1879年商务印书馆的成立,上文列举的柏格森的所有译作均出自商务。在西学东渐与近代出版史两个层面上商务印书馆都占有举足轻重的地位,传承精神力量的流传物因此才具备了可感的形式。另一个则是1900年,杨廷栋等励志会会员编辑发行《译书汇编》,刊载留学生译书,体例仿效日本杂志,由此形成了近代中国新型的哲学社会科学综合刊物;而甲午之后的报界也逐步更改了原有的建制:士绅阶级的知识分子代替了外国人或商埠中一些有商业背景的中国知识分子成为创办人;内容也由教会通讯、商业消息和地方新闻转变为以政治和社会问题为主的报道,从而逐步使其成为传播西方哲学的媒介。此外,由于期刊和报纸出版的周期较书籍为短,又相对易于销行,故而以这种方式连载的译文日后又多收集成册,以单行本发行,①由此对传统出版业形成冲击。下文着重探讨的张东荪的译作《创化论》在1919年成书之前,便率先于1918年1月1日起,在上海《时事新报》上连载达三个月之久,而张东荪本人从1907年便开始担任此报的主笔之职了。② 我们所要处理的一些相关的评论文章,几乎均是刊登在报纸或杂志这种公众媒介上的。

葛兆光在他的《七世纪前中国的知识、思想与信仰世界》一书中表达了对思想史的重写欲望。③ 这种欲望基于精英思想与"日用而不知"的一般知识、思想和信仰在整体社会生活中的区分及位置确认。由此,他提出思想传播的两条途径:精英与经典的以书籍为媒质的传输系统;非文字类的图像资料或普遍的印刷品,可作为人们生活知识的资源。这种区分同样适用于对中国近代以来知识载体更新代谢的描述。文艺复兴时期欧洲印刷业的兴起与人文思想之间的微妙关联、18世纪西方报刊的出现之于"小说"体裁的意义都给予我们同样的启示:首先,历来为官方意识形态所扼断的对知识的调控权限移交到了知识群体的社会职能当中,知识分子的角色继而定位在官方—民间的敏感地带,使得他们"救亡"的抱负落实到"启蒙"这一极具操纵性与工具性的行为当中,某种意义上,这一点意味着知识分子功能与角色的现代转换,期刊与报纸的媒介特质无疑比书籍更具备"现代性"(现代性在这里只是一种标志时间性的元素);第二,知识传播方式与信息的流通渠道(包括聚集与发布)由于更多载体的介入而被拓展,知识传递结构也因此趋向立体化。对这种多极结构的适应造成了知识受众群体规模的空前扩大,包括数量

---

① 以上有关史实参照黄见德、王炯华、徐玲、毛羽:《西学东渐史(1840—1949)》,武汉:武汉出版社1991年版,第24—49页。书中还提到:据江南制造局译书馆出版1899年《东西学书录》及1904年《译书经眼录》的数据相比较:这一阶段哲学社科书籍不仅开始被引进和传播开来,而且在西学的整体中所占的比例越来越大。另:根据上海人民出版社自1965年始,先后编辑出版的共三卷六册规模的《中国近代期刊篇目汇编》统计——1857年至1918年间近现代西方哲学的文章与全部西方哲学类的文章篇数分别为107和147。进入30年代,古代西方哲学的研究才真正深入下去,可以看出:西学东渐的过程与西方思想的整体发展序列是相逆的。

② 左玉河:《张东荪传》,济南:山东人民出版社1998年版,第88页。

③ 参见葛兆光:《中国思想史 第一卷 七世纪前中国的知识、思想与信仰世界》引言"思想史的写作"之第一节"一般知识、思想与信仰世界的历史",上海:复旦大学出版社1998年版。

和由弥补了选择真空而实现的权力两方面的扩大。选择权力的延伸必然危及从属于经典文献的传统语言构造,这种延伸是以消解传统语言的霸权地位为条件的,具体的后果散见于文体风格的流变,"文言"状态的松动,以及日化或欧化因素的加强。这些后果激活了新的话语范式和陈述规则。最后,以知识人这一群落为主体确立新的范式与规则,这样的过程在日常社会生活的层面上实践了一种崭新的话语建构机制,经由"语言""观念""思想"三个环节将深藏于语言内部的精神能量释放出来,并以一种代替了力度的广度向更为广泛但绝不抽象的个体辐射开去。正是这一点,构成了启蒙时代的基本特征。

在这个基本特征的意义上,同样也是在冯友兰对"西方思想"和"西方哲学"所作的区分的意义上①,我们才可以对严复的"进化"思想在柏格森哲学传播前所发挥的作用做一番简单的探讨。

说起严复,没有人会否认他的译作带给中国近现代史的广泛影响和深远作用。李泽厚认为,人们通过对《天演论》的阅读,"获得了一种观察一切事物和指导自己如何生活、行动和斗争的观点和态度,……,亦即新的资产阶级世界观和人生态度"。作为世界观和人生态度的"观念"又是通过对个别词汇的运用来体现的:"自《天演论》出版后,数十年间,'自强''自力''自立''自存''自治''自主'以及'竞存''适存''演存''进化''进步'……之类的词汇盛行不已。"②这些词汇之所以流行,是因为其背后关于世界的整体看法与中国传统观念的内在差异所致。而其中最为直接和显著的莫过于"进化"所代表的对时间的线性意识。这种意识将根植于以个体为单位的观念谱系当中。

在中国的时间意识里有区分了自然的时间与人世的时间两种系统,前者主要用于农耕、节日、习俗的履践;而后者,以中国的编年体记叙方式为例,则体现了一种以朝代、个人为基本浮动单位的循环认识方式。严复有言:"尝谓中西事理,其最不同而断乎不可合者,莫大于中之人好

---

① 参见冯友兰:《中国哲学简史》,第二十七章"西方哲学的传入"中区分了"西方思想"和"西方哲学",北京:北京大学出版社1996年版,第273页。
② 李泽厚:《论严复》,转引自《论严复与严译名著》,北京:商务印书馆1982年版,第137页。

古而忽今,西之人力今以胜古;中之人以一治一乱,一盛一衰为天行人事之自然;西之人以日进无疆,即盛不可复衰,即治不可复乱,为学术政化之极则。① 西方的历史编年体例被统摄到"公元、世纪"的基督教文化坐标之内,从而形成"线性"形态的时间意识,这种意识的背后可以找到统一的世界来源作为现象界的依据。相形之下,中国传统"循环"时间意识的特征便极为鲜明了:朝代及在位帝王的更替机制完全是弹性的,根本无法以六十甲子、十二生肖乃至二十四节气诸如此类依赖自然条件而设立的客观准则来计量。在中国古人看来,这一准则与社会进程之间最不可调适之处在于后者无法被一种均匀而规则的量化单位所分割。所谓"线性"与"循环"的本质差异即在于此。

这一点,从我们自身的感受中也可得到证实。现行的基础教育在教授一个确定的历史事件的时候,通常启动两个计时系统:先标明"朝代—帝王"这一传统体例,再补充以"公元××年"——这一记录方为完整。这个方法生效于中国近现代的"西学东渐"过程中②,之所以沿用至今,是因为二者均无法取代对方。而"朝代—帝王"的模式在我们对历史的认知上往往起着较为绝对的支配地位:譬如一件清代以前的史实,只告诉你发生于公元××年,而忽略传统纪年,你仍然会出于本能地将其置换到"朝代—帝王"的坐标之下才能有效地调动关于这一史实的所有记忆。

尽管当初严复翻译赫胥黎《天演论》的初衷仅仅是希望赫氏的社会达尔文主义能够在社会变革这一层面上发挥应有的效用,从而挽救中国文化于危机之中,并不是将"进化"作为科学理性的一个基本概念输入

---

① 严复:《论世变之亟》,发表于1895年2月4—5日天津《直报》。选自王栻主编:《严复集 第一册 诗文(上)》,北京:中华书局1986年版,第1页。

② 胡适:《中国哲学史大纲(卷上)》:"孔子生于周灵王二十一年,当西历纪元前五五一年。"选自刘梦溪主编:《中国现代学术经典 胡适卷》,石家庄:河北教育出版社1996年版,第27页。而"世纪"这个概念来自于梁启超对日文词汇的翻译,《饮冰室文集类编》中提到:"故使路行非生于十六世纪(西人以耶稣纪年一百年为一世纪)。"这些例证似乎都暗示着西学东渐过程使中国本位文化深受威胁的事实。但最起码这种西式的纪年系统无法建构我们对中国古代历史的认知。

进来的。① 但"进化论"的确在一个最基本的认识层面上对中国固有的时间意识进行了某些补充性的修正。这种修正并不是以"中""西"二元因素的冲突来达成的(甚至它可以与佛教的某些思想相呼应),自我与他者的文化处境并非时时处处都呈现对抗情势。"进化"观念对于中国的冲击起码在科学理性这一层面上是不构成重创的:"《天演论》的社会进化论,传播了世界的客观性和历史发展的观念,指出了人与环境相互选择的关系,从而动摇了'天人合一'式的道德精神无限放大的主观论,'天不变道亦不变'的形而上学,'天道轮回'的循环论,对传统观念造成了巨大的冲击。从19世纪末至20世纪初的近30年间,科学公理主义和进化论,作为科学理性的最早前驱,渗透到几乎所有的学术流派中。"②

这种修正式的观念很妥善地起到了一种"辨别"的作用。美国学者艾恺(Guy Alitto)的《重新阐释梁漱溟〈东西文化及其哲学〉》一文敏锐地注意到:"如同十九世纪西方思想家一样,梁漱溟把历史看成为一个人类不断进步向前的过程。梁漱溟的进化史观,并不是中国固有的观念,而是一九〇〇年后,中国学者从西方引进达尔文和斯宾塞学说后所建立的对历史,宇宙的看法。"这种性质的辨别使"西学东渐"的进度具备了较为清晰的阶段特征,我们借此可以把握中国文化链条上所谓"近现代"的独特走势。

在这里需要强调的是,"进化"观念在1913年,即柏格森思想全面传输到中国以前,已构成了近现代中国"西学"传播的基本知识场域的一个重要元素。对于"duration(绵延)"以及"intuition(对于绵延的直

---

① 在严复看来,西学的根本在于"实践"的行为和"逻辑"的思维方式。他在《原强》一文中写道:"其(西方)为事也,皆本诸学术;其为学术也,——皆本于即物实测。层累阶段,以造于至精至大之涂。"在《穆勒名学》中则认为:"本学之所以称逻辑者,以如见根言,是学为一切法之法,一切学之学。明其为体之尊,为用之广,则变逻辑以名之。西学之所以翔实,天逐日启,民智滋开,介一切皆归于有用者,正以此者。"可见,"实践"又是以"逻辑"的思维方式为根本的。

② 张弘、夏锦乾:《科学理性的命运与范式迁移——20世纪中国学术现代进程的一个回顾》,引自"世纪中国"网络资料库,2000年11月14日。

觉)"而言,这个元素在线性时间意识的层面上形成了一种认识论上的前提。因为"语言—思想—观念"这套话语机制被有效操纵,"进化"概念落实到一般认识领域,人们逐渐开始利用这一概念去接纳后来获得的知识。这个接纳过程顺从时间的流变及人类认识行为的不可分割性,因此"进化"对于"绵延"(包括对绵延的直觉)概念的接受并不构成限制。相反,这两个过程是动态的,此中的承接是模糊地黏合在一起的。在这里,我们不妨借用伽达默尔诠释学中的"视域融合"(Horizontverschmelzung)理论来描述这一过程的模糊性:"理解活动总是这些被设定为在自身中存在的视域的融合过程……在对传统的研究中,这种融合不断地出现。因此,新的视域和旧的视域不断地在活生生的价值中汇合在一起,这两者中的任何一个都不可能被明确地去除掉。"[1]并且,"新"的视域和"旧"的视域本身是相对而言的,它们之间不存在明确的变更与替换关系,在每一个可区分"新""旧"的枝节上,源于认识行为本身的能动力量充实着其中可能出现的"空隙"。事实上,我们由这种理性的"空隙"来划分彼此独立的"概念",同时又以一种认知行为上的惯性来确认它们之间的连续。伽达默尔援引亚里士多德的一个绝妙比喻:"一支正在溃逃的部队是如何停住的呢?停步怎样开始、怎样扩展,直到整个部队完全停步,这一切都未曾被人清楚地描述,或有计划地掌握,或精确地了解过。"[2]

可见,和引言中我们对认识过程、知识传播手段以及概念演进的论述相比,这一段让我们更加明确地强调了这一过程中隐含的"模糊性"的特质。这两者的结合将在下文对核心概念(即"绵延""直觉")的分析中进一步加深我们对柏格森思想在中国语境中的具体际遇这一命题的认识。

现在我们将处理1913年至1919年间核心读本以外介绍柏格森思想的几篇文章。包括:1913年《东方杂志》第10卷第1号刊登的钱智修

---

[1] 伽达默尔:《真理与方法》,转引自伽达默尔著,夏镇平、宋建平译:《哲学解释学》,上海:上海译文出版社1998年版,第9页。

[2] 伽达默尔:《人和语言》(1966),同上书,第63—64页。

的文章《现今两大哲学家学说概略》;1914 年刊于《东方杂志》第 11 卷第 4 号的钱智修的另一篇文章《布格逊哲学说之批评》("布格逊"即为"柏格森"的早期译名);发表在 1916 年 5、6、7 月份之《东方杂志》上的梁漱溟的文章《究元决疑论》;原载于《新青年》第 4 卷第 2 号(1918 年 2 月 15 日)上的刘叔雅的译文《柏格森之哲学》;以及杜威 1919 年来华所作的"五大演讲"中的"现代的三个哲学家"一章,由胡适口译。为了不使我们的讨论在结构上过于松散,将以"duration""intuition"这两个核心概念为线索分别展开相应的分析。

商务印书馆创办于 1904 年的《东方杂志》是 20 世纪初极为重要的一份综合性刊物,它具体地介入了中国近现代的文化转型过程。1913 年,发表在这上面的钱智修的《现今两大哲学家学说概略》可以说是介绍柏格森思想的肇始之作。但柏格森哲学并不是这篇文章的中心内容,钱智修在题记中说:"近年以来欧美各国。感物质文明之流梏。而丞思救正。故哲学家之持论。亦一更常轨。历史派与实验派之说。渐成腐臭。而直觉说与唯灵说。乃代之而兴。"正是出于这种"一更常轨"的视角,确立了柏格森思想在中国的最初定位:"而一时职志尤推二人。一为法人布格逊 Henri. Bergson。一为德人郁根 Rudolf. Eucken。"可见,钱智修对柏格森等人进行介绍的初衷并非着眼于他们各自思想的学理价值,而是基于一种迫切地要求将当下中国文化之语境与西方的学术语境融合到一起的心态。而这篇文章的文体又介乎翻译与阐述自我理解的评论式之间:"美人阿博德 Lyman. Abbott,特从应用方面。以解释二氏之哲学。撰论二篇。登于奥洛报 The Outlook。于津逮初学。最为便利。……兹特本阿博德之说。以介绍二氏之哲学于国人焉。"所谓"本"阿博德之说,是以接纳阿博德对柏格森思想在西方文化整体层面上的判断为基本前提的:"阿博德有言,布格逊之哲学。可谓之进步哲学 The Philosophy of Progress。"因此,钱智修对柏格森的介绍的全部重心都落在"进步哲学"这个论断上,而丝毫没有涉及题记中提到的"直觉说"。

钱智修写道:"盖地球之本体。因日在至显变化中也。由土质而变为植物。由植物而变为动物。由植物动物而变为男女。而男女之躯体。

仍还归于土质。循环往复。无一息之停顿。此地球之所以形成。而变化所以无尽期也。……由上述以观。进步哲学。殆可以至简之言语表之。即其生活也其变更。其变更也其发育。其发育也其不绝之创造。自然界中。无完成之事物。各种事物。在进行之途中。时间永无现在。生活日趋进步是也。"① 这段论述给我们提供了两种或多或少有些矛盾的对"进步"的解释：一种由"土质—植物—动物—人—土质"形成的循环状的发展观；另一种则是通过"变更""发育"而实现的"不绝之创造"。使这两种观点得以连接在一起的是"无一息之停顿""在进行之途"的无休止的"变化"。但这种连接无法克服自身的生硬，因为此中包含的是两套截然不同的认识法则。

循环往复的法则见于各种文化的早期形态，它承认"变化"的前提是在自然界的各个具体事物之间建立一种"统一"的关联，由于"统一"必须具有可把握性，因而"循环论"在本质上要依据"恒常"这样的概念。在《天演论》(1898)真正被写进思想史之前的中国，这一概念在认识方式上占据绝对的位置，即上文提到的传统中国之时间意识；而"时间永无现在，生活日趋进步"所指涉的"线性"意识法则很大程度上可以比拟为个体化的生命体验。因此也被看作将某种体验投射到认识方式中的结果。在西方，这种观念的确立同步于科学理性的逐步发展。"进化论"是这一观念的极端形式。在钱智修的解释行为内部，两种法则共存于对"变化"的意识，这种共存意外地规避了二者的本源冲突。对钱智修来说，"共存"仅仅是"共存"，他无法从中感到不适，因为他没有从"共存"当中辨别出那两个对抗的元素。

1914 年，他的另一篇专门介绍柏格森的文章《布格逊哲学之批评》同样刊登在《东方杂志》上，并且延续了上一篇亦译亦论的文体风格，所不同的是，这一篇被列在"要目"之内，并附有一幅柏格森伏案阅读的照片。由于这一次依据的是"美国普洛斯氏"(John. Ruroughs)的近著，而普氏这篇评论是以物质与精神的关系为文章主旨的，因而此篇的绝大篇

---

① 钱智修：《现今两大哲学家学说概略》，《东方杂志》第 10 卷第 1 号。

幅都在讨论"直觉"这一概念(下文将有详述)。对于"duration"(绵延)只是略带提及:"牢叶士 Royce 于《现代哲学之精神》The Spirit of Modern Philosophy 一书,已见其大凡……其言曰:'宇宙无他物也,只有刹那复刹那之物质运动,每一刹那,均有不得不趋于第二刹那之故。'""进化者非一过程,而为一进步,非成循环形,而成螺旋形者也。"①

在这里,钱智修将"循环"处理为"螺旋",运用于对"进步"及"进化"的描述。"螺旋形"本身的奇特构造恰好是"线形"与"循环状"的混合体:我们不妨把这三种形状还原到它们由之而来的思维方式上去。如此一来,可以轻易地辨认出"线性"与"循环"双重意识的清晰形象,而"螺旋"则意指二者不可相互取代的情势。事实上,承继着中国传统认识倾向的"循环"概念自身便存在着一种可容纳"线性"意识的弹性机能。如果依照伽达默尔的诠释理论来看,"螺旋"无疑可以作为"视域融合"的精确象征。

梁漱溟的《究元决疑论》写于1916年,文章由两个部分组成;"究元第一:佛学如宝论"和"究元第二:佛学方便论"。与柏格森"进化"思想相关的主要集中在第二部分。他在1923年回顾这篇文章的时候谈到了写作的缘起:"我自二十岁后思想折入佛家一路,专心佛典者四五年,同时复常从友人张申府(崧年)假得几种小本西文哲学书读之,至此篇发表,可以算是四五年来思想上的一个小结果。"这几种小本西文哲学书之中,包括 Carr H Wildon 研究柏格森的著作 The Philosophy of Change (New York,1912)并翻译了其中的一小段文字,译文当中充满了佛学词汇:"然则物质者何?云何而现?其实但迁流而已。……此谓流行转变便是以个个之物,而更无其他也。实未尝有物去流行转变,但个个物即是流行转变而已。"在梁漱溟看来:"所谓忽然念起,因果相续,迁流不住,以至于今。以迁流相续者鲁滂所谓变化无息,达尔文、斯宾塞所谓进化,叔本华所谓求生之欲,柏格森所谓生活,所谓生成进化,莫不是此。"虽然佛学思想在诸多西方哲人的理论中都可以得到印证,但梁漱溟依然

---

① 钱智修:《布洛逊哲学之批评》,《东方杂志》第11卷第4号。

认为柏格森对"迁流"的解释"尤极可惊可喜"。"即人之八种识心,但是隐默推行之不息转变所谓进化者之所生成。而识心所取之现象,又即是此不息之转变,以不异为佛学解说其依他性所由立也。云何依他幻有?有此生成之识心与所观之物象不得直拨为无故,有此隐默推行之不息转变以为其本故。故善说世间者莫柏格森若也。"①可见,梁漱溟推重柏格森的原因在于他认为柏氏对佛学"不息转变以为本故"的理论阐述得最为贴切。正是通过以佛学用语来翻译柏格森理论中的关键词汇这种方式,梁漱溟将柏氏的"进化"论与"变化说"巧妙地纳入了佛学的"视域"之中。

无疑,当梁漱溟以佛学为参照系的时候,他依然会发现柏氏理论的不可取之处:"柏氏举一切归纳之于不息转变,以为唯此是真。而求其原动力则不得,此无他,彼未尝证得圆成实性(即真如即涅槃),故不了其为依他故。不了其为清净本然之真心(即鲁滂之以太)之忽然念起也。"②由此,梁漱溟得出的最终结论乃是:"佛语自始无一分之虚也。"对此时笃信佛学的梁漱溟来说,"佛理"是他认识论的根本方式,他依此裁判各家学说的曲直成败。这种根本方式具体效用的达成途径,是深入到译文词汇的选择机制当中并绝对地支配由此形成的学理陈述规则,由于柏格森或其他外来的思想被置于这种规则之内来陈述,从而丧失了独立的理论能量。

《究元决疑论》中"直觉"概念只是一笔带过,尚未有日后在梁漱溟的文化体系中力挽狂澜的风光。1923年,他为此篇所作的"附记"中沉痛地反省了《究》文的写作,认为"现在这篇东西看起来真是荒谬糊涂,足以误人",并将文中谬误之处一一进行指摘。而造成这些谬误的认识论根源在于一种"以相仿佛的话头来比附立论"的方法,而这种方法是"使人思想混沌的一条路,是学术上的大障,万要不得的"③。梁漱溟的这段反思姑且可以加深我们对1919年以前西学在中国知识体系中真实

---

① 黄克剑、王欣编:《梁漱溟集》,北京:群言出版社1993年版,第98—107页。
② 同上。
③ 同上。

处境的了解,其中关涉的对方法论的思考将在后文进行较为深入的探讨。

1919年9月20日,美国哲学家约翰·杜威(John Dewey)在北京大学法科大礼堂里开始了他著名的"五大讲演"。在通常的意义上,"宏大叙事"的思想史叙述理路将杜威来华的作用简化为实用主义的输入,但事实上,杜威接受的是中国教育部的邀请,他所作的也是一系列关于教育方面的讲演。这些讲演最直接的社会效能是美国的教育理论在以下方面影响了1922年制订的新学制标准:"(1)适应社会进化之需要;(2)发挥平民教育精神;(3)谋个性之发展;(4)注意国民经济力;(5)注意生活教育;(6)使教育易于普及;(7)多留各地方伸缩余地。"① 新学制标准的确定,教育理论的变更体现出当时中国社会对源自传统和西方的两种不同人文学科体系的看法和判断。正是在这个意义上,我们提及如下事实:"这些提倡思想自由、实验方法和教育对公民生活与社会经验的关系的演说受到了大力的宣扬;通过胡适的翻译,杜威的影响扩大到成百上千的学生、新闻记者,教师和其他教育团体。演讲稿先由报纸杂志发表,然后辑成专集出版,并在两年之内出版14次,每次都是1万册。在杜威访华的一年时间内,他的其他许多著作被译成中文,广泛传阅。"②

这些事实至少为我们提供了两点信息:第一,从讲演、报刊到著作,杜威的思想传播模式在一个近乎完全的意义上履践了我们在引言中提出的话语生产机制,尤其是报刊这一载体,随着发行地区的扩大,逐渐形成了一种以"广泛"为表征的不确定的思想传播局面,以教育界为核心的知识群体在一场围绕着"媒介"所展开的传播过程中到底在多大程度上把握了传播的内容是值得推敲的。冯友兰认为:"由于西方哲学史知

---

① 杰西·格雷科里·卢茨著,曾矩生译:《中国教会大学史1850—1950》,杭州:浙江教育出版社1988年版,第167页。

② 同上。在第190页的注解中,作者罗列了这些资料的来源:赵泽松:《近代中国的五四运动》(麻省·剑桥,1960年)第192页;修中诚:《西方世界对中国的侵略》,第184—185页;杜威夫妇对自己在中国的经历的反应,收集在杜威、伊夫林编的《中日来函》(伦敦,1920年)中。

识太少,大多数听众都未能理解他们的学说的意义。因为理解一个哲学,必须首先了解它所赞成、所反对的各种传统,否则就不可能理解他。所以这两位哲学家(指杜威和罗素),接受者虽繁,理解者盖寡。可是,他们的访问中国,毕竟使当时的学生大都打开了新的知识眼界。"①因此,我们无法根据杜威的讲稿,进行某种表层的文字疏理工作,从而试图虚构一个"西学东渐"的学理背景。事实上这种传播模式中的"媒介特质"因素要远远大于它所传达的内容本身。

第二个信息则是胡适作为口译者在传播过程中的重要作用。首先,面对一个宽泛意义上的知识阶层,他所采用的语体风格必须使最大多数的听众可掌握的底线,因此,这些译文以"白话文"的话语形态定稿,与钱智修和梁漱溟的文件风格大相径庭。可以说,这种话语形态与它所依附的传播模式是最相匹配的。这一点极大地强化了传播的效力。其次,我们今天所能看到的文本几乎可以看作当时杜威讲演的实录,胡适翻译过程中产生的犹疑思虑以及他对原文所做的增减处理,都出于一种严谨的治学态度,被添加到相关的文字之后,这种方式极富现场感,为我们今天所要做的话语分析提供了一个难得的文本。

在杜威的"五大讲演"中,有一章名为"现代的三个哲学家",分别介绍了詹姆士(Willian James)、柏格森和罗素(Bertrand Russell)的生平与思想。作为讲演的修辞手段,杜威的介绍在这三个人的相互参照下进行,尤其强调了柏格森与詹姆士之间的相近之处(但这一做法使得后来人们对柏格森的阅读始终与"实用主义"及"理智主义"的疏离关系为坐标)。文章较为全面地介绍了柏格森思想在西方人文传统和当时思想界的整体背景,尽管这一切并未真正从"接受"过渡到"理解"的层面上去。

针对"duration"这一概念的分析,我们在胡适的译文中选取两个关键段落作为文本。

---

① 冯友兰:《中国哲学简史》,引自《冯友兰选集》(上卷),北京:北京大学出版社2000年版,第371页。

第一节出现在首段：

"柏格森是一八五九年生的，现在还在巴黎当教授。这一年正值达尔文的《物种由来》出版的一年。他一生的哲学，就是发挥进化哲学的一部分的意义。（适之先生加一句道：杜威先生也是这一年生的，他的哲学，也是发挥进化论的意义。）"[1]讲演的首要要求是将听众的注意力瞬间会聚在一个共同的兴奋点上。因此这个兴奋点的设置某种意义上决定着讲演的成败。1919年以前的西方思想传播具有鲜明的"片段"与"局部"的特点，人们对外来观念的接受能力是以这些"片段"的前后连贯性为依托的。因此后一个片段必然要与前一个片段产生内在的理论联系，而前一个片段也多少决定了人们对后来者的关注方式。体现到我们今天所面对的这个个案上，便是柏格森的思想主旨融汇到上文所示"进化"所蕴含的线性时间意识之中去的微妙进程。

杜威选取"进化哲学"无疑是顺应了当时中国知识界对始自《天演论》的西式"进化观"的知识视域，而胡适的补充除了表达对恩师的敬慕之外，更是戏剧般地将杜威自己的思想也纳入到这种作为认识规则的视域当中。

"从这个经验的见解上，柏格森发挥他的特别的根本观念。这个观念不大容易讲的，就是'真的时间'的见解。（'Duration'这个字不容易译，与中国古代哲学所用'久'字颇相近、但系单字、不甚方便、故此处译作'真的时间'、且仍用杜威先生原解。）'真的时间'与'时间（Time）'不同。'真的时间'是什么呢？'真的时间'就是永远前进，把种种过去保存在变迁当中。他（指柏格森）把'真的时间'比作往前滚的'雪球'，有两个意义：第一，种种过去都包在现在当中；第二，越滚越大，将来逐渐更新，柏格森从这个'真的时间'的观点上，对人心内部的经验的见解，第一步，存在就是变迁，没有不变迁的存在的。第二步，变迁就是长进成熟。第三步，长进成熟，就是永远不断的创造自己。"

所谓"真的时间"（real time），是柏格森对"Duration"的另一种描述：

---

[1] 《杜威五大讲演》下面关于"真的时间"的选文亦出于此。

real time 的翻译在钱智修和梁漱溟那里被处理为"进化"与"迁流"。无论胡适在中文里选择与之相对应的词汇的这一步走得多么犹疑，或者他的选词根本就无法传达"duration"在西方思想传统中被感受到的微妙含义，但比之上两位译者，他的确一标中的遭遇到了翻译行为中的真正问题。

二、"绵延""直觉"观念的汉译困境

伽达默尔认为翻译是一项最为典型也最为艰难的诠释活动："在对某一本文进行翻译的时候，不管翻译者如何力图进入原件者的思想感情或是设身处地把自己想像为原作者，翻译都不可能纯粹是作者原始心理过程的重新唤起，而是对本文的再创造（Nachibildung），而这种再创造乃受到对本文内容的理解所指导，这一点是完全清楚的。同样不可怀疑的是，翻译所涉及的是解释（Auslegung），而不只是重现（Mitvollzug）。"①基于这种诠释学的本质要求，翻译者必须具备将一个词汇从一个语境移植到另一个语境内的时候保留其在原语境中意义的能力，并使这一意义被生活于该语境中的阅读者所领会。这便是所谓"再创造"的一个天然限度。对中国传统非概念性的领会方式来说，这种意义的保留还应包括"言外之意"（即"未说出"的话语所包含的意义）在内。

尽管如此，我们还是有必要推敲一下胡适的翻译。我们暂且忽略法英语言之间的翻译误差，仅以杜威对"duration""real time"的理解为起点，可以确定"duration"的三个特性：持续、创新、作为人的内在经验的一个属性。胡适认为与中国哲学中的"久"字颇为相近，事实上，"久"只在"持续"这一特征上对原意予以了保留，但通过我们的阅读行为无法将这三个特性在中文的语境内全部激活，因为"持续"或许尚可，"创新"似无从谈起，"人的内心经验"更是与之相去甚远。

---

① 伽达默尔著，洪汉鼎译：《真理与方法——哲学诠释学的基本特征》下卷，上海：上海译文出版社 1999 年版，第 492 页。

因此,"久"字的选用并没有穷尽"翻译"作为一种"理解"的应有之义,对"duration"的译法最终确定在后文我们所要详述的张东荪的"绵延"一词上。但胡适的遭遇确使我们的理解欲望及能力超越出了由"进化"所设定的语言方面的认识论界限。

另一个可推敲之处在于胡适之所以犹豫,是因为"久"仅为单字,用来"不甚方便"。这看似"形式"的问题实际上关涉着言语构造对理解的初始化问题。上文提到,胡适的译文采用的是"白话文"即"口语"的语体形态。中国近现代以来形成的"白话文"是在古代原有的白话文基础上加入"欧化"因素形成的。一部翻译史同时也是中国语文的变迁史。"real time"与"久"在胡适那里语义颇近,但形态不合。因为"real time"在原文中属于包含修饰语的复合词,相对于以单音语为主的汉语来说,它就是一个复音词。翻译行为作为一种理解,具有一种单向性,这种单向性确立了一个受动的文化角色。对于"real time"这样一个生硬而静态的"复音"事实,汉语无疑自然地进入这种受动角色当中。从汉语的古典形态向现代形态转化的漫长过程使汉语由单音语的语言变为现在我们日常所用的复音词的语言,语言学家王力认为这是"欧化"过程对中国语法最大的影响。①

胡适的译文使我们触及问题的关键。在第二章中,我们将更深入地探讨翻译行为及言语构造与话语机制及思想传播的相互关联。

"直觉"概念的相关材料要以刚才我们一带而过的钱智修的第二篇文章《布格逊哲学之批评》为首。上文提到,这一篇的主旨集中在"直觉"而不是"进化"上,下为详述。

文章首先确定了柏格森思想的核心:"最切余意之一点,柏氏之著作,在一明白之概念焉,即精神或意识,对于物质之超越性。其《创造进

---

① 王力在《中国现代语法》(下)一书中指出:"复音词对中国语法的影响——中国语向来被称为单音语,就是因为大多数的词都是单音词;现在复音词大量地增加了,中国语也不能再被称为单音语了。这是最大的一种影响。"转引自〔日〕实腾惠秀著,谭汝谦、林启彦译:《中国人留学日本史》,北京:三联书店1983年版,第335页。在张东荪的《创化论·译言》中提到:"日人喜用叠字。如国而必曰国家。实则仅一国家。于义亦足。"

化论》(The Creative Evolution),所叙述者,皆此精神。"这句话非常明确地指出了建立在"对于物质之超越性"意义上的"精神或意识",这个论断以概念的方式树立了"精神"与"物质"之间相互消长的关系。下文的论述逐步强化了这种关系:"布格逊者,则欲探精神之真相与造化之秘藏者之友也,造化之秘藏当以智的直观探索之,而不能由名学及科学性理解探索之。""直观"是对"intuition"的最初翻译,这个翻译来自对日本词汇的参照。① "精神"与"直观"的关系则是:"所谓精神者,则真正之同情或直观也。"进而,这篇文章又提出:"科学之所有事,在固定之概念,美术(现称'艺术')之所有事,在流动之概念也。……彼所以得人生问题之秘筌者,不在智力的解剖,而在智力的同情,彼之方法为直观。……谓凡属超越性真理,皆由直观而来,即真理之超越夫吾人之理性及经验者是已。"最后,"盖生活之物理状态,虽可用科学解释,而心理状态则不然"②。

围绕着"intuition"这个概念,我们至少应该从钱智修的转译中区别开两套术语:其一,精神(意识)——生活之内容——美术——心理状态——流动;其二,物质——科学——生活之物理状态——理性——固定,与这两套术语相对应的方法即为"直观"与"名学(即"逻辑")。两套术语成为后来"科玄之战"的前奏,同时又承接着由中西文化之间的相对位置所形成的"二元"思维模式。因为"直观"在这里被定义为探寻造化真谛与人生问题的方法,所以这一思维模式最终被固定在认识论的实践层面上。通过"语言—思想—观念"的话语导向体系,这种二元的认识论并没有深入到辩证逻辑的内核中去,而是滞留在二元对立的外在形态之上。但这种滞留一方面蕴含着传统的方式(关于此点下文有详述),另一方面又将认识功能局限在自身当中,因而,在行文过程中,"直观"这一概念从"智的直观"的限定表述中被剥离出来,直接导致"智(intelligent)的直觉"与"理解""科学""理性"这套术语内在关联的中

---

① 参见《现代汉语与日本词汇》,转引自《中国人留学日本史》第七章;及《汉语外来语词典》。上海:上海辞书出版社1984年版,第406页。
② 钱智修:《布格逊哲学之批评》,《东方杂志》第11卷第4号。

断。这种中断反过来又强化了绝对"二元"的认识方式。并且,文章的始段交待了如下的社会思想背景:"(布格逊)当世哲学之泰斗也,斯所提倡学说,词锋锐利于救治物质文明之流酷,鼓励人类之向上心足称万金良药。"这里显然包含着对当时中国相对于西方之整体处境这一问题在学理上的回应。中国近代以降任何一个思想的社会性反弹首先都要诉诸这个背景。

1918年2月15日的《新青年》杂志刊登刘叔雅的译文《柏格森之哲学》,译自柏格森1903年的文章《形而上学导论》("Introduction to metaphysics")。这篇短文写在《创化论》之前,是《时间与自由意志》的思想在哲学方法论上的集中体现,是研究柏格森思想不可或缺的重要文本。刘叔雅认为"此篇为其杰作……为研究其说之津梁"。因此"爰取其英文本译为华言"。并且在文章最后的"译者按"中补充道:"柏格森之学,世所称为'直觉哲学'者也,而斯篇为'直觉'主义,说之最详。……学者读此节,当于柏氏之方法论(methodology)思过半矣。"从这样一个出发点来看,这篇译文将是一篇有着严谨且较为准确的学理判断的翻译作品。如果以原文(英文)相对照,这篇的确不同于钱智修和梁漱溟的文章,无论词汇的选取还是语法结构的安排都更大程度地保留了原文的内容。

此外,刘叔雅在译文的"题记"部分还表达了这次翻译行为的另一个初衷。他这样描述柏格森在当今西方学界的地位:"声誉日隆,宇内治哲学者仰之如斗星。讲学英、美诸大学,士之归之,如水就下。"除"《创造进化论》一书,尤为学者所宝,盖不朽之作"以外,尚有"其他著述,每一篇出,诸国竞相传译"。在这种状况下,他认为"吾国学子鲜有知其名者,可哀也"。这种对西方语境的移植的冲动与"西学东渐"进程在五四之前这一阶段的时效性相应合。正如陈平原所言:"从甲午惨败的反省,到五四运动的崛起,中国西化步伐之疾速,实在令人叹为观止。在时贤眼中,'西学'就是'新知',中国变革的动力及希望,即在于传播并借鉴'西学'。"①然而,这种"移植"实质上是要着力改变"吾国鲜有知其名者"的现状,其意图与其说是输入西方文化,不如说是使中国成为对柏格森的著作"竟相传译"的"诸国"中的一员,"移植"体现的是对西方话语的向往与模仿及对中国文化处境的自我期待。

现在我们回到刘叔雅这篇文章对"直觉"(intuition)的关注上来。需要指出的是,作为翻译,这一篇所译的内容并不涵盖英译原文"Introduction to Metaphysics"的全部章节,它仅仅是前面的导言部分。

文章首先区别了认识事物的两种途径:"于认识,分相舜之二法焉:其一,为由外观之;其他,则由内观之也。前者有赖于吾人之观察点与自表现之符号,后者则二者皆置不用。前者得相对之知识而止,后者则常能跻绝对之境也。"之后,以文学作品的阅读与原文译文之关系两例说明"相对"(relative)、"绝对"(absolute)的差异所在:"叙述也,历史也,分析也,皆但能示我以相对而已。欲得绝对,唯有与此书中人物合而为一耳。""故由内观之,绝对者,一至单简之物耳。然由外观之。易辞以言,即就其与他物之关系观之。"

这里,"相对"与"绝对"②的区别无疑通过我们认识的持续作用融入到上文对于两套不同认识论术语的双重机制里面,这种"融合"同时加强了"二元"术语机制的功能,它将更为轻易地反馈于我们的认识方式。"直觉"(intuition)概念的提出基于此种方式。

"由是观之,余者皆可以分析而明。绝对,则以求之直觉。……直觉者,一种智灵之同感(sympathie intellectuelle)之谓也。吾人藉此得置身物体之中,而达一种不可方比,不可名状之境焉。"首先值得指出的是,刘叔雅这篇短文的发表时间与张东荪在《时事新报》上连载《创化论》译文的时间大体相当,他们把"intuition"译为"直觉",而不同于钱智修"直观"的译法,但由于它们都是在与"分析"方法相对立的意义上被

---

① 陈平原:《中国现代学术之建立——以章太炎、胡适之为中心》,北京:北京大学出版社1998年版,第9页。
② "相对"(relative)、"绝对"(absolute)的译法取自日本词汇,见王力:《中国现代语法》,北京:商务印书馆1985年版。

定义的,因此在汉语的理解系统内,这两个词汇彼此的差别可以忽略不计。而在钱智修的文章中被省略掉的限制成分,即"智"的直觉,在刘叔雅的译文中以"智灵之同感"的表达追加上去。如果对照英译原文我们会惊异地发现其中并不存在"智灵"或诸如此类的形容词来对"直觉"或"同感"进行限定:"We call intuition here the sympathy by which one is transported into the interior of an object in order to coincide with what there is unique and consequently inexpressible in it."①即"智灵之同感",是越过英译直接从法文"sympathie intellectuelle"援引过来的。可见,刘叔雅这篇译文的写作始终贯穿着一种感人至深的学术规范意识,这种意识通常可以拯救我们的认识于偏执的危险。在"直觉"(intuition)的概念史上,"智性的"(intelletual)这一重要的语义限定成分往往被当作文学上的修辞,在许多翻译、转译的细微环节上它被简单而粗暴地处理掉了,这一做法使得"直觉"概念的表述越来越顺理成章地依附于"非理性"和"理性"的二元论术语机制,直至我们仅仅在"非理性"的意义上提及"直觉"和柏格森的思想。刘叔雅的规范意识因此就显得极为可贵了。尽管他可能最终无法根本扭转这种曲解的倾向。

另外,同胡适一样,刘叔雅在翻译过程中同样触及解释学在文化对话领域的根本问题。他在"直觉"一词的后面加注道:"intuition,直觉二字,不甚妥当,按其欧文本义,与程正叔所谓'德性之知'无殊。程子云:'见闻之知,非德性之知。物交物,则知之非内也,今之所谓博物多能者是也。德性之知,不假见闻。'此与柏格森之直觉哲学吻合。"②在程伊川那里,相对于"见闻之知"而言的"德性之知",乃是"穷理——格物——致知"这套修养工夫理论中"知"所指涉的全部含义,不同于"物交物"而产生的经验知识。对于"理""物"的关系,伊川认为"物我一理,才明彼,即晓此,合内外之道也",因此"致知在格物。格,至也;穷理而至于物,则物理尽"。"格物"的过程则体现为一种漫长的修炼:"须是今日格一

---

① Henri Bergson, *Introduction to metaphysics*, 选自 *A study in metaphysics: the creative mind*, p. 161 translated by Mabdle L Andison, by Lihlefield ADAMS S Co, 1965 edition.
② 上文所引刘叔雅:《柏格森之哲学》,《新青年》1918年2月15日。

件,明日又格一件;积习既多,然后脱然自有贯通处。""德性之知"指的便是这种"脱然自身贯通"的固有的心灵能力。①

可见,"intuition"之所以被刘叔雅看做与小程所谓"'德性之知'无殊",是因为这两者都是以方法论的面貌出现在各自的理论体系中的,尽管小程的学说整体仍落实在价值层面。无论是"不假见闻"的"向内之知",还是"由内观之"而抵达的"绝对之境",二者都表达了一种强调心灵功能的方法论诉求。而这样的诉求是汉语"直觉"的语义内涵所无法驾驭的。

既然刘叔雅认为以"直觉"二字来译 intuition,"不甚妥当",但依然启用这一译法。原因之一是因为从钱智修的"直观"到张东荪的"直觉"已经在"语言—思想—观念"的话语范式中取得了一个强势的定位,深入到知识群体大部分人的认识机制中,任何有异议的新的诠释都必须主动寻求与固有的已占强势的词汇(即建构人进一步认识的"前见解")在语义上的接洽点,而这种接洽则从另一个方面体现了对固有语词最低限度的认同。

最后,对于 intuition 是否可以和"德性之知"在内涵上达成一致这个问题,首先是刘叔雅的个人见解。在梁漱溟或胡适那里,我们见到过性质相类的个人化理解。这种理解依赖于每一个具体的解释者基于同一个传统文化资源所做出的最快捷的感应,并非来自对不同思想的理性考察。柏格森的"直觉哲学"与"德性之知"的语义同构可以成立的前提,是将它们从各自所从属的理论系统中剥离出来。对于柏格森来说,程颐"德性之知"背后的"万物一理"的形而上背景显然是失效的。因此翻译行为在根本上要回归到文化的理解问题上去。

我们所要面对的最后一条文献来自杜威的讲演:"柏格森以为本体界并不高,并不难懂。本体界就是继续创造活动永远更新的'真的时间'。人只要内省,不要因事实的需要,用知识把他遮断了,自然能到

---

① 以上关于称伊川修养理论的分析参见冯友兰:《中国哲学史》(下册)第十二章,1961年4月,及劳思光:《新编中国哲学史》(上三)第四章,台北:三民书局1987年版。

'真的时间'的。柏格森从这个本体、现象两界的区别上引到知识论的两个重要观念,一个是'智识(Intellect)'一个是'直觉(Intuition)'。……柏格森看不起智识,而主张直觉,以为人只要内省的程度到了,自然会有直觉,知道本体是继续不断的创造的。"

这段文字确定了以下两点:其一,是将"真的时间"(即"duration")与"直觉"(Intuition)分别锁定在本体论与知识论两个层面上,并由此建立了这样的关联:前者成为后者的本体依据,而后者则是对前者进行全面认知的唯一途径。这一点,在以前的介绍文章中从未如此明确过。而从总体来看,这层关联对阐发柏格森的思想是极为重要的。因为"duration"和"intuition"的关联,即本体论与方法论之间的关联,是在对继续不断的"内心经验"的肯定与承认中达成的,所以这层关联的建立对"duration"和"intuition"的概念形态会逐步构成瓦解。

其二,因为它们分别从属于现象界和本体界。刚刚被刘叔雅的译文重新提及的理性与intuition的内在联系被彻底斩断,提倡直觉,摒弃理性的二元认识框架再一次被强化。并且这一次强化的力度将会更大。被消解之后的重构其实会更为轻易地根植于人的认知范式当中。在中国近现代"直觉"概念的接受史上,这种框架在话语实践中被整修得异常坚固。

三、《创化论》中译本的翻译

在对上文所强调之内容有了较为真切的体会之后,我们拟在此章着重分析张东荪的译著《创化论》。此译本于1918年在《时事新报》连载,1919年作为"尚志学会丛书"之一由商务印书馆发行。在柏格森思想之中国传播史上,它是翻译柏格森整部著作的首例,因而可以作为这场话语实践的核心读本。在方法上,不同于上文的方式,这一章将以译文与原文的直观对照为分析的焦点,逐步演化为对翻译行为本身思想史意义上的考察。

在进入"duration""intuition"的概念史陈述之前,有必要提出有关整个译本的三个前提：

首先，作为法国思想的研究，这个译本不是译自法文，而是译自英文，并佐以日文，张东荪在"译言"中指出："此书原著本为法文。非予所谙习。故以美国密启尔氏所译之本为据。更旁以日人金子桂井二氏之译本为参证。"①这里的"美国密启尔氏"即为当时哈佛大学的阿瑟·米切尔博士(Arthur Mitchell PHD)，他于1911年首次将 *Evolution Créatrice* 译成英文出版，事实上，此次翻译的首倡者是与柏格森在思想上具有某种亲缘关系的美国哲学家威廉·詹姆斯(William James)。因此，这是得到了柏格森本人亲自认可的权威译本。本章所提到的原文即是阿瑟·米切尔的英译：*Creative Evolution*。具体采用版本为 Macmillan And Co, Limited 所属1919年的第6版。下文涉及的英语章节，皆出于此。

其次，与前面提到的零散的翻译或评介文章的思想意向不同，在《创化论》首页的序言中有言："以柏氏之说。能辅助中国哲学之乏论理性(现称逻辑)。与印度哲学之太消极性。而为东西洋思想接触之介。渐为东西洋文明贯通之渠。亦未可知也。继往来开。是在自我。"这一小段序言所体现的意旨可谓微言大义。第一，不再被一种急切要求移植西学语境的冲动所钳制，也没有"中学为体"那种守成式的文化心理。而是将中国哲学、印度哲学，包括柏格森所代表的西方哲学作为三个不同质地的学理系统，试图在相互之间深刻的差异中建立某种交流的可能，并且这种交流的实现不再依赖翻译者对自身文化的天然敏感，而诉诸对传统的深层理解。第二，所谓"东西洋思想接触之介""文明贯通之渠"，确立了这项翻译行为在"西学东渐"进程中切实的过渡性质，这种意义的赋予首先要求以一种超越于现实的眼光来思考"西学东渐"的整体定位，更为重要的是：它促成了翻译行为对于自身在时空层面上的反思。

以上两点使《创化论》的翻译开了一个崭新的局面，而我们的语义

---

① 张东荪：《创化论》，上海：商务印书馆1919年10月初版，第1页。本文所依版本为1920年3月第3版，下文不再另作注释。

分析也必然不可忽视这样一个基本事实。

复次,关于译文的"体裁",张东荪坦言:"当吾从事之始。常有二志向焉。交战于心内。曰直译与义译之选择是已。初下笔时。趋重于直译。唯求其句法之相肖。迨及稿成。掩原书而读之。非但不辞。且费解矣。于是尽弃之。乃转为义译。义固达矣。以与原书比阅。终不免于出入。始知无法两全也。"对于这段话,我们姑且不触及根本上的解释学问题(以待后文详之),而只是单纯地提供汉译与英译之间的一个直观差异。王太庆在谈及这一差异的时候说:"……我只得到了张东荪先生翻译的《创化论》。这个译本使我对柏格森的思想甚感兴趣,仿佛知道了一点哲学是怎么一回事,这也是促成我后来学哲学的原因之一。后来我又找到了这部书的英译本,是作者亲自过目修改的,内容比张译好些,这才使我对柏格森的哲学了解得更深一层。"①

在张东荪那里,"义译"与"直译"的区别主要在于采用哪种语言的语法构造。由于最终定稿为"义译",且与原书"不免于出入",因此我们以汉英对照为分析模式便具有了一个以语言为核心的切入点。需要提出的是,这种对照并不是僵死的一一对应与还原,而是试图在关键语句或词汇上挖掘其深厚的文化原型。我们将立足于此,来考察"duration"与"intuition"的思想内涵是怎样在语义层面上进行规定的。

四、从"duration"到"绵延"概念的转换

"duration"译自法文词汇"(la) durée",柏格森的思想第一次把这个日常词汇处理为一个哲学概念,尽管他没有为它设置一个标准的概念形式。"durée"用来指代区别于空间化时间的"真正的时间"(real time),他的第一本著作《时间与自由意志》正式将它提出并以此为主旨。事实上,如果忠于法文原名的话,这本书应被译为《论意识的直接材料》,而

---

① 见尚新建的《重新发现直觉主义——柏格森哲学新探》书中王太庆为之所作的"序",北京:北京大学出版社2000年版。

这一名称无疑会令我们更切实地领会"durée"这个概念。一般来说，我们可以从以下几个基本的规定性上来讨论柏格森"durée"的概念内涵。

第一，"durée"指涉生命主体意识内部的持续。柏格森认为："当我们的自我让自己活下去的时候，当自我不肯把现有状态跟以往状态隔开的时候，我们意识状态的陆续出现就具有纯绵延的形式。"①在一种真实存在的意义上。"La durée"成为意识最为直接的事实，并且首先是作为这一事实被感知的。这里的"意识"指代自我（ego）主体性的全部内容："在最简单的意识状态里，整个心灵可被反映出来。"（同上书，第66页）"意识"与"durée"之间的亲密依赖于"变化"这一心灵内在的本质："呈现在我们意识中的绵延与运动，其真正本质在于它们总在川流不息（unceasingly being done）"（同上，第80页）。"实际上，我们是在一刻不停地变化着，而状态本身不是别的，正是变化。"②表示这一性质的词汇包括：变化（change），生成（becoming），连续（continuity），流动（flow），延长（prolong）等等。另外，还有"durée"的动词形式"endure"，这个词在法语和英语中具有相同形态，语义上也无甚区别，包括"持续"和"忍受"两个意义，后者在词源上直观地体现了"主体性"这一内涵。然而，非常重要的是："endure"在法语中由"en"与"dure"构成。"en"本身是介词，用在无限定词或定冠词的名词前以表示时间、地点或范围方面的限制；这种功能使它成为构词方式中的前缀"en—"，表示"在其中""从某处""使成为"的意思③。这种附着在法语语言内部的思想内涵可以使我们增进对"durée"的理解，然而，这层含义一旦经过翻译行为的过滤也就无从得知了。英语中change、becoming 一类的词汇在某种程度上以模仿"endure"的这一功能来复原这种含义上的损失。

第二，"durée"所呈现的意识状态带有多样性（multiplicity）或异质性（heterogeneity）的特征。"纯绵延尽管可以不是旁的而只是种种性质的陆续出现；这些变化互相渗透，互相溶化，没有清楚的轮廓，在彼此之间

---

① 柏格森著，吴士栋译：《时间与自由意志》，北京：商务印书馆1997年版，第67页。
② 柏格森著，肖聿译：《创造进化论》，北京：华夏出版社2000年版，第8页。
③ 参见《法汉词典》，上海：上海译文出版社1982年版，第437、442页相关词条解释。

不倾向于发生外在关系,又跟数目丝毫无关:纯绵延只是纯粹的多样性。"(《时间与自由意志》,第 70 页)一方面,意识状态的相互溶化与自我主体的逐渐成长之间具有同一进程。某种意义上说,这种多样性构成了自我。另一方面,正如德勒兹(Gills Deleuze)所言:纯粹绵延提供的多样性是连续的、相互熔解的、有机的、异质的,而在更深的意义上,它强调的是类别上及性质间的相互差别(difference in kind),这种差别无论如何不能还原为数量上的差异。[1] "意识的众多性,按照其原始的单纯状态来看,丝毫不同于那构成数目之无连续性的众多性……我们的意识只做了一种在性质上的辨别,……在这种情况下,我们有众多性而无数量。"(《时间与自由意志》,第 82 页)对这种多样性的理解常常混淆于对空间的观念,柏格森提出:"有一个实在的绵延;在其中,多样性的瞬间互相渗透,每个瞬间都可以跟一种同时存在于外界的状况联系起来,并且因为有了这番联系又都可以跟其他瞬间分隔得开。"(《时间与自由意志》,第 74 页)造成这种混淆的原因是被"这时刻""那时刻"的描述方式与外在空间中点的确定方式之间的相似所迷惑。事实上,"绵延里的间隔只存在于意识中,只是由于我们意识状态的互相渗透才存在的……绵延自身的间隔不能为科学所处理。……"(《时间与自由意志》,第 78 页)。基于这种多样性及异质性,"durée"概念承认了某种绝对的内在状态,这一状态从根本上杜绝了线性的空间化的认知方式,尽管"持续"或"连续"的字眼极易使人的认识误入这种方式之中,尤其是在后者失去了原生态的语境之后。

第三,"durée"作为自我构成的基本要素同时具有不可分割(indivisibility)的单一性(unity),在这一点上,与"intuition"概念紧密联系在一起。柏格森认为其中的根本原因是:"这里所涉及的不是一件物体,而是一种进展;从其为自一点移至另一点的过渡而言,运动是一种心理上的综合,是一种心理的,因而不占空间的过程。……把一件物体分开是

---

[1] Gilles Deleuze: *Bergsonism*, Translated by Hugh Tomlinson and Barbara Habberiam, Zone Books Urzone, Inc, 1998, p.38.

很可能的,但把一个动作分开则不成功。"(《时间与自由意志》,第74—75页)正是"自我"将意识状态的众多性与延续性统摄起来,而对于"自我"来说,这种统摄又可以简化为动作与心理上的"一"。因此,"durée"是囊括了"多样性"(multiplicity)与"单一性"(unity)的一种"综合"(synthesis)①。"intuition"作为一种方法,经其自身简单而不可分割的纯一媒介的性质与这种"综合"相匹配:"通过一种简单而不可分割的直觉(a simple and indivisible intuition of mind),我们掌握了这个数的整体;既然这是关于一个整体的单一性,所以这单一性包含着众多性在内。"(《时间与自由意志》,第53页)

  通过上文的论述,我们可以知道"durée"的三个基本规定性相互联属地成为一个有机的整体,只有将其结合起来才可能对"durée"概念的内涵形成一定的了解,在下文考察这一概念在不同语境中的演变历程的时候,也才可以获得某种参照。

  上述指出,当"durée"从法语投射到英文语境中成为"duration"的时候,已经造成了一些方面的语义缺失。具体来说,有的学者指出:尽管米歇尔英译本得到柏格森本人的亲自授权与修改,但还是无法避免如下误差:"duration"在英语中最为自然的用法是指一段充满了事件的可度量的时间;而法文词汇"durée"除了这层含义以外,还具有更完备的法文原意——它倾向于指涉途经了一段时间的事实与事件,而柏格森启用"durée"一词显然更强调这项只对法文语境具有效用的含义。② 因为只有在这些含义之内,"durée"才可能更完全地将自身所意指的观念在多样性的意识状态中铺展开来。

  当英语中的"duration"在自己的语境里无法唤起同样理解的时候,便造成了如下后果:"chang""continuity"或"succession"对"endure"仅仅在"持续""延续""流动"的含义上予以保留,由于失去了"持续"过程中对实质内容的额外关注,这种保留很容易蜕变为对流程本身的注视。

---

① *Bergsonism*, p. 75.
② 参见 F. C. T. Moore, *Bergson——Thinking Backwards*, Cambridge University Press, 1996, p. 58.

"continuity"这类词汇的英文本义一方面把"durée"曲解为框架式的线性结构,另一方面将我们对它的注视导向一种类似空间排列的方式上去。而这两点,恰恰是柏格森的某种警觉向我们的认知所揭示的错误所在,他认为意识内部的陆续出现决不能够等同于外在空间的线性位置排序。可见,语境的置换至少促成了我们对"durée"概念第一个基本规定性的忽视。

在这个意义上,这种忽视经过了从英语到汉语语境的二次转换。正如我们在前面的章节不断强调的那样,使得中国文化对柏格森"durée"概念的最初理解被顺理成章地纳入到由"进化论"所表征的线性时间意识当中。而这种时间意识,正是柏格森的理论明确反对的"空间化的时间"。英文词汇"duration"便是这种误读的生长点。并且,经由"语言—观念—思想"这个颇具现代意味的话语生成机制,这一生长点获得了良性的生存语境,从而使自身演化为一场对话语权的操纵与追逐。这种线性时间意识是近代以来西学对中国普遍观念造成的最直接也最为强权的扭转,在真正完全意义上的翻译行为开始之前,它构成了我们对"duration"概念的全部理解,同时作为"前见解"意欲支配此后的翻译文本。

然而,文化交流的实际语境是不断变化的,任何一次翻译都在某种程度上对成为传统的权威理解进行重构。张东荪将"duration"译成"绵延"之后,又对线性时间意识构成了某种威胁。

张东荪在《创化论·译言》当中提到过对"duration"翻译的一个重要想法:"Duration"日译为连续。今改为绵延。连续谓二物之相接属。绵延谓物之自延长。其差实甚。此所以不能不弃连续而取绵延也。"无疑,张东荪选用"绵延"一词主要是看中了其所关涉的"物之自延长"的深层含义,从而与"连续"所描绘的单纯线性状态区别开来。"绵延"确定了一个主体的存在,因此它更为接近"durée"在法文中的基本内涵。显然,在张东荪看来,"绵延"比"连续"在对柏格森思想的传达上说具有更为到位的建构作用。

在这里,我想我们有必要回溯一下"绵延"在古代汉语中的习惯用法:首先,对于"绵"字的解释为"延续;连续",相关文献如下:《穀梁传·

成公十四年》:"长毂王白乘,绵地千里。"范宁注曰:"绵,犹弥漫。"《文选·张衡〈思玄赋〉》:"潜服膺以永靖兮,绵日月而不衰。"旧注:"绵,连也";唐代韩愈所著《衢州徐偃王庙碑》中写道:"秦傑以颠,徐由逊绵";宋代王安石《上徐兵部书》有言:"暮春三月,登舟江南,并注绝湖,绵二千里……穷两乃抵家。"可见,"绵"字已含"自延"之意,而"绵延"二字也非张东荪生造词语,而是早已被运用于古典诗词的写作当中:南朝梁简文帝《七励》曾道:"中宿绵延,长廊周密";又唐代诗人韦应物《登西南冈卜居遇雨》一诗中说:"污曲水分野,绵延稼盈畴";更为晚近之实例乃明代沈鲸《双珠记·师徒传习》里面见到的类似用法:"道统绵延寄白头,光风霁月应蒙求。"①

从以上对相关经典文献的整理中我们至少可以得出两条关于"绵延"语义的基本信息:第一,这些古已有之的用法中的确贯穿了一种对同一主体的确定,无论是延续中的变化,还是转变内部的持续,这一主体都在其中起着将各个彼此相别的部分联结在一个有机整体内的作用,正是在这个非常有限的意义上,张东荪选择"绵延"的理由可被验证是有效的;然而,第二个语义信息却向我们告之:所谓不变的统一的"同一主体"只是外部事物给予我们视觉的空间感受,与其说这个"主体"自身具有某种恒常的可把握的性质,不如承认这些景物的"绵延"状态是依赖于我们的知觉系统而确定的。无论是"绵地千里",还是"绵延稼盈畴",都是立足于空间感知而非自我意识的时间体验,而这种"空间感知"恰恰是柏格森所极力批驳的惯常认识。

钱钟书所著《管锥编》曾专门就这一问题进行讨论,他认为"时间体验,难落言论,故著语每假空间以示之,强将无广袤者说成有幅度,若'往日'、'来年'、'前朝'、'后夕'、'远世'、'近世'之类,莫非以空间概念用于时间关系,各国语文皆然"②。这个论断虽然已经在前提上预设了柏格森的"时间"理论,但重要的是他打破了"绵延"一词的界限、广泛

---

① 以上涉及"绵延"的经典文献资料见于《汉语大词典》第9卷,汉语大词典编委会编辑,上海:汉语大词典出版社1992年版,第899页。
② 钱锺书:《管锥编》第1册,北京:中华书局1986年版,第174—175页。

地深入到他自己的阅读背景中,由此极大地拓宽了论据的范围,由《春秋左传》伊始,援引《楚辞》《说文》《文选》乃至历代诗赋诸条为证。如《左传·庄公六年》一例:"请杀楚子,邓侯勿评。"三甥曰:"亡好国者,必此人也,若不早图,后君噬脐";《注》曰:"'噬脐'文譬拈出'早'与'晚',以距离之不可至拟时机之不能追,比远近于迟速,又足征心行与语言之相得共济焉。"

因为对时间的感受难以通过语言来表达,所以将表示空间的概念用于对时间的描述,钱钟书认为这种普遍现象是借助了语言的比喻及象征功能来克服所指对象的不可表述性。如果我们深入一步,就会发现在这种功能的内部蕴藏着一种可称之为"哲学隐喻"(Metaphor in Philosophy)①的认识方法。与其他的比喻不同,这种方法并不试图将某种为理性所不易觉察的相似性召唤出来,而是始终将其隐匿在语言的外表之下,如果能够促使认识对真正所指有所领会的话,那么这种领会也是从不依托于语言的。并且,这种隐喻不仅将所指事物藏匿起来,更重要的是,它将诉诸体验的自我意识的传达也引入到领悟之中。尽管事实证明,以空间喻时间的修辞手段普遍地存在于多种文化形态之中,但在某种意义上,不依赖于语言的领悟可以被看做中国传统认识方式的典型特征,而汉语本身在道家思想及后来的佛家理论的共同作用下,已被铸造成一种完全意义上的中介,在思想传达的效用上,它几乎是透明的。

这段扼要的论述展示出在"duration"和"绵延"之间我们很难找到一个共同的认识论基础。在柏格森的思想当中,将时间空间化首先可以被指责为科学的或理性的思维方式在作祟,这是当时西方理性的真实处境,尼采曾将这种蔓延于19世纪的现象描述为:"十九世纪不是科学的

---

① Metaphor in Philosophy:见《观念史大词典·哲学宗教卷》:"哲学的隐喻可以跟诗歌的隐喻分别开来,它是一种解释工具……它的解释功能表现在帮助概念的澄清与全盘理解,或者澄清有关哲学思维模式的洞见……在界定'隐喻'这一名词上,不要太拘泥于一般'诗体论'(prosody)的入门著作对'隐喻'所下的定义。它不止是一种运用介素词'宛如'的直喻(a smile)毋宁是运用部分的经验来照明其他的经验——来帮助我们了解,含摄、意会或进入其他的经验。"台湾幼狮文化事业公司编译部,台湾幼狮文化事业股份有限公司1988年版,第530—538页。

胜利,而是科学方法对科学的胜利。"这是柏格森思想之所以划入"生命哲学"阵营中去的决定性因素。他对于自我意识状态之心理延续的绝对承认,是针对18世纪以来西方思想中的理性霸权而提出的。而在20世纪初的中国,这一背景被粗劣地仿制,所以并不真正生效。在具体的文化交流过程中,人们依然依靠传统的认识方式来接纳或拒绝异邦的思想。因此,当"绵延"一词渐渐取代了《创化论》译本之前的各种译法的时候,就产生了一个复杂而有趣的现象:一方面,它在很大程度上成为自"进化论"东渐而输入的线性时间意识的一个接洽点,至少是线性时间意识作为"前见"极大地促成了一种理解上的"视域融合",而这一"融合"则暗示着时间空间化的意识会再度干扰我们对柏格森所谓"真正时间"的认知;另一方面:"绵延"自身所秉承的汉语认识论传统(即"Philosophic Metaphor")又在更深层的体验上消解了这种"前见"的干扰,因为无论怎样,这种认识论传统都具有更强的话语穿透力。

上文对"绵延"概念的个案分析着重从词汇所蕴含的语义角度入手,下面我们将深入到译文中去,考察一下具体的行文中是否尚有几处可供探讨。

首先,张东荪在译言中讲到"绵延"一词的独具匠心之处,被他用一种奇特的方式贯穿于全文。在译文的很多地方,他并没有将"duration"译为"绵延",而是很随意地译作"延长""延续""连绵"等等;而在另一些地方,他会将"continuity""succession"等表示连续的普通词汇译为"绵延"。这种变动是经过深思的。在柏格森的原作中,虽然确定了"duration"作为核心概念的地位,但他从未对"duration"下过一个明确的定义,并且,他经常用"continuity"之类描述"duration"某个基本规定性的词汇来指代"duration"本身;柏格森以文辞见长,《创化论》一书曾于1927年荣获诺贝尔文学奖(在哲学史上,获此殊荣的仅《创化论》与罗素《西方哲学史》两部),这种指代无疑使他的行文更富修辞上的吸引力,但对于哲学表达却造成了概念上的混淆。相比之下,张东荪的译本则始终遵循着一个严格的标准:凡是有关柏格森哲学内部的阐述,都明确地译为"绵延",无论原作采用的是哪个具体词汇,此外,则交叉使用"连续""延长"等词汇,哪怕柏格森在此处启用的是"duration"这个核心概念;加之译本比原作篇幅为少,很多冗长的论述或比喻都不同程度地被省略,结论又因译者之有意重复而愈发鲜明。故而,从译本的效果来看,"绵延"概念的规定性表述反而比原著更为清晰和有条理了。

另外一点值得关注的是,在张东荪的翻译中不可避免地起用了源于佛学的词汇。有趣的是,他在关键的地方曾着力避免这一做法:比如对于"consciousness 不译意识而译心意或心"。因为"意识二字乃唯识论上之特别名词。不可乱用"(《创》P)。首先是关系到"duration"概念的第一个规定性,即自我意识的持续变化,这种变化被描述为:"I find, first of all, that I pass from state to state."张东荪言简意赅地将此译作"我心无住"。这样既保留了"变化"这一要素,又强调了与意识主体的有机联系;其次,是关于第二个规定性,即意识状态的多样性与异质性;《创化论》中有如下译法:"盖绵延之流动有二徵焉,一曰原质之无量数;二曰一切原质之互相涵摄。"对应原文是:"It implies at once the multiplicity of elements and the interprenetration of all by all。"可见,"无量数"置换了"multiplicity",而"互相涵摄"则体现了意识多样态之间的转化与包容,并且,正是在这一点上,"绵延"概念的两个规定性彼此结合起来完成对整体概念的构建;也正是基于这一点,柏格森区分了两种认识系统:一种是把一条线看做无数"点"的集合,这种分割实际上是由注意力的集中以及抽象的思维能力所致,这便是将时间"空间化"的方式,柏格森在此认为芝诺飞矢不动的悖论成立的原因在于他将箭矢在第一个瞬间内部的状态确定为"静止";另一种认识系统则指向他所倡言的依赖于内在感知的"绵延"状态,它是绝对不可分割的,科学理性的错误在于以前一种方式应用于对"绵延"状态的认知。因此,这两种认识方式之间易混淆之处便落实在是否对"点"有明确的意念。在柏格森的词汇中表示抽象之"点"的主要是"instant"和"moment",当然还包括"present"这样的固定表达。柏格森描述道:"For our duration is not merely one instant replacing another; if it mere, there would never be anything but the present-no prolonging of the past into the actual, no evolution , no concrete duration.

Duration is the continuous progress of the past which gnaws into the future and which swells as it advances。"不难看出,柏格森极为谨慎地规避着上述方法论的混淆。张东荪译为:"所谓流动者。又非以一刹那代乎一刹那而前。迭为推演之谓也。设其如是。则只有现在。而无过去又展长。无所增进。唯更迭而已。然心之绵延。初非更迭。乃过去之扩张。增进无已耳。"

  这段译文有两个可推敲之处。其一,"刹那"原本是从佛学引入的汉语词汇。"刹那"为梵语"Ksana"的译音,意谓须臾、念顷,即一个心念起动之间,单作"念"意为瞬间,为表时间之最小单位。从这个解释可以看出,"刹那"既是时间单位,又与"念"同义,而"念"(梵语 Smrti 或 Smriti,巴利 Sati)则被称为心所(心之作用)之名,即对所缘之事明白记忆而令忘失之精神作用,又作忆。佛学中有"念念"的说法,即刹那刹那,意谓极其短暂之时间,经典中常以念念一词,形容现象界生、住、异、灭之迁流变化。[①] 因此,"刹那"一词的深层语义已经牵扯到自我意识的主体性问题,或者说,"刹那"建立了主体意识与量化时间单位之间的微妙联系,这种联系是通过将意识对自身的感知方式投射到对外界认识之上的手段来达成的。此为佛学理论的一个基本观点。将其用于对"moment"的翻译,便与柏格森所驳斥的理性主义认识方式(即将时间空间化)产生了某种学理含义的冲突。但这一译法仍被广泛认同。

  其二,是英文与汉语都无法避免的一个误读。在法语的语境当中,"durée"所表征的意识状态的多样性与单一性的统一,也就是性质不同的状态间的"互相涵摄",不仅仅是依靠一个动词将"过去"与"未来"连接起来描述和表达的,而是体现在深刻的语法背景当中。法语具有极其复杂而森严的时态系统,譬如在"过去时"中包括:最近过去时、复合过去时、直陈式未完成过去时、直陈式愈过去时、简单过去时五种形态;"将来时"则含有:简单将来时、过去将来时、先将来时及过去最近将来

---

  ① 以上佛学名词之解释参见《佛学大词典》(中),台北:佛光出版社1988年10月初版,第3731、3206、3214页。

时——这些还是忽略语式因素之后的单纯时态体系。虽然我们不能确定柏格森对"绵延"概念的规定是否受到母语暗示的必然结果,但至少从中可以了解对时态的如此划分多大程度上激活了他与此相匹配的对时间的精确感知。只有在这样的语言中,"durée"的体验才可能被完全地传达。

在这里,我们惊叹于语言与思想之间的亲和力;同时也可以想见,英语及汉语的语境传统是怎样无可避免地使这种体验彻底失效的。

五、"Intuition"与"直觉"概念所涉及的问题

与上一节的结构一样,对"intuition"概念首先进行原始规定性方面的梳理,进而分析它在中文语境中的具体境遇。

第一,和上文阐述的"duration"第三个规定性相对应,即"duration"不可分割的单一性(unity)只有通过"intuition"这种认识方式才能为我们所知觉。因而,无论在柏格森的著作里,还是在对其的理解中,"intuition"首先是作为一种认识论意义上的方法被提出来的。并且,正如德勒兹所言:直觉,对它进行方法论思考的时候,已经在其中预设了"duration"概念;并且,柏格森在此基础上将哲学建构为一种绝对精确与严格的训练,像科学自身那样能够被继续和传送,在这个意义上,柏格森主义的直觉乃是充分发展了的一种方法。① 在柏格森看来,"intuition"之所以能够把握"duration"异质且不可分割的特点,是因为"intuition"自身也具有同样的性质,即如上文("durée"概念第三个规定性)所言,在"单一性"和"众多性"这两个层面上,"durée"与"intuition"具有可以相互感应相互匹配的概念内涵。因为,柏格森不止一次地表示过"intuition"是一种"理智的同情"(Intellectual Sympathy),并且这种同情不仅能够在人对事物的认知过程中达成某种"进入"之渠道,更重要的是,这种同情天然地对"自我"形成指向,即"自察"(Self-observation)或"内省"(Introspec-

---

① *Bergsonism*, pp. 13—14.

tion)：".....从自身内部进行认识,这种认识与知识过程颇为不同——它依靠直觉(存活着的直觉,而不是被表现的直觉)进行区别,那大概近似于我们所说的'直觉性同情'。"① 正是在这个意义上,我们引出了"intuition"概念的第二个规定性。

这一规定性确立在"intuition"与"instinct(本能)"之间的同源关系之上。柏格森认为在"sympathy"最基本的词源学意义上,"直觉"和"本能"都是一种"同情"。这种词源学确定了人与人之间或物与物之间存在如下的联系:影响了其中一个的因素,也会同样地影响另一个,因此,"sympathy"首先指称最普遍最日常意义上的感情认同。进而,我们可以用它来表示进入他者感觉之中的能力。并且,"直觉"的这一功能性特征很大程度上是从"本能"那里承继下来的。但是,理解柏格森思想的最大偏差也正在于对这种同源关系的确认。因为在柏格森的思想体系中,本能始终作为与智力(intelligence)相对应的进化方向被提出。他认为在生命进化的初阶,本能与智力便在性质上提供了两种不同指向:智力对事物的把握必须依赖于其中的非连续性、固定或静止的特征,而这种固定在根本上则有赖于智力自身的停顿:对空间的分割,对语言概念的执着无疑都体现了这一倾向;智力周旋于生命的外部,"智力天生就不能理解生命"——柏格森认为这就是"智力的特征",而"本能却是依照生命本身的形式而成型的"② 对于心灵与精神活动的内在机制而言,"本能"完全可以在与"智力"相反的含义上来确定自己与生命本身的关系,即"本能"是关于"事物"自身而非外部形式或事物之间相互关系的。这一点,构成了智力与本能性质上的差异。③ 在这里,我们似乎又因此助长了一种"二元"模式的长足印象:智力—理解—概念—科学 vs 本能—直觉—同情—哲学。经过上文的多次强调,我们对于这种模式已颇

---

① 《创造进化论》,北京:华夏出版社2000年版,第149页。
② 同上书,第141页。
③ 柏格森认为,是否有意识(consciouse)对智力和本能来说,并不构成类型上的差异,只是程度上的区分。只是"本能"更多时候是"无意识"的。二者的区别应落实在作为认识方式的基本要素之上,比如关于何种对象以及运作的具体方式等等。

为熟识,并且最关键的是,在张东荪《创化论》译本出版之前,这一模式已被当时中国知识界的话语实践重重加固。然而,如果我们遵从柏格森的本义,那么至少可以提出两点相反的论据,拟在一种更深的层面上颠覆这一模式。

其一,在进化的两个不同方向之间存在着深刻的共源关系:"智力与本能最初是相互渗透的,并且保留了它们共同源头的某些东西。我们从未发现过两者中的任何一个处于纯粹状态……我们准备表述的那些区别将会显得过于鲜明,而这正是因为我们想在本能性的东西当中区分出本能,在智力性的东西当中区分出智力。实际上,一切具体的本能当中全部渗透着智力,而一切真正的智力当中也都渗透着本能。"①这一"共同源头"可以追溯至将生命推入到世界之中的那个"生命冲动"(Élan vital),即一种永不衰竭的创造的力量。"Élan vital"蕴含了柏格森思想之所以被称为"生命哲学"的全部宏旨。后来柏格森一再强调理性与直觉必然会再度和谐在一起(reconverge)(前提是后者对自身有足够意识)正是基于这个宏旨而言的。由于"Élan vital"是一种隐喻的表达,长久以来,"生命的冲动"往往被看做"非理性"的同义语。在这里我们有必要明确的是:这一看法显然忽视了柏格森"二元论"背后深藏不露之一元主义。当然我们也并不否认柏格森论述本身的文学化倾向也是造成这种偏颇见解的原因之一。

其二,直觉与本能的同源或承继关系,并不等于二者是同一的。事实上,尽管直觉在生命进化过程中以本能为基础,然而它们之间的区别同样是性质上的:"本能是同情的。这一同情如果能够扩大其对象,同时能够反映自身,那么它将会给予我们理解生命运作过程的钥匙。"而对于直觉来说:"直觉将我们引向生命的至深处——这里所说的直觉,指的是这样一种本能:它已不具功利性,能够意识自身,能反射到对象之上,并可以无限地扩展它的对象。"(CE, p. 186)。可见,在"本能"中存在着一种潜伏的"自我意识"状态;而"直觉"则意味着将"意识"从沉睡

---

① 《创造进化论》,北京:华夏出版社2000年版,第117页。

状态中释放出来。对自身的意识是否自明——这一点构成了直觉与本能的最大差别。尤其在"对绵延的直觉"这样一个方法论层面上，本能从来就无法代替"直觉"；另外，作为人类的某种心理机制，"直觉"也和很大程度上体现在动物行为上的本能相距甚远。柏格森之所强调二者的同源关系，是因为当时理性方式几乎雄踞了西方认识世界的全部领域，他最根本的目的是试图唤醒人们对自身认知机能的重新审视。而对"同源"的描述恰恰在一种微妙的指称关系中揭示了二者深刻的差异。

这种差异将使我们对 Intuition 概念的领会深入到第三个规定性之中，即"直觉"和"智力"或"理性"的关系。柏格森认为：虽然"直觉"在对生命的内在体察这个意义上超越了智力。但是，没有智力，直觉便会始终滞留于"本能"的形式，被固着在其实际利益的特定对象上，并被那个对象外化为动力运动。（CE. p. 187）上文曾提到过的：当我们在生命进化的进程中指涉"直觉"为一种"同情"的时候，已经先验地在其中纳入了智力这一因素，即所谓的"Intelletual Sympathy"。事实上，"直觉"作为一种灵活机动的方法，并非在任何语境下都与"绵延"这一事实直接关联。至少，在《时间与自由意志》一书中，柏格森还没有在方法论的意义上使用"直觉"一词，只是以此来描述康德对空间的意识，经由《形而上学导论》，一直到《创化论》，"直觉"才逐渐成长为在方法论上具有某种变革意义的概念。因此，在柏格森的著作中，曾出现多种不同限定的"直觉"。如"空间的直觉"（Intuition Spatiale）、"感觉的直觉"（Intuition sensible）等等。这其中只有"哲学的直觉"（Philosophical Intuition）这种修订才构成把握"绵延"的唯一基质。在这里，有必要提供一个重要的文本：1920年，张君劢和林宰平曾在法国拜访柏格森，写下《法国哲学家柏格森谈话记》，当时发表在《改造》杂志上。此文题记中说："凡所问答，皆吾与宰平平日读柏氏书而心中所怀疑不敢决者。"有趣的是，所谓"怀疑不敢决"的问题几乎全部集中在"直觉"概念上。而从柏格森的答复中我们可以更清楚地看到他对"直觉"概念的界定："余之哲学即以直觉为根本方法，故有哲学的直觉之名。（Intuition philosoplique）。哲学的直觉者，直接知识也。（Direct knowledge）同情也。（Sympathy）深入物体之内部也(One place oneself within an object)……此超智的直觉(Supra-intellectal)乃吾所谓哲学的直觉也。"但超越智力并不意味着"反对"与"弃绝"智力。柏格森对此一再强调:"盖吾之所谓直觉为补足知识之手段。在知识之分别比较外,下一种深入物体内部之工夫。如是则于求真之道得之矣。"并且"若欧洲之哲学与其哲学上之所谓直觉,则少不了思。少不了分析,盖既得了实在之后,不能不以语言文学翻译之,则不能依赖智识,故直觉所以辅助智识,并非排除智识"①。正如约瑟夫·祁雅理所说的那样:"所谓他(指柏)的反理性主义只不过是他拒绝接受把一个活生生的人或任何生动经验的现实的理解归结为各种概念和概念知识而已。概念是知识或某一特定形式的知识的一部分,但概念并不是知识的整体。……所有那些批评柏格森是反理性的人都忘记了一个事实,即理性包括使人类心灵认识和把握现象世界及其自身真正本质的一切能力。"②张君劢与林宰平为我们带来的这场中国思想直面西方哲学的对话,无疑更为鲜明地表达了柏格森对"直觉"与"智力"的真实构想。与文字相反,言语行为拒绝外在的解读与诠释,它是凭借自身鲜活的直接性来达到相互理解的。

然而,就像张君劢和林宰平初读柏格森因无法绕过文字甚至翻译这个渠道而满腹疑虑一样,尽管上述"直觉"概念的三个规定性在《创化论》的英文本中都得到了较为充分和到位的展现,在张东荪的《创化论》中译本里仍然可能会存在模糊性。因而我们有必要深入译文当中,并在这个意义上将翻译作为一个关涉"理解"的问题提出来。

首先需要肯定的是,张东荪本人对柏格森思想的理解与原作所体现的意旨并无根本出入,他在《创化论·译言》中写道:"读斯书者慎勿以为柏氏蔑视科学。盖柏氏所反对者为旧科学。而其启迪者。则为新科学。……读斯书者慎勿以为柏氏绝弃智慧。柏氏只谓当使智慧与直觉融合于一而已。……读斯书慎勿以为柏氏主持心物二元论。柏氏只谓

---

① 1921年12月《民铎》杂志第3卷第1号。
② 约瑟夫·祁维理著,吴永泉、陈京璇、尹大贻译:《二十世纪法国思潮——从柏格森到莱维·施特劳斯》,北京:商务印书馆1987年版,第15—20页。

心物同为一动之顺逆两转耳。要之。近代思想家决无持一偏之见者。其含有调和融合。不独为柏说之精髓。抑亦近代之特色矣。"以此为证。

问题在于,这些理解与原作思想的一致性是否同时落实到了具体的翻译之中,还须详细考察一番。

与"绵延"(durée)不同,"直觉"并不是将新的语义添充到原有的汉字框架中得来的新观念,它源于日文词汇"chokkaku",而这个词则是对英文 intuition 的意译,表示:"未经充分逻辑推理的直观,它是以已经获得的知识和累积的经验为依据。"①以"直觉"来译"intuition"并没有出现"能指"变更之后"所指"的思想能量在某种程度上被消解这样的问题,而是在语法表述及言词构造的层面上存在着造成理解差异的悬疑之处。

因此,最值得关注的地方在于"直觉"概念在论述中的导出过程。在原作中,"intuition"的导出方式始终遵循着"核心—边缘"而非"智力—直觉"的概念构造。这种构造第一次出现是在导言当中:"It will be said that, even so, we do not transcend our intellect, for it is still with our intellect, and through our intellect, that we see the other forms of consciousness. And this would be right if we were pure intellects, if there did not remain, aroud our conceptual and logical thought, a, made of the substance out of with has been formed the luminous that we call the intellect."在这里,柏格森将"智力"描绘为清晰明朗的"核心(nucleus)",而"直觉"则是环绕周围那圈模糊晦暗(a vague nebulosity)的"边缘",这样的叙述就"直觉"概念的第三个规定性而言,无疑是富有准确表现力的。在很长一段时间内,柏格森都以这种修辞来隐喻"智力"与"直觉"之间的相互关系。对柏格森来说,"智力"隐藏在"核心"这一借代之内,"直觉"通过云雾状的"边缘"来表述自身,它们之间的补充关联则借助"aroud"一词暗示出来,更为重要的是,"核心—边缘"结构的显著特征标示着一种不可分割的整体感。如果只是单纯提示两个独立要素之间存在着整合关系的话,那么不仅使这一概念表述趋于形而上学传统,而且很容易令我

---

① 《外来语词典》,上海:上海辞书出版社 1984 年版,第 406 页。

们对这种"整合"关系的理解趋向于"组合"。因为由两个独立要素构成的系统,与由同一个基质衍生出来的系统毕竟存在着本质的差异。因此这种修辞决非文学意义上的简单处理,它的功用在于可以妥善地规避对"智力"和"直觉"采取所谓二元形态的流俗理解。

张东荪的中译本对这一段作了如下的翻译:"虽然。人将曰。吾不能越智慧之境。必仍籍其力以审此心。浸假思辨之范畴与推理之程序中。绝不寓有不可思议者。以为构成此智慧之资。吾亦乐承此言。无如其否也。"(《创化论》,第4—5页)。作一个生硬的对照便可看出:那团模糊的雾状边缘蜕变为"构成智慧之资"的"不可思议者",尽管"不可思议者"依然焕发着某种非概念化的粗糙感,然而与原作相比,它仍不失为一种较为规范的理性表述。因而,首先是隐喻能指——"vague nebulosity"的消失,继而是"环绕"——"aroud"关系被简化为单纯的"构成"关系。这一切,使得 Intuition"边缘域"式的概念构造在译文中被消解掉了。

我们再来看看另一段译文:"然于智慧以外有能参澈此真时者。则体验上之直觉是已。方诸圆形之物。智慧其核。直觉其边缘也。核乃由边缘凝结而成。故必合智慧与直觉。始能窥本体之全。"(《创化论》,第46页)这一段是《创化论》译本中"直觉"第一次作为学理意义上的概念被表述出来,译者为了醒目之需,还特别在"直觉"两个字下面以着重号标示。假设我们毫无柏格森思想的相关背景,那么这段重要的译文至少可以使我们获得如下的阅读印象:首先,"直觉"完全是在与"智慧"相对立的意义上提出来的,它具有"智慧"天生缺乏的"参澈以真时"的优越功能,并且,它是诉诸"体验"的;其次,"智慧"与"直觉"的关系是"核"与"边缘"的关系,但"边缘"是构成"核心"的唯一要素,构成的方式是"凝结";第三,它们是我们的认识可进行选择的两种方法,如果同时选择并将其结合便能够探寻真正本体。

这些由阅读而来的看法可能并非是对柏格森"直觉"概念的完全曲解,但如果对照原文的话,我们还是能够发现此中微妙的差别:"The feeling we have of our evolution and of the evolution of all things in pure duration is there, forming around the intellectual concept properly so-called and indistinct fringe that fades off into darkness.……"(CE. p. 49)至关重要的一点是原文中并没有出现"intuition"这个具体词汇。上文提到,张东荪的中译本不是直译,而是义译,文中不免有参差之处,我们当然不是以一种挑剔的目光来追踪任何与原作不相吻合的地方,但正因为是"义译",而且张东荪对柏格森思想的个人理解又十分经得起推敲,因而这种对照才产生了某种特殊意义——在这个过程中,翻译本的语言形式才真正成为敏感的问题,而语言和思想的关系才得以被提升到关键的位置上。

由于是义译,张东荪放弃了"句法之相肖"的翻译策略,他的目的是"义固达矣",至于句法结构则可作为纯粹的形式而忽略不计。因"达"的缘故,张东荪做了很多努力以使译文尽可能地清晰,譬如上文提到"duration"概念在译文中的运作就比原作中规则整齐得多。对"intuition"的导出过程的处理,做法也是同样。由此我们看到:原作中"智慧"(intellectual concept)是作为明确的概念指称出现的,但在语法上它并没有出现在主语的位置上;"直觉"(intuition)则反之,它并不真实"在场",而是以"feeling""around""indistinct""fringe"形成一个所指隐藏的"语义场",将"intuition"的真实含义通过"烘托"的手法间接描绘出来。这依然可以看作我们上文名之为"哲学隐喻"的表述方式。这种方式决非规范的概念模式,但它却最有能力避免表达本身对概念内涵的挫伤;这个语义场的特征还在于:虽然"intuition"不在场,但它却占据了主语的语法地位;"智慧"仅仅在从句中艰难地建构自身的明确性。而"直觉"对"智慧"的塑造依然没有打破"around"的运作形态,可以说,这一点是"直觉intuition"之所以是"智慧"必要之补充的绝对前提。在中译本中,"直觉"冲破了自身所隐藏的语义场,以一种与"智慧"在形式上势均力敌的姿态突显出来。事实上,中译本提供了一种更为"结论化"的语气,这种语气导致"直觉"必须以概念的姿态"在场",因为"结论"是西学东渐过程中译者最终要到达的标的。清晰、鲜明则是这一标的实现的内在要求与执行原则。因而在很多地方,繁复的论证过程本身在翻译当中都被有意无意地省略掉了,尤其是对固有文化相对陌生的部分。以《创化论》为例,原作中广泛涉及的近代生物学理论与相关背景在中译本里大打折扣,使得中译本看起来更像一个以各种概念、结论为关节点的干净利落的理论框架,这也可以解释为何中译的篇幅比起原作来少很多。另外,对照我们初读中译本所形成的理解,其中的曲直便可证明语言对思想所具有的优势并没有给予我们忽视它的理由。

除了对论述过程的省略之外,从上文的对照中我们还发现:原文"intuition"概念的导出是借助迂回的语法循序渐进地推导出来的:柏格森绝不轻易地将"intuition"附着在标准的概念表述之内,因为在他看来,语言及概念本身已经是"智慧"之固定、非流动性特征的一个原始写照,所以迂回的"主从"语法关系是相当必要的,而一旦将其纳入当时半文言的中国语境之下,这种"主从"的构造也就随之被打破,取而代之的,是直接承继了古代汉语衣钵的一种"对偶式"语法结构,即"智慧其核,直觉其边缘"的工整对仗。这样一来,"核心—边缘"的整体性与相互之间的密度感在某种程度上便被重新分散到两个独立的要素中去了。其直接的后果是在语法上恢复了"二元论"的认知范式。

综上,"概念在场"与随之而来的"结论突现"以及"对仗句法"成为《创化论》中译本最主要的特色,并且,由此形成了"直觉"概念在中文里面独特的表述语境。比如:"It is there , accordingly , that we must look for hints to expand the intellectual form of our thought; from there shall we derive the impetus necessary to lift us above ourselves."(CE. p. 52)相对应的译文这样写道:"(殊不知此乍观若无所作用之直觉乃足示进化之根本。)必使其与智慧融于一炉。然后始能窥生物之真象。盖智慧由直觉凝固而成。故直觉实超乎智慧。"(《创化论》,第 49 页);以及"There is no durable system that is not, at least in some of its parts, vivified by intuition. Dialectic is necessary to put intuition to the proof, necessary also in order that intuition should break itself up into concepts and so be propagated to other man; but all it does, often enough, is to develop the result of that intuition which transcends it."(CE. p.251)相应的中文为:"凡说之含真理

者。必基于直觉。直觉以外虽有所谓辩证法者。足以辨直觉之真幻。并使直觉化为概念。然二者实为相反。以直觉本超乎辩证法而上之。……既复归于直觉。乃知辩证法为无价值矣。……"(《创化论》,第257页)

不必过多分析,上面两个例子很直观地显示了中译本的特色。事实上,概念表述的规范化,"直觉"一词在这种表述中的"在场"本身便足以强化对仗句法的二元模式,更何况,在这个基础上有些地方还将"transcend"提供的逻辑上的超越意义具体化为"超……之上"的方位意义,从而使得"直觉"与"智慧"在原作中建立的同源关系或者说整合感在中文句法结构中被腐蚀——"直觉"由于超越于"智慧"之上而失去了与"智慧"沟通的语义渠道,原有的整合感则在此处重重搁浅。

译本中,对仗整齐的句子比比皆是:"(斯为超于智慧以上之直觉)乃为内省之知识,非徒为外象之辨认。""智慧之能事只在明物与物之关系而不能潜入物之体内。而本能之能事则为感通之直觉而不加复之思虑也。"且不仅仅局限于对"直觉"概念的论述之内,如"即愈超于乙端愈有绵延易言之即愈有时间性。愈超于甲端愈有广袤易言之,即愈有空间性。"(《创化论》,第216—217页);又"于专论一生物。则取能应之义。于泛言全生物。又采受应之义也"。

当西方的语言负载着思想徐徐进入中文语境的时候,中文固有的语法结构如同一个过滤器一样无意中对思想进行了筛选。同时,思想的重量又在细微之处逐渐打磨这个过滤器的具体形状。直至白话文运动之后,形成了顺应西方语言情状的中国现代汉语。而张东荪所译《创化论》出版时期,这一变更正值进行当中,他所采用的文字亦是半文半白,但除了一些新译的外来词汇以外,整个语法体系与句法构造仍然袭用了文言文的传统模式。故而,《创化论》中译本的文字便成为中西思想交汇的敏感地带。

六、柏格森思想汉译行为在话语实践中的意义阐述

经过上文对柏格森"duration"与"intuition"概念1913年至1919年

间在中文语境中演变的描述,可以在以下两个层面上将这个问题深入下去:第一个层面关乎中国近现代思想的确立及执行方式,主要体现在柏格森思想的传播特征上,并且,这些特征在多大程度上回溯于翻译行为本身也同样引起我们的关注;第二个层面在于通过上文的材料梳理,事实上已经把翻译文本当做相异思想场域相交汇的一个天然场所,因此,不应当把固有的语言状态看成单纯的障碍与限制。而是将这一过程还原为翻译者对自身文化当下处境所做的(无意识)回应与反思,并在此意义上把翻译行为看做中国近现代思想话语实践具体达成的手段,这一节仍将以两个核心概念分别展开。

首先,我们不妨简单地回顾一下中国近现代以来形成的话语实践特征:第一,为官方意识形态所扼断的对知识的调控权限移交到了知识群体的社会职能当中,知识分子的角色本身继而定位在官方—民间的坐标系当中,某种意义上,这一点意味着知识分子功能与角色的现代转换;第二,知识传播方式与信息的流通渠道(包括聚集与发布)被拓展,知识传递结构也因此趋向立体化。对这种多极结构的适应造成了知识受众群体规模的空前扩大,这一点直接导致了对传统语言之霸权地位的消解,具体的后果散见于文体风格的流变,"文言"状态的松动,以及日化或欧化因素的加强。这些后果激活了新的话语范式和陈述规则;最后,以知识人这一群落为主体确立起新的范式与规则,这样的过程在日常社会生活的层面上实践了一种崭新的话语建构机制。这三个特征在我们所作的对"绵延""直觉"概念的详细考察过程中无疑更为清晰与明确。并且,翻译行为本身的首层定位必然要求我们回复到对这种话语实践的认识中来。

《创化论》最早是以连载的形式发表在《时事新报》上的,因此这种话语机制的形成便受到来自两个方面的驱动:以文章作者为代表的知识人和依靠阅读来参与话语实践的知识读者群落,其中,后者又对前者的意向构成某种程度的牵制。然而,这种"牵制"不应成为使之被动的因素,它仅仅是这一话语机制复杂性的体现。正是在这个意义上,我们把翻译行为纳入到话语实践的实现渠道中去。而这种实现首先依赖于知识人与阅读群体在公共理解上达成一致，并且这种一致很自然地落实在语言层面上。

具体到张东荪那里，便是译文内在地要求他所采用的语言"能使现在之人为之了解"。他对《创化论》译文应采用何种语言构造这一问题保持了相当警醒的认识。他在《译言》中对译文文体的选择做了如下解释："今吾不以信为第一义。固由于吾译才之短。然亦实由于天然之限制。曰中国文体是已。近来日本以译事之发达。使文体渐为之变化。趋应于欧文之构造。……如我国译佛经。至唐玄奘。文体大变。……吾固笃信此后中文必变。且其变必为接近欧文。然此非一时之事。非一人之力。必渐积其自然趋势而始能成熟。不可强为。强为之。不过使人费解而已。无何裨也。盖今日文体方在变化之中途。尚未告一段落。且他日变化如何。亦难逆睹。故在此时。不能不受几分拘束于现行文体。非然者。不能使现在之人为之了解。"（《创化论》，第7页）。这段话源于张东荪在翻译过程中的真切感受，并且可以看成他作为一个翻译者的自觉。正是这种自觉驱动了它所从属的话语建制的形成。这便是中国近现代话语建构机制的复杂性对翻译行为产生的最为直接的反作用。如果我们将话语实践的三个特征与这种反作用结合起来看，那么不难发现其中的接洽点在于翻译不再使自身处于文本的封闭状态，相反，它建构了一种话语的公共场域，在其中，任何一个概念的含义确定都要在一个"敞开"的态势下进行。翻译者也在某种程度上失去了个体的角色定位，它拒绝个人意识的独立实践，我们完全可以在概念的整体演变中追寻他们共同的思想史行踪：知识分子的个人意气或取舍抉择体现着中国文化在当时代的具体境遇。

对于张东荪来说，这一点并不等于完全失去选择，正如他认为的那样：文体之变虽为定事，其欧化方向也依稀可辨，但毕竟当前情状只是变途中的过渡阶段。因而最好的选择便是无为而治、顺应自然。传统的解释学一般将具体的"历史情境"作为认识的一种制约，事实上，这种"顺应"应该看作译者的文化谱系所处历史情境的自行表达。这一表达的直接后果实际上是部分地消除了思想的变革趋势与当下情境之间的不适感,对当时的中国文化来说,这种不适感就是"西学东渐"过程中受动角色的代称。因此,与其将这一选择看做知识人对个人意气的有意放逐,不如把它当做个人意识与自身文化所处整体境遇的自然结合。这种结合创造了思想变革自身的机会:变革的冲动总是通过对语言固有界限的不断删改来具体达成,尤为重要的是,这种"达成"是对文化整体性、对话语的合力履践的一种肯定。因而,文化境遇的自行表达便充分地拓展了变革的空间。相反,如果刻意使用欧化文体,则会构成对变革进一步延伸之可能性的人为阻碍。并且,由于公共知识场域在中国近现代的有力拓展,"西学东渐"的基本作用是修葺与重建了包括语言在内的思想方式,引言中曾提到,这种"重建"在某种程度上斩断了我们与传统文化根蒂之间的相互感应,所有语汇、概念,乃至文化体系可被理解的含义都迫使我们回溯到近现代知识分子的初衷上去,如此才可能部分地恢复这种感应。因此,这种对当时文化情状的"顺应"为我们提供了一条可把握的通向传统思想的脉络,这条脉络上分布着琐碎的语言细节,其间传播方式与翻译行为的相互纠葛尚依稀可见。这一点,似乎也可以为本文笨拙的梳理过程提供些许的支持。

第二个问题更为切近知识分子对近现代思想话语内部建构过程的处理,具体则牵扯到近代以来翻译标准的确立。

对于张东荪来说,求"义理之显豁"的心态决定了他对信达雅的最终取舍。信达雅作为人们耳熟能详的翻译标准最早可以追溯到严复那里:"译事之难:信,达,雅。求其信已大难矣,顾信矣不达,虽译犹不译也,则达尚焉。"三者之中难以判断高下,但"达"显然是至关重要的一个环节,因为"达"是"信"成立的基础。严复解释道:"故西文句法少者:三字。多者数十百言。假今仿此为译,则恐必不可通,而删削取经,又恐意义有漏。此在译者将全文神理,融合于心,则下笔抒词,自然互备,至原文词理本深,难于其喻,则当前后引补,以显其意。凡以经营,皆以为达,为达即所以为信也。"他又说:"《易》曰:'修辞立诚'。子曰:'辞达而已'。又曰:'言之无文,行之不远。'三曰乃文章正轨,亦即为译事楷模。故信达而外。求其尔雅,均不仅其以远行已耳。实则精理微言,用汉以前字法,句法,则为达易;用近世利俗文字,则求达难。……"①而对于张东荪,他把文体变化之中途和受拘束于现行文体作为他"不以信为第一义"的根本原因。他在前文中曾明言对于"信""达""雅"三个标准的处理:"盖译之为事。昔人谓有要点三。曰信(此字有二训。一谓原意之真切。一谓语法之毕肖。兹取后义)、达、雅。其理解之境。则为使三者保其平衡。否则亦当使达信平匀。而雅次之。惟于事实。则绝无是处。非但三者不能平衡。即信达亦不难等量。至其分配若何。要视译者之趋向为何如。吾今独于此二趋向外。另取其一。曰专以达为主。夫吾人之译书。岂不曰介绍其思想于现在之邦人乎。则必求不能读原书之邦人而能了解无遗。故以达为第一义。质言之。即于达信之间。宁重达而轻信。至于雅则附属于达中可矣。达者何。义理之显豁也。人之读是书者。本求知其所诠之理。非玩其所撰之文。……故义理之显豁诸语气之相肖。尤为重且要也。"(《创化论》,第5—6页)

我们首先可以确定的是"信""达""雅"三者之间并不是相互间离的关系,而是整合为一体共同指向翻译者所力求达到的一种境地:"翻译者必须把所需理解的意义置入另一个谈话者所生活的语境中。"②因此,"翻译者的任务绝不仅仅是把原文所说的照搬过来,而是把自身置入原文的意向中,这样才能把原文中所说的意思保存在解释者的意向中。"③正是在这个意义上我们反复强调翻译是一种理解行为,而"解释"则是"理解"得以达成的一个基本策略。在语境的迁移过程中,什么是必将损失的,什么又能够保持自身的同一性并被准确传达到阅读行为的承担者、即这场解释行为终端的认识场域中去,这其中最为关键的一点是如何调适"损失"与"保留"之间的紧张关系。译者的成败通常决定于此。对于中国近现代的翻译者来说,便是如何执掌"信""达""雅"之间的微妙尺度,而这一点集中在"信"与"达"二者的矛盾之上。无论是严复还是张东荪在这一点上都达到了一种共识:"信"如果作为语法构造或语

---

① 以上引文均出自《严复集·第五册》,北京:中华书局1986年版,第1321—1322页。
② 伽达默尔:《真理与方法》(下),上海:上海译文出版社1999年版,第490页。
③ 伽达默尔:《哲学解释学》,上海:上海译文出版社1998年版,第68页。

言形式的精确相似,那么显然是次要的并在恰当的时候应该勇于舍弃;"达"是所以为信的条件,要做到这一点恰恰在于对"信"的舍弃,具体做法是将全书要旨融会心中,如从己出,尔后完全破除原文的语言框架,力图在本土的语境中恰如其分地将原文的宏旨还原出来。正如本雅明所描绘的那样:"真正的翻译是透明的;它并不掩盖原文,并不阻挡原文的光,而是让仿佛经过自身媒体强化的纯语言更充足地照耀着原文。"①

因而对原文意义的领会同时意味着译者要对自身文化乃至语言基质有着充分的觉解。这一觉解过程的双重含义体现为:第一,对原义的领会本质上是要克服异域思想在语言上的陌生性;第二,这一陌生性浸透到文化的自我理解中去,继而激活了自我理解的根本效能。自我理解在这里成为确保传统文化基因的一种方式。这种双重含义落实到翻译行为中便演化为使陌生性与自我理解在语言上寻求某种和谐。正如伽达默尔所认为的那样:"所谓理解就是在语言上取得相互一致"②,而"理解作为一种视域的融合本质上是一种语言学的过程"③。另一方面,对于自身文化乃至语言基质的觉解很大程度上是指向固有的语言形式及语法形态的,舍弃原文的语言框架为固有文法的介入提供了一个契机,"保留"与"损失"之间的紧张在此得到了更为清晰的处理:这种处理借

---

① 瓦尔特·本雅明:《本雅明文选》,陈永国、马海良编,北京:中国社会科学出版社1999年版,第288页。梁启超在写于1897年的《论译书》一文中也表达了这个意思:"玄奘之译《瑜珈师地论》等,先游身毒,学其语,受其义,归而记忆其所得从而笔之。言译者当以此义为最上。舌人相承,斯已下矣。凡译书者,将使人深知其意,苟其意靡失,虽取其文而删增之、颠倒之,未为害也。"这一共识中包含了这样一个前提:译者要对原文的意旨进行完全意义上的把握——即对"已说出"的话语和"未说出"的话语均有所领会,因为"已说"与"未说"是构成话语全部"意义"的双重因素。而对于"达"的刻意遵循首先依赖于对"已说"和"未说"这两个因素的辩识。并且,这一前提还隐含着这样一个信息:即"未说"的话语比"已说"的话语具有更强的对"意义"的指示作用。这一点使"翻译"成为可能,但我们并不由此引申出对"普通语言"论的支持。此外,"未说的"只是提供了一个有待填充的意义空位,转换后的具体语境栖身于此,自我文化谱系中的表达方式便由之展开。

② 伽达默尔:《真理与方法》(下),上海:上海译文出版社1999年版,第189—490页。

③ 伽达默尔:《哲学解释学》,上海:上海译文出版社1998年版,第19—20页。本雅明在这一点上也持相似观点,他在写于1921年的《翻译者的任务》一文中指出:"一切翻译只不过是与语言的陌生性质达成一致的权宜手段。"

助于意义与语法的见离。所谓语言上的和谐即原生意义与新语境之文法构造的融合。近代以来西方思想的引入便是在这样一种具体的情势下完成的:在对意义方面保持一致理解的同时,进行言语结构的转换,并且,后者是前者之所以能被实现的基本条件。翻译行为的危险也即在于此。对严复们来说,这种危险首先体现为他们在翻译过程中产生的切实困顿。这一困顿使他们难于持衡"信"与"达"的语言天平。如果以此为反思对象的话,我们对翻译过程中理解行为的双重性及它所引发的对自身文化的关注则会更为深入。

关于意义在不同语境中的游历过程相对于翻译行为内部而言,实质上是对翻译规则的制订与修缮,而这一点传达着知识分子于"义理之显豁"方面的本能追随,落实到行文的取舍上,就是我们在前面提到的翻译过程中原文"结论"的绝对地位。这样一种话语内在机制的修缮一旦被纳入到传播方式的特质当中、一旦被贯彻于中国近现代"西学东渐"的思想重建之中,那么无论是"结论"还是张东荪所言之"义理",指的都是对某一理论主旨进行凝结与概括之后的判断。这便形成了"西学东渐"在当时代的一个典型特征。从中可见,在一个相当普遍的认识层面上,对西方思想的引入被认为是对固有文化在理论疆界上的一种扩充,体现为"论断"与"结论"的几何性增长,并非思维方式的内在变革。这一点,也同样适用于《创化论》中译本出版之前、即在第一章里面提到的对柏格森思想进行介绍的诸篇文章;同时,也是在这个意义上可以确立严复在近代翻译史上的独特地位——他译《穆勒名学》时明确地指出要为中国传统思维注入逻辑分析的理性活力。但严复所作的个体努力终究无法扭转这种对西学的整体认识趋势,这种认识很大程度上是对当时中国与西方之间文化紧张状态的本能回应,被简化为"结论"的思想在数量形态上的迅速增长实际上体现着对国家实体能力的重建与期望。因此,内在思维方式的变革以及真正对西方文化实质内容的接纳都将是一个异常缓慢的过程,这一过程中蕴涵着西学东渐在中国近现代思想史上演进的真相。具体到以语言为考察中心的话语实践行为,除了第一章里边着重探讨的思想传播模式等方面对西学在中文语境内的际遇所形成的先决条件以外——事实上,这一先决条件构成了对传播内容、传播意向以及翻译可选词汇诸层面的真实参与——在第二章中,语言构造包括叙述方式及语法特征则成为翻译行为本身的建构机制。下节详述。

首先需要明确的是"话语演变"是对中国近现代思想传统所由形成的历程在语言层面的定位。西学的渐入必然牵扯到中国固有文化对异己思想的接纳与转化,上文提到这一过程通过翻译行为落实到语言内部,从前两章对"duration""intuition"概念所做考察的全过程来看,这种过程至少涉及语言变迁的两个方面,而"duration"与"intuition"两个概念的语义史分别与这两个方面相对应。

第一:回溯"duration"在中国语境中的概念变迁:从进化论所涵射的线性时间意识的引申,到胡适对"duration"确切译文的不置可否,乃至张东荪"绵延"概念的最终确定,这条线索主要针对不同思想体系中名词概念如何对应这一问题来展开。在中西方语言可译性(translatability)这个方面,名词概念能否对应可能是首当其冲的,几乎成为中国近代以来任何一个通晓外语的知识分子都最先遇到的一个难点。王国维看过《中庸》的英译本之后曾感叹道:"中国语之不能译为外国语者何可胜道,如《中庸》文第一句,无论何人不能精密译之,外国语中之无我国天字之相当字,与我国语中之 God 之相当字无以异。"[①]冯友兰在读Hoffding《近代哲学史》的心得中写道:"中国哲学无 control, discovery, progress 诸观念,可于儒家所谓乐天知命,道家所谓随遇而安见之。"[②]对于名词概念而言,能指与所指构成一种规范的对应关系,一般认为同一的能指是可译性达成之前提,而在中西语言的互译过程中,这一对应关系发生了严重的偏差。名词概念所指涉的观念容量在中西文化之间的差异体现于能指对应失效背后的所指空缺。这种"空缺"状态给当时的中国知识人带来的创伤性感受促使他们对自身文化特质进行反思,这一点成为他们输入西学比较核心的一个动力,一方面将新的名词与知识类

---

① 王国维:《书辜氏汤生英译〈中庸〉后》,1906 年,转引自《中国科学翻译史料》,合肥:中国科学技术大学出版社 1996 年版,第 157 页。

② 蔡仲德:《冯友兰先生年谱初编》,郑州:河南人民出版社 1994 年版,第 39 页。

型不断注入汉语言的固有领域,另一方面极力促使中国文化系统和西方思想语境在语言上迅速接壤。持续的观念引进逐渐拓宽了认知视域的边界,并删改了原有的对于世界的注视方式。

他们进而发现:从中国传统提供的"言由心生"的角度出发,这一语言上的差别便指向了文化心理的不同倾向,由此可以深入体察这种不同倾向在语言形态上塑造的差异性特征。这种差异首先意味着发现自我文化体系内认识能力的本然局限,具体到语言上,就是汉语的文字特性所决定的观念演进方面的滞后性。梁启超认为这一特征可归诸于此:"西人惟文字与语言合也,故既有一物,则有一音,有一字有一名。中国惟文字与语言分也,故当有今无之物,古人造一字以名之者,今其物既已无存,则其字亦为无用。"①在这一点上张东荪的看法则更为明确,他认为:"西方言语系的语根往往可以表示原始时代的幼稚观念;而在中国则每个字都可寻着其原始的幼稚意义,却于后来进步的意义并无特别的字形字音以表示之,其区别点只在于用法。于此可见有语根的必亦有语尾变化。有语根与语尾变化的和那语尾不分明的却显然是两种不同的系统。"②可见,汉字在表示名词变更方面的一些固有缺憾,由文字所意指的观念系统便常常流于故步自封。梁启超与张东荪提出的区别其实主要是针对拼音文字与象形文字的类型差异,也有学者将这两种语言类型称为"屈折语"与"孤立语",而汉语的北方语便是典型的"孤立语"③。

尽管这两种语言形态的差别是根本性的,然而对汉语来说,"西学东渐"提供了一个语言新陈代谢的捷径。西学输入的过程很大程度上极大地在数量上丰富了汉语的词汇,其中"音译"是一个比较常见的翻译策略。它的优势是可以更为快捷地将新观念注入到思想形成的话语

---

① 梁启超:《论译书》,转引自黎准秋主编:《中国科学翻译史料》,合肥:中国科学技术大学出版社 1996 年版,第 328 页。
② 张东荪:《知识与文化——张东荪文化论著辑要》,张耀南编,北京:中国广播电视出版社 1995 年版,第 231 页。
③ 见海然热:《语言人——论语言学对人文科学的贡献》,"屈折语里的词由词根和词缀构成……孤立语的词永远不变,不可分解……词与词之间的关系全凭位置指明"。北京:北京大学出版社 2012 年版,第 71 页。

实践中去,但欠缺之处在于它所提供的语境嫁接方式相对较为生硬,观念的变更也易趋向表面化,因为这种类型的嫁接并不触及固有文字与其所代表的思想内涵。在这里,"duration"概念的演变便可作为翻译者另一种尝试的典型例证:在为一个异域观念寻求汉语表达的时候,除了音译尚可在相近概念构成的语义场中确定某一传统词汇成为新意义的载体,而阅读者则依据传统词汇提供的"旧"的"视域"来逐渐靠近崭新的意义内涵,从而在语言内部完成观念的更新。

  第一章我们曾分析《创化论》以前对于"duration"的不同译法,梁漱溟在佛学词汇体系内的搜索以及胡适的翻译困境尽管不尽完美,但他们都致力于在中国文化内部为新思想寻觅相应的接洽点。张东荪的努力从现状来看较为恰当,"绵延"二字充分调动了固有的文化资源对于异己思想的接受潜能。如果我们深入到"绵延"在中国语境中对"duration"的重建过程当中,不难发现新旧视域的融和是这样达成的:"绵延"的传统用法通过阅读行为在中文读者的认识境遇中被激活,虽然个体对传统文化的觉解无法等量齐观,但汉字独特的"形体"特征可以将相关的思想资源在一个最低的限度内展开,从而形成认识过程的基本视域。以此为基础,这一基本视域借助译文所提供的概念表述置身于陌生而鲜活的语境当中,由此将崭新的概念内涵纳入到词汇本身的指涉范畴之内。值得一提的是,作为话语实践之终端的读者并非被动地参与这场涉及观念演进的语言操纵,事实上,概念表述与传统词义的微妙结合是经由读者所执掌的阅读行为在当下体验中最终得以完成的。因此,这种结合从根本上不是因循西学思想的原生义理而建构自身的,相反,正是这样一个文本与阅读行为之间的空隙使固有的认识机制(如上文提到"哲学的隐喻")获得了栖息之地。

  第二,关于汉语语境对"intuition"概念的重建为中国思想向现代形态的转换提供了另一种更替的模式,即在翻译过程中更为深层的语法构造与观念变革之间的复杂关系。

  上文中我们提到:"intuition"之汉语境遇的主要特点是结论凸现和语言的对偶形态这两个方面。关于第一个特点前面已有详述,在这里,我们侧重关注中文的对偶形态所支持的思维方式。

"对仗"作为古代汉语逻辑思维的典型摹本,已然在广度上和深度上参与了传统生活由之而成的日常话语行为。严复在充分考察了中西方的思想文化之后,曾经如此评价传统的蒙童教育:"且也六七龄童子入学,脑气未坚,即教以穷玄眇眇之文学,事资强记,何裨灵襟!其中所恃以开睿神明者,不外区区对偶已耳。"①可见,"对仗"的思维训练在启蒙时期便先于意义而在语法上塑造了与其相顺应的表达程式。长期的翻译工作使严复在语言所体现的思维差异方面颇为敏锐,他认为西方的拼音文字有三个主要特点:"一其字之音声。二,其字之义训与其本原流变之可知。三,其字对待所以与句中他字相缀属而成理者。"由这三个特点引发出思维程式的不同:"以言其义训,则文字之于人意有各当之异同。西人类别群分,比之为八九类,不若中国之但以虚实云也。"②

有趣的是,西方人接触中国文字之后也对这一语言事实深有感触,只不过言语间少了那种中国知识分子对自身文化的激情,他们的思考更为趋向学理性的反思:"汉语没有屈折变化,于是靠为数不多的助词,利用近义词项的合并,反义词项的对仗、节奏和并列,'词'或语义单位的位置及其不同关系等帮助理解语句(……),不论在哪个层次上,意义均从组合当中产生。在中国人的思维方式里,成对的互补概念和对应概念之所以起主要作用,特别是那种强调相辅相成的根本特点,原因大概就在这里(……)。中国思想(……)不处理是与否,存在与不存在的问题,它关心的是踵接相继、相互结合与互补的对立体。(……)掌握汉语意味着运用不同于西方向来重视的思维机制和能力。"③可见,"对仗"结构

---

① 严复:《原强修订稿》,引自《严复集·第一册·诗文(上)》,北京:中华书局1986年版,第29页。

② 严复:《英文汉解》,引自《严复集·第二册·诗文(下)》,北京:中华书局1986年版,第287页。关于语法和思维的关系,本文的另一个核心概念"duration"从法文迁移至英文及中文语境过程中由于丧失了语法结构所造成的语义损失亦可作为明证。

③ J Gernet:*Chine et christianism*, *action et reaction*, Paris, Gallimard, "Bibliothèquesoles histoires". 转引自 Claude Hagège 著,张祖建译:《语言人——论语言学对人文科学的贡献》,北京:三联书店1999年版,第174页。

并不仅仅是语言形态表层的直观体验,它背后支撑着一个持久而强大的思维程式。这种程式通过启蒙教育及"对联""诗歌"等语言游戏逐渐渗入到日常的知识系统里面,从而对人们的思维取向形成某种绝对的支配,并进而促成了中国传统逻辑与西方理性之间的功能性差异。具体来说,中国思维的逻辑特质是确立了相反相成的两个对立元素,这种素朴的辩证思维历来为人所称道,但不可否认的是,它与真正的理性思维之间存在着无法沟通的鸿沟。原因首先要诉诸汉语言的内在特征。"对偶"首先是对这种象形、单音文字在音律方面要求的必然图解:任何一种文字都本能地顺应该语言被说出来的时候所体现出的肉感特征——我们舌头的位置、发音时气流疏通的细微渠道,正是言语的肉感特质决定了文字对节奏的表达,从中我们可以体会到西方的拼音文字与我们的母语之间的最直观也最为本真的差别。这些广泛体现在"诗歌""对联"等游戏感极强的话语实践中的"对偶"结构,一方面在视觉上具备极为规范的对称形式感;另一方面将薄弱的单音会聚为两列颇具厚度的音韵节奏。正是这种过于规则的对称形式使得中国的逻辑结构滞留于二元要素之间的对立关系上:我们思维的大部分注意力都用于在对立两项寻求周旋与游历的快感,由于这种快感是动态的,故而我们很容易将其混同于思维的真正乐趣。事实上理性思维的真正特征在于它的运动不是循环的,它本能地推动着自身不断摆脱思维逻辑素朴的原初形态,从而朝着理性的方向迈开它的步伐。可以说,它由于将全部的注意力集中在一个方向上,才获得了前进的能量。而对于中国逻辑发展的真实处境来说,随着汉语言文字对自身形象的迷恋逐步在审美方面确立起持久的兴味,这种二元的思维模型便很自然地得到巩固。可见"intuition"概念在西方语法构造中透过参差不齐又错落有致的句法关系表达出来的自如的层次感与之相去甚远。在这里,我们无意陷入对文化优劣的肤浅论断,只是表明更为深层的思想信息是深深地镶嵌于语法结构之内的。因此,对中国传统思想内在潜质的发掘必然要依靠对异己的思维模型的根本接纳。我们已经看到,这一点在中国近现代思想话语的实践当中被提升到怎样一个敏感的位置。

从对柏格森"直觉"概念的分析中我们得知:异域思想经过翻译行

为的梳理最终落实到固有的语言体系之内表达出来,这是一个最自然不过的进程。但对于张东荪来说,"直觉"最终还是和理性形成了对立的局面却是有违他作为翻译者的初衷的。他所无法把握的只是"信"与"达"之间的微妙尺度,而经"对仗"模式重塑的"直觉"概念无疑重新落入《创化论》译本出版前一系列话语实践所形成的"二元"认识方式的模型当中,这一点译文本身的直观形式便可作为证据。因为对于已成型的"前见解"来说,总是会更倾向于接纳与自身性质相吻合的诠释。这种接纳进程的实现,是借助语言来对"前见解"进行复制而在根本上加固其所代表之认知形态的稳定性。故此中仍然涉及话语实践与自我理解的问题。

令张东荪没有想到的是,正是他对"信""达"标准的精心执掌,也就是他对原语法构造的完全放弃,在保全了固有文化对当下情境及自身代谢的充分宽容的同时,却意外地以固有言语结构形成了对西学义理的伤害。这里需要再次明确的是,中国近现代思想的重建包括两个方面:其一是理论疆界的数学性拓展,另一个则是诉诸语法构造的思想变更。和"duration"所关涉的名词系统的量化增长相比,语法形态的更替显得更为复杂,周期亦更为漫长。张东荪之不得不受限于现行文体的策略便是自发地遵循了语法形态更替的内在特征。如果说名词所指的缺席尚可补救的话,那么语法结构则率先占有了思想对自身的指示方式:"言语的构造在暗中把人们的思路与想法决定了,使其不能不依着而进行。"① 这一点是无从更改的。从对"intuition"概念的考察中我们不难看出,由于过度地放弃了语法上的直接相似,过度地依赖于对"未说出"意义的信任,进而过度地寻求义理与判断的霸权力量,将"义理"从原文语境中剥离出来、并孤零零地置于传统的语言架构之内,事实上是顺应了语法对思想的优先权柄。"intuition"在汉语"对仗"结构中"二元化"的重建便可作为这一优先权的明证。也正是这一点,才可以解释张东荪与自己最初的翻译构想失之交臂的真实原因。

---

① 张东荪:《知识与文化》,张耀南编,北京:中国广播电视出版社1995年版,第230页。

然而,语言是文化交流的必经之路,就中国近现代思想形成过程这一特例而言,西学东渐所见证的吸纳异己思想的复杂性展现在语言层面的更改,便是经由长期的翻译行为与话语实践缓慢而艰难地进行的。或许我们曾经固守传统的语言形态与认知机制,并因此妨害了对异己思想的本真认识,但言语结构的演进乃至思想的更新都意味着我们依然可以更为深入地探询世界的真相,甚至包括认知本身。

据梁启超的考证,由于长期以来对佛典的翻译,中国语文发生了两个方面的巨大变化,首先是"国语实质的扩大":自汉晋迄唐八百年间即为汉语扩充词汇三万五千有余;其次便是"语法及文体之变化";倒装句法,提挈句法,以及"有连缀十余字乃至数十字而成立名词——一名词中,含形容格的名词无数"等诸多语言情态均归功于此举。① 无独有偶,近代以降,至我们当时代汉语言所经之变迁,也正印合了当初张东荪对中国近现代思想"欧化"趋势的远见。这其中,翻译行为真实地记录了作为中国思想变革的话语形成与演进,而语言所经受的种种痛楚恰恰成为思想日益超越自身之不朽能力的见证。在这里,我们不妨借用威廉·冯·洪堡(Humboldt, Wilhem, Von)的话来增强某种乐观的态势:"把已经现成的语言形式应用到语言的内在目的……这在语言形成的中间阶段被认为是可能的。通过对外部环境的内心领悟和改善,一个民族也许能够赋予它所传承的语言以一个如此不同的形式,以至语言因此成为一种完全不同的新的语言。"正如"duration"与"intuition"概念的演变昭示着语言作为文化整体之最敏感的触点。

在此,我们旨在树立这样一种语言观:"不能只注意语言作为对象之描述和理解之中介的语言的作用,而更应当谨慎地回到语言的与内在精神活动紧密交织的本能和语言与这一本源的相互影响上去。"②

---

① 见梁启超:《翻译文学与佛典》(一名《中国古代之翻译事业》,1921年7月15日《改造》第3卷第11号),转引自夏晓虹编:《梁启超文选》(上),北京:中国广播电视出版社1992年版,第498—499页。

② Humbolelt Wilhem Von:《论人类语言结构的差异及其对人类精神发展的影响》(柏林1836年),转引自海德格尔著,孙周兴译:《在通向语言的途中》,北京:商务印书馆1997年版,第209页。上段引文同。

第三章　梁漱溟：活水似流了去的生命

一、自然、活泼的生命观

从总体上看，我们完全有充分的理由将梁漱溟的思想划归为生命派的哲学。当然这样的划分不似学术意义那样严格，因为他本人也从不把自己看做一位学者，不是按照谨严的治学方式表述自己的思想体系。相反他是把自己看做思想家，是按照自己的想法来讨论文化、生命等重大的思想问题的。既然自称是一位有体系的思想家，那么梁漱溟自有其思想的核心观念。那么，他的思想体系的核心是生命吗？他曾经这样说过："在我思想中的根本观念是'生命'、'自然'，看宇宙是活的，一切以自然为宗。仿佛有点看重自然，不看重人为。"[①]可见，生命观是梁漱溟思想体系的核心，要真正能够读懂梁氏的思想，必须从其生命观着眼。按照他本人的看法，他自己的生命观是本之于中国传统的儒家、道家、印度佛家及西洋生命派哲学中的柏格森的生命哲学思想。

梁漱溟从小受过传统教育，也进过新式学堂，终其一生未进过大学，也未出洋留学，只受到过中学教育。

梁十四岁进入中学之后，便有一股向上之心驱使他在两个问题上追求不已：一是人生问题，即人活着为了什么；二是社会问题，亦即是中国问题，中国向何处去，这两个问题是互相关联的。他一生八十余年的主要精力可以说都用在这两个问题上。

梁的个性极强，思想行为却极其认真，他总想在思想上、在个人的生

[①] 梁漱溟：《朝话》，《梁漱溟全集》第 2 卷，济南：山东人民出版社 1989 年版，第 125 页。

命上要有个安顿之处,乃能生活下去,不似一般人的糊涂。可以看到,他对生命观的重视首先是为了解决自己生命的困惑,为了寻找自己精神生活的家园,而不是站在旁观者的角度对生命本身作理论探讨。

早年由于受功利主义的影响,梁漱溟认为,欲望就是人生的一切,人生就是在欲望的满足与不满足中度过的。于是问题也就在究竟什么是苦,什么是乐呢?他反复思索后得出的看法是,认为人生的苦乐不在外界,而在自身,即在主观欲望的满足与不满足。欲望满足则乐,不满足则苦。而人生的这种欲望是无穷尽的,有限的人生根本不可能满足此无限的欲望。这样的思考引导他得出如下的看法:人生基本是苦的。既然生命的苦与乐都出在人类生命本身而不在外面,所以根本的解决办法就是否定人生。当时的梁漱溟指出,其余的思想流派纷纷向外追逐以求解决人生问题的想法都是错误的,只有佛家是正确的。因此其思想自然折向佛家一路。他是经过自己的百般计较、苦苦思索才寻到了这一看法,然后再去寻觅佛典印证。

他读佛学书大致有两个时期:

一是十四五岁,辛亥革命之前;

一是民国以后不当记者,在进北大之前,在家闲居两年多,于是专攻佛典。

他研读佛学的结果:

第一,十八岁那年拒绝父母为他订婚,并从十九岁开始吃素,一度想出家为僧。

第二,通过自学佛学书籍,大大增进了自学的能力。他原只有中学毕业的学历,以后教书,做学问,办教育,靠的都是自学而不断积累起来的知识。

1917年梁年仅二十四岁,受蔡元培邀请,在北大哲学门教印度哲学。从1917年至1924年,梁在北大前后共七年。这七年对梁的影响是很大的。一是增长了梁内心的争名好胜之心,当时的北大名流云集,所以对梁的压力当然是很大的。改变了梁笃信佛学,一心想出家生活的道路。二是一面教书,一面自学、研究,在学识上成熟了,开始具备了自己独有的见解。三是由于与陈独秀、蔡元培、李大钊、胡适等人的交往,有助于感受到当时思想界一流学者的影响。

梁离开北大的原因似乎有如下两个。

一个原因是他对教育问题有了新的认识,梁办学的动机是在自己求友,又与青年为友。所谓自己求友,即一学校之校长和教职员应当是一班同志向、同气类,彼此互相取益的私交近友,而不应当是一种官样职务关系。所谓与青年为友,含有两层意思,一是帮着他走路,二是此所云走路不单指知识技能,亦指学生的整个人生道路。

第二个原因是他个人对哲学看法的转变。他后来这样说道:"人人都懂一点哲学最好,但无需在大学里办哲学系,培养以哲学为职业的人。一个人在大学里学哲学,等毕了业再教别人哲学,这是顶冤枉的。"①

第三,积极从事乡村建设,以学问改造中国社会。

由于这些原因,梁决定离开北大。

从思想上讲,梁初信佛,后由佛入儒。此种思想的转变明显地发生于梁漱溟在北大任教期间。如上所说,梁漱溟来北大之前是笃信佛学的,他之在当时社会上的影响及其被蔡元培邀请来北大任教也是由于其在佛学方面的见识。但在蔡元培约其来北大的当时梁漱溟本人的思想应该说已有了较大的转变,即其时梁漱溟并不仅仅站在佛学的立场上,而是自觉到有向社会讲明孔子思想的"责任",认为佛学和儒家思想是自己思想的趋向。我们知道他是一位极其认真的人,是一个有自己的思想和见解的人,不是一般人的随和应顺。因此他之来北大当然是他人生中的一件大事,因此必须考虑作为北大老师的他应该具有的职责。蔡元培之请梁漱溟来北大是因为他读过梁氏的《究元决疑论》,认为梁氏对佛学有较为深入的研究且有自己独到的见解,所以约他来讲印度佛学。但梁认为自己在学术上的职责不仅仅在于讲明佛学,同时也得向社会传播儒家孔子的思想。此一想法是由于当时社会上及北大校园内盛行着崇尚西洋思想、反对东方文化的思潮。那时的北大教授如陈独秀、胡适、

---

① 梁漱溟:《朝话》,《梁漱溟全集》第2卷,济南:山东人民出版社1989年版,第138页。

李大钊、高一涵、陶孟和等都是新文化运动的干将,梁漱溟"日夕与之相处,无时不感觉压迫之严重……问题之不可忽略,非求出一解决的道路不可"①。这是梁漱溟来北大之前和之后所感觉到的思想上的压力。在此严重压力之下,产生了一种愿望,就是"为孔子为释迦说个明白,出一口气"②。由于当时他并未对东西文化的问题形成系统的想法,所以来北大之初只是向蔡元培表达自己的此番抱负。于是,他对蔡元培说:"我的意思,不到大学则已,如果要到大学作学术一方的事情,就不能随便做个教员便了,一定要对于释迦孔子两家的学术至少负一个讲明的责任。"所以他第一天到北大就来到蔡元培的办公室,想探明蔡元培及学校对于孔子持什么样的态度。"蔡先生沉吟的答道:我们也不反对孔子。"梁漱溟则进一步说道:"我不仅是不反对而已,我此来除替释迦孔子去发挥外更不做旁的事!而我这种发挥是经过斟酌解决的,非盲目的。"在另一场合,遇到当时北京大学文科学长陈独秀时,梁漱溟又对他重复了自己来北大的意旨。③

梁漱溟是一个极有主见的人,且持守自己思想的一贯性,并不是一个轻易改变自己思想的人,他所以在进北大的前后思想有如上的变化,既有主观方面的原因,也有客观方面的原因。

1920年春,梁漱溟应"少年中国学会"之约准备有关宗教问题的演讲。他原以为此事于他是轻而易举的。但提起笔来,思绪紊乱,却不知从何写起,随写随改,满纸涂改。当时他深感自己思路闭塞,头脑一片空白。他自己不觉惊讶万状,莫名其妙,遂掷笔叹息。待静下心之后,他随手取来《明儒学案》一书翻阅。梁漱溟平素较为留意阳明心学一派的思想,对于王心斋一派尤为在意。当时他"于《东崖语录》中忽然看到'百虑交锢,血气靡宁'八个字,蓦地心惊;这不是恰在对我说的话吗?这不是恰在指斥现时的我吗?顿时头皮冒汗默然自省,遂由此决然放弃出家

---

① 梁漱溟:《自述》,《梁漱溟全集》第2卷,济南:山东人民出版社1989年版,第12页。
② 同上。
③ 梁漱溟:《东西文化及其哲学》,《梁漱溟全集》第1卷,济南:山东人民出版社1989年版,第344页。

之念"①。梁漱溟认为,是王心斋将他引入儒学之门,给予他极大启发,他极其欣赏王心斋称颂自然的思想。但在此我们必须注意的是,他这里所说的"放弃出家之念",并不意味着他从佛家的立场完全地转变到儒家的立场。可以说,他的思想仍然是佛学的,但其生活态度却发生了很大的变化。这就是,原来他极想出家为僧,不事婚娶,脱离俗世,完全过出家人的生活。然王心斋的《东崖语录》却使他"默然有省",从此打消了出家的念头,并于当年末结婚成家。此时诚如他本人所说的那样,他对儒学刚入门,只有极粗浅的领悟,思想的根本还在佛学。对于自己从佛入儒这一转变,梁漱溟后来有这样的解释:"我是在生活上做一个人的生活,我思想上还是倾向佛家。思想上倾向佛家,人还是做一个人的生活。做一个人的生活应当是走儒家的路。"②

儒家的入世倾向显然与佛学的出世态度很难兼容并包。所以对于梁漱溟融会佛儒的态度,有人就理解不了。如胡适就很难理解梁漱溟的这一思想立场。他曾询问梁漱溟,说你既笃信佛教,为何又要标榜儒学。在胡适看来,儒、佛两家的思想实难以相容兼同。儒家坚守自强不息积极进取的现世态度,而佛家执意斩断尘缘,超脱现世。如此截然不同的两家又怎么能够相通呢?胡适对之当然是百思不得其解的。但梁漱溟却不这样看。他回答说,从儒家立场确实不易做到这点,因为儒家是排斥出家的。但从佛家看来,应该是没有问题的。为什么说从佛学的立场看兼容儒、佛是可行的呢?梁漱溟是这样来解答的:"孔子之道与佛之道,明非一物。昨晤胡君适之颇讶漱溟何以笃于佛之教化,乃又揭扬孔子?此事诚不可不说明。……佛之出世思想,于孔家诚为异端,在所必排,以其能破坏孔子之教化也。然佛家之视孔化则不然,尽有相容之余地。岂唯有余地,佛之教化不占一席地步,所有之地方,具以容纳各种教化。而佛之极简单而洞虚之教化则无处不可融贯。又似为之外廓者,岂唯孔化能容,世间高下种种不同教化,无不能容。……至从佛法中看孔

---

① 梁漱溟:《我的自学小史》,《梁漱溟全集》第 2 卷,济南:山东人民出版社 1989 年版,第 699 页。

② 梁漱溟:《这个世界会好吗》,北京:东方出版社 2006 年版,第 125 页。

化则除均所不拒之态度外,更有特别意思,可以见孔化之极好。何也,孔子之化亦极空洞耳。此空洞两字殊不妥,然一时亦说不出,大要谓其不为碍,而又实一极简极切之一物。此极简极切之一物今不能详说,姑且说佛化与孔化有特别关系而已。其关系之处将来于各种问题随处说之。固欲问,则大抵孔子之形而上学与佛之形而上学不甚远之故,是其要也。"①从梁漱溟上述的种种理由中,我们可以清楚地看出,他是在佛家思想的基础上来综合儒、佛两家思想的。既然是以佛家思想为基础,并以之来解读儒家,所以在他看来,所谓的融会佛、儒当然是不成问题的。需要注意的是,梁漱溟所谓的儒家已是经过他所理解的佛家改造过的儒家。而他所谓的佛家也并不是原来意义上的佛家。他之看佛家、儒家及其二者的关系不是站在纯粹的学者立场,而是坚定地站在他自己反复申说的思想家的立场。他原本就是一个极有个性的思想家,凡事先有自己的一套想法再来看佛家或儒家的。如果从此角度来看梁漱溟所谓的融通佛家和儒家,我们也就清楚,从此种立场出发,不但佛家和儒家的会通是不成问题的,即便是世界上其他的思想流派,只要是他本人感兴趣的,似乎都能够在佛家思想的基础上融会贯通,当然这一融会贯通的基础无疑是佛家的。胡适站在学者的立场当然理解不了梁漱溟的思想,而梁漱溟本人则以自己的思想为唯一的取舍标准,所以在他看来兼取佛家和儒家是不成问题的。

其实在此之前,梁漱溟早已动念留居世间。他之接受蔡元培的邀请去北京大学讲授哲学,扎入知识分子成堆的地方这一事实就清楚地表明,梁漱溟确立出家念头的当下就有着出世与入世的挣扎。只不过进北大前没有机遇使他的入世心愿落实。但进了北大却不一样了。他自己说是"被误拉进北京大学讲什么哲学,参入知识分子一堆,不免引起好名争胜之心"②。说"引起好名争胜之心"是很准确的。这说明梁漱溟本已有"好名争胜之心"。北大名流云集自然引发了他的好名争胜之心,

---

① 梁漱溟:《在孔子哲学第一次研究会上的演讲》,《梁漱溟全集》第4卷,济南:山东人民出版社1991年版,第549页—550页。

② 同上书,第698页。

有"好名争胜之心"的人当然极想在其中一试身手。

梁漱溟早年未曾在儒家经典上下过工夫。由于受其父亲的影响,在开蒙读书时念完了《三字经》《百家姓》后径直读《地球韵言》一类的书,而不是如其他儿童一样接读"四书五经"。上中学后,他也不喜读古书。既受王心斋思想的启蒙,他有意于儒家思想,遂自觉地念诵儒家经典。他从《论语》《孟子》念起。特别使他对儒家思想有新的感受的是,他发现儒家的人生态度与佛家的截然不同。佛家认定,人生是苦的。儒家则不一样,他们对人生抱定一种乐观向上的精神。"全部《论语》通体不见一苦字。相反地,劈头就出现了悦乐字样。其后,乐之一字随在而见,语气自然,神情和易,偻指难计其数,不能不引起我的思寻研究。卒之,纠正了过去对于人生某些错误看法,而逐渐有其正确认识。"①儒家思想使他意识到,以前的"所欲得遂则乐,所欲不得遂则苦"的看法是片面的。此时的他彻悟到,苦与乐与欲望无关,而全视乎自己生命的活泼流畅与否。"生命流畅自如则乐,反之,顿滞一处则苦。"试看《论语》一书开篇即云:学而时习之不亦乐乎!"而且《论语》都贯穿着一种和乐的人生观——一种谨慎的乐观态度。如云:仁者乐山,智者乐水;贫而乐;饭疏食饮水,曲肱而枕之,乐在其中;发愤忘食,乐以忘忧,不知老之将至;如是等等。此其显示出来的气氛又何等不同!宜乎后儒便有'寻孔颜乐处'之倡导了。"②

由于梁漱溟早年是怀着人生是苦的印度式思想,而现在竟然在儒家的早期经典中不期发现人生充满着乐趣。对于他来说,儒家的乐观人生赋予他一种强大的新鲜之感。两相对照,他自然而然地发现,中国儒家思想与印度的佛学思想在人生苦乐问题上竟有截然不同的态度。

梁漱溟原是要做佛家的。但在新文化运动中期,由于当时的社会情势迫使他不得不放弃佛家的念头而来大力提倡儒家。这其中有三个原因:第一个原因就是当时那种全盘西化的浪潮。他说:"周围种种情形

---

① 梁漱溟:《自述早年思想之再转再变》,《梁漱溟全集》第7卷,济南:山东人民出版社1991年版,第181页。

② 同上书,第185页。

都是叫我不要作佛家生活的。一出房门,看见街上的情形,会到朋友,听见各处的情形,在在触动了我研究文化问题的结论,让我不能不愤然的反对佛家生活的流行,而联想到我自己。又总没有遇到一个人同意于我的见解,即或有,也没有如我这样的真知灼见,所以反对佛教推行这件事,只有我自己来做。"第二个原因是"我又看着西洋人可怜,他们当此物质的疲惫,要想得精神的恢复,而他们所谓精神又不过是希伯来那点东西,左冲右突,不出此圈,真是所谓未闻大道,我不应当导他们于孔子这一条路来吗?"第三个原因是"我又看见中国人蹈袭西方的浅薄,或乱七八糟,弄那不对的佛学,粗恶的同善社,以及到处流行种种怪秘的东西,东觅西求,都可见其人生无着落,我不应当导他们于至好至美的孔子路上来吗?"正因为上述的种种理由,梁漱溟感叹道:"孔子之真若非我出头倡导,可有那个出头?"①在此我们可以看出梁漱溟当时那种孤军奋战的情景。他逆流而上,顶着全盘西化的狂澜,竭力提倡儒家文化的真精神。他不愧为现代儒学思想的第一人,是现代新儒家的源头活水。

其实在梁漱溟生命观念的转变过程中,其父的影响是巨大的。父亲不希望他研读佛学,希望他结婚,希望他好好上学。梁父感伤国家的多灾多难,痛心传统文化价值的坠落,因此在六十岁生日的前三日以身殉道。如果上述的思想转变原因大都是外在的话,那么其父的辞世则在他内心深处激起了深刻巨大的激荡。他自己回忆道:"在先父辞世后一二年间我即转变。……此次转变之深刻,前后绝不相同。"②他在《思亲记》一文中详细记下了此一思想转变的原委。"溟自元年以来,谬慕释氏。语及人生大道,必归宗天竺;策数世间治理,则矜尚远西。于祖国风教大原,先民德礼之化,顾不知留意;尤大伤公之心。读公晚年笔墨,暨辞世遗言,恒觉有抑郁孤怀,一世不得同心,无可诉语者;以漱溟日夕趋侍于公,向尝得公欢,而卒昧谬不率教,不能得公之心也。呜呼!痛已!儿子

---

① 梁漱溟:《东西文化及其哲学》,《梁漱溟全集》第1卷,济南:山东人民出版社1989年版,第543—544页。

② 梁漱溟:《自述》,《梁漱溟全集》第2卷,济南:山东人民出版社1989年版,第10—11页。

之罪,罪弥天地已!逮后始复有瘝于故土文化之微,而有志焉,又狂妄轻率言之,无有一当,则公之见背既已三年矣。顾可赎哉!顾可赎哉!"①梁父崇尚服膺中国传统的礼仪德治教化,而梁漱溟则早年尚慕西方的功利主义,后归总佛学,却从不留意于故国文化,深感自己不能得父亲之心,继承父亲的意志,颇感痛心,觉得自己罪弥天地,遂有志于故土文化的研究,大力宏扬儒家思想,以慰先父遗愿。

由于是受王心斋的启发而折入儒家思想,并由王学而直探儒学的源头,所以其儒家思想偏重于陆王一系,但他不是照着陆王讲,而是接着陆王讲。他这人好用思想,自称是"我是先自己有一套思想再来看孔家诸经的,看了孔经,先有自己意见再来看宋明人书的;始终拿自己思想作主"②。他认为,儒家的东西或孔子的那一套不是一种思想,而是一种生活。儒学就是一种生活的哲学,或生命的学问。他自己说过,"由我看去,泰洲王氏一路独可注意"③。可见,梁不仅仅是一位思想家,也是一位严格按照自己思想生活的实践者。而不是将儒学看做与内里生命毫无关系的抽象空洞的学理。

至于西洋思想中,能够将生命观"最能发挥尽致,使我深感兴趣的是生命派哲学,其主要代表者是柏格森",梁漱溟认为,柏格森"说理最痛快、透彻、聪明",认为读柏格森的书实"是人生一大乐事"④。

梁漱溟始终不认为自己是一个学问家,而反复强调自己只是一个思想家。思想家的特点当然是有自己的思想,且须有体系的思想。更重要的是思想家必须要以自己的系统思想来审视万事万物。要形成有体系的思想也必须有一套方法。他从小就养成了好"深思"的习惯,并善于将自己的思想按照"根本的观念"编织成首尾连贯的体系。比如《东西文化及其哲学》一书的根本观念便是"直觉"。而《中国文化要义》的根

---

① 梁漱溟:《自述》,《梁漱溟全集》第2卷,济南:山东人民出版社1989年版,第11页。
② 同上书,第540页。
③ 同上。
④ 梁漱溟:《朝话·中西学术之不同》,《梁漱溟全集》第2卷,济南:山东人民出版社1989年版,第126页。

本观念则是"理性"。如果将梁漱溟的前后著述综合起来考察,我们不难发现,无论他是讨论东西文化及其哲学,还是从事乡村建设,他所关注的中心始终在生命或生活。所以我们可以说,梁漱溟的生命观是理解他的思想体系最为重要的环节。

我们在前面已经指出,在生命观上,梁漱溟也形成了自己的一套比较系统的看法。他认为,自己这一系统的根本观念是"生命""自然",并自称自己思想的这一路数是"中国的路数"。中国的儒家和道家都是以生命为其根本的,因为儒家、道家不把生命看做静的死的实体的观念,而是将生命视为如流水似的动态的过程。当然,梁漱溟的思想路数也是与柏格森为代表的生命派哲学不无关系。柏格森从进化观念及生命冲动的观念出发考察整个生物界的历程,当然看出宇宙是活的,是动的,而不是静的死的。且宇宙进化是自然的过程,没有人为的痕迹,是没有什么计划,没有什么目的的。

那么什么是生命呢?

对于此一问题,梁漱溟的前后说法虽然不尽相同,但细读其书也不难在其中找出"一以贯之"之道。在《东西文化及其哲学》中,他用佛家唯识学的"相续"来解释生活,把生活、生活者、生物,甚至与宇宙混同为一。他这样说道:"生活就是'相续',唯识把'有情'——就是现在所谓生物——叫做'相续'。生活与生活者并不是两件事,要晓得离开生活没有生活者,或说只有生活没有生活者——生物。再明白的说,只有生活这件事,没有生活这件东西,所谓生物,只是生活。生活、生物非二,所以都可以叫做'相续'……照我们的意思,尽宇宙是一生活,只是生活,初无宇宙。由生活相续,故尔宇宙似乎恒在。"[①]

什么又是生活呢?

梁漱溟指出:"生活就是没尽的意欲(Will)——此所谓'意欲'与叔本华所谓'意欲'略相近,——和那不断的满足与不满足罢了。"[②]在叔本

[①] 梁漱溟:《东西文化及其哲学》,《梁漱溟全集》第1卷,济南:山东人民出版社1989年版,第376页。

[②] 同上书,第352页。

华看来,宇宙是我的表象,更是我的意志(Will)。同样的,梁漱溟也施用意欲(Will)来解释生活,解释宇宙。

在《东西文化及其哲学》中,意欲类同于本能。显然以意欲或本能来解释生活是有问题的。意欲固然是生命的重要组成部分。但对人而言,生命并不能归结为意欲。由于意识到这一问题,梁漱溟以后也就不再以"意欲"来定义生活。在《中国文化要义》中,梁漱溟是用"理性"来解读中国人的生命。其实,他所谓的"理性"虽有推导、讲理等含义在内,但主要的却是一种"情"或感情。所以他本人也经常把理性直接定义为"无私的感情"。他也明文说,理性是超乎理智而所达到的"无所为""无所私"的境界。但在梁漱溟的内心,这里所说的情或感情与本能是紧密相连密不可分的,均是内在于生命之中,或者说就是生命的部分。在梁漱溟眼里,直觉或本能或感情与纯粹的理智是有根本区别的,理智是外在的,至少是与外在事物打交道用的,是与人内里的生命无关的。

他的此种看法显然与柏格森的思想不谋而合。柏格森就认为,理智或智慧是人造工具,尤其是制造用于制造工具,以及不断改进制造的能力。在他看来,这种能力只局限在外在事物的关系的形式的认识,是向外追求的,是与人内里的生命无关的。本能则不一样,它关注的是事物本身的内容或关注的就是生命本身。

在《朝话》中解释什么是生命的时候,他还是将生活与生命打成一片。并进而指出,生与活二字意义相同,生即是活,活即是生。在做了这样的解释之后,他于是说道:"所谓'生活'者,就是自动的意思;自动就是偶然。偶然就是不期然的,非必然的,说不出为什么而然。自动即从此开端起——为第一动,不能更追问其所由然;再追问则唯是许多外缘矣。"那么,生命是什么呢?他答道:"就是活的相续。'活'就是'向上创造'。向上就是有类于自己自动地振作,就是'活';'活'之来源,则不可知。"①可见,在他看来,生命虽然不知源自何处,但却是内在于自身之

---

① 梁漱溟:《朝话》,《梁漱溟全集》第 2 卷,济南:山东人民出版社 1989 年版,第 92—93 页。

中,不是由外面强加的。对生命的这种理解表明梁漱溟还是没有离开《东西文化及其哲学》一书中的立场,或者说他还在坚持生命派哲学的基本立场,即生命就是本能,只不过他换了一种不同的说法而已。他所谓的"向上创造",用柏格森的说法,就是"生命冲动"。在柏格森的哲学思想体系中,"生命冲动"是最基本的前提。既然是最基本的,所以他也就不可能以其他的术语来解释所谓的"生命冲动"的确切含义。然而细读柏格森的《创造进化论》,我们不难发现,他所谓的"生命冲动"显然是内在于生物的生命之中,是一种自发的向上的创造性的冲动。

我们既然不知道生命源自何处,那么我们能否知道生命走向哪里呢?这是一个很复杂的问题。从原则上说,既不清楚生命源自何处,当然也就不可能了解生命要走向哪里。但细分析,似乎问题还不是那么简单。因为此问题可进一步分成两层来解释。第一层是就整个的生命体说的。在这层意义上,我们不能够说自己清楚明白地知道人类将会走向什么地方。因此在这个意义上说,人类生命的走向是不确定的。此种意义上的生命作用只在于将不确定性放置于物质性的东西之内。第二层是就个体生命而言的。就此层面说,每一个体将往哪里走的问题就是人生的目的或意义的问题。个体的生命可以根据自己的生命能力、理想、环境等内外因素而大致设置自己的人生走向。

人生有没有目的?人生有没有意义?

梁漱溟指出,人生不好说有目的,因为所谓的目的都是后来加上去的。因此他反复地强调,生命是没有什么目的的,也是没什么计划的。

但是人生的意义应该是有的。

那么什么是人生的意义呢?

梁漱溟回答说:"人生的意义在创造。"[①]

人生意义在创造的看法是就人类生命的内涵而言的。人能创造是人区别于动物的最为显著的特征。梁漱溟认为,宇宙是一大生命,从古

[①] 梁漱溟:《人生的意义》,《梁漱溟全集》第6卷,济南:山东人民出版社1991年版,第400页。

到今不断创造,花样翻新造成千奇百样的大世界。这是从生物进化史到人类文化史一直演变下来不曾停止的。但"其余动植物已经成了刻板的文章,不能前进。'例如稻谷熟或两熟,生出来,熟落去,年年如是,代代如是。又如鸟雀,老鸟生小鸟,小鸟的生活还和老鸟一般无二,不象是创造的文章,而象是刻板文章了。亦正和推磨的牛马一天到晚行走不息,但转来转去,终归是原来的地方,没有前进"①。现在真正能够代表宇宙大生命表现创造精神的却只有人类。"人类的创造表现在其生活上、文化上不断的进步。文化是人工的、人造的,不是自然的、本来的。总之,是人运用他的心思来改造自然供其应用,而人群之间关系组织亦随有迁进。前一代传于后一代,后一代却每有新发明,不必照旧。前后积累,遂有今天政治经济文物制度之盛,今后还有我们不及见不及知的新文化新生活。"②

既然人生意义在于创造,在于不断向上,所以人生的意义就在创造的过程之中。不向上,不创造,我们也就辜负了人生,也就枉费了一世。

为什么动植物不能创造,而人却能创造呢?其实答案是很简单的。这就是,人类会用心思,而其他一切生物大都不会用心思。但究竟什么是"心思"呢?这却是一个十分复杂的问题。"心思"本身不是一个准确的概念,我们难以解读。

其实在强调只有人类才能创造这一点上,一切生命派的哲学家都是相同的。比如柏格森早在1905年写作的《创造进化论》第二章末尾总结道:"意识为了解放自己,不得不把组织分为两个互补的部分,一个是植物部分,另一个是动物部分,然后在本能和智慧两个方向寻找出路,在本能方面,意识没有找到出路,在智慧方面,只有通过动物到人的飞跃才找到出路。所以最终说来,人类是地球上全部生命组织的存在理由。"③然而柏格森本人是很清楚的,人类之所以能够不断地进行创造的根本理

---

① 梁漱溟:《人生的意义》,《梁漱溟全集》第6卷,济南:山东人民出版社1991年版,第400页。
② 同上。
③ 柏格森:《创造进化论》,长沙:湖南人民出版社1989年版,第154页。

由就是人类具有智慧。他认为,只有人类才有智慧,是智慧促使人类不断进行创造。而他此处所说的智慧也就是梁漱溟所谓的理智。理智是形成知识或自然科学知识体系的能力。但梁漱溟显然对理智怀抱着一种消极谨慎的态度,并且经常提醒人们要警惕理智或智慧可能给生命或生活代来的有害影响。

究其实,梁漱溟所谓的心思也是冲着智慧而说的。他曾经这样说道:"人类为什么还能具有这大生命的创造性呢?就因为人的生命中具有智慧。本来脊椎动物就是走向智慧这边来(对本能那边而言);却是就中除去人类,都没有成就得智慧(人类是脊椎动物中最高等的)。智慧是什么?智慧就是生下来一无所能,而其后竟无所不能的那副聪明才质。换句话说,亦就是能创造的那副才质。严格地讲,人类的生活,一言一动,一颦一笑,都不能说不是创造。但我们普通说话,言及创造,必特指其超出寻常,前所未有者,有重大价值者。

创造可大别为两种:一种是成己,一种是成物。……"①

那么究竟什么是智慧呢?梁漱溟对之没有明确的解说。柏格森有解说。他曾从不同的角度给智慧下过比较清楚的定义。如他这样说过:"从最初的活动看,智慧是制造人造工具,尤其是制造用于制造的工具,以及不断改进制造的能力。"②智慧自身就是生命进化的自然产物,因此智慧也只有在永恒的进化途程之中才能维持自身并取得不断的进步。

正由于基于人生的意义存在于创造活动中的看法,梁漱溟经常指出人生是向上创造的。向上创造就是人的本性。他说:"生命是什么?就是活的相续。'活'就是'向上创造'。"③

需要我们随时注意的是,梁漱溟所谓的"向上创造"具有与所谓的有计划、有目的、有意识截然不同的性质。他说:"一般人大都把生活看作是有意识的,生命当作是有目的的,这是错误。整个生命的本身是毫无目的的。有意识的生活,只是我们生活的表面。就人的一生那么长时

---

① 梁漱溟:《朝话》,《梁漱溟全集》第 2 卷,济南:山东人民出版社 1989 年版,第 95 页。
② 同上书,第 118 页。
③ 同上书,第 93 页。

间言之,仍以无意识生活为多。并且即在自己觉得好象有目的,其实仍是没有目的的。"①他强调,人类的生命即是始终如此"无目的向上创造"。他并且指出:"人类的向善心,爱好真理,追求真理,都从此一个趋向而来的。不是两回事。这一趋向极明朗;但趋向只是趋向,不是目的。"②

说生命没有计划、没有目的、没有意识是就整个生命说的。这是生命派哲学家的基本看法。当然这样的看法得自于他们对生命进化史的深刻洞见。柏格森的《创造进化论》一书曾对生命进化的历史作过系统深入的考察、研究。他的结论是,生命的进化是没有计划、没有目的的,当然也是没有意识的。"进化不仅仅有一条道路,进化朝着各个方向,但没有目的,进化在其适应中仍表现出创造性。"③但他并不否认,在某个具体的生命阶段,我们可以设定目标或计划。

我们知道柏格森虽然极为明确地指出了智慧或理智在人类创造活动中所起到的伟大作用,但他始终认为,智慧或理智只能向外看,只能与物质世界打交道,而不能够理解生命。梁漱溟显然也有同样的看法。他承认智慧或理智在"向上创造"过程中的作用,但却一再认定理智对于生命的流动起着阻碍的作用。所以为了能够真正地发扬生命力,就必须随时剔除理智或智慧的消极作用。他认为,艺术是人类内在的生命力的流露,使人超脱理智的局限。他曾经在《谈戏》的讲话中这样说道:

唱戏听戏的最大特征,是使人解脱于分别计较,从支离破碎的心理得到很浑然的整个生命,发扬出真的有力的生命,把一切俗俚琐碎的事都忘了。这个时候,正是人类的生命最活泼、最真切的时候。这时候,唱的人和看的人的心理,感觉到最畅快最解脱。这种艺术,才是最值得看、值得听、值得欣赏、值得感动、值得佩服的艺术!进一步说,不但唱戏的人要疯,看戏的人也要傻,就是实在的人生也正要如此,实在的人生也正要疯一点,傻一点才好。……人类最大的长处是理智,就是会计算、会较

---

① 梁漱溟:《朝话》,《梁漱溟全集》第 2 卷,济南:山东人民出版社 1989 年版,第 93 页。
② 同上书,第 94 页。
③ 柏格森:《创造进化论》,长沙:湖南人民出版社 1989 年版,第 89 页。

量。俗话说就是心眼多。任何动物,不及人的心眼多;而人类最大的危险,也就是理智能使生活落于阴冷、沉滞、麻痹。计算,是人类在行动之前的一种心理作用,其他动物不能。但是计算太多了,便会落于寡情而沉滞。凡事计算、较量、左右瞻顾,便会至于麻痹。人类至此,是最大危险,而生活也必感觉痛苦。这时候最大的毛病,是把一切的生活都一节节的化为手段。凡事总先想想着为什么的。譬如,为何念书,为的是将来作事;为何作事,为的赚钱;为何赚钱,为的是吃饭、养家等等。一切都先看看是为甚么,把一切都化作手段,生活不能于当下得满足。当下的都不是目的,都感不到舒快,这就是到了阴冷、沉滞、麻痹的时候。

艺术正好与此相反,它处处是发舒、流畅,给人得到当下的满足。在中国古时候,有一种大家都很知道,很看重的大创造——"礼乐"。中国古代的礼乐,可算一件重大的创造,后代的儒者,也常叹息说古代礼乐的崩坏。真的古代的礼乐是怎样,我不知道。但我想象当时的礼乐,正是让人类都疯一点傻一点,把人生当戏唱,教大家都唱戏。圣人把大家都放在戏里,大家都唱,即是把一切都礼乐化之,不但是坐朝、吃饭、上祭等,都有礼乐,乃至外交有礼乐,军事有礼乐,……一切公私生活都礼乐化,把人生都变成唱戏。推其用意,也就是想救人类那种最大的危险。[1]

梁漱溟是将理智或智慧与人的情感对立起来,认为理智在人的生命中是不起作用的,起作用的是情感和欲望。他说:"大家要晓得人的动作,不是知识要他动作的,是欲望与情感要他往前作的。单指出问题是不行的,必要他感觉着是个问题才行。指点出问题是偏于知识一面的,而感觉他真是我的问题却是情感的事。……我们的要求不是出于知识计算,领着欲望往前;是发于知识的提醒我们情感,要我们如此作的。要求自由不是计算自由有多大好处便宜而要求的,是感觉着不自由不可安而要求的。……凡是情感激越或欲望盛张时,知识的计算是没用的。……情感便是占有性的对头,能使情感丰富,那占有性便无猖獗之

---

[1] 梁漱溟:《谈戏》,《梁漱溟全集》第2卷,济南:山东人民出版社1989年版,第137—138页。

患了。……那提倡欲望,虽然也能使人往前动作,但我不赞成。不但危险,而且是错误。……悬了许多挽辞,听了这般的音乐,还有哀悼的歌声,却能把大家的情感活动一活动,不致沉沦麻木。"

唱戏固然是艺术,道德在梁漱溟看来也是艺术。在他那里道德有着丰富的含义。他认为道德就是生命,就是生命的和谐。生命的和谐就是艺术。道德本身本能形成力量,它需要情感的支撑,才能形成巨大的力量。也正因为如此,我们才可以说,道德是一种力量。"道德是一种力量,没有力量不成道德。道德是生命的精彩,生命发光的地方生命动人的地方,让人看着很痛快、很舒服的地方。这是很明白的。我们的行动背后,都有感情与意志的存在(或者说都有情感要求在内)。情感要求越直接,越有力量;情感要求越深细,越有味道。"

道德的生命在梁漱溟看来也应该是有趣味。"人生本能无趣味,没趣味就不能活下去。人之趣味高下,即其人格之高下,——人格高下,从其趣味高下之不同而来;可是,都同样靠趣味,离趣味都不能生活。道德是最深最永的趣味,因为道德乃是生命的和谐,也就是人生的艺术。所谓生命的和谐,即人生生理心理——知、情、意——的和谐;同时亦是我的生命与社会其他的人的生命的和谐。"①

梁漱溟很重视生命,如果将他的哲学划归为生命派哲学应该是没有什么疑问的。这里必须要澄清的是,梁漱溟所说的生命当然是指人的生命。但即便是人的生命也可进一步分为个体生命与人类整体的生命。梁漱溟似乎重视的是个体人的内在生命。所以他在讲合理的人生态度的时候,特重视向人的内里追求自身的意义,而坚决反对向外追求。

仅就个体生命而论,我们可以强调人生的意义完全应该向内追求。人要根据自己的理想、能力、意志等内在的因素来设置自己的人生意义或价值。但这样的意义或价值能否实现却完全不是个人的意志、能力、理想能够左右的。因为单个的人不是生活在真空之中,人是社会的产物,是社会关系的总和,因此任何单个的人都不可能脱离社会而存在和

---

① 梁漱溟:《朝话》,《梁漱溟全集》第2卷,济南:山东人民出版社1989年版,第86页。

发展。这就涉及个体生命与他者的关系。我的价值只有在与他者的关系中才能够表现出来。因此人的生命意义的寻求和实现也就呈现出极其复杂多变的关系。其实生命最初的冲动固来自于内在,但任何生命意义的设置和实现绝对不可能离开自己生活于其中的社会和自然。我们的注意力似乎也就不能够仅仅放在自身之内,而必须同时关注自己与他者的关系。"万物皆备于我"的心学观念于挺立人的价值理念无疑是有其重大意义的。极高明固然重要,但高明的境界不是用来孤芳自赏的,而需用来指导或改造社会。从表面看,人与他人或人与社会的关系是外在的。从形式着眼,这样的看法是不错的。但其实,人与他者或人与社会的关系,从其内容或实质来说,是内在于人的生命之中的。

又由于人的生命与自然是紧密不可分的,是相互依存的。因此人与自然的关系也不似一般人所认为的那样是纯粹的外在的。人的生命本身就是自然长期进化的结果,是由自然的最深处逐渐进化而成的。对于任何一种植物来讲,好像阳光、水分、土地都是外在的,但是植物生命的本质及其功能就是要将似乎是外在的阳光、水分、土地内化为什么之中。人的生命既然是自然演化的结果,所以看似与人的生命没有密切关系的自然却与人的生命紧密相连,是内在于人的生命中的。对自我生命的认识与对自然的认识并不是两个相互之间没有关系的领域。

不考虑人的生命与社会、自然的关系,而单就个体的生命来看,似乎我们也不能够仅仅局限在个体内在的生命本能或直觉,而必须全面系统地了解个体生命的方方面面。梁漱溟早期十分强调意欲(Will)在个体生命中的作用,认为生活或生命就是意欲的满足或不满足。并进一步用意欲来解读世界各大文化系统的差异和区别。显而易见,这样的解读是偏颇的,缺乏对人的生命本质全面系统的理解和深入细致的研究。意识到如此这般的问题,于是他也就不再以意欲来解读人生,但他后来始终排斥理智在人生中的功能,而一再强调情理的作用。梁漱溟一再强调心理学的作用,并且反复不断地指出自己计划写出一部心理学方面的著作。经过长期的努力,终于在晚年出版了《人心与人生》一书。此书介于哲学和心理学之间。既不是纯粹的哲学,然而离心理学似乎也有相当的距离。

心理学的研究对象当然是人的精神活动内容的。现代心理学的发展表明,人的精神活动是多方面、多层次的,极其复杂,十分深奥。在人的生命中,意欲(will)固然重要,但人绝不可能完全根据自己的意欲去讨生活,也绝对不可能根据自己的意欲来处理与他人的关系、处理人与社会、与自然的关系。为什么呢?因为很显然,一般而论,仅就人自身而言,除有意欲而外,人还具有理智(reason)和灵性(spirit)。如果从现代心理学而言,问题就更为复杂了。因为除意欲、理智和灵性而外,人还有情感(emotion)、感觉(sensation or persepation)、概念(concegtion)等。在现实生活中,就某个具体的人来说,在上述的种种心理活动中,不可能面面俱到,获得均衡的发展,而是有所偏重,这就是所谓的性情中人,我就是有偏爱,说不出什么道理。在一个传统的封闭的社会中,这样的人似乎不会遭遇到什么大的麻烦,完全可以自得其乐。但在一个开放的现代化的交往频繁的社会中,特别是在一个以现代化的管理理念指导下的社会中,这样的人是无法生存下去的。大的现代化的社会或公司或企业的生活方式或都有宏观的设计,有标准化的管理。人的精神活动中的其他因素如概念、理智等得到了进一步的加强,一个只注重意欲或本能或直觉的人似乎很难存活下去。现代社会要求个体的人得到比较全面的发展,人的精神生活要均衡化。这也就是说,现代社会的公共空间越来越大,公共活动越来越多。在公共空间挤压之下,私人生活空间显得越来越小,而交往的频繁,也使我们觉得自己似乎完全生活在一个陌生的公共空间中。这就可能形成两种截然相反的发展方向。一是要求我们努力求得精神或心理的全面均衡发展以适应现代社会的公共空间。一是相反,越益感觉到个人价值或意义在公共空间的实现变得困难,越益感觉到私人生活空间的可贵和稀缺。在现代社会中,这两种生活的方向之间的关系越来越紧张,几乎难以调和。也可能是梁漱溟预见到了这两种生活方向之间可能有的紧张关系,所以他要走偏锋,以人的内在生命的本然要求来抵御社会化生活给人们带来的困境。然而从哲学的角度讲,只注重人的精神生活的一个方面,并将其无限地扩大,而完全无视人的精神生活的其他重要方面，这样的看法是很难站得住脚的。所以只顾及本能、直觉或情感的生活是片面的，是狭隘的，也是与现代生活不相容的。

我们也同样可以清楚地看到，意欲与感觉、情感、概念、理智等精神要素之间也很难作出楚河汉界那样清楚明确的分割，而往往是相互纠缠在一起。譬如说直觉或本能之在人与动物身上是完全不一样的，因为在动物身上起决定性作用的，根据动物学特别是柏格森的看法，是直觉或本能。但在人的身上情形就大不一样了。人既从植物那儿继承了睡眠的功能，从动物身上继承了本能或直觉，也从自身发展出了智慧或理智。因此人也就往往摇摆于本能或直觉和理智之间。在人的一生中，我们完全听凭于直觉或本能的时候不能说没有，但我们却可以斩钉截铁地说这种由直觉或本能决定的时光越来越少了。尤其是在现代化的社会，我们大多数的时候不得不三思而后行。随着知识社会的出现，在科学越来越重要的今天，要完全提倡靠着内在生命之流去行动或生活是不行的。

我们完全不否认，从道德的立场着眼，注重内在的生命价值是重要的，是神圣的，是不可或缺的。即便如此，要完全从这样的角度来审视人的整个生命却也似乎是不完全的。当然谈人生要得到完全的程度简直是不可能的，我们总是从某一角度来解读或审视人的生命或生活，但如果为了突出人的精神生活的某一方面而片面压抑其他方面的做法却也是很值得商榷的，更很难说是合理的了。

二、以直觉解读儒家思想

在中国现代思想史上，梁漱溟是第一个极力提倡直觉的思想家，在《东西文化及其哲学》一书中，他并且努力以直觉来解读儒家思想。他关于直觉的思想在当时中国的思想界曾产生过相当的影响。其关于直觉的思想源自于唯识学和柏格森相关的思想，但与他们关于直觉的思想又有着不小的差异。本文试图对其直觉思想作深入的分析和评论。

梁漱溟是在《东西文化及其哲学》一书的第四章系统论述了他对直

觉的看法。此章的重点是在评述中国哲学、西方哲学及印度哲学各自的传统及特点。于哲学之外,梁漱溟又论述了这三个文化系统内各自的宗教思想。显然,宗教并不隶属于哲学。所以梁漱溟清楚地指出,第四章论述的范围是思想。他所谓的思想又可被称作"广义的哲学",包括哲学和宗教两个部分。而哲学则可进一步细分为形而上学、知识论和人生论。

这样的一种分类法告诉我们,要了解梁漱溟的思想,首先要了解他对思想的界定。那么思想是什么?梁漱溟指出:"思想就是知识的进一步——就是从已有的知识,发出添出来的意思。"①在他看来,哲学是有系统的思想,"首尾衔贯成一家言的"。而"宗教就是含一种特别态度,并且由此发生一种行为的"②。由于思想的范围广泛,所以难以对其做出清晰的界定原在情理之中。但过于宽泛,也难免使人难以把握思想的实质。如果说思想是知识的进一步,要了解什么是思想就必须知道究竟什么是知识。那么什么又是知识呢?对于什么是知识这样的问题,似乎梁漱溟没有在书中做过解析。如果不对知识下一个较为清楚的界定,那么什么是思想也就不得而解了。

根据梁漱溟的看法,思想是在知识的基础之上发生的。其实,这样来看思想和知识及其两者之间的关系是值得商榷的,因为这样的表述不是根据严格的学术的要求做出的。而且这样理解思想和知识,实质上就是说,知识本身不是思想,必须添加些条件才能转化为知识。如果知识不是思想,而且梁漱溟本人对知识也未下过定义,那么知识的进一步是什么东西也就不得而知了,思想是不可能在不是思想的知识的基础上产生的。

知识是思想的"进一步"的说法上面已略加说明。由于这一关于思想和知识的关系问题对于我们理解梁漱溟的思想及其学术特点有重要的意义,所以在此应该对之有一定程度的解析。其实什么是知识,在梁

---

① 梁漱溟:《东西文化及其哲学》,《梁漱溟全集》第 1 卷,济南:山东人民出版社 1989 年版,第 395 页。
② 同上。

漱溟写作《东西文化及其哲学》的年代哲学界还是有着确切的看法,即知识是得到了证实的真的信念。由于篇幅所限,不能在此详细解说知识的定义。至于思想的解说却历来没有清楚明确的定义,因为它的范围过于宽泛,所以没有明确的定义也在情理之中。情形是这样的话,那么思想和知识之间可能具有的关系就与梁漱溟的解读正好相反。它们之间的关系应该是:第一,知识是思想,但思想却不一定是知识。思想可以不经证实,但思想要成为知识却一定要经过严格的证实。第二,思想可以不成系统,但知识一定是成系统的,为什么呢?知识在理论上说一定要得到证实,而所谓的证实首先是在一概念系统内才有可能做到,离开了系统的知识体系,任何知识是得不到证实的。第三,从理论上或从定义上讲知识必须是真的,但思想却不一定,它有可能是假的,也有可能是真的。第四,由于知识必须是得到过证实的思想或信念,所以知识的范围相对而言比较狭窄,能够称得上真正知识的是很少的,所以后现代主义者曾经宣称,知识是没有的,只有知识论才能完成的任务,知识论完成不了。然而思想却不一样。我可以提出一个系统的工作假设,这样的假设作为理论研究出发点是没有法子得到理论的或实际的确证,似乎也不用得到理论的或实际的确证,但它们却可以被认为是思想。可见,思想的范围相当广泛,要比知识宽广得多。第五,我们从哲学学科的发展就可以看得出来,知识论只是在最近的一百年来才占据了哲学的核心地位。也正因为其核心地位,所以历史上很多哲学家纷纷转向知识论研究,并用知识论的立场、观点、方法、标准来审视哲学的其他部门,所以才出现了所谓的拒斥形而上学的时代潮流。如果思想是知识的进一步,那么近现代以前的哲学思想也就都不是思想了,而这是不可能的一件事。

　　当然,笔者的上述看法根据的是主流的知识理论。但梁漱溟的看法显然是不同于这种知识论的。而这种不同也自有其种种原因。首先梁漱溟在写作《东西文化及其哲学》之前并不曾对知识理论,尤其是对西方主流知识理论,下过工夫。当然我们不能因此就说他对于知识理论一无所知,因为他毕竟对于唯识学下过相当的工夫,认为唯识学有自己一套独特的知识理论。所需注意的是,他往往是以自己的思想来解读唯识学的。不过，这样做原也不足为怪，因为任何研究工作都必须要有一定的审视观察的点。尽管如此，学术史研究也必须遵循严格的标准。但梁漱溟本人一再强调，他不是学问家，而是思想家，且是有体系的思想家，并好拿自己的思想做主去取舍评判其他种种思想，所以他是以"六经注我"的态度来对待各派哲学思想的。

不管怎么样，在梁漱溟看来，唯识学的知识论是由现量、比量和非量共同构成的。这三量是心理方面的三种作用。

什么是现量呢？梁漱溟指出，所谓现量就是感觉。我们不难清楚地看出，用所谓的感觉来解读现量就表明，梁漱溟是在准备着用西方的心理学、哲学等方面的思想或概念来揭示唯识学现量的含义。有人可能会因此非难或批评梁漱溟的做法，梁漱溟似乎对此早已准备好了对答。第一，在梁漱溟看来，"本来唯识这样的东西久已无人传习而又特别费解，谁讲唯识不是乱猜入手？你猜错了，我来辨正，我猜错了你来辨正，很不算什么。也非如此不能把唯识学寻出来"①。唯识学费解，谁都在猜，而且也经常都有猜错的时候。为什么我就不能用西方的心理学、哲学的相关思想来解读呢？你可以猜，为什么我就不能够猜呢？大不了，猜错了，就可以由你们来批评订正了吧！第二，在梁漱溟看来，没有西方哲学、心理学，特别是柏格森的哲学思想，或者唯识学还因此不好讲了呢？他如斯说道："虽然如此，柏格森之所成就的，却又与唯识学颇相密合。假使无柏格森开其先，或者唯识学还不好讲；印度化在晦塞的东方本无以自明，唯以有进化论后所产生的、所影响之科学如生物学、心理学及其他，所演出、所影响之哲学如实验主义、柏格森及其他，而后佛家对宇宙的说明洞然宣达，印度化才好讲，唯识方法才好讲。此且不能详，然明眼人固亦不难看出了。（若无唯识学圆成反智主义，则柏氏哲学亦且无以自明。）"②第三，梁漱溟如此讲唯识学也是他素来讲学问的方法。他从来不称自己是学问家或哲学家，而屡屡以思想家自称，说自己好用思想，注

---

① 梁漱溟：《唯识述义》，《梁漱溟全集》第 1 卷，济南：山东人民出版社 1989 年版，第 253 页。

② 同上书，第 279—280 页。

重方法,注重思想的系统。他在讲唯识学的时候,对自己的治学方法有这样的说明:"我生平做事总是一意孤行,从不与人商量,无论读哪一项学问的书总是把自己关起房门来自己摸索,一生乱猜,不知说错了多少话,只有希望大家辨正。"①

可见,在他看来,用西方心理学、哲学的术语解读唯识学自有其充分的道理,我们原也大可不必在西方与东方的学术之间划下一道清晰的界限。我们看上述第二点理由,就可获悉,在他看来,东西学术似乎本就应该是相通的,其间并无明确的楚河汉界。因此以柏格森哲学思想或西方其他的哲学流派来解读唯识学并不是南其辕而北其辙,水火不相容,冰炭不同器。其实梁漱溟在东西学术上的这一看法与他关于中、西、印文化不同走向的理论是有着较大出入的。

梁漱溟认为,现量就是感觉。但这里所说的感觉不是笼统或一般意义上的知觉(perception),而是感觉(sensation)。知觉与感觉是有很大区别的。所谓的感觉,在他看来,是特殊的,是具体的一个感觉。比如你睁开眼看见一本红色封面的书。闭上眼就看不见了。再睁开眼,又可以看见红色封面的书。这里两次先后出现的看见可以叫做感觉。但这样的东西不能称之为知觉。如果我无数次地看眼前的那本书,无数次地看,可称之为知觉。这应该是感觉与知觉之间的第一个区别。它们之间的第二个区别是,感觉似乎仅仅局限在某一个感官的感觉。而知觉不一样,知觉不仅仅局限在某种感官的感觉,如视觉感觉或听觉感觉,而且可以同时包括几种不同的感觉,如针对某一感觉对象,我们对之既有视觉形象,又有听觉和触觉内容,如此等等。如果我们能够清楚这样的区别,那么我们就能够知道,在此梁漱溟所谓的感觉是单一的,是特殊的。且似乎在同一时间不指称其他的感觉。

于是,他举例说,比如你喝茶时所感觉到的茶味,看白布所看到的白色,就是此地所说的现量。用感觉来说现量使我们比较容易理解什么是

---

① 梁漱溟:《唯识述义》,《梁漱溟全集》第1卷,济南:山东人民出版社1989年版,第253页。

现量。为了进一步帮助我们理解现量,我们还得进一步分析感觉。其实根据梁漱溟的说法,如果要正确地理解他所说的现量,那么我们就应该作如下的理解,庶几近乎梁漱溟思想的真意。第一,我们现在不说感觉,而说如果我们有感觉,那么首先要有感觉对象,这里说的感觉对象是指能够独立于我们的感觉而存在的,并与我们的感官相对立的外物。第二,在此条件下形成的感觉又可进一步分为如下确切无疑的三部分,感官、感觉活动和感觉内容。据此,我们现在可以比较精确地说,梁漱溟此处所讲的现量显然指的是感觉内容,而不是感觉对象。我们喝茶时感觉到的茶味就是感觉内容,此感觉内容是现量。而被喝的茶本身不是现量,而是感觉对象。在唯识学看来这样的感觉对象是不存在的。不但唯识学有这样的看法,西方哲学史上的知识论也有如此这般的看法。这样来理解,我们就可以清楚地知道,此处说的现量的位置是内在的,是存在于我们的感官之内的。但我们必须注意的是,梁漱溟把现量说成是心理作用似乎是有问题的,值得商榷。如果根据他自己对感觉的说法,感觉仅仅是某一感官在某一特殊时间内针对某一特殊具体的对象而形成的。如果要给这样的感觉给以精确的定位的话,那么它只存在于感官之内。既在感官之内当然也就与人的心理有某种关系。但我们显然不能就此将其说为心理作用。因为心理作用所涉及的范围实在太广,而不仅仅是感觉。且更为重要的是,严格意义上的感觉内容是被给与的。所谓被给与的是说,不管你愿意还是不愿意,只要你运用你的感官器官,你就会得某种感觉内容。所以通过这种途径得到的感觉内容是不应该经过心理作用加工的。不但如此,而且可以进一步说,感觉与其他感官的感觉也毫无任何关系。这样的分析告诉我们,此时现量或感觉仅仅存在于感官之内,而没有进一步演变成心理的内容。当然这样的评说是有一定条件的,即当且仅当我们感觉到了某种东西的时候,这样的感觉内容不应该说是心理的内容。但是如果我们看见了某一东西,并且用语言或其他相关手段来确认这一感官所得,这时候我们可以说,这一感官所得成为了心理内容。

在唯识学看来,现量是对性境的一种认识作用。那么性境是什么呢？性境的第一条件是有影像、有本质；第二条件是影要如其质。所谓影像就是我看白布是我所看到的"白"。而所谓的本质是指被看到的存在于外面的那块白布。我们看见了白布的"白"，但这块布究竟是不是白的，我们并不清楚。但不管怎么说，要有感觉内容首先当然必须要有布的存在，其次是我们看布所得到的影"白"。所谓影如其质的说法比较费解，梁漱溟本人好像也没有讲清楚。严格说来，既然我们的感觉内容不能够超出感官的范围，当然不存在什么影如其质的问题。然梁漱溟所理解的唯识学的现量的第二条件强调影如其质，使人颇感困惑。

梁漱溟指出，"比量智"就是指的理智。理智是这样的一种能力，能够使我们从认识对象不断的认识活动中概括出一类东西所共同具有的性质。理智的作用有两个方面，第一是帮助我们从一类对象中抽取出共同的东西。第二是将认识的对象从与它不同的东西中区别开来。两种作用就是梁漱溟讲的简与综。

我们且看他是怎样解说比量的。

在《唯识述义》中，他这样解释道：在一般人常说我看见一座房子，或说我看见什么什么东西，倘非西方的心理学或哲学家，大约总不晓得他们的错误。他们的错误在什么地方呢？比如说看见此处有一头牛。又比如看见篱笆上露出一对牛角，便说篱笆前有一头牛。唯识学认为，这样说是错误的。为什么呢？因为唯识学认为，说一件东西，都不是感官可得到的。在我们所看见的过程中是没有东西的。因为眼睛只能见。见什么呢？见色，见几何图形。手或身体可以触摸。依靠触摸，我们可以知"某东西"的冷暖或软硬。但我们却不能说我们看见了瓶子或一头牛。我们的眼睛哪能看得见牛或瓶子呢？眼睛只能看色或几何图形，而瓶子不但是色或图形，因此不能说我看见了瓶子或牛。当然此处所说的瓶子或牛，按照梁漱溟的说法指的是所谓的实体。唯识学认为这样的实体是没有的。一般人以为是有的。一般人这样的看法是错误的。我们的感官是得不到这样的实体的。即便是感觉的复合也得不到实体。那么我们能否说，既然实体的东西不是感官所能得到的，我们就不去说看见了瓶子或牛这样的蠢话。但我们能否说，我们看见了空空的白的意思,或摸着了坚硬的意思。梁漱溟指出,这样的说法也是有问题的。

为什么呢?理由如下:

第一层,所谓的意思或白的意思或坚硬的意思本来也是没有的东西,直如同龟毛兔角,子虚乌有。第二层,是说所谓的意思本是没有的,而是从许多东西上边假造出来的。"这桩假造的事业非眼或手等根所能办,所以说你见不着白的意思,摸不着硬的意思。"①那么这样的意思得自何处呢?梁漱溟说:"我们所有白的意思不是初看见一个白就有的,是屡次看见许多同样的白与不同的红、黄、蓝、黑、灰渐渐分别开而表定出的。这番作用完全就是个比量。"②根据这一说法,我们通过视觉器官所见的东西在个别场合下,不能说就是某种颜色,而必须通过理智的整理安排,对感觉内容进行归纳整理后才能够说,我们所见到的是什么颜色。通过上述的说明,我们看见,在梁漱溟处,比量有归纳、鉴别的作用,也有判断与推理的作用。

那么唯识学所说的比量作用所认识的又具有什么样的性质呢?梁漱溟说道:"唯识家说这种作用只能生出甲式的瓶子意思,不能生出乙式的瓶子的意思来。"③他所说的甲式瓶子是这样表述的"这是个瓶子"。而所说的乙式瓶子则指"这里有个瓶子"。这两个表述从语义上讲似乎是没有区别的。它们都肯定了有瓶子这样的实体的存在。但梁漱溟对这两者作了硬性的区别。这样的区别可不可取,我们暂不讨论。他认为,前一表述的含义是指称抽象的概念。而后一表述指称的是作为实体的瓶子。说比量的作用只能生出甲式的瓶子,而甲式的瓶子又特指抽象的概念,那么我们就能看见,在梁漱溟处,比量的作用就是生出概念,形成共相。比量的作用是将所看见的一类东西的共同性质抽取出来,同时将它们与其他异类的东西区别开来,并进一步形成适合于这一类东西的概念或共相。运用比量,我们也得不到实体,所得到的也仅仅是影像。

---

① 梁漱溟:《唯识述义》,《梁漱溟全集》第1卷,济南:山东人民出版社1989年版,第283页。

② 同上书,第284页。

③ 同上书,第285页。

我们要从白的、硬的及其他种种的意思构成一个具体的瓶子的意思来,决非是比量所能完成的。要得到具体的瓶子的意思"乃是出于设想(hypothesis)"。当然,这样的构想具体瓶子的设想是完全无法得到证实的。为什么得不到证实,为什么永远是设想呢?梁漱溟说道:"因为你现在所看见的、摸着的、听到的,一样样都是空的影像(image),并没有所谓的'体'这样的东西被你得到,你却总觉得有个'体'。你叫他作瓶子,为他们所共依凭,这不是事实以外的设想是什么?倘若有法子把这个设想去勘证,证实那也是大家希望的,只是永远无望。因为就是穷尽了力量,剖开打碎的去勘察,你所用的总还是你那眼、耳、鼻、舌、手等根,所得的还不出影像。所谓的'体'这样东西是只能推想,不能得到的,始终得不到的却竟把他作实,这不是诬枉么?"①

由于单靠现量全然无所得,因此比量整理安排的功能也无从发挥,所以在此两者之间另外有一种作用,这就是非量,梁漱溟称之为直觉。

他认为,直觉所认识的是一种意味精神、趋势或倾向。此处所说的意味精神、趋势或倾向到底具有什么样的含义呢?梁漱溟以欣赏书法为例来说明直觉的作用。在观赏书法或绘画时,如果我们仅仅凭借感觉所得到只不过是许多黑色的笔画、种种不同的颜色和线条的组合。而只有借助于直觉,我们方可以从作品里面感受到或体会到这些艺术品的美妙或气象恢弘的意味。于是,他说道:"这种意味,既不同乎呆静之感觉,且亦异乎固定之概念,实一种或形势也。"②这种意味与所正在欣赏的作品之间是什么关系呢?根据他的看法,这种意味应该是由作品在欣赏者内在的生命引发出来的,而不是作品本身所实在的具有的。他说:"譬如我们听见声音觉得甚妙,看见绘画觉得甚美,吃糖觉得好吃,其实在声音自身无所谓妙,绘画自身无所谓美,糖自身无所谓好吃;所有美、妙、好吃等等意味都由人的直觉所妄添的。"③根据梁漱溟的理解,在唯识学看

---

① 梁漱溟:《唯识述义》,《梁漱溟全集》第1卷,济南:山东人民出版社1989年版,第285页。
② 同上书,第400页。
③ 同上书,第400—401页。

来，现量对于本质是不增不减的，比量也是将如此种种的感觉加以简、综的作用而不增不减得出的抽象意义。但所谓的直觉与它们不同。凭借直觉得到的所谓美、妙、好吃如此这般的意味并不是欣赏对象本身具有的，而是欣赏者所加给作品的。因此梁漱溟说是"妄添的"。这就是说，直觉给实在的东西增添了本来就不是实体所具有的东西，或者更进一步说，给实体增添的东西说不上是不是实体本身具有的东西，所以才将直觉称之为"非量"。

在梁漱溟的思想中，直觉或非量又可细分为两种：一种是附于感觉的，一种是附于理智的。如听到声音而生美妙的意味，如我现在正听着柴可夫斯基的《胡桃夹子》，得着无穷而又美妙的乐趣，这就是附于感觉上的直觉。如读诗文得其妙味，显然其妙味并不附于诗文自身，而是读诗者由其直觉而得到的。但是不管怎么说，通过直觉所得到的种种意味都是由对象引发的，并不是客观对象本身所具有的。但其中有着很复杂的关系，因为我们不能武断地说，听音乐和读诗词所引发的种种意味与音乐和诗词没有任何关系。如果情形果真如此的话，那么对任何音乐和诗词的解读也就变得不可能了。但由听音乐或阅读诗词而引起的无穷遐想，比如我听柴可夫斯基的《胡桃夹子》使我想起了在美国纽约大都会歌剧院及当时的那些朋友，所以有如此的遐想是因为我曾在纽约大都会歌剧院与这些朋友共同洗耳恭听过柴可夫斯基的《胡桃夹子》。应该说，这样的遐想或类似的乐趣、意味与对象没有任何关系，是我们妄添上去的。

梁漱溟认为，上面所提及的两种直觉中的后一种直觉即是附于理智的直觉。梁漱溟认为，这后一种直觉在认识生活或生命时显然要显得更为重要。

他认为，一切知识都是由此三种作用构成的。但此三种作用之间有轻重的不同。虽然在知识的形成中，此三种作用都不可缺少。但由于单靠现量一无所得，所以比量和非量显得似乎更为重要。

比量就是理智。理智要求对外物做分析、比较、综合等作用，要将一物与他物区别开来，要区别主客、人我，要算账、要计较。梁漱溟认为，在西方近代以来,理智的活动太强太盛,所以知识的数量及其精细深奥几乎没有旁人能够赶得上他们。但也正因为如此,他们的精神上也受了伤,正痛苦不堪着呢。理智确实有重要的作用,但也必须发挥得恰如其分才好。西方的问题是理智过分强盛。梁漱溟虽然说,在知识的构成上现量、比量和非量缺一不可。但其间还是有轻重缓急先后。如他说道:"在直觉、情感作用盛的时候,理智就退伏;理智起了的时候,总是直觉、情感平下去;所以二者很有相违的倾向。"①梁漱溟认为,比量虽有助于知识的产生、科学的进步,但在人类的生活上起着莫大作用的则不是比量,而是非量或直觉。他如斯说道:"人类所有的一切诸德,本无不出自此直觉。"②他有时甚至指出直觉是要远远高于感觉和理智的。他这样说道:"宇宙的本体不是固定的静体,是'生命'、是'绵延',宇宙现象则在生活中之所现,为感觉与理智所认取而有似静体的,要认识本体非感觉理智所能办,必生活的直觉才行,直觉时即生活时,浑融为一个,没有主客观的,可以称绝对。直觉所得自不能不用语音文字表出来,然一纳入理智的形式即全不对,所以讲形而上学要用流动的观念,不要用明晰固定的概念。"此番话虽然是在叙述柏格森的观点,然他对柏格森的这一观点极表赞同,认为是从来没有人说过,是迈越古人,是独辟蹊径的。在柏格森看来感觉和理智只能停留在事物的周遭、宇宙的边缘,完全没有能力认取流动变化中的宇宙本体。只有直觉才能深入本体,进入生命,并对之做整体的内在的把握。我们可以看到,柏格森的哲学是生命哲学或人本哲学,所以他当然强调的是要对生命整体的感受或切身的体悟。而不似有科学倾向的哲学家,他们往往注重对局部或个体的分析和研究,所以对他们而言,分析的方法、观察的方法、归纳的方法,亦即梁漱溟所谓的理智的方法显然要来得更为根本和重要。

梁漱溟关于现量、比量和非量的思想,我们在上面作了介绍,并也作了简单的点评。我们要知道的是,梁漱溟关于现量、比量和非量的思想

---

① 梁漱溟:《唯识述义》,《梁漱溟全集》第1卷,济南:山东人民出版社1989年版,第455页。

② 同上书,第454页。

并不是为了谈唯识学而唯识学,或为了谈知识论而谈知识论。他所以大谈特谈这些,是为了为他解读和研究东、西文化及其相互关系理论服务的,是为了要说明西方哲学的历史传统及其局限、印度文化的传统及其长处、中国文化的传统及其优点的。

三、由感觉而至本体

不消说,在梁漱溟看来,在西方的历史上,形而上学和宗教都曾经很有势力,在思想界占据着核心的地位,但后来却都遭到致命的批判,"几至路绝,今犹在失势觅路中"。形而上学在西方两千年的历史中一直是起着支配的作用,有的哲学家甚至认为,哲学就是形而上学。而宗教在西方的中世纪显然代替哲学成了思想界至高无上的力量。但在近代的西方,宗教和形而上学却遭到了无情的批判,几乎成了过街老鼠,人人喊打。梁漱溟指出,之所以出现这种历史情形"就是因为对知识的研究既盛,所以才将宗教及形而上学打倒"①。应该说,梁漱溟的看法是正确的。西方近代哲学曾出现了认识论转向,理性的力量成为审判其他一切学科的绝对权威,形而上学、宗教及其他的种种学问必须站在理性的法庭接受理性的裁判。凡是能够经受得住理性严格审查的学科才可获取生存的权利,否则必在清除批判的行列之中。这种严格无情的理性审查可以说就是知识论研究中所谓的知识的证实。你说某一信念是正确的,决不能仅仅依靠你主观的情感的喜怒好恶,而必须提供充分的理由或证据来表明这一信念是对的,是正确的。这就是所谓的证实。康德就是这样一位坚信理性力量的哲学家。经过理性的严格审查,他的结论是,数学是可能的,自然科学是可能的,但形而上学却是不可能的。因为我们一旦运用理智的十二范畴来考量追究理性的对象,我们马上就会陷入二律背反之中。适用于理智的十二范畴只适用于经验范围之内。就康德

---

① 梁漱溟:《唯识述义》,《梁漱溟全集》第 1 卷,济南:山东人民出版社 1989 年版,第 401—402 页。

的《纯粹理性批判》来说,其探讨的范围大致说来是在经验知识范围之内的。就此而言,康德在历史上的一个重要贡献就是建立了第一个知识论的系统。后来的哲学家由于科学的长足进步和辉煌业绩,在康德思想的基础上,百尺竿头更进一步,纷纷借用科学的方法来打量考究哲学问题。在19世纪末和20世纪初,这几乎成了一种时尚。如果说在中世纪,哲学是神学的奴婢,那么在现在哲学则沦落为科学的奴婢。这里说的科学自然是经验科学,而知识论所说的知识当然主要的也是经验知识或者干脆说就是科学知识。知识论学科的特性对于形而上学当然形成了巨大的致命的历史冲击。形而上学讨论的那些问题比如灵魂、自由意志、上帝存在,在分析哲学家看来,既不是分析命题,也不是经验命题,因此形而上学的命题是没有意义的命题。在分析哲学家看来,一个命题的意义取决于它们是否能够被经验事实证实或否证。如果能够被经验事实证实或否证,一个命题就是有意义的。否则就是没有意义的。显然,在分析哲学家看来,表达形而上学的命题既不能被经验证实,也不能被经验否证,所以这些命题在他们看来显然就是没有意义的,所以它们的出路只有一条,就是被无情的拒斥。所以在20世纪,形而上学在科学的挤压打击之下,几无藏身之处,变成了孤魂野鬼,到处游荡。

有科学倾向或情节的哲学家们拒斥形而上学的工具,在梁漱溟看来,就是他所谓的比量智。正是因为比量或理智尤其的发达,所以在西方,科学和民主得到了长足的发展,西方的物质文明也因此无比的丰富。所以理智的过分发展便是西方文化的特点。但西方文化的弱点也恰恰在此。由于理智过于强盛,所以西方精于计算,凡事都是要算账的。梁漱溟指出,这彻底的理智把生活的情趣斩杀得干干净净。他认为,计算的或算账的生活不是生活的本来面目。第一次世界大战暴露了西方理智过盛带来的文化危机。

上面是梁漱溟对西方哲学的批评。

梁漱溟认为,西方形而上学的困境,表明西方形而上学的方法是有问题的。但西方形而上学遭遇厄运,并不表明所有的形而上学都有问题。印度的形而上学走着与西方哲学不同的路数。这个路数就是唯识学的路数。他如斯说道:"我看形而上学是有个方法的,有他唯一的方法的,这个方法便是唯识学用的方法。"①

我们在论述梁漱溟关于现量、比量和非量时曾经说过这样的话,常人说看见一个像瓶子这样的东西,他们会误认为真有瓶子这样的实体。但在唯识学看来,这样的看法是有严重问题的。因为唯识学指出,瓶子是不许说有的,白色不许说有的,即便是白的意思也是不能说有的。这就是说,实体是没有的,白色也不是实际的有,白的意思也不实有的。唯识学对之一一破除之。但虽然"一样样破除,却还留下一件东西不曾破的,就是陈那所谓内证离言,就是心理学所谓感觉,一切都可破得,独有这个不能破,无可破。别的都是虚妄没有的,独有这个不能说没有。这个并非别物,这个便是唯识家的识。唯识家所谓唯识的就是说一切都无所有,唯有感觉。唯识的识向来说不出来,我可以大胆指给大家看,就是这个感觉。唯识家为什么说唯识意思很长,我可以先说他那粗疏不完头一步,就是唯有感觉。"②梁漱溟认为,感觉就是识,就是"了别",就是"意",就是"心"。

既然瓶子不许说有,白色不许说有,白的意思也不能说有,那么为什么感觉却可以说有呢?梁漱溟对此的解释是,说某一东西的有无是理智上的,或判断上的。所以显然我们不能用理智的或判断的来说感觉的有和无,说他有,说他无,都是与感觉不相当的。而感觉自身又不能证知自己的有无。这显然是一个理论上的困境,说的是其他一切都是虚妄的,子虚乌有的,唯有感觉是有的。但感觉的有,我们也不能当他是真有。这不过与其他那些虚妄的东西相比,有其自身的纯静观的一面。

梁漱溟指出,西方人只认感觉理智,结果形而上学被推翻。而唯识学家重建形而上学是否要用另一套方法呢?不是的。唯识学家重建形而上学用的方法还是感觉。"他还是固守着感觉一点也不变,而结果就可以产生他的形而上学。不过他说,我们要把感觉——他所谓现量——

---

① 梁漱溟:《唯识述义》,《梁漱溟全集》第 1 卷,济南:山东人民出版社 1989 年版,第 278 页。

② 同上书,第 286 页。

从直觉理智等作用分离出来而只留下他一种作用，自然而然就好了。"①根据此种说法，我们得知，唯识学家重建形而上学的方法仍然是感觉。但此处所谓的感觉已与西方哲学的感觉有不同。因为在梁漱溟看来，西方哲学所讲的感觉是与理智混同在一起的。即便是传统的唯识学家所讲的感觉也是与比量、非量搅和在一起。这样的现量显然不能认识"宇宙本体"。要从我们现在的感觉到能认识宇宙本体的现量，梁漱溟指出，我们必须要走两步。

头一步现量。这所谓头一步现量的特色在于要排除一般人所说的感觉。一般人所说的感觉在梁漱溟看来不是真正的感觉，而是知觉，已掺入了其他的认识成分如比量、非量等在内，不是纯粹的感觉。且一般人所说的感觉是有所为的，而不是无为的。梁漱溟所要的现量是"纯静观的"。这有两个含义，第一，现量就是其自身，没有任何其他的认识成分，所以是纯粹的；第二，现量是无所为的，是无私的。梁说："必须把这牵混入比非量之暂甚暂微的现量分离独立，暂者久之，微者著之——即是将有所为的态度去净而为无私的——纯静观——才好。"②这就是所说的头一步现量。怎么做到呢？梁漱溟举例说道，就是看飞鸟，只见鸟（但不知其为鸟）而不见飞；看幡动，只见幡（但不知其为幡）而不见动。

次一步现量。此时的现量是顺着前一个来的，但要比前一个更无私，更纯更静观。只不过无私静观至此已至极至，不能再前进了。现量到了此一地步，眼前面的万事万物、山河大地都没有了，空无所见。"空无所见就是见本体。"③

梁漱溟指出：一般人执着于我执、法执，分成物我两事，于是阿赖耶识被打成了两橛；进一步又执着于眼、耳、鼻、舌、身、意、末那七识，自我影像里又起一重隔阻，前六识摄物自影像，向外则又起一重隔阻。他认为，如此一来，整个的宇宙，所谓绝对，自为我们感觉念虑所不能得到，当

---

① 梁漱溟：《唯识述义》，《梁漱溟全集》第1卷，济南：山东人民出版社1989年版，第410页。
② 同上。
③ 同上书，第411页。

这些工具活动的时候,早已形成对立形势而且阻隔重重了。所以我们要揭开阻隔,冲破帷幕,直认唯一绝对本体,必须解放二执,则妄求自息,重幕自落,一体之义,才可实证。"这就是唯识家所贡献于形而上学的方法。所以这头二步都无非往这里面做去:沉静!休歇!解放!"①

上述所谓的两步,其关键当然是梁漱溟所说的感觉了。他于是说道:"所幸感觉器官上还有一点暂而微的现量是真无私、纯静观的;只要你沉静、休歇、解放,其用自显。"②这样的感觉,是暂而微的。它类似于放电影时所显现的胶卷底片。底片上的影像都是静态的,由于放映时速度加快,一秒钟要过十二张胶卷,所以我们有动态的感觉。其实这种动态的感觉是一种虚假的影像。只有那静态的东西才是最真实的。我们感觉到动态的意象是由于非量起了作用。非量或直觉把这些影片贯穿起来,飞动之势乃见。而现量自身是不见飞动的。进一步解放时,也就是所谓次一步现量时,则不但虚假的飞动形势没有了,且连实的影片也没有了,所以空无所见。梁漱溟的这些说法是玄而又玄的,有神秘主义的一面,令我们很难把握其思想实质性的东西。这就是他所理解的印度形而上学走的路数或建立的方法。

他是用纯静观、最无私的感觉来诠释印度的形而上学。显然,他用这种纯静观的最无私的感觉来建立形而上学是有问题的。因为这样的感觉本身就是有问题的,我们很难捉摸这样的感觉究竟具有什么样的性质。它既类似于西方认识论所讲的感觉,又大大不同于西方所讲的感觉。梁漱溟本人也承认,感觉是私的,是我的就是我的,是你的就是你的,是随时变化,是非恒在的。这样的感觉是短暂的,非恒在的,然梁漱溟却企图使其久之,使其显之。但运用什么样的方法可以使其久而显呢?使感觉脱离开其他的认识成分?使自己的感觉处于无所为的处境?离开了其他的认识成分,仅靠感觉来达到本体的方法确实令人费解。

---

① 梁漱溟:《东西文化及其哲学》,《梁漱溟全集》第 1 卷,济南:山东人民出版社 1989 年版,第 412—413 页。

② 同上书,第 413 页。

四、直觉即生命

如果说西方哲学是理智过盛,印度哲学是运用纯静观、最无私的感觉重建形而上学,那么中国哲学的传统及其特点就在其非量或直觉了。

梁漱溟明确地指出,中国文化的核心是孔孟儒学,就这个意义上说,中国文化亦可称之为儒家文化。中国文化持调和持中的态度,当然不能有征服自然的魄力,所以没有科学。对于权威容忍礼让,不作奋斗以求解放,所以没有"德谟克拉西",但是中国形而上学即玄学却发展到了一定的高度。中国形而上学的中心思想就是调和,"其大意以为宇宙间实没有那绝对的、单的、极端的、一偏的、不调和的事物;如果有这些东西,也一定是隐而不现的。凡是现出来的东西都是相对、双、中庸、平衡、调和。一切的存在,都是如此。"梁认为,所谓变化就是由调和到不调和,或由不调和到调和,结果都是调和,又调和与不调和不能分开,无时无处不是调和,亦无时无处不是不调和。梁认为,调和、平和是绝对的。① 中国形而上学所以强调调和是由于如下两个原因:(一)中国形而上学的问题与西方哲学截然不同,西方哲学着重的是实体或用梁漱溟的话来讲是所谓的静体。中国的形而上学却与之不同,她从不把思想的重点放在那些呆板的不变的静体上面,在她看来一切都处在流变的过程之中;(二)由于着重变化与发展,所以中国形而上学所应用的方法也显然不同于西方哲学理智的方法,其方法是直觉的方法。在中国的形而上学中问题与方法是相协调的。由于一切都无时无处不在变化之中,而变化就是由调和到不调和,又由不调和到调和。从此种变化发展的观点看来,一切都是相对的,没有绝对的,更没有孤立存在着的东西。

梁漱溟认为,中国文化的调和持中与儒家的直觉主义紧密相连。在他看来,所谓的直觉就是唯识家讲的非量。唯实家认为,除非量外还有

---

① 梁漱溟:《东西文化及其哲学》,《梁漱溟全集》第 1 卷,济南:山东人民出版社 1989 年版,第 444 页。

现量和比量。所谓现量就是我们一般所讲的感觉。现量的作用只是得到感觉。

他认为,直觉所认识的是一种意味精神、趋势或倾向。如欣赏书法作品,我们会得着某种的意味。这种意味与所正在欣赏的作品之间是什么关系呢?根据他的看法,这种意味应该是由作品在欣赏者内在的生命引发出来的,而不是作品本身所实在的具有的。他说:"譬如我们听见声音觉得甚妙,看见绘画觉得甚美,吃糖觉得好吃,其实在声音自身无所谓妙,绘画自身无所谓美,糖自身无所谓好吃;所有美、妙、好吃等等意味都由人的直觉所妄添的。"①根据梁漱溟的理解,在唯识学看来,现量对于本质是不增不减的,比量也是将如此种种的感觉加以简、综的作用而不增不减得出的抽象的意义。但所谓的直觉与它们不同。所谓的直觉的美、妙、好吃这类意味并不是欣赏对象本身具有的,而是欣赏者所加给作品的。因此梁漱溟说是"妄添的"。这就是说,直觉给实在的东西增添些东西,所以才将直觉称之为"非量"。

他认为,一切知识都是由此三种作用构成的。但此三种作用之间有轻重的不同。虽然在知识的形成中,此三种作用都不可缺少。但由于单靠现量一无所得,所以比量和非量显得似乎更为重要。

比量就是理智。理智要求对外物做分析、比较、综合等作用,要将一物与他物区别开来,要区别主客、人我,要算账、要计较。梁漱溟认为,在西方近代以来,理智的活动太强太盛,所以知识的数量及其精细深奥几乎没有旁人能够赶得上他们。但也正因为如此,他们的精神上也受了伤,正痛苦不堪着呢。理智确实有重要的作用,但也必须发挥得恰如其分才好。西方的问题是理智过分强盛。梁漱溟虽然说,在知识的构成上现量、比量和非量缺一不可。但其间还是有轻重先后。如他说道:"在直觉、情感作用盛的时候,理智就退伏;理智起了的时候,总是直觉、情感平下去;所以二者很有相违的倾向。"②梁漱溟认为,比量虽有助于知识

---

① 梁漱溟:《东西文化及其哲学》,《梁漱溟全集》第1卷,济南:山东人民出版社1989年版,第400—401页。
② 同上书,第455页。

的产生、科学的进步,但在人类的生活中起着莫大作用的却不是比量,而是非量或直觉。他如斯说道:"人类所有的一切诸德,本无不出自此直觉。"①有时他甚至指出直觉是要远远高于感觉和理智的。他这样说道:"宇宙的本体不是固定的静体,是'生命'、是'绵延',宇宙现象则在生活中之所现,为感觉与理智所认取而有似静体的,要认识本体非感觉理智所能办,必生活的直觉才行,直觉时即生活时,浑融为一,没有主客观的,可以称绝对。直觉所得自不能不用语音文字表出来,然一纳入理智的形式即全不对,所以讲形而上学要用流动的观念,不要用明晰固定的概念。"他的此番话固然是在叙述柏格森的观点,但他对柏格森的这一观点极表赞同,认为从来没有人说过,是迈越古人,是独辟蹊径的。在柏格森看来感觉和理智完全没有能力认取流动变化中的宇宙本体。只有直觉才能深入本体,并对之做整体的把握。我们可以看到,柏格森的哲学是生命哲学或人本哲学,所以他当然强调对生命整体的感受或切身的体悟。而不似有科学倾向的哲学家,他们往往注重对局部或个体的分析和研究,所以对他们而言,分析的方法、观察的方法、归纳的方法,亦即梁漱溟所谓的理智的方法显然来得更为根本和重要。梁漱溟本人的思想就是生命派的哲学思想,所以他也很是赞赏柏格森哲学思想,而对于当时来华讲学的英国著名哲学家罗素的哲学思想则感到难以接受,因为罗素的哲学是数理哲学,尤其重视理智方面的分析的方法。尤其是罗素及其严厉地批评了当时梁漱溟极为推崇的法国生命派哲学家。对此一批评,梁漱溟当即撰文《对于罗素之不满》对罗素表示极"不满意者"。

此所谓"不满者"是罗素对柏格森哲学思想的批判。老实说来,罗素对于柏格森的批判是很激烈的,而且只要有机会他就会对柏格森哲学,特别是他所谓的直觉方法发起攻击。这是因为在罗素看来,柏格森所谓的直觉方法是与他积极提倡的科学方法格格不入。要推广科学方法就得批判直觉的方法。梁漱溟特别不满罗素对柏格森的批判。他说

---

① 梁漱溟:《东西文化及其哲学》,《梁漱溟全集》第 1 卷,济南:山东人民出版社 1989 年版,第 454 页。

"罗素之反对柏格森吾侪盖尝闻之矣,尝苦其搔不着痒处,不厌人心",认为罗素对柏格森的批判"有失学者态度"。为了说明罗素对柏格森批判的"轻率无当",是"浅薄已极"的,梁漱溟引用了罗素批判柏格森关于本能的几段话。罗素的大意是说,本能在动物是很有用的,动物的生活必须依赖于本能,但是在智慧发达了以后,本能的用处也渐渐减少了,或者甚至于将本能置之不用。言外之意,本能只是动物或野蛮人的生存方式,而文明人则更多依靠的是知识或智慧。梁漱溟指出罗素对待柏格森关于本能看法的态度是有问题的,有失学者应有的风度。在引用了罗素的话之后,他接着评论道:"我常以为学者于义有其应践之态度:一则学者当好学;二则学者于所不知义当阙疑,不当表示浅薄无当之感想。……学者而不好学,何事乎学者耶?……右所录罗素评柏氏学,其轻率无当,浅薄已极,虽甚爱不能为辩。"①可见,梁漱溟对罗素的批判是很激烈的。梁漱溟所以如此的一个很重要的原因在于,柏格森的哲学思想是他的文化思想的理论基础。柏格森推崇本能。而梁漱溟更是有过之而不及。他认为感觉是与我们内里的生命无关的,理智是与我们内里的生命无关的,指出"我们人原本是受本能、直觉的支配","人的生活哪里都有意识的,他同动物一般也是出于本能,冲动;知的作用哪里能作主,他不过是工具而居于从属",人"应该顺从着生活本性而任听本能冲动的活泼流畅,一改那算账而统驭抑制冲动的态度"②。很清楚,梁漱溟与柏格森一样都是坚决地主张以本能来规定人的本质。所以罗素对柏格森的批判实质上就是对梁漱溟本人的批判,因此梁漱溟当然会挺身而出来回击罗素的这种批判。梁漱溟对罗素的批判实质上是对罗素哲学思想的基础即数理逻辑的批判。这种批判涉及本能或直觉的方法与数理逻辑的方法或科学方法论之间的关系问题。由于当时的梁漱溟是站在本能的或直觉的立场上来批判罗素的,所以他并未对罗素的哲学方法进行学理的批判,这就使我们很难掌握梁漱溟本能说或其直觉方法的本质。

---

① 梁漱溟:《对于罗素之不满》,《梁漱溟全集》第4卷,济南:山东人民出版社1991年版,第653页。此文原载《中华新报》(上海),1921年。
② 参见梁漱溟:《东西文化及其哲学》第四、五章,《梁漱溟全集》第1卷,济南:山东人民出版社1989年版。

由于这个原因,我们也很难说梁漱溟的批判击中了罗素哲学方法论的要害之处。在此应该指出的是,罗素对于柏格森的哲学思想是有一定研究的,他在 1914 年就发表了一本专门研究柏格森哲学的著作,题为《柏格森哲学》,所以他并未如梁漱溟所说的没有很好地研读柏格森的哲学著作,至多只能说他对柏格森哲学有不同的看法。罗素与柏格森所研究的问题也是很不一样的。罗素哲学关注较多的是我们如何得到关于外在世界的知识,而柏格森所侧重的则是生命的意义。但一年后,梁漱溟的思想就有了根本性的变化,我们将在下文叙述此一变化。

与柏格森一样,梁漱溟也指出生命本体本不是理智所能够把握和认取的。在他看来,孔子是积极地肯定人生的,赞美人生的。他说道:"这一个'生'字是最重要的观念,知道这个就可以知道所有孔家的话。孔家没有别的,就是要顺着自然道理,顶活泼流畅的去生发。他以为宇宙总是向前生发的,万物欲生,即任其生,不加造作必能与宇宙契合,使全宇宙充满了生意春气。……所以我心目中代表儒家道理的是'生',代表佛家道理的是'无生'。"[①]显然儒家的"生"或"生命"不是感觉和理智通过枝枝节节的手段所能够认取的,而只有待直觉深入内在的生命来做整体的把握或切身的体验。

感觉和理智在形成知识的过程中是不可或缺的。知识理论的一个特性在于追求确定性。理智要求要认定,要计算,要区分主客和人我,是要讲理的。知识是关于外物的知识。但中国哲学,尤其是孔子为代表的儒家思想关注的却是人生。而且梁漱溟认为,孔子的方法是直觉的。而直觉的方法就是一切都不认定,是顺其自然的。这就影响到中国哲学的人生态度就是一切都不认定,一切都听任直觉,他认为:"一般人是要讲理的,孔子是不讲理的;一般人是求其通的,孔子则简直不通!然而结果一般人之通却成不通,而孔子之不通则通之至。"[②]对于一切事物最好不要操心,计较,遇事只要当下随感而应就可以,而且随感而应通通都是对

---

① 梁漱溟:《东西文化及其哲学》,《梁漱溟全集》第 1 卷,济南:山东人民出版社 1989 年版,第 448 页。

② 同上书,第 451 页。

的,妥帖的,和适当的。

　　根据上面的叙述,我们可以清楚地看到,梁漱溟明明白白地将直觉置于理智之上。不仅如此,他进一步指出,其实在人的生命过程中,支配我们行动的往往不是理智而是直觉。如他说:"孔子总任他的直觉,没有自己打架,而一般人念念讲理,事实上只讲一般,要用理智推理,结果仍得凭直觉;一边自己要用理智,一边自己实他听他,临时直觉叫我们往那边去,我们就往那边去。"①照梁漱溟的看法,人是在直觉的支配之下而讨生活的。而且事实似乎是,仅仅听凭直觉还不行,我们还得时时提防理智干扰生活方向。有鉴于此,梁漱溟补充道:"平常人都是求一条客观呆定的道理而秉持之,孔子全不这样。……他们把一个道理认成天经地义,象孔子那无可无不可的话不敢出口。认定一条道理顺着往下去推就成了极端,就不合乎中。事实象是圆的,若认定一点,拿理智往下去推,则为一条直线,不能圆,结果就是走不通。"②你一认定就偏,你一有主张就自然走向极端。那么要如何才能不偏,不极端呢? 梁漱溟指出,顺着生命的本来去走,就应该不认定,不计算,就应该时时处处调和、调和、再调和。"顺着生命的本来走去"的说法当然即是直觉的,跟着直觉走。不算计、不计较、不安排,完全听凭直觉的支配,此地所谓的直觉确实就是本能了。实际上,梁漱溟不但在《东西文化及其哲学》一书中很重视本能的作用,在他同时期的其他作品中,他也在坚持以本能来解释生活。比如他在一篇题为《东西人的教育之不同》一文中指出,东西教育的不同即表现在西方的教育侧重在知识的传授,而东方的或中国的教育其重点不在知识的传授,而在情志的一面。他这样说道:"盖情志是本能,所谓不学而能,不虑而知,为一个人生来所具有无缺欠者,不同乎知识生来所不具有,为后天所不能加进去者,不同乎知识悉从后天得到(不论出于自家的创造,或承受前人均为从外面得来的,后加进去的)。……所谓教育不但在智慧的启迪和知识的创造授受,尤在调顺本能使生

---

① 梁漱溟:《东西文化及其哲学》,《梁漱溟全集》第 1 卷,济南:山东人民出版社 1989 年版,第 451 页。
② 同上书,第 450 页。

活本身得其恰好。本能虽不待教给,非可教给者,但仍旧可以教育者,并且很需要教育。因为本能极容易搅乱失宜,即生活很难妥帖恰好,所以要调理他得以发育活动到好处,这便是情志教育所要用的工夫——其工夫与智慧的启牖,或近与知识的教给便大不同。……我们对于本能只能从旁去调理他、顺导他、培养他、不要妨碍他、搅乱他;如是而已。"①此处梁漱溟所谓"本能生活搅乱失宜"的原因在他看来就是由于人的理智的干扰。他说道:"我所了解的中国圣人,他们的生命,大概常是可与天地宇宙合一,不分彼此,没有计较之念的。所谓'仁者浑然与物同体'者是。这时心里是廓然大公的,生命是流畅活泼自然自得的,能这个样子便是圣人。……人之所以不同于其他动物者,也就是人类的最大长处,即在其头脑能冷静;头脑能冷静才能分别计算,这就是理智。但人类之最大危险亦正在此,即其心理上易流于阴冷。在人情世故利害得失上易有许多计较,化一切生活为手段,不能当下得到满足。……心眼多、爱计算的人,就惯会化一切生活为手段,他的情绪常是被压抑而不能发扬出来,他的生命是不活泼,而阴冷、涩滞。这个危险常随着人类进化而机会愈多,更容易发见。"②在这里梁漱溟是在将直觉与理智对立了起来。他的这一看法与柏格森的思想是异曲同工的。

在柏格森看来,欧洲的哲学从其源头就有这样的倾向,即把"活"东西当成"死"东西来观察、研究。古希腊哲学家崇尚理性。这种理性在摆脱了它原始的"诗意"的创造力之后,走向了一条"推理"的理论路线。这条哲学之路对于人类的发展无疑具有极其巨大的贡献。但这一致思的方向却也导致了偏向,即过分强调推理与理论,而极大地忽视了生活本身,把丰富的生活本身简约地化成了"一以贯之"的推理的理论系统,认为只有一致性的推理系统的理论体系才是正确的,才是真的。柏拉图的理念论便是这一哲学思想的最高概括。在柏拉图看来,理念才是真实

---

① 梁漱溟:《东西人的教育之不同》,《梁漱溟全集》第4卷,济南:山东人民出版社1991年版,第658—659页。
② 梁漱溟:《朝话·谈戏剧》,《梁漱溟全集》第2卷,济南:山东人民出版社1989年版,第120页。

的,永恒的,而经验生活是转瞬即逝的,是虚假的,不是真实的。理性是可靠的,感觉是欺骗人的。感觉上的运动在理论上是得不到证明的。芝诺悖论就是一例。① 柏格森是坚决反对这一条路线的。他认为,对生命本身的研究是不能采取这一条路线的。他指出,在生命进化的途程中,传统形而上学走了一条外向的道路,因此这样的哲学根本就不可能认识生命的真正本质,哲学家也因此成了独眼巨人,只看见理性的道路,而没有能够看见从本能到直觉这一条直接指向生命本身的道路。

柏格森认为,直觉主要是一种方法,当然也是一个认识的过程。他指出,直觉是发展中的"认识"。直觉的特点在其从起源处就可以看出发展。那么直觉是起源于什么地方呢?在他看来,直觉起源于本能。这就是说,本能本身蕴涵着发展出直觉的种种基本要素。从这种意义上说,本能还不就是直觉。因为如果柏格森把直觉也看成是一种方法或认识过程的话,那么他也就不能把直觉等同于本能。但是柏格森却是经常把本能等同于直觉的。因为本能是与生俱来的,是生命本身先天而具有的,生命最本质的东西就是本能,由于本能就是直觉,所以直觉能够将我们引向生命的深处,而认识生命的本质。由于本能或直觉就是生命本身,又由于直觉是一种认识的过程,所以直觉虽然没有功利性,但直觉却有自我意识,能够引导我们在生命的最深处认识自身。直觉对生命的认识不是局部的、片段的,不是支离破碎的,是向内的,不是向外的,能够在时间的绵延中从整体上动态地把握生命。② 结论就是,只有直觉或本能才能真正揭示生命的奥秘。我们可以看到,在柏格森的哲学中,直觉是等同于生命的,就是生命本身。这些思想对梁漱溟有深刻的影响。

其实在梁漱溟处,直觉也已经不只是一种生活的方式。他认为,直觉时即生活时,直觉就是生活本身,二者合而为一。

而且直觉也已成为了价值的源泉。在他看来善和美就是直觉,孔子所说的仁也是直觉。他说:"敏锐的直觉,就是孔子所谓仁。……儒家

---

① 参见叶秀山、王树人主编:《西方哲学史》,南京:凤凰出版社、江苏人民出版社,第7卷上,第三章。

② 参见柏格森:《形而上学导论》,中译本,北京:商务印书馆1963年版,第1、2、40页。

完全要听凭直觉,所以唯一重要的就在直觉敏锐明利;而唯一怕的就在直觉迟钝麻痹。所有的恶,有由于直觉麻痹,更无别的原故,所以孔子教人就是'求仁'。人类所有的一切诸德,本无不出自此直觉,即无不出自孔子所谓'仁',所以一个'仁'就将种种美德都可代表了。"① 人类所有一切美德都是出自这个直觉,直觉敏锐的人要求平衡与调和,只不过是"顺着自然流行求中的法则走而已"。此处所说的直觉其实已经不只是直觉了,说她是一种境界或者说她类似于罗素所谓的灵性似乎来得更准确些。梁漱溟因为过分地喜欢直觉,而赋予了直觉许多本不该有的特性。

我们可以清楚地看到,梁漱溟在《东西文化及其哲学》中高扬直觉,认为直觉与理智在很大的程度上相互排斥。在他的思想中,直觉既是一种方法,也是种种价值形成的源头。作为一种方法,直觉对于任何事物不认定,不算账,不计较,不分彼此主客人我,而是主张调和、得中、随感而应。作为价值的源头,善、美诸德都源于直觉,认为生活时即直觉时,直觉时即生活时。

在论述唯识学的认识论的时候,梁漱溟还是认为,现量、比量和非量是不能打开的,必须三者综合才能形成知识。比量是在非量提供的对象的基础上做简综的工作,结果是知识。但在以非量或直觉解读儒家思想的时候,他往往将直觉与理智的方法对立起来,强调两者之间的差异,认为这两者之间的关系是此长彼消。如他说道:"若是打量计算着去走,就调和也不对,不调和也不对,无论怎样都不对;你不算计量着去走,就通通对了。人自然会走对的路,原不需你操心打量的。遇事他便当下随感而应,这随感而应,通是对的,要于外求对,是没有的。我们人的生活便是流行之体,他自然走他那最对,最妥帖最适当的路。"② 梁漱溟反对计算、反对计较在一定程度上是对的,是有道理的,但通盘反对计算、计较则是不可的。反对计算,反对计较实质上就是在反对理智。梁漱溟认

---

① 梁漱溟:《东西文化及其哲学》,《梁漱溟全集》第 1 卷,济南:山东人民出版社 1989 年版,第 454—454 页。

② 同上书,第 452 页。

为,西方文化走着纯粹理智的路,取得了很大的令人艳羡的成就,但也带来了无穷的问题。中国没有西方文化所有的成就,也没有西方的困境,因为中国文化走着一条完全不同于西方文化的路。梁漱溟是为了给自己的文化哲学思想寻找垫脚石,因此他过分地压抑了理智的作用,而随意地抬高了直觉的地位。在此两者之间的褒贬抑扬清楚地反映了梁漱溟理论创作上的偏颇随意。因为随感而应,完全听凭本能去讨生活似乎并不是真正意义上的人类生活。而且在那个时候,梁漱溟也在反复强调,要随顺内在的生命去做总是对的,喜欢什么就去做什么。他于是这样说道:"我们只应顺着我们的本性去走。……这个支配我们行动的心理作用,是直觉而非理智。我们平常所倾向的,多是合于我们脾胃的意味;所以能领受这个意味的,就是直觉作用,不是理智作用。如果看得上一种东西而安排计较着走去,就会渐渐违离了我们原来生活的路子。说浅显一点,就是,粗莽而任天真的人,生活是比较合理的。若处处抑制情感,事事计较安排,反倒错误越多。……要求合理的生活,只有完全听凭直觉。"①这一说法本身即是将生命的存在和发展的方向完全置于本能或直觉之上。承认直觉或本能在生命中的作用这一点是没有错的,但完全否认理智的作用却也值得商榷。显然他这样的说法没有能够充分反映出人类生命的本质。

同样,我们也发现对于究竟什么是直觉这一问题,似乎梁漱溟也没有能够给出清楚明白的定义。给出这样的定义,无疑就是一种认定或确认,这样的认定或确认,用梁漱溟本人的话来说就是算计或计较或理智活动。但梁漱溟既要构造一种文化的思想体系来解释或说明中国文化、西方文化和印度文化之间的异同,并进一步强调中国传统文化在世界文化格局中的地位和价值,那么这样的关于文化的思想体系本身就需要充分的理据。既然中国文化是直觉见胜,无疑直觉是一个最为重要的概念,如果对之没有清晰明确的概念,那么中国文化的价值也随之不能得

---

① 梁漱溟:《在晋演讲笔记(十篇)·合理的人生生活》,《梁漱溟全集》第4卷,济南:山东人民出版社1991年版,第666页。

到充分的揭示。

　　似乎问题也在于,直觉这一概念不但是说不清楚的,而且更由于这一概念是得自西方哲学的。这一点梁漱溟本人也承认。如他后来说自己"没有把孔子的心理学认清,而滥以时下盛谈本能一派的心理学为依据,去解释孔学上的观念和道理,因此就通盘皆错"①。在《东西文化及其哲学》出版后不久,梁漱溟在多处且多次提到运用"直觉""本能"这样的概念来解释儒家思想是不妥的,是一个很大的错误。因为我们都知道,直觉这一概念是从国外哲学界引进的。梁漱溟是受了法国哲学家柏格森关于直觉理论的影响,也是受了本能派心理学的影响。既然直觉和本能这样的概念是由国外引进的,而且柏格森和本能派心理学对于本能和直觉的研究和论述显然要比梁漱溟的来得系统深入。果真如此的话,那么梁漱溟又怎么能够说直觉反成了中国文化或儒家思想的优长之处呢?其实不但柏格森和本能派心理学家们大谈特谈直觉,德国哲学家康德也十分重视直觉的问题,对之有很系统的深入的讨论。康德认为,只有上帝才拥有智的直觉。康德的这一看法对于中国所有那些极愿意讨论直觉的思想家而言是一个很大的挑战。运用直觉的本意是要说明,我们能够在整体上深入到或切身地体验到生命的本体或生命的整体。一个有限的认知主体是绝对不可能做到这一点的。而上帝是无限的,所以上帝才可能拥有智的直觉。人既是有限的存在,那么人何以可能具有能够深入生命整体之中的所谓智的直觉?当然在这一问题上,我们允许有不同的看法。但不管是什么样的看法,从思想的角度来说,必须是持之有故、言之成理,要拿出充分的道理。尽管梁漱溟是在形而下的意义上讲述其直觉理论的。但他似乎也不能完全避免这样的问题。

　　我们需要注意的一个十分关键的问题是,梁漱溟所理解的直觉能否准确地解读儒家思想。毫无疑问,儒家思想中有这里所说的直觉因素,如孟子所谓的"性善""本心""四端"等是人先天生而具有的,不是从后

---

① 梁漱溟:《东西文化及其哲学》附录,《〈人心与人生〉序》,《梁漱溟全集》第 1 卷,济南:山东人民出版社 1989 年版,第 329 页。

天习得的。但将儒家思想完全归结为直觉却值得商榷。第一,将一个文化系统的思维方式完全归结为某一种方式的做法在理论上是有问题的。其实柏格森在讨论生命进化的时候所讲的直觉也不是单一的,而是将其与迟钝、智慧放在一起,认为它们之间是相互对立的,但是又是相互补充的。他认为,植物由于其进食的方式等因素,其功能是单一的。但动物不是单一的。人类更不是如此。人类虽然运用智慧,但也继承了植物的迟钝或睡眠,继承了动物的本能或直觉。细读儒家著作,我们可以清楚地看到,儒家思想中的理性思考安排的成分也是十分浓厚的。比如孔子讲的"学而不思则罔,思而不学则殆""克己复礼为仁""每事问"等,《中庸》的"博学、审问、慎思、明辨、笃行"等明显是不能用所谓的直觉来注解的。

梁漱溟关于直觉理论的问题还进一步表现在现量、比量和非量之间的关系上。这三者之间究竟应该具有什么样的关系呢?在《东西文化及其哲学》一书中,梁漱溟对此似乎并没有一个统一的看法。在第四章的"现量比量直觉三作用之说明"一段中,在单纯论及此三者及其相互关系的时候,他指出:"知识之构成,照我们的意思,即由于此三量。此三量是心理方面的三种作用,一切知识皆成于此三种作用之上。"①在总结此一段论述这三者关系的时候,他又强调道:"以上所说是构成知识的三种工具。一切知识都是由这三种作用构成。虽然各种知识所含的三种作用有成分轻重的不同,但是非要具备这三种作用不可,缺少一种就不能成功。"②但是一旦运用这三者来说明中西文化之间的差异的时候,这三者间的关系就有不小的变化,如他认为西方文化是理智见长,所以知识的数量及其繁密细致是其他民族望尘莫及的。因此西方人是要算计、要计较、要认定的。如果这样的说法能够成立的话,那么在西方文化似乎就只有比量或理智,而见不到非量或直觉了。而中国文化则不

---

① 梁漱溟:《东西文化及其哲学》附录,《〈人心与人生〉序》,《梁漱溟全集》第1卷,济南:山东人民出版社1989年版,第397页。

② 梁漱溟:《东西文化及其哲学》,《梁漱溟全集》第1卷,济南:山东人民出版社1989年版,第401页。

一样,知识在这里没有得到相应的发展,因为中国人不擅长理智的运用,但我们的老祖宗却极其善于运用直觉或非量,我们文化的优势全在这一方面。于此,我们可以看到,比量或理智与非量或直觉已经被打开。尤其是在西方文化中,简直是只有比量或理智,而见不到在梁漱溟看来无比重要的直觉了。但事实似乎并不如此,因为梁漱溟已经指出过知识的构成这三者缺一不可,仅有理智不足以构成知识,但在梁漱溟关于文化比较的论述中已将直觉看做中国文化的特长。如果是这样的话,那么西方文化中得到长足发展的知识将得不到说明。另一个更重要的思想事实是,梁漱溟关于直觉的说法固然有来自印度佛学的启发,但毋庸置疑,其主要来源却是来自西方的。如果是这样的话,那么梁漱溟也不应该说直觉只能在中国文化中找到,西方人则没有这样的利器。他的这番论述容易使人得到如下的印象,即过河拆桥。我们知道,事实并非如此,熟悉西方哲学发展历史的人们都应该知道,在西方提倡直觉的学者大有人在。如梁漱溟所钦佩的柏格森固然对直觉一往情深,不遗余力地提倡和传播。即便如梁漱溟早期批评过的罗素,虽然其哲学的主要方法是逻辑分析方法,但他本人也并不极力排斥批评直觉或本能。罗素在其1915年写成的《社会改造原理》中,认为本能是人类和动物所共同具有的东西,是人类和动物为了保存自己和繁殖下一代自然具有的愿望和冲动。本能是人类和动物生而具有的,你可以遏制其功能和范围,但不可能否认其存在。任何过分遏制本能的做法所带来的后果便是生命力的萎缩和退化。正确的做法是人类的本能应该在理性和灵性的引导之下发挥其正常的功能。所以我们应该努力做到如何使本能、理性和灵性三者之间和谐一致,而不是以其中的一方来压抑其他,使它们彼此失衡,如梁漱溟所做的那样。

在这里,我们也可以看出梁漱溟直觉理论和文化理论上的另一个困境在于,如果现量、比量和非量三者是不可分的话,那么文化三路向说自身就难以立身。所以在他以现量、比量和非量三者解读中国文化、西方文化和印度文化时又必须将它们人为地绝对地隔离开来。

通过上面的论述,我们清楚地看到,在上述三者之间,梁漱溟是有摇摆的,时而认为,这三者关系紧密,时而又将它们拆散。问题还不仅如此,在第四章的末尾,在总结他自己对中国文化、印度文化和西方文化的论述时,他又这样来解析。他说:"(一)西洋生活是直觉运用理智的;(二)中国生活是理智运用直觉的;(三)印度生活是理智运用现量的。"①讲完这些之后,他自己也感觉到"这话乍看似很不通",但又坚持道:"为表我的意思,不得不说这种拙笨不通的话,待我一一说明,或可解惑。"②此后梁漱溟确也花了不少篇幅试图解说这些"似很不通"的话,但结果总令不少人若坠五里烟雾之中。胡适就是读了此番解说总不得要领的一位学者。在《东西文化及其哲学》一书出版后约两年,胡适在《读书杂志》上发表《读梁漱溟先生的〈东西文化及其哲学〉》一文,批评梁漱溟这番话"更是荒谬不通"。他问梁漱溟道:"试问直觉如何运用理智？理智又如何运用直觉？理智又如何运用现量？"③胡适的不得要领固然是由于他自己的文化立场,但无可否认梁漱溟的解说不清也是很重要的原因。直觉本身就是解说不清的,人人心中所有而口中所无东西,而通过直觉得到的对生命或艺术作品的意味或气韵也是不能以语言来表述清楚的。至于现量、比量和非量之间的关系更是说不清楚的。问题不在梁漱溟身上,而在他所讨论的问题本就不是能够说清楚的问题,以此不能说清楚的问题来解说中国文化、西方文化和印度文化之间的关系,自然问题也就层出不穷。梁漱溟本人确实也悟到了问题的症结所在。在《东西文化及其哲学》出版后两年,他就有两个重要的悔悟。其中"第二个重要的悔悟是在本书第四章末尾,说:'西洋生活是直觉运用理智,中国生活是理智运用直觉,印度生活是理智运用现量'之一段。这一段的意思我虽至今没有改动,但这一段的话不曾说妥当。……不料我一再声明的仍未得大家的留意,而由这一段不妥当的说话竟致许多人

---

① 梁漱溟:《东西文化及其哲学》,《梁漱溟全集》第1卷,济南:山东人民出版社1989年版,第485页。
② 同上。
③ 胡适:《读梁漱溟先生的〈东西文化及其哲学〉》,《胡适文集》第3卷,北京:北京大学出版社1998年版,第190、191页。

也跟着把'直觉''理智'一些名词滥用误用,贻误非浅;这是我书出版后,自己最歉疚难安的事。现在更郑重声明,所有这一段话我今愿意一概取消,请大家不要引用他或讨论他。"①果然以后他不再谈论直觉或非量。但文化三路向和中国文化优异的基本立场他是始终坚持的。

在后来所写的《中国文化要义》一书中,梁漱溟确实不再用直觉来解读中国文化的特点,而是起用"理性"代替了"直觉"。但是他所谓的"理性"却与西方的"理性"或"理智"不可相提并论,有着不同的含义。他的"理性"指的是"情理"。理性是一种情感,"总偏乎人世间许多情理,如父慈、子孝、知耻、爱人、公平、信实之类"②。又如正义感是一种感情,使人对于正义便欣然接受拥护,对于不合正义的东西便厌恶拒绝。离开这样的感情,正义感就不可得。情感当然也是人的一种心理,是人生而具有的。梁漱溟的情理不同于西方所讲的"物理"。物理是以理智或理性研究外在的事物而后所得到的规律性的东西。其实严格说起来,理智或理性也应该是人生而具有的心理的一种能力。同为人的心理能力,那么情理与物理的区别又何在呢?在梁漱溟看来,两者的区别是显然的。第一,情理是人的感情,而物理则是关于事物的理;第二,情理不以理智的计较和分别为其基础,而物理是以理智的分析为向导的;第三,情理是人内在的感情,而物理是外在。虽有上述的区别,但似乎两者之间也有着共同点,即它们都是无私的。情理是无私的,是不顾及自己的私利而是见及他人的。物理也是无私的,事物的规律当然是不以人的私利而转移的,正因为如此所以物理具有普遍性。但是尽管情理是无私的,但是情理仍旧是人内在的情感。就情感是生而具有这一点说,情感其实也与直觉或本能有着剪不断、理还乱的关系。

---

① 梁漱溟:《东西文化及其哲学·第三版自序》,《梁漱溟全集》第1卷,济南:山东人民出版社1989年版,第323页。
② 梁漱溟:《中国文化要义》,《梁漱溟全集》第3卷,济南:山东人民出版社1989年版,第127页。

第四章 熊十力：真的自己的觉悟

一、内在生命之体验

约在上个世纪60年代之前，熊十力尚能继续写作，所以其时他"绝无孤苦之感"。但60年代之后，他却"连年疾厄，孤身面壁，生趣渐无，不得无苦矣。年日增，病日深"。当意识到自己的肉身将要离开这个世界的时候，他以《大般若经》中的语词，描写自己将死的心理状态。他说："人到死时，热如烈火，光焰升腾如太阳之生命，忽尔烟消云散。三千大千世界，一切都空。学问、事功，都无所有。任何创造如梦、幻、泡、影。如露亦如电。"我们切莫以此断定，熊十力是从佛学关照自己晚年生命的意义或价值的。正是怕被别人误解了自己的思想归宿，所以在写完上述文字之后，他赶紧补充道："然吾终不宗佛氏，而皈依于孔子者何？"①可见，他虽热衷运用佛学术语描摹生命将终时的深切悲苦的感受，但其生命的终极意义指向的仍然是儒家的世界。为什么呢？

他指出，孔子答子路问死时所说的"未知生，焉知死"，此六字"含藏无量义"。他并且在此基础上，进一步申说道："孔子作〈易〉，阐明万物同秉一元之乾德以为生命，故称乾曰大生，称坤曰广生。然乾实主动以导坤，则坤之广生犹是乾之力也。乾德刚健，遍运乎天地万物，混成一体，是谓大体，生生不息也。万物同秉一元之坤德以成形体。形既成，便是千差万别的无量独立体。如吾人即以其肉体坚执为自己，傲然独立，而与一己以外之一切物对峙，实则肉体只是小体。执小体为己，是乃小

---

① 熊十力：《轶书》，《熊十力全集》第8卷，武汉：湖北教育出版社2001年版，第864页。

己耳。若乃万物共同秉受刚健性之大生洪流为其各自身内部潜在的生命力者,是为大体,亦称大己。此乃永久周行,无有停滞,无有中断,无有穷尽。"①在熊十力看来,真正的生命洪流在每一瞬间,均有前流顿起顿灭,复有新流继前而起。因此生命总是瞬间内的新陈代谢。从如此视角来关照审视生命,我们即可一望而知,生命绝没有最后灭尽而归于空无的末日时光。如果简单通过上述孔子与子路的问答而认为孔子在回避讨论死亡,那就不是对孔子思想的误读而是曲解。其实,孔子的回答真切地揭示了生与死之间的关联。生之于死不是截然对立或分离的,而是紧密地连成一体的。没有生,也就没有了死。同理,没有了死,又何从来生呢!所以不知生的意义何从了解死的本质呢?同样的,不知死的本质我们又怎么能够知道生的意义呢?生命本来就是生死相依。我们当下的生的过程就时时蕴涵着死之要素。因此,不知生当然就不知道死。同理,不知死当然也就不知道生。更为关键的是,被投入生存状态的我们首先注意的是生的当下方式,即我们必须首先获得生的意义或价值,我们才有可能获得某种关照死的认知方式。所以,子路的发问方式是有问题的。你怎么可以脱离生来问死或者避开死亡来讨论生呢?可见,孔子是深切地把握住了生命的真谛。而熊十力则是能够正确解读孔子关于生命意义的少数几位学者。正是基于这样的深彻洞见,熊十力认识到,真正富有意义的或有价值的生命是能够将小己或小体融入大体或大己。有了这样的认识,当然也就没有死之一说了,也不因为自己的肉身归于寂灭而痛苦、而悲伤。②

从上述熊十力对于生死意义的解读,我们可以看出他的思想大本虽可说是归宗于儒家思想,但此种解读当然有意无意之间有"六经注我"之倾向,不免掺杂着佛学的种种思想要素,或者说他是积极努力地以佛

---

① 熊十力:《轶书》,《熊十力全集》第 8 卷,武汉:湖北教育出版社 2001 年版,第 864—865 页。

② 熊十力在其《轶书》中说道:"死者,乃愚父不悟自家与万物同秉受大生,不悟自家与万物通为一体,不悟自家本与万物同以大体为大己。"参见《熊十力全集》第 8 卷,武汉:湖北教育出版社 2001 年版,第 864 页。

释儒。毋宁说,熊十力是能够自觉地站在儒家思想的立场,努力融汇、贯通儒、佛两家而独辟蹊径以成一家之言。

此种融汇、贯通儒、佛的思想立场的萌生与熊十力的家庭有着密切的关系。他"平生受先父之教,勤治佛学及孔子'易学'"①。对于自己思想的终极归趣,熊十力有着十分明确的表述,即他所着重的是佛学与"易学"。然在其早年,佛学与"易学"在他的思想中似乎没有偏向或侧重。或者竟可以这样来断定,他当时切入学问的主要途径是佛学唯识学,故他的主要兴趣不免还是在佛学的唯识论。有他晚年的回忆为证。他说自己在四十岁前"于儒学犹无甚解悟"。但"深玩佛家唯识论"多年之后,"渐发其短,不当墨守"。在强烈的求真之心执着驱使下,熊十力的思想也就慢慢地折向了儒家思想的真谛。

熊十力家世贫困,曾祖父、祖父与父亲熊其相,"三世皆单丁,都无立锥之地"。其父七岁时,生活虽极其穷苦,但其母亲却以自己勤劳纺织所得坚决资助熊其相就乡校读书。熊十力的父亲常忍着饥饿勤奋苦读。虽然好读书,但他却不以科举为念。一般凡夫俗子皆走科举之路,希望博得功名。但他却以为,科举不是真正的功名。对于功名,他有着自己的理解。夫功者何?盛德大业,国以之建,民以之为新者是为功。夫名者何?德业为当年与后世所称颂,不可泯灭者,是为名。所谓的八股取士,是在奖励天下士人,相率而为浮词鄙语,以此迎合于不学之考官,而希望得到功名,为求得官位与摸金之阶梯。当家族内的诸老逼迫熊其相走科举之路时,他乃决定投水以示抗议,幸亏族人急救之,遂免于一死。

走科举制路,既可当官也可发财。这是历史上自有科举后一般人走的常规路子。不能说走这样的路径便是错误的。然而,为了当官或发财走科举之路却也在极大程度上真正地误解了读经或学习的深刻含义。保持这样的目的来读经或求学,终生求得的却只是生理学意义上的生存法则,具有的只是工具性的价值或意义。应该承认,读经或求学有另一

---

① 熊十力:《轶书》,《熊十力全集》第8卷,武汉:湖北教育出版社2001年版,第866页。

层深刻的含义,这就是精神的不断丰富和境界的逐步提升。人生最初阶段内的很长一段时间要用于学习是人生不断进步或进化的生命要求。否则人类就不免堕落。

不能说熊其相对于读经或求学有如此深刻的认知,但他的生命中却与生俱来有着一种热切的精神追求或向往。他曾经这样说过:"穷于财,可以死我之身,不能挫吾之精神与意志。平生迥然不可乱之神,凛然不可夺之志,是乃孟子所谓上下与天地同流者也。"①可见,在当官、财富与对生命意义的追求这两者之间,熊其象执着地向往着后者,而极其鄙视前者。父亲这种刚毅雄健的精神追求显然影响着熊十力的思想世界。

由于家境贫寒,熊十力八岁就为邻家放牛。父亲授徒乡校,有闲暇偶尔回家教熊十力识字、讲历史故事。十岁时,熊十力入其父掌教的乡校读书,"先习《五经》章句,次及史"。他读书十分刻苦勤奋,"常日夜手不释卷,睡时甚少"。不幸的是,入学第二年,父亲病重,熊十力随即失学。父亲去世后,他不得已而重新为人放牛,过着边放牛边读书的生涯。

父母双亡之后,熊十力的长兄熊仲甫承担起了家庭的重担。长兄耕读持家,辛勤劳作,抚养弟妹。在如此艰辛的生活重压之下,还坚持阅读《金刚经》。长兄对《金刚经》的热衷,估计对青年熊十力有着相当的影响。

年幼失怙,遂使青年熊十力慢慢养成了不受约束、放浪张狂的性格。鲁国大夫子桑伯子曾有"不衣冠而处之风"。熊十力也居然效法起来,居然白天在寺庙内裸露而居,毫不避人。回首往事,他自己曾有这样的记述:"年十三岁,登高而伤秋毫,顿悟万有皆幻。由是放浪形骸妄骋淫佚,久之觉其烦恼,更进求安身立命之道。"就在此生命迷茫困顿之际,陈白沙的《禽兽说》一文,给了熊十力"当头棒喝",使他顿觉"无限兴奋"之感,彻悟到了人生的意义与生命的旨归。在回忆此段人生转折期间的感受时,他说道:"余乍读此文忽然其无限兴奋,犹如身跃虚空,神游八

---

① 熊十力:《先世述要》,《熊十力全集》第8卷,武汉:湖北教育出版社2001年版,第875页。

极,其惊喜如狂,无可言拟。当时顿悟血气之躯非我也,只此心上此理方是真我。"陈白沙之学上承南宋陆象山、下启明朝王阳明,是心学传承史上的中坚人物。从陈白沙处,熊十力觉悟到心上之理就是真我。由此开启了他心学的特定路向。之后,他又从王船山那里,彻悟到"道器一元,幽明一物"之思想。《船山学记》如斯说道:"忽读《王船山遗书》,得悟道器一元,幽明一物。全道全器,原一诚而无幻;即幽即明,本一贯而何断?天在人,不遗人以同天;道在我,赖有我以凝道。"①可见,正是由于陈白沙与王船山思想的启迪,遂使熊十力逐渐地折入了新儒家的路向。

其实,与其说是陈白沙、王船山思想的启迪使熊十力折向儒家思想,倒不如说是熊十力思想中本有着儒家心学思想的种子,在陈白沙《禽兽说》和《王船山遗书》思想的土壤或阳光滋润下而萌芽生发。

尤需注意的是,促使熊十力完全折入儒家思想一路的真正原因是他本人在专研佛学唯识学的过程中逐渐发现佛学唯识学自有其短,不当墨守。不可否认的是,佛学自有其极高明之处。"空宗妙演空义,深远无极。"然空宗却从空寂方面来关照"万法实体",这就有所偏颇。他指出:佛学"于至空而大有,至寂而大生之德用,却从不道及,终是见地有偏蔽在"②。此种思想上的悟解遂使他"不满于空宗"。此种思想的不满更激发了他"求真理之热诚"。也就在这一思想发生转机之时,他"不期而触悟大易"。从此,熊十力也就最终确立其思想的皈依。他如斯说道:"余平生之学,颇涉诸宗,卒归大易。七十年来所悟、所见、所守在兹。"③

由于好读船山、亭林诸老先生书,年轻的熊十力遂萌生有革命之志,无意于科举之途而积极投入武昌军营当一小兵,以谋策军队。

武昌起义爆发后,熊十力参加了光复黄州的运动,后曾任湖北督军府的参谋。

1917—1918年间,孙中山领导的护法运动爆发,熊氏由江西入湖南参与民军,支持桂军北伐,抗击段祺瑞的进攻。不久即赴广东,佐孙中山

---

① 熊十力:《先世述要》,《熊十力全集》第1卷,武汉:湖北教育出版社2001年版,第5页。
② 熊十力:《新唯识论赘语和删定记》,《体用论》,北京:中华书局1994年版,第5页。
③ 同上书,第4页。

幕。因目睹"党人竟权争利,革命终无善果",认为"党人绝无在身心上做工夫者,如何拨乱反正?"以为国内祸乱源于众昏无知,缺乏专力与学术,导人群以正见,认为革政必首先革心。此种认识遂引导他弃政自学,研读儒佛,以探讨人生的本质,以增进国民的道德心为己任。这是熊十力一生中重要的思想转折。也就是说,从此以后,他决志学术一途。当时他年已三十五岁。这应该是熊十力一生中的重大转变。他自称"真是再生时期"。

决志学术一途之后,1919年,熊十力任教天津南开中学。不久,他阅读了梁漱溟于1916年发表在《东方杂志》上的《穷元决疑论》,于是写下了与梁漱溟商榷的文字。不意,此场笔墨官司却促成了两人1919年暑假在北京广济寺相会,并开始了近半个世纪的学术友谊。

由于梁漱溟的介绍,1920年秋至1922年秋,熊十力在南京内学院(当时是金陵刻经处研究部)从欧阳竟无大师学习佛学,打下了坚实的唯识学和因明学的基础,同时也接受了理性思辨的严格训练。

1924年梁漱溟打算自己办学,决心离开北京大学。事先征得蔡元培同意后,梁漱溟乃在南京商请欧阳竟无的高足熊十力来北大替自己讲授唯识学,熊十力遂由此受聘为北大特约讲师。

从1918年到1922年,他经历了由儒转佛,先从大乘有宗入手,后合有宗而深研大乘空宗的学术历程。

1923年到1932年,是熊十力酝酿、营造自己的哲学体系的关键时期。在北大讲述唯识学的过程之中,他逐步背弃其师说,由佛学唯识学折入了儒学。

1932年10月,《新唯识论》文言文本在杭州出版,由浙江省立图书馆发行。此书出版后,佛学界人士几乎群起而猛攻之。此种批判应该说是自有其道理的。从严格的唯识学立场着眼,熊十力在其书中所论的唯识学显然已经背离了唯识学的思想准则。应该看到的是,这种批评也有其不当之处,因为熊十力的唯识论既冠之以一"新"字,其所论之唯识学也就与他心目中旧唯识学有着相当的距离。因为他论学的基本立场,并不是"照着讲",而是"接着讲"。所谓"接着讲"的具体含义是,沿用唯识学的语言概念讲述自己对唯识学的理解。或者更直接地说,是在讲自己的心得体会。他从不认为自己是唯识学方面的专家学者,不是在严格地讲唯识学的文献学。对此,熊十力自己有着极为明确的表白。他说道:"余之学儒学佛,乃至其他,都不是为专家之业,而确是对于宇宙人生诸大问题,求得明了正确之解决。"①可见,他是假借唯识学在讨论自己所感觉兴趣的宇宙人生等问题。他奉行的治学原则是"六经"为我所用,是自己思想的注脚。此种思想立场截然不同于"我注六经"的文献学立场。文献学要求我们严格把持"六经"的原意,不能越雷池一步。而哲学思想的创造奉行的则是另一种原则,要求哲学家在已有的文献基础上推陈出新。蔡元培、马一浮等人对熊十力的著作给以高度评价,是因为他们看重的是熊十力的思想创造力而不问他是否逸出了唯识学的思想范畴。

当然,我们必须注意的是,熊十力此书虽然在用唯识学术语讨论、研究自己的思想问题,但其致思的方式及讨论问题的框架还是自觉不自觉地落在了佛学唯识学之内,只是没有严格地照着唯识学讲而已,时不时地逸出唯识学思想的框架,而反复运用儒家思想来改造和说明佛家唯识学。这也清楚地表明,熊氏《新唯识论》文言本的思想还未形成自己独特的哲学思想用语,仍然不得不凭借佛学唯识学的概念或致思方式。

1938 年在熊十力的指导下,学生钱学熙等着手译《新唯识论》文言本为语体文,由于社会原因,未竟其事。后熊十力亲自改写《新唯识论》文言本的中、下卷。1944 年《新唯识论》语体文本由重庆商务印书馆出版。是书反映了抗战时期熊十力哲学思想的演变。此书虽然是由《新唯识论》文言文本改写而来,事实上,与文言文本却有很大的差别。这一差别主要表现在:文言文本主要是吸收儒、道思想改造佛学唯识学,而语体文本则是着意于吸收佛家思想来阐述、充实儒学。这标志着熊十力哲学思想的又一次大的转变和飞跃。就 1932 年《新唯识论》文言文本的理论倾向而言,熊更适合称为"新佛家"或"新法相宗"。而《新唯识

---

① 熊十力:《新唯识论赘语和删定记》,《体用论》,北京:中华书局 1994 年版,第 6 页。

论》语体文本的思想立场却可归入"新儒家"的阵营。

熊十力于40年代出版的著作还有《读经示要》《读智论抄》《十力语要》《十力语要初读》。

1949年后,又写有《体用论》《明心篇》《原儒》《乾坤衍》,《体用论》和《明心篇》实际上是《新唯识论》的又一个版本。

由于熊氏的《新唯识论》一书刻意运用唯识学的概念讨论哲学问题,用语艰涩难懂,更由于新文化运动之后白话文的广泛流行,遂使得熊十力的思想与时代有着明显的隔膜之感,所以他的思想一直被排斥在时代的主流之外,其影响始终局限在一个很有限的学术圈内,如孙道升在30年代就曾经指出:"这派哲学,在现代中国哲学的势力最小,地位最低,而知道它的人最少。"但是,自60年代特别是1968年熊十力去世后,他在港台和海外的影响日益扩大,被推崇为新儒学第一代代表人物,被公认为是新儒家哲学形上学的奠基者。

二、哲学与科学之分途

在西方哲学中,知识论应是哲学的题中应有之义。所以把知识论和哲学并列在一起,是有问题的。然熊十力并不如此看。在他的哲学视野中,哲学和知识论并没有什么必然的关系。或者可以更进一步说,在他看来,哲学与知识论应该分属两个不同的领域。追求知识应该是科学的事业,与哲学无关。其实在中国现代哲学中,有这样看法的不仅仅是熊十力一人,可以说在某种程度上,冯友兰也有类似的想法,如他认为,最哲学的哲学是形上学,所以在他的哲学体系中基本上没有知识论的位置。他也从来不探讨什么是知识及我们如何才能获得知识这样的问题。因此知识论和哲学的关系问题就有进一步讨论的必要了。

熊十力明确地看出哲学和科学是有区别的。他说道:"学问当分二途:曰科学,曰哲学。"[①]在科学与哲学之间划界,反对将两者混同起来,

---

① 熊十力:《新唯识论》,北京:中华书局1985年版,第248页。

应该说是正确的。在科学主义盛行的20世纪20、30年代的中国,科学或科学方法被认为是万能的,具有无限崇高的地位,大有代替一切的势头。科学方法在哲学领域内的运用,在当时已成为一种强劲的势头。在这样的社会思想背景之下,熊十力的看法显然具有独特的学术意义,这是不应质疑的。

他认为,科学追求的是对外在经验事物的认识,是对经验现象的认识。科学所运用的方法是分析的或理智的方法,以此类方法来研究自然界的现象。哲学则与此不同。哲学研究的不是现象,而是现象背后作为现象基础的本体。因此哲学就是本体论,或者说,只有本体论才落在哲学的范围之内。他这样分析道:"科学,根本从实用出发,易言之,即从日常生活的经验里出发。科学所凭借以发展的工具,便是理智。这个理智,只从日常生活的经验里面历练出来,所以把一切事物看作是离我的心而独立存在的、非是依于吾心之认识他而始存在的。因此,理智只是向外去看,而认为有客观独存的物事。科学无论发展到何种程度,他的根本意义总是如此的。哲学自从科学发展以后,他底范围日益缩小。究极言之,只有本体论是哲学的范围,除此以外,几乎皆是科学的领域。虽云哲学家之遐思与明见,不止高谈本体而已,其智周万物,尝有改造宇宙之先识。而变更人类谬误之思想,以趋于日新与高明之境。哲学思想本不可以有限界言,然而本体论究是阐明万化根源,是一切智智,与科学但为各部门的知识者自不可同日语。则谓哲学建本立极,只是本体论,要不为过。夫哲学所穷究的,即是本体论。"[①]可见,在他看来,科学追求的是知识,哲学要认识的是本体。

那么,什么是本体呢?

我们先来看看他自己是怎么来定义"本体"这一核心概念的。他说:本体之所以为本体,有这样六种含义:"一、本体是备万理、含万德、肇万化,法尔清静本然……二、本体是绝对的,若有所对,便不名为一切行的本体了。三、本体是幽隐的,无形无相的,即是没有空间性的。

[①] 熊十力:《新唯识论》,北京:中华书局1985年版,第248页。

四、本体是恒久的,无始无终的,即是没有时间性的。五、本体是全的,圆满无缺的,不可剖各党。六、若说本体是不变易的,便已含着变易了,若说本体是变易的,便已含着不变易了,他是很难说的。"① 由上述的引语,我们可以明确地知道,在熊十力的儒学思想体系中,本体首先是形成宇宙间万事万物的本原。既是万事万物的本原,当然这一本原也就是圆满无缺的,是绝对的,是无形无相的,是变易和不变易的统一。从其无形无相、超时空、绝对、不变易等方面而言,本体就是无;但从其备万理、含万德、肇万化等方面讲,本体又是有。所以,本体又是有与无的统一。

　　熊十力所谓的本体有一个鲜明的特色,即他坚决反对将本体看做脱离我们的心而独立存在的实体。他解释道:"哲学家谈本体者,大抵把本体当作是离我的心而外在的物事,因凭理智作用,向外界去寻求。由此之故,哲学家各用思考去构画一种境界,而建立为本体,纷纷不一其说。不论是唯心唯物、非心非物,种种之论,要皆以向外找东西的态度来猜度,各自虚妄安立一种本体。"② 本体不是离我们的心而存在的,或者说本体就是我们与天地万物共同具有的本原。所以本体不在我们的心外,离却我们的心或本心便无本体。正因为如此,熊十力反反复复地强调,我们的本心即是吾人与天地万物所同具之本体也。本心即是本体,即是万化之实体。我们在此尤须注意的是,他又经常将本心称之为天、命、道、性、心、理、仁、知、明德等。以其无声无臭、冲寂之至,名为天;以其流行不息,则名之为命;以其为万物所由之而成,名之为道;以其为吾人所以生生之理,名之为性;以其主乎吾身,故谓之心;以其秩然备诸众理,名之为理;以其生生不容已,名之为仁;以其照体独立,名之为知;以其含备万物,故名明德;总之,本体不仅是万物之主,而且显然也是自身之主宰,是生命。

　　在熊十力看来,本体自身是无形无象的,但却可显现为一切现象事物,然我们却不可错把现象事物当做本体来看待,以为经验现象就是我

---

① 熊十力:《新唯识论》,北京:中华书局1985年版,第313—314页。
② 同上书,第250页。

们要追求的本体。认识经验现象事物是科学的任务。科学认识现象事物的工具是理智。但由于哲学追求的是现象事物背后的本体,所以科学的认识方法于是也就不适用于哲学。熊十力说:"科学所凭借的工具即理智,拿在哲学的范围内,便得不着本体。这是本论坚决的主张。"①

为了更进一步阐明科学与哲学间的区别,熊十力对所谓的性智与量智的区别说做了说明。他指出,本体就是我们自己固有,是要我们自己反求自得的,所以对于本体的认识不是向外追求的结果。他把对本体的反求自得叫做"实证相应"。他说:"是实证相应者,名为性智。这个智是与量智不同的。云何分别性智和量智?性智者,即是真的自己底觉悟。此中真的自己一词,即谓本体。在宇宙论中,赅万有而言其本原,则云本体。即此本体,以其为吾人所以生之理而言,则亦名真的自己。即此真己,在量论中说名觉悟,即所谓性智。此中觉悟义深,本无惑乱故云觉,本非倒妄故云悟。申言之,这个觉悟就是真的自己,本来是独立无匹的。以故,这种觉悟虽不离感官经验,要是不滞于感官经验而恒自在离系的。他元是自明自觉,虚灵无碍,圆满无缺,虽寂寞无形,而秩然众理已毕具,能为一切知识底根源的。量智,是思量和推度,或明辩事物之理则,及于所行所历,简择得失等等的作用故,故说名量智,亦名理智。此智,元是性智的发用,而卒别于性智者,因为性智作用,依官能而发现,即官能得假之以自用。"②

熊十力对于科学和哲学的区分使我们很自然地想起了康德的类似看法。康德曾经指出过,感性的时空范畴和理智的十二范畴只适用于现象界,如果我们企图运用理智先天的范畴去认识理性所追求的灵魂、上帝、世界,我们便会陷入自相矛盾之中。因此他认为,数学知识是可能的,自然科学知识也是可能的,是因为感性的范畴和理智的先天范畴是我们认识经验世界最有效的工具。但理智的先天范畴绝对不能越出经验的范围去追求超验的本体。对于灵魂、上帝和世界,我们不能运用理

---

① 熊十力:《新唯识论》,北京:中华书局1985年版,第249页。
② 同上。

智的先天范畴,因为我们是不可能在知识中得到它们的。比如说,上帝的信念不能从知识中得到,而只能在道德生活中去信仰上帝,或者依靠智的直觉去把握本体。不幸的是,这种智的直觉并不是我们此类凡夫俗子所具有的,而只能像全知全能的上帝才具有这样的认识本体的能力。

康德的结论是旧的形而上学的不可能。但他之能得出这样的哲学结论是因为他的全部论证的过程是建立在知识论基础之上的。旧的形而上学经过他的严格论证已经变得不再可能了,但是在康德的手里却完成了一个真正有系统的知识理论体系。所以我们一般都把康德看成是西方哲学史上知识论的真正奠基者,他的《纯粹理性批判》便也成为西方哲学史上第一部知识论的体系。

康德把知识理论看成是哲学大厦的基础,数学是否可能,自然科学是否可能,形而上学是否可能都要在知识理论的领域中寻找理性的答案。由于康德的努力,知识论在哲学中的重要性得到了哲学家们一致的肯定,即知识论不仅是哲学的一个重要部分,而且简直就是哲学大厦的基础或核心内容。

显然,熊十力的观点与此不同。熊十力在科学与哲学之间划界的思想是正确的。但他把知识理论完全划归为科学范围之内却是值得商榷的。因为这样的看法,实质上把整部西方哲学史划在了哲学的范围之外,而将之归置于科学之内。在此,我们要强调的是,科学与哲学之间虽有密切的姻亲关系,但却也有严格的划界。

知识论要讨论什么是知识、构成知识的要素是什么、知识增长的规律又是什么等问题,这些问题构成了西方哲学一个相当重要的内容。在古希腊哲学中,什么是知识的问题就已经引起了人们的普遍注意。如苏格拉底的基本思想就是把伦理道德建筑在知识的基础之上。他的名言是"美德即知识"。柏拉图则首先提出了什么是知识的定义。他说,知识就是得到了证实的真的信念。由于他是在《泰阿泰德篇》中给出知识的定义,所以什么是知识的问题,在西方哲学中又叫做"泰阿泰德问题"。虽然希腊的哲学家们已经在研究什么是知识这样的问题。但他们讨论的主题还不是知识论的问题,其关注的重点仍然是宇宙论和本体论方面。

然而到了近代,西方哲学的发展方向有了显著的变化,即本体论的问题逐渐让位于知识论的讨论。这就是所谓的"认识论转向"。阅读笛卡尔的《第一哲学沉思录》和斯宾诺莎的《知性改进论》、洛克的《人类理解研究》、莱布尼茨的《人类理解新论》等著作,我们就能清楚地看到,他们关心的焦点问题就是认识论或知识论的问题,他们的主要著作都是讨论认识论或知识论的。如果说,知识论不在哲学的范围,那么上述的哲学家也就都不是哲学家了。显然这是自相矛盾的。我们在上面已经指出,真正自觉地将知识论看成是哲学的核心,看成是数学、自然科学、形而上学的可靠基础的第一个哲学家是康德。任何哲学体系和科学体系都将是不可能的,除非它们能够经受得住知识理论的检验和裁决。这一看法在哲学领域内的革命性结果就是形而上学或本体论不再是根本性的。知识论不是哲学的一部分,而是相反,形而上学或本体论反倒以知识论为基础、为核心。本体论所讨论的"实体""本体""实在"等等问题,如没有知识理论做基础,它们又有什么意义呢?贝克莱、休谟不正是从认识论方面讨论、研究本体论或形而上学的可能性问题的吗?贝克莱因此否认了作为"实体"的物质的存在,但却承认了精神实体的存在。休谟则在此基础上百尺竿头更进一步,他不但否认了物质实体,也竟然同样否认了精神实体。可见,物质实体和精神实体的存在与否不能由它们自身得到明证,而必须从认识论或知识论的角度才有可能得到答案。他们的讨论已经摧毁了旧形而上学的体系了。而康德则进一步把形而上学纳入到了知识论的结构之中。形而上学是否可能不能从别的方面而只能从知识理论领域找到答案。哲学的重要性不是由于它是科学的科学,而是由于它为别的哲学部门和一切自然科学提供知识理论的基础。康德之后,"我们的知识如何可能"这一问题成了哲学家普遍关注的最为重要的问题。几乎每一位有影响的哲学家都试图在这一方面施展自己的才华、发表自己的看法。不谈知识论似乎已经没有资格做一个哲学家。就是这样,知识论占据了哲学王国的最高位置,成了哲学家普遍关注的焦点。结果是,在西方哲学界,从近代以来,研究知识理论的著作不断涌现,这方面的专著可谓汗牛充栋、举不胜举。

认识论或知识论成立的前提条件就是主、客二分。现在要讨论的问题是作为主体的人通过什么样的方法或途径才能认识或达到作为客体的外界对象(作为认识对象的物和身)。认识论或知识论研究的对象是外在的,但全部认识理论或知识理论考察的内容或重点却始终是内在的。正是从这个意义上说,我们才说康德的哲学是对主体性的张扬。他认为,我们在认识之前,所要做的第一件事就是考察作为主体的人是否具有认识对象的能力;如果认识主体具有这样的能力,那么人类对于对象的认识又能达到什么样的程度或者说又有什么样的局限。

从对西方哲学史的简单考察中,我们自然会发现西方早期的哲学家更多的是对实在的关怀。但不久人们便发现,如果不研究或讨论认识论的问题,我们是不可能成功地讨论有关实在的问题的。于是近代以来的哲学家就从对实在的关怀转变为一种对实在的知识的关怀。这就是所谓的本体论向认识论或知识论的转向。再往后,这种对实在的知识的关怀又让位于一种对寻求实在知识的正确方法的关怀。由此可见,知识论的讨论、研究并不是对哲学本体的背离或抛弃,而是哲学家们企图从一种更可行的角度或方面来逼近实在或本体。这似乎是信奉理性的分析方法的西方哲学家研究和解决哲学问题的必然要走的路途。

但熊十力对西方哲学从未有系统深入的研究,他对西方哲学的了解仅仅是通过汉译的或别人转述的等途径得到的。因此几乎可以说中国传统思想是其哲学思想建构的全部资源。这就使他有可能对西方哲学的解释多有误解甚或错误。如他在知识论和哲学本体论之间划界,就是这样一例。他不同意运用知识论的角度和方法来研究哲学本体论。他这样说道:"哲学所以站得住脚,只有本体论是科学所夺不去的。我们正以未得证体,才研究知识论。今乃立意不承有本体,而只在知识论上转来转去,终无结果,如何不是脱离哲学的立场?凡此种种妄见,如前哲所谓'道在迩而求诸远,事在易而求诸难'。此其谬误,实由不务反识本心。易言之,即不了万物本原,与吾人真性,本非有二。遂妄臆宇宙本体为离自心而外在,故乃凭量智以向外求索,及其求索不可得,犹复不已于求索,则且以意想而有所安立。学者各凭意想,聚讼不休,则又相戒勿谈本体,于是盘旋于知识窠臼,而正智之途塞,人顾自迷其所以生之理。"①熊氏在此是误解了西方哲学中的知识理论。

首先,他把知识论和哲学完全分解是不正确的,是对西方哲学的误解。如果他的看法是正确的话,那么我们势必就得否定整部西方哲学史;

其次,知识论不同于知识,科学所追求的可以说是知识,但知识论所追求的不是知识。研究科学可以帮助我们得到知识。但研究知识论却不能帮助我们得到知识。知识论研究的是知识之理,即什么才是知识,知识是由什么样的要素构成的、知识的证实等问题;

再次,知识论正如我们上面所说的那样,并不是纯粹向外追求的,相反,知识论是人的主体意识充分觉醒后才有可能占据哲学的主体地位,成为哲学的核心。科学在很大程度上是向外追求关于外界事物的知识,但知识论研究的主体部分还是我们究竟通过什么样的方法或途径才能使我们可能把握或达到或接近实体或实在或本体,研究认识主体有无能力认识外物等完全属于主体范围内的哲学问题。研究知识论是对人的主体性的肯定和高扬,是人的主体性的充分觉醒。所以知识论在表面上看是向外追求的,但就其实质而言,任何知识理论都是向内追求的结果。其实,细究科学的性质,我们也会发现,科学认识追求的对象虽是外界自然,但是科学认识的主体却是人,且形成的科学知识也是内在于认识主体。可以说科学知识都是认识主体所形成的关于外界自然的信念。如果没有人类这样的认识主体,是绝对不可能形成科学知识体系的。

最后,知识论的核心问题应该是知识的证实问题(justification)。一般说来,知识是经过证实了的真的信念。当我们说某一信念是知识时,我们所凭借的不是自己的主观臆测或武断或任意,而是充分有效的理由或证据。因此,当我们说某一信念是知识时,必须提供理由或证据来表明这样的信念不是猜测或武断。本体论的问题所以在现代哲学史上遭

---

① 熊十力:《新唯识论》,北京:中华书局1985年版,第250—251页。

到不断的诘难,就是因为本体论理论所涉及的根本性问题都是无法得到充分的理由或证据加以核实的,或得到充分说明的。返观熊十力的《新唯识论》思想体系,我们发现,证实或提供充分的理由或证据来为自己的论断寻找基础的问题意识熊十力根本就没有。因此,他的《新唯识论》所涉及的那些本体论问题,严格说来并不是哲学的问题,最多只能说是关于价值理想或人生理想的看法。这样的看法难免独断与任意,难免富有过多的理想色彩而严重缺乏明晰确定的含义。

在此,我们也必须看到的是,熊十力虽然没有研究过西方的知识理论,但他却能高瞻远瞩,正确地指出,我们正因为得不到本体,才去研究知识论。所以他认识到,研究知识论的最终目的还是本体。而且由于知识理论的研究本不是哲学研究的本身,而只是一种使我们达到哲学的本体的方法或技能或途径。但事实却相反,研究知识理论的哲学家久而久之忘却了他们钻研知识论的目标是要得到本体或实体,而把研究知识理论本身视为哲学研究的真正目标。于是目的变成了手段,手段却替代了目的成了他们孜孜以求的目标。而且知识论的研究正如金岳霖所说的那样,研究者可以站在知识论的对象范围之外,可以暂时忘记自己是人,凡问题之直接牵扯到人者都可以用冷静的态度去研究,之所以要求忘记人之为人就是为了达到一种不掺杂个人感情因素的纯粹客观的真理。但人不可能完全摆脱自己的感情。而知识论的研究要求研究者学会让自己对于客观真理的感情掩盖研究过程中的其他感情。这样做,哲学家就或多或少地超脱了自己的哲学,他推理、论证,但是并不传道。用这种态度来研究哲学的人显然不是真正的哲学家,至多只能说是哲学教授或哲学工作者。对于他们而言,哲学只是一个提供人们理解的观念模式,而不是他们内心中的信条或价值体系。哲学家与哲学已经分离,哲学因此也改变了自己的价值或意义。[①] 所以结论就是,我们不得已而研究知识论,但研究知识论的态度又使我们脱离真正的哲学研究,使哲学超脱了我们。熊十力反对的就是这种研究哲学的方法或趋势。从这个意义

---

① 参见金岳霖的《论道·绪论》和《中国哲学》(《金岳霖全集》,北京:人民出版社 2013 年版)。

上说,熊十力是正确的。

同样熊十力也正确地看到了或者说正确地预见到了,"只在知识论上钻来钻去,终无结果"。研究知识论的目的是为了使我们达到或认识本体。但从笛卡尔、洛克以来的认识论发展史告诉我们,认识论的研究不能说是毫无进展,但成果却微乎其微。哲学家设计了无数的方案、提出了不少的理论。这样的方案和理论除了使问题层出不穷外,并不能推进知识论的进步。由于主、客二分的理论模式,认识论或知识论的研究者永远不可能超越"自我中心的困境",也就是说作为认识的主体,我们没有任何办法超越主体而达到外在的客体。因为诸如此类的理由,著名的后现代主义哲学家罗蒂甚至无情地宣布了认识论的终结。他认为,只有认识论才能完成的任务认识论根本无法完成。认识论或知识论的研究毫无意义。经过二百来年的研究,我们竟然发现知识论研究的对象,即知识是不可能给予充分而清晰的定义的。如果我们没有能力给知识下一个确切的定义,那么我们根据什么样的标准去寻找知识呢?知识论的研究又有什么样的意义呢?

三、性智与量智之相互发明

知识论的研究,从方法论的角度讲,运用的方法只能是分析的方法。这在西方哲学,尤其是在英美哲学,是早已成定论的看法。你只要看看研究知识论的哲学家的所有著作,就会明了这一点。这些哲学家直言不讳地宣布自己是分析哲学家。他们很明白,除非运用分析的方法,否则知识论的研究根本无法进行。这种分析的方法,用熊十力的话说就是量智。量智运用于日常的经验事物,"辩物析理,极思察推徵之能事"。他正确地指出,知识论的研究需要的是分析的方法或思辨的方法。他也同样正确地看到了,分析方法或思辨方法不能运用于本体论哲学的研究领域。分析方法对于哲学体系具有极大的破坏性。无怪乎有人曾这样感叹到:"分析哲学到了哪里,那里的哲学便死了。"维也纳学派瓦解哲学的方法就是分析的方法。他们正确地看到,分析的方法只适用于经验事物。能表达经验事实的命题就是有意义的,不能用来表达经验事实的命题就是毫无意义的。所以科学的命题是能为经验事实证实的命题,所以科学的命题是有意义的命题。哲学的命题不能为经验事实所证实,所以哲学不是一种与科学并列的科学,而只是一种活动。所以在他们的眼里,哲学当然没有独立存在的价值和意义。哲学的功能只是用来说明表达科学的命题究竟有无意义。

中国现代哲学的发展路数虽然大大地不同于西方现代哲学,没有经过严格意义上的逻辑学和认识论的洗礼。但是中国现代哲学们却具有哲学的智慧。他们本能地意识到任何哲学的证实或确证都有其局限性,都是手段或工具。不能因为工具或手段而因此牺牲了哲学崇高而神圣的目标。所以他们执着地坚持本体论或形而上学的哲学立场,而很少着意于认识论的研究,即便是对之有系统的研究者也从不将知识论看成是哲学的基础或核心。熊十力就是这样一位。此外,金岳霖、冯友兰也有同样的看法。金岳霖的《知识论》可以说是纯粹运用分析方法构造起来的,但他的《论道》中的本体论的构造方法并不是分析的方法。不错,金岳霖很重视逻辑分析方法,他甚至把逻辑意识的发达与否和科学是否发达联系考察。但同样是他本人,却也指出,逻格斯太直、太冷,使人有一种不得不如此或如彼的感觉,使人感到很不舒服,很不温暖。所以他在《论道》中的做法是把逻格斯置于中国的"道"之下,因此逻格斯显得不太直、不太冷,在它那里徘徊徘徊,却也感觉到怡然自得其乐。冯友兰建构其《新理学》的形上学体系时运用的主要方法,诚如他本人所说,是逻辑分析方法。但在其《新知言》一书中,他意识到负的方法在建构形上学方面的重要作用。于是,他开始将这两种方法并列起来。以后的深入思考使他清醒地意识到,逻辑分析方法并不能使人真正地进入形而上学的最高境界。他如斯说:"一个完全的形上学系统,应当始于正的方法,而终于负的方法。如果它不终于负的方法,它就不能达到哲学的最后顶点。但是如果它不始于正的方法,它就缺少作为哲学的实质的清晰思想。神秘主义不是清晰思想的对立面,更不在清晰思想之下,无宁说它在清晰思想之外。它不是反对理性的;它是超越理性的。……只有两者相结合才能产生未来的哲学。……在使用负的方法之前,哲学家或学哲学的学生必须通过正的方法;在达到哲学的单纯性之前,他必须通过哲学的复杂性。人必须先说很多话然后保持静默。"①在这里,冯友兰的方法已与他建构《新理学》时的方法有了很大的不同。这不同在于,他把负的方法看得比正的方法更为重要。只有负的方法才能最终使我们到达形上学的境界。有这种看法的还有贺麟。

与冯友兰的不同在于,熊十力在入手处就清楚地看到,建构本体论的方法不能是量智或逻辑的分析方法。这是熊十力的特识。似乎冯友兰经过了今日格一物,明日格一物的漫长过程,而后豁然开通,达到众物之表里精粗无不到,吾心之全体大用无不明;熊十力则开首就"直指本心",强调真的自我的自识自明。真所谓殊途同归、百虑一致。

熊十力也像冯友兰那样强调性智和量智的互相发明。如他说:"然玄学要不可遮拨量智者,见体以后大有事在。若谓直透本原便已千了百当,以此为学,终是沦空滞寂,隳废大用,毕竟与本体不相应。……大人之学,由修养以几于见道,唯保任固有性智,而无以染习障之,无以私意乱之,使真宰恒时昭然于中,不昏不昧,只此是万化根源,通物我为一,阳明咏良知诗'无声无臭独知时,此是乾坤万有基',实了义语也。此种境地,岂可由量智入手得来?然到此地却又不可废量智。"②量智是帮助我们达到本体的一种手段,但却不能帮助我们直接进入本体的最高境界。要直接把握本体还须依靠性智或智的直觉。

通过知识论的研究途径或分析方法能否得到或进入熊十力的"真的自己"呢?这应该说是一个十分复杂的理论问题,需要花费些时间来讨论。

众所周知,认识论所以能够成立必须具备如下几个条件。第一,必须将主体和客体打开,并进而将主体的身和心打开,这是认识论系统所以能够建立的前提。舍此前提条件,认识论就无由建立;只有在这一条

---

① 冯友兰:《中国哲学简史》,北京:北京大学出版社1985年版,第394—395页。
② 熊十力:《新唯识论》,北京:中华书局1985年版,第677页。

件之下,认识主体才能将外在事物视为认识的客体,从而做认识论的探讨和研究;第二,认识论系统推演的基本的或主要的方法只能是分析的方法,尽管在具体的认识活动中归纳法及其他方法也起着重要的作用,但在认识论的研究过程中起着核心作用的却始终是分析的方法;第三,由于上述的条件,认识论的讨论及其结果必定都是概念或范畴,认识论的结构也就因此成了概念性的。

以分析方法通过认识论途径研究人生带来的更为重要的后果是,通过认识论研究而形成的知识本质上具有信念体系的特性。这就是说,知识具有至少这样三个明显的特点:第一,历史上的知识论始终一贯追求的唯一目标就是存在于个体间的普遍性,为了达此普遍性就必须忽略对象的个性,否则知识就不可能形成;第二,知识内在于认识主体,是认识主体形成的关于外物的信念。显然主体的信念与外在事物并不是相同的东西。第三,任何认识都是从某一个角度或某一领域来研究外在对象的,这就决定了知识所反映的都是对象的某一方面或片段。第一点的负面作用在于,透过知识论体系我们看到的只是一类人的共性。此种共性遮掩了人的个体存在的现实性,使我们只见类,不见个体。只见森林,不见树木。知识的第二个特点导致的结果是知识化的人代替了现实的人出场。因此于知识论体系中,我们看见的不是真实的人,且我们用以审视或所谓看见的工具都是概念或信念。概念或信念都是形式,以这种形式来观照或审视人,人的任何感性存在内容都被过滤掉了,只存在空无内容的纯形式。更严重的问题在于,知识的特点可以使我们分科治学,也就说知识可以切割。但是人的现实存在却是完整的,是一个有机整体。知识这一特性迫使认识主体只能从不同的层面来观照人,因此有机整体的人因而也不得不被切成零碎的片段。问题也往往在于,一经切割后的片段即便付出任何努力也再无可能连接成为具有生命的整体。

从这样的角度来研究,人是独立于自然的,人也是独立于他人的,当然也是独立于认识者本人的。我们甚至可以进一步说,认识主体自身的性质也因此变得模糊不清。或者说在分析方法的严格审视之下认识主体自身也变得极其可疑,有可能根本就没有这样的主体。总之,人自身被切割得七零八碎。

此种切割最为明显的结果就是人的身、心分离。笛卡尔便是将人的身与心切割开来的最为著名的哲学家。他所理解的"我"便是一位没有身体的赤裸裸的精神或灵魂。他的哲学思想的第一个命题就是"我思故我在"。可见,他所谓的"我"是完全独立于身体的"我"。他的方法就是分析的方法。在此他所谓的"我"严格说来并不是生存论意义上的人,而是认识论意义上的认识主体,或者说只是概念式的"我"。这种概念式的"我"不具有生存论意义上的生命,所以有的哲学家断言"人死了"。认识论史表明,这样的自我一旦与周围世界割裂开来,一旦与自身的肉身切割开来,他也就永远不可能有能力和途径将自己和周围的环境一起加以体验;而一旦与自己的身体分裂,他也就既没有能力把自己和他人整合起来、将自己的身与心整合起来加以切身体验的任何可能性。于是,认识论的自我在何时何地都是孤独的幽灵,或者说是没有生命的自我,独自徘徊在思辨的冷清的王国而永远不得脱身。

但从个体生存的角度来审视,认识论并不是根本性的。因为人必须首先作为一个在时空中的完整独立的经验存在,他才有可能进行认识论的思考怀疑、分析推导,并建立起认识论的系统。否则,根本也就没有认识论存在的可能性。

即便笛卡尔是认识论转向的积极提倡者,但他本人也没有彻底否认人的生存论意义上的存在,他只是在认识论的层面上"认为""怀疑"或"假设"没有天,没有地,没有手,没有脚,而没有断然否认身体或外物的存在。这就是说,笛卡尔之为笛卡尔,首先因为他是有血有肉的活生生的个体意义上的完整存在,然后他才有可能做"我思故我在"的哲学推演。他首先是一位以这样或那样的方式与自然、与他人、与自己浑然融为一体的存在,在其中并没有主体和客体的区分。存在先于认识,先于主体和客体的分离。正因为我们存在,所以我们才有可能进行认识活动,才能将自己与认识的对象分离开来。所以,虽然笛卡尔自认为他的哲学的第一前提是"我思故我在"。但是上面的分析清楚地告诉我们,他的哲学的真正前提是"存在决定思"。或者用笛卡尔本人的说法,"我思故我在"的命题也就转换成了如下的命题"我在故我思"。我们因此可以进一步说,他的哲学思想的其余部分均是从这一前提推演出来的。

既然存在是先于认识的,所以从认识论的层面我们不可能揭示或彰显人的存在的本真状态,而只能必然地扭曲或肢解人的完整性,带来数不清的问题、烦恼、困境。我们必须学会从具体的人出发来看人,来研究人。这里所说的人不是指人的概念,而是指活生生的人,有血有肉的人,是存在于特殊时间和空间之内的人。

海德格尔认为,此在是"在世界之中存在"。"此在"专指像人这样的存在者。但这里所说的人或存在不是抽象或普遍意义上的概念或范畴,而是以单称的人称代词称谓的"我是""你是"这样的单个的人。但是严格说来,海德格尔所说的人称代词指称的人并不是真正意义上的个体。因为任何个人都可以使用"我是""你是"这样的人称代词。语言的危险就在于凡是可以被其指称的任何东西的特殊性都将被遮蔽,而不知不觉地带上了语言本身具有的普遍性。所以,要使人称代词真正能够让我们走进真实的个体,我们必须在使用人称代词的同时用自己的手指向所指。这就是说,生存意义上的人或存在是在特定的时间和空间内存在的个体,他们具有真实性、生动性、经验性和特殊性。而最为重要的是他们具有自己才有的个体性。他们就是具有特殊性的个体。但这样的个体之间并不是分离或隔离开来的,而是处在一种相互渗透、普遍联系的整体之中。不仅如此,这样的个体本身就是自然的产物,并且生存在自然之中,一刻也脱离不开自然。于是,海德格尔说道:此在是"在世界之中存在"。他解释道,所谓的"在之中"并不是像水在杯子之中,或衣服在柜子之中那样的"在之中"。因为水在杯子之中固然为水,在杯子之外水也同样为水。水并不必然地在杯子之中。可见,水与杯子之间没有必然的生存论意义上的关系。但个体的人"在世界之中"的"之中"却具有截然不同的意义或关系,它具有一种生存论的性质,是一种存在的机制。说人"在世界之中存在"实质说的是人源自世界,寓居世界之中,依赖于世界,融入世界之中。① 因此人和万物和世界是一种浑然一体的关系。人以各种方式消失在世界之中。所谓独立的个体实质上是我们抽象思维的产物。把人从世界的整体联系中肢解出来,我们就永远也不可能对其有真正的认识或了解。用中国哲学的术语说,人与世界的关系是人"无所逃于天地之间"。像孙悟空一样,本领再大也逃不出如来佛的手掌。庄子的话说得更准确,人与万物、与天地是并生的,是为一的。这就是所谓的"天地与我并生,万物与我为一"。此在在"世界之中存在"是说,世界是人的存在的最为基本的方式,是存在的本质性的机制。

人与他人、人与万物、人与自然之间存在着同构性关系,却一直以来为我们,尤其是为近代以来的西方哲学家所完全忽视。但这一点却历史地成了中国哲学关注的焦点。如《周易》的乾卦的《文言传》对人与他人、万物、天地之间的这种关系有着传神的描述:"夫大人者,与天地合其德,与日月合其明,与四时合其序,与鬼神合其吉凶;先天而天不违,后天而奉天时,天且不违,而况于人乎?况于鬼神乎?"北宋初年的张载更为明确地点出了人与天地万物之间的这种同构性关系。他提出了"合天地万物为一体"的命题,认为自己的本性是与一切人一切物相同的,所以应该泛爱一切人一切物。在其《西铭》中,张载申论道:天可以称为父,地可以称为母。我是渺小的,和万物一样,生存于天地之间。所以充塞于天地之间的气就构成我的身体,气的本性即作为天地之间的统帅的,就是我的本性。由此得出的结论也就是"民,吾同胞;物,吾与也"。从现象上看,人的形体似乎是独立的,为自己所有。但实质上,人是属于天地的,与天地具有同构性;人是属于全人类的,是与全人类具有同构性。之后,二程也反复申说人与天地万物之间的此种同构性,指出"学者须先识仁。仁者,浑然与物同体"②。

当然,必须在此注意的是,注重个体的自我与他人、与万物、与自然的同构性时,并不能因此而完全忽视个体的个性。如果从这样的角度来

---

① 参见海德格尔:《存在与时间》第二章第十二节《依循"在之中"本身制定方向,从而草描出"在世界之中存在"》,北京:三联书店2006年版,第65—74页。
② 《二程遗书》卷二上。

审视张载等人关于自我与他人、与自然万物的同构性理论显然缺乏对个体自我的重视。存在主义哲学经过了主客二分理论的刺激,所以能够更深入地讨论自我与他人、与自然万物之间所具有的同构性,提出了更为系统的理论来处理、分析身、心之间可能具有的关系。

按照海德格尔的理解,此在是"与他人共在"的,他人是此在的自我的另一半。同样,自我也是他人的"自我"的另一半。可以说自我与他人处在交互渗透的整体性关系之中。由于此处所说的此在或自我是具有真实性、经验性和生动性的个体,因此他人是此在的自我的一半,或自我也是他人的"自我"的一半的说法,严格说来蕴涵着这样的思想即此在或自我必须是身心完整的统一体,而不是笛卡尔所说的纯粹的精神或心灵的存在。这种纯粹的精神或心灵的存在并不具有现实性、生动性和实践性。自我或此在与他人的共在必须具有现实性和实践性。因为自我或此在与他人或与世界的共在的联系既具有思想性或精神性的性质,也同时具有现实的物质性。此处所说的此在现实的物质性的含义是指此在或自我必须是身、心统一的个体。这样的个体才是真实的、生动的、完整的,他在空间中占有位置,在时间中有连续性。只有这样的人才有可能现实地借助于身体、知觉、行动与他人、与世界共在,或"在世界之中存在"①。

对知识论途径或分析方法探究"真的自己"所带来的缺失的认识,熊十力深信只有借助他所谓的"性智"来直接进入自我。

性智在熊十力的哲学思想中不是方法论意义上的一种帮助我们达到本体的手段或工具,它本身就是本体或境界。熊十力说道:"性智者,即是真的自己底觉悟。此中真的自己一词,即谓本体。……这个觉悟就是真的自己。离了这觉悟,更无所谓真的自己。此具足圆满的明净的觉悟的真的自己,本来是独立无匹的。"②他又说道:"本体是要反求自得的,本体就是吾人固有的性智。吾人必须内部生活净化和发展时,这个

---

① 参见胡军:《从身心关系理论审视精神超越之可能》,《上海社会科学》2009年第3期。
② 同上。

智才显发的。到了性智显发的时候,自然内外混融,冥冥自证,无对待相,即依靠这个智的作用去察别事物,也觉得现前一切物莫非至真至善。"[1]可见,性智就是真的自己,就是觉悟,就是本体,就是境界。所以性智是本体和工夫的综合,我们不能在方法论的层面上来了解性智。

熊十力指出,本体就是真的自己,就是性智,就是觉悟。这样的本体"亦即是一切物的本体"。这也就是说,真的自己是一切物的本体。所以求本体当然是向内的,靠的真的自己的自觉自悟。而不能象追求形成事物的知识那样一味向外。追求本体可以有两种途径,他说道:"东方学术,无论此土儒道及印度释宗,要归见体,此无疑义。但其从人之途,则有顿超直悟者,乃上根利器也;亦有婉转迂回、久历艰辛、而后忽遇明珠者,根器虽钝,及其成功,一也。……顿超直悟人,当下睹体承当,不由推求,不循阶级,宗门大德,皆此境界……根器钝者,难免迂回,其触处致力全凭量智作用。探求不厌支离,徵测尤其破碎,以此综事辩物,功必由此,以此求道,岂不远而!但使心诚求之,久而无得,终必悟其所凭之具为不适用。一旦废然,反之即是。宋人小词'众里寻他千百度,回头蓦见那人正在灯火阑珊处'此正谓也。故玄学见体,唯是性智,不兼量智,是义决定,不应狐疑。"[2]虽见体之途殊,但见体必赖性智则是无复狐疑的。所以求本体全靠的是证会、体认、体验,或智的直觉的洞见,而不依赖理论思辨的分析工夫。所以他反复强调的是"顿超直悟""当下体认"。

现在的问题是,熊十力所谓的"性智"或所谓的"当下体认""顿悟直觉"果真具有他本人所期许的妙用,能够使我们直接进入"真的自己"?或果真能够使我们直达本体?

熊十力明确而直觉地意识到了分析方法或量智或科学方法的局限,这样的方法不能使他直达"真的自己"或认识本体。但是他所谓的"性智"或智的直觉或顿悟也确然有着不少的问题,也同样使我们感觉到十

---

[1] 参见胡军:《从身心关系理论审视精神超越之可能》,《上海社会科学》2009年第3期。
[2] 熊十力:《新唯识论》,北京:中华书局1985年版,第676—677页。

分的困惑。首先便是,"真的自己"就是一个十分不明确的东西。它指的是肉身之内的生理的心灵抑或是指人的思想或精神或人格等之类的东西？其次,理智固然有其局限性,但其含义相对来说还是比较的明确,但能够使我们把握"真的自己"的性智却是一个说不清而道不白的家伙。诚然任何说得清楚的东西都是有其局限性的。"不可道之道"是"可道之道"的本体,本是不错的。但这样一来它无疑也就具有了某种神秘性。我们不可能使用某种不确切的东西来直达"真的自己"或本体。再次,性智是个人所拥有的,还是作为类的人所拥有的。其实,无论是个人或人类,他们都是有限的,因此他们的任何能力也都是有限的。如果真是这样的话,那么熊十力所谓的性智也就与量智或分析方法一样也是不可能使我们直达"真的自己"或本体的。

现在的问题是,根据熊十力这样的哲学观,他有否可能建构起一个量论或认识论的系统。

熊十力一直在考虑如何建构起自己的认识论或知识论的理论系统。但他引以为终身遗憾的是,量论"未及作"。所以如此,他自己解释的理由是,年老体衰。笔者认为,这不是真正的理由。所以熊十力未能成立自己的量论的根本原因有两个。

首先,他轻视理论思辨,而过于抬高了所谓的性智在其本体论中的地位,强调体验、体会、证会、自觉、自识、自明等在自求本体过程中的作用。我们在本文的有关部分已经指出,认识论或知识论建构的方法就是熊十力时时处处批评的逻辑的分析方法理论思辨的方法。认识论或知识论理论体系的建构必须提供所以然的理由,而不仅仅是一大堆意见的堆积。它要求推导、论证,而不是意志的放任自流。而这恰恰是理论思辨的特性。这在西方哲学中是相当清楚的。笔者阅读有限,所阅读的有关认识论或知识论的著作都是靠分析方法建构起来的。虽也有提倡直觉方法的认识论家,但充其量只见其有片段的言论,却未见其有什么系统的认识论或知识论的著作。熊十力不重视理论思辨,所以他也就缺乏这方面的训练。不但熊十力没有这方面的训练,就连曾出国留学的冯友兰也缺乏这方面的理论思辨训练,所以说认识论或知识论在他的哲学思想体系中也没有丝毫地位。

其次,熊十力的哲学观总起来说,是价值哲学或生命哲学,它追求的主要是一种理想的道德境界或生命的价值论、意义论。而生命哲学或价值哲学不能说完全是但却主要是依靠信仰、体验。我信仰某种生命哲学或价值体系,但我却没有必要为我的信仰提供什么逻辑上的充分理由或论证。因为任何论证或理由都将是不完全的,不充分的,或者说是有限的。显然,不完全的、不充分的、有限的论证手段或工具不能用来论证无限的本体或信仰。所以信念或信仰是不能建立在某种依靠理论思辩方法的基础之上的。从这种意义上说,熊十力的哲学思想体系和金岳霖的、冯友兰的哲学思想体系一样,都是一种信条或信念,至少在他们本人看来是这样的。这样的信条或信念在他们那里就是"终极托付"或"终极信仰"。对于此,他们是坚信不疑的。考察哲学史,我们就会发现,不能说所有的,但却可以说绝大部分的生命哲学家或价值哲学的提倡者没有能力建构起像样的认识论或知识论的思想体系。但不能否认他们中也不乏真知灼见的关于认识论或知识论的片段的思想火花。

因此我的看法就是,熊十力的哲学观决定了他不可能建立起量论。所以他没有必要为他的量论未及作而引为终身遗憾!

第五章 冯友兰:人生境界与直觉方法

一、逻辑是哲学的入门

尽管中国学术界对于冯友兰哲学思想体系及其思想价值有着不同的看法,有时候甚至是截然相反的评价。但一个不争的事实是,在中国现代哲学发展的几十年历史中,冯友兰的哲学思想体系确实最具有影响力。尤其自上世纪90年代前后起,研究冯友兰哲学思想的专著与论文不绝如缕。

冯友兰哲学思想体系所以能够具有这样广泛深入的影响,自有其多方面的原因。如他的哲学著述文风浅明简洁而不晦涩抽象,文章颇富中国传统的韵味,传统典故与妙言隽语不时在其文中相映成趣,如此等等。显然与冯友兰同时代的金岳霖的哲学著述不具有这样的文风,他的著述数量不多,但颇具体系性,抽象晦涩、难以理解,所以不易被人接受与理解也就早在意料之中。其结果就是很长一段时间以来,关于金岳霖哲学思想的研究并未引起学界强烈的热情与适当的关注。金岳霖的身后颇显寂寞与无奈。与此不同,冯友兰的研究在当前已成显学,关于冯友兰哲学思想的研究被称之为"冯学"。

当然,冯友兰的哲学思想体系之所以产生广泛持久深入影响的更重要原因在于他的哲学思想的主题及处理这一思想主题的方法论。本章认为,人生境界及达成此境界的方法论完全可以用来概括冯友兰哲学思想体系的主旨。或者我们可以进一步说,在他的哲学思想体系中,方法论是服务于人生境界理论的,人生境界理论才是他的哲学的终极目标。这里的关键是,如何来理解冯友兰的哲学方法论。

冯友兰经常的做法是将自己的方法论称作"正的方法"与"负的方法"。所谓"正的方法",他自己也经常叫做逻辑分析方法。中国思想界对于冯友兰的"负的方法"相当熟悉。而且,在中国现代哲学界有所谓的"负的方法"理论的也只有冯友兰先生。"新理学"六书提及与正的方法或逻辑分析方法相对的方法都一致称之为"负底方法",很少有其他的称谓。但是,在其1943年出版的《新理学在哲学中之地位与方法》一文内冯友兰却将这一方法叫做"直觉方法"。他是这样说的:"真正底形上学的方法有两种:一种是形式主义底方法,一种是直觉主义底方法。形式主义底方法以形式主义讲形上学。直觉主义底方法讲形上学不能讲。"①而在1945年出版的《新知言》一书内,冯友兰对自己所运用的构造形上学的方法有了稍有不同的表述。就是在这本书内冯友兰开始用"正底方法"与"负底方法"来代替前书所谓的"形式主义底方法"和"直觉主义底方法"的表述。他如斯说道:"真正形上学的方法有两种:一种是正底方法;一种是负底方法。正底方法是以逻辑分析方法讲形上学。负底方法是讲形上学不能讲,讲形上学不能讲,亦是一种讲形上学的方法。"②可见,对于"新理学"的方法,冯友兰本人有多种说法。但当下的中国思想界却都以"正底方法"和"负底方法"来讲述和研究冯友兰的方法论。

我们认为,将"负底方法"称之为直觉方法似乎更符合冯友兰哲学思想的性质。同理,以逻辑分析方法来取代他所谓的"正底方法"也能使我们更正确地理解他的哲学方法的实质含义。而冯友兰所以将自己哲学思想体系所运用的方法分别称之为"正底方法"和"负底方法",其主要目的应该是为了突出自己方法论的特殊性,而区别于西方哲学中尽人皆知的逻辑分析方法和自柏格森后颇为盛行的直觉方法。

严格说来,在冯友兰的哲学思想体系内,"正底方法"与"负底方法"

---

① 冯友兰:《新理学在哲学中之地位及其方法》,《三松堂全集》第11卷,郑州:河南人民出版社2001年版,第496页。

② 冯友兰:《新知言》,《三松堂全集》第5卷,郑州:河南人民出版社1986年版,第149—150页。

是相对而言的。同样,逻辑分析方法也应是与直觉方法相对而言的。这就是说,这两种方法绝对不能够互相替代,而是相互补充。它们各有各的用处。或者更准确地说,在人生或思想的不同发展阶段会使用这两种不同的方法。

我们认为,"正底方法"和"负底方法"的表述其实不能够准确而充分地揭示出冯友兰哲学思想方法论的内在含义。相反,逻辑分析方法和直觉方法却能够帮助我们走进冯友兰哲学思想体系之内,使我们对之做准确充分的解读。

我们先来看看冯友兰是如何走上哲学学习和研究道路的。

在晚年回忆自己的哲学生涯时,冯友兰回忆道:"冯友兰对于哲学是从逻辑学入门的。用古人的话说,就是从逻辑学'悟入',用今人的话说,就是从逻辑学'打开一个缺口'。"[1]可见,他走上哲学研究的道路,完全是由于他自己对逻辑学的强烈兴趣。他说道:"1914 年我在上海中国公学的时候,有一门课程是逻辑学。这门课不能使我完全懂得逻辑学的内容,但是使我对于逻辑学发生了浓厚的兴趣,由此进一步发生了对于哲学的兴趣。"[2]所用的教材是耶芳斯的《名学浅说》。由于当时中国真正懂得逻辑学的很少,即便中国公学的逻辑学老师也对此知之甚少。不得已,冯友兰只能自学逻辑学。所幸,耶芳斯的这本教材后面有不少的练习题,冯友兰就自己学着做这些练习题。通过自学,他掌握了逻辑学的基本知识。

自学逻辑学引发了冯友兰对哲学的强烈兴趣,于是决定报考北京大学哲学门。进入北京大学后,由于当时没有人讲授西方哲学,不得已他就改读中国哲学。可见,是逻辑学引导冯友兰走上了哲学学习与研究的道路,他也说:"逻辑学是哲学的入门。"

其实,"逻辑是哲学的入门"在他还有另一层含义,即逻辑学的知识是学习和研究哲学必要的准备、基础和方法。具体说就是,没有逻辑学

---

[1] 冯友兰:《中国现代哲学史》,香港:中华书局(香港)有限公司 1992 年版,第 207 页。
[2] 冯友兰:《三松堂自序》,《三松堂全集》第 1 卷,郑州:河南人民出版社 1985 年版,第 246 页。

的知识，根本不可能进行哲学的思考和研究。稍有哲学史知识的人都很清楚，"逻辑是哲学的入门"并不是中国传统哲学的基本信条，而是典型的古希腊哲学的信条。"逻辑是哲学的入门"本就是亚里士多德的名言。亚里士多德是逻辑学之父，是他系统地创立了逻辑学这一学科。

早在亚里士多德之前的苏格拉底就已经提出了概念的定义法，追求概念的清楚明确，即概念内涵、外延的清晰界定。而中国传统哲学却并不追求思想表达的明确清晰，所以模糊不清一直是中国传统哲学的特点。冯友兰指出，逻辑分析方法在西方哲学得到了高度的发展，而在中国哲学中却没有得到应有的重视和充分的发展。因此中国哲学要现代化就必须从根本上改变这种不重视逻辑分析方法的状况。正是基于这样的认识，他说道："中国需要近代化，哲学也需要近代化。近代化的中国哲学，并不是凭空创造一个新的中国哲学，那是不可能的。新的近代化的中国哲学，只能是用近代逻辑学的成就，分析中国传统哲学中的概念，使那些似乎是含混不清的概念明确起来，这就是'照着讲'与'接着讲'的区别。"①可见，在他看来，引进西方哲学的逻辑分析方法以改造中国传统哲学是中国哲学现代化的一个极其重要的内容。他甚至指出，西方哲学对于中国哲学的永久性的贡献，就是逻辑分析方法。逻辑分析方法是点铁成金的手指头。我们要的不是现成的金子，要的是能够点铁成金的手指头。② 我们要的不是西方哲学的现成结论，而是得到西方哲学家思想的工具。可见，哲学思想不是武断的教条，更不是专制的意识形态，而是得到过说明或论证的理论。哲学既要提供某种思想体系以指导人生，更要能够指出我们所以达到这种思想的途径或工具。这也就是说，哲学是论证思想的艺术，而用来论证思想的工具就是逻辑。一个头脑清晰的人总会有不少的思想，但是对于哲学家来说，重要的是学会如何对自己所拥有的思想进行论证。我们可以看到，中国传统哲学思想极其丰富，但却缺乏细密而系统的论证。中国传统哲学的这一特点用金岳

---

① 冯友兰：《中国现代哲学史》，香港：中华书局（香港）有限公司1992年版，第207页。
② 参见冯友兰：《中国哲学简史》，北京：北京大学出版社1985年版，第378—379页。

霖的话来说,就是中国哲学没有充分发达的逻辑意识和认识论意识。所以,中国现代哲学家急切地认识到,当务之急就是要从西方哲学中引进逻辑分析方法。

那么,冯友兰是如何积极努力地得到这一手指头呢?

显然,他得到这一手指头的第一条途径便是在上海中国公学的自学,得到了关于逻辑学知识的"一知半解"。

另一途径则是他在美国留学时期受实用主义和新实在论思想的影响,使他进一步了解和掌握了逻辑分析方法。

1919年至1923年,冯友兰在美国哥伦比亚大学研究生院哲学系学习时,正是实验主义和新实在论在美国哲学界走俏之时,且这两种哲学思潮的重镇就在哥伦比亚大学哲学系。如当时还健在的实验主义思想代表杜威就在哥伦比亚大学哲学系。又如新实在论的重要代表蒙太古和皮特金当时也在哥伦比亚大学哲学系。毫无疑问,这两种哲学思潮于冯友兰都有过很大的影响。在他的哲学思想的发展历程中,首先是实验主义占了上风,以后是新实在论占了上风。实验主义和新实在论,尤其是后者,都很重视逻辑分析方法在哲学研究领域中的运用。

实验主义思想家从皮尔斯、詹姆斯到杜威都追求思想的明确和清晰,都十分讲究清晰思维的方法。如"信念的确定"和"思想观念的澄清"就是皮尔斯哲学思想中的两个主要论题。而杜威则有专门的文章来讨论"思维术"这样的哲学问题。

与实验主义思想相比,新实在论,无论是英国的还是美国的,似乎格外重视逻辑分析方法在哲学研究领域中的重要作用。有些新实在论的哲学家本人就是颇有成就的逻辑学家,对于逻辑学的发展做出过重大的贡献。如冯友兰的老师蒙太古本人就不仅仅是一位哲学家,而且他还是一位著名的逻辑学家,对模态逻辑的确立和发展曾做出过重要的贡献。蒙太古和美国的其他五位新实在论者曾就共同关心的哲学问题发表了"新实在论的改革方案"此方案出版时题为《新实在论》。这个方案特别强调了逻辑学和数学是程序的传统规范,它们为准确思维的一般原则提供了新的线索。他们尤其明确地指出:"不可忘记,哲学特别依赖于逻辑。自然科学在它经验和实验阶段中可以很安全地由本能来指导,因为它是在常识所确定的事物对象范围内活动的。但哲学的对象恰恰就是分析的果实,它的任务是要纠正常识的范畴。而要希望得到一个有益而正确的结果,就必须根据一个专门家的批判性的判断。所以,目前的形势为哲学提供了一个时机,可以采用一个更为严格的程序,采取一个更有系统的形势。"①为此,他们特别提出了如下的七点:用词谨严、定义、分析对逻辑形式的重视、问题的划分、明确表示的同意、哲学研究和哲学史研究的分离。他们指出,"分析"这个名词不是某一门知识所特有的方法,而是指一般精确知识的共同方法,指程序中的一种方法,用了它可以发现未确定事物是许多单纯体的一个复合体。任何哲学家要是忽略了逻辑学理论的最新进展,就不可避免地要成为一个业余的涉猎者。总之,新实在论哲学家非常重视逻辑,尤其是现代逻辑在哲学研究中的作用。他们在方法论上的主要目的就是要确定并推广逻辑学以及一般严正科学都运用的方法。

在《新实在论》一书中还有一篇长文,题为《对于分析的辩护》。这篇文章对逻辑分析方法作了具体而详尽的探讨,认为分析是一种认识的方法。这种方法可以发现和被分析的整体在同一个意义下的真实的部分。在这种意义上被理解的分析方法并不是与整体截然分割开来的。相反,分析方法揭示了整体和部分之间的关系。被分析的是整体,而分析则是部分,因为它揭示出了被分析的整体中所包含的各个部分。所以,分析本身就包含着整体与部分之间的关系。

总之,新实在论哲学的方法就是逻辑分析方法。此种方法对于冯友兰有着很大的影响。当然这一影响还是相当有限的。这从冯友兰在哥伦比亚大学哲学系的博士学位论文内容可以看出。他的博士学位论文题为《天人损益论》(完成于1923年)。英文本后于1924年由上海商务印书馆出版,改名为《人生理想之比较研究》。熟悉分析哲学的人一眼可望之,这样的题目根本就不属于分析哲学的范围。而他所作的人生理

---

① 霍尔特等:《新实在论》,北京:商务印书馆1980年版,第28页。

想比较研究的方法似乎也与分析哲学颇有隔膜。

20世纪三四十年代,维也纳学派正处于巅峰状态。维也纳学派是分析哲学的第一个支派,也是分析哲学一个最主要的支派。罗素曾经说过,逻辑是哲学的本质,任何真正的哲学问题都可以归结为逻辑问题。维也纳学派进一步发展了这一观点,并更加严格地限制了哲学活动的范围。维也纳学派的纲领就是要拒斥形而上学。同样,他们也指出,伦理学的命题同形而上学的命题一样也是没有任何意义的,所以伦理学也不是哲学的研究对象。在他们看来,心理学是经验科学,所以也不应该在哲学研究的领域之内。而认识论则是心理学与逻辑学的综合体,由于心理学是经验科学,所以哲学不用研究心理学,而只研究认识论中的逻辑部分。在形而上学、伦理学、心理学以及认识论中的心理学部分被排除之外,哲学研究对象便只剩下了逻辑。这样,在维也纳学派的哲学家看来,哲学的唯一任务也就是从事逻辑分析。逻辑分析对象不是物理事实,而是表达经验事实的命题形式。分析哲学家不应该关心事物的物理属性,要关心的是我们说到事物的方式。哲学不是一种与科学活动并列的活动,而是科学活动范围之内的一种分析活动。

冯友兰不同意维也纳学派的哲学立场,但是却不得不关注维也纳学派到底是如何利用逻辑分析方法来拒斥形而上学的。因此,维也纳学派所运用的逻辑分析方法也不可避免地对冯友兰哲学思想产生了相当的影响。他并且积极努力要利用逻辑学的最新成果,要超越维也纳学派而重建形而上学。①

正是通过上述种种渠道,冯友兰对于逻辑分析方法有了比较全面的理解和把握。

二、直觉方法的解读与介绍

在美国求学期间,冯友兰对于逻辑分析方法颇为关注。在此,我们

---

① 参见冯友兰:《新原道》,《三松堂全集》第5卷,郑州:河南人民出版社1986年版,第147页。

尤需注意的是，上世纪20年代也正是柏格森的直觉思想在法国、欧洲特别走俏的时期。柏格森每有新的著述出现，美国学界马上就有英文译本。可以说，阅读柏格森的哲学书籍，谈论柏格森的直觉思想，是当时思想界的时尚。当时正在美国留学的冯友兰自不免也十分留心于当时颇为盛行的直觉方法。要关注和学习直觉方法也就不得不留心和研究柏格森的哲学思想。所以冯友兰当然也就十分注意柏格森哲学思想作品的发表。他曾于1920年12月31日和1921年3月12日分别撰写了《柏格森的哲学方法》与《书评〈心力〉》，积极向国内介绍柏格森的思想与其方法。柏格森曾于1919年发表了《心力》一书。此书是个论文集，收录了柏格森1911年之后的演讲稿和论文。1920年此书出版了英文版。英文版即出，冯友兰马上作文，题为《书评〈心力〉》。此文是对柏格森《心力》一书的介绍。

对于我们研究冯友兰直觉思想较有意义的是他前一篇文章，即《柏格森的哲学方法》。就是在此文中，冯友兰指出，哲学大致可以分为两个部分，即哲学态度与哲学方法。一般说来，哲学态度，是每个成年人都会有的。但是，对于哲学真正重要的是哲学方法。因为哲学家不仅要知其然，更要知其所以然，亦即哲学的要义在于提供充分的理由表明某种人生态度为什么是正确的，其他别种的人生态度则是有问题的。可见，对于哲学说来，最为重要的是论证。正是由于这一点，所以我们说哲学的方法来得更为重要。是哲学方法而不是哲学态度最终将哲学家和哲学爱好者区别开来。更进一步，哲学史也清楚地告诉我们，思想固然是将众多哲学派别相互之间区分开来的重要标志。但是，我们却清楚地知道，思想之间的差异经常不具有实质性的意义。而哲学方法上的不同却具有决定性的意义。柏格森哲学与历史上众多哲学思想体系之间的根本区别恰恰在于哲学方法上的不同。

哲学史也同样告诉我们，分析方法或所谓的科学方法常常是哲学研究领域内的主要方法。当然，毋庸置疑，科学方法的内容相当丰富，在历史上促进了很多哲学流派诞生与发展，尤其是那些具有强烈的物理学、数学、化学等自然科学知识背景的哲学家极其热衷于上述的科学方法或分析方法。到了 19 世纪中期以后，心理学、生理学等生命科学的诞生为哲学思考带来了新的思想资源和方法。柏格森就是具有丰富的生物学方面知识的哲学家，他对很多哲学问题的看法迥异于哲学史上的其他哲学家。究其原因，是因为他首次系统深入地倡导直觉方法，积极努力地使用此种方法来审视各种哲学问题，遂成就了一个"哲学方法的革命"。

也正是因为方法论的差异，也才有了不同的哲学思想体系。柏格森的哲学思想所以不同于其他哲学家的地方也就在于他提倡的直觉方法。

柏格森不满意于一直以来学界盛行的科学的方法或逻辑分析方法，而积极倡导直觉方法。这里需要注意的是，柏格森的直觉方法是针对在欧洲长期以来盛行的理智主义（冯友兰称之为智识主义，其英文为 intellectualism）。在冯友兰看来，柏格森的直觉主义是对于欧洲人所习惯的理智主义下的一个转语。所以，我们要了解直觉主义，当然首先必须大体上知道究竟什么是欧洲历史上特别盛行的理智主义或智识主义。

自苏格拉底以来，哲学家们认为，要素（essence）是真的或是实在的，现象（appearance）则是假的。我们认识事物就是要排除现象而直指要素。关于一个事物的定义揭示的是要素或事物的本质。如果认识了事物的要素，定义当然也就是真的。从一般认识的角度讲，这样的看法应该是正确的。问题在于，事物的要素是潜藏于现象背后的。现象我们可以通过知觉来把握。但所谓的要素或反映要素的定义则不是知觉所能够把握的，于是需要通过概念来反映和把握要素和定义。其结果就是，我们认为只要把握了相关的定义或概念，我们也就认识了那个事物。殊不知，我们要认识的是活的具体的事物，而概念或定义则是抽象的或一般的。这种抽象的或一般性的东西与活的具体的事物存在于两个不同的世界。前者存在于我们的思想世界之内，而后者则存在于外在的自然世界中。如果错将定义或概念认定为就是那个事物，那么我们就落入了智识主义或理智主义的窠臼之中。芝诺的阿基里斯追不上龟的辩论就是一例。冯友兰指出，中国古代的"白马非马"辩论也属于此类。这两个哲学史上脍炙人口的辩论，其实均落入于智识主义的或理智主义的窠臼之中。比如"白马非马"辩论就是如此。我们只能在思想或言谈中,运用概念或语言将具体而特殊的一匹马的颜色与马分离开来。但真实地存在于具体时空内的马身上时,其颜色与那匹马的其他属性是紧密地联系在一起的。而且这匹马的白色也不同于其他马的白色。尤其是不同于概念或言辞中所谓的"白"。后者所谓的"白"并不具有白马的白的任何属性,它只是一种符号,只具有言辞所必须具有的意义。理性思维必须依赖于语言或符号,否则思维无法进行或无法系统进行。但是将语词或概念的分析或辨析与存在于外界的物体等同起来却也是错误的。冯友兰认为,这是"极端智识主义的弊了"。

就是在《柏格森的哲学方法》一文中,冯友兰正确地指出,如果我们"要真执着时间空间可以无限分割,那么一秒钟不但永远过不完,而且就不能过,一瓶水不但永远倒不完,而且就倒不出来;并且可以说世上不但没有完全东西,而且永远不会有东西。因为要先过一秒钟,须先过四分之一秒……水要滴一珠,须先滴半珠,要先滴半珠,须先滴四分之一珠……世上要有一件东西,要先有半件。要先有半件,须先有四分之一件……如此类推,执著概念就有这般结果"①。其实,冯友兰此处所举之例取自詹姆斯的《多元的宇宙》(*Pluralistic Universe*)一书。

概念世界不同于真实的世界。真实世界是由无穷的个体组成的,处在永远的运动之中。而在概念世界中,虽有关于个体的概念,但是我们都清楚个体的生命是不同于个体的概念的。而且概念世界虽然有"动"的概念,但概念世界本身是永远不会动的。我们只要有能力,就可以对概念做无穷尽的分析,把"水"分解成无限的小的要素或成分。但是在真实的世界中,我们要走就是完整的一大步,水滴从瓶中滴出,要滴就是完整的一滴,而且不只是一滴,而是成整个的水流。一个婴儿诞生就是完整地来到这个世界。如此等等。

应该说,冯友兰对于古希腊以来极端的智识主义的理解或批评是正确的。其实,这一批判也正是柏格森的。后者在其名著《创化论》一书

---

① 冯友兰:《柏格森的哲学方法》,《三松堂全集》第11卷,郑州:河南人民出版社2001年版,第13页。

中,对于科学的或分析的方法,有着极其尖锐的批判。

正是由于分析的方法或智识主义有着这样的弊端,所以柏格森才因此积极提倡与此不同的直觉方法。根据詹姆斯对柏格森直觉方法的解读,冯友兰指出,这种直觉方法的第一个特点就是知觉(Perception)。知觉不同于概念性认识的最根本特点在于,知觉都是对事物的直接亲知,它所直接把握的是真实的个体。这样的个体具有鲜活的生命,存在于特殊的时空之中。个体当然具有同类个体都具有的共性,它的个性虽然没有包含在共性之中,但我们必须要注意的是,这样的个性才应该是真实个体最为本质的东西。尤须指出的是,此处所说的共性与个性是紧密融合在一起的。但概念性的认识则不一样。概念性的认知所能够把握的只是透过事物的个性而抽取同类事物都具有的本质属性或共性。这样的共性是与个性完全隔离开来的。

冯友兰用墨家所谓的"亲知"来指称上面所叙述的知觉。显然,墨家的"亲知"就是直接的或当场的体认,没有概念或语词夹杂在其中。用墨家的"亲知"来形容知觉当然是不错的。但要注意的是,墨家所说的"亲知"与冯友兰在这里所介绍的柏格森的和詹姆斯关于知觉的理论却也有着本质上的差异。因为柏格森的和詹姆斯的知觉理论是针对科学的分析的方法而言。而墨家所谓的"亲知"却没有这样的针对性。

"亲知"的含义是对个体事物直接的亲切的接触或体认,这只是柏格森直觉的一个含义,而不是其全部的含义。所以冯友兰接着指出:"直觉必是亲知,不过亲知不必定是直觉;因为人用概念惯了,看见一物,就好用概念的圈子去套它;所以虽是亲知也不离概念。"①应该说,冯友兰对柏格森直觉方法的理解是正确的。根据柏格森的《形而上学导论》《创化论》等著作,我们可以清楚地知道,柏格森所以大力提倡直觉方法,是因为他清晰地看到了科学方法、分析方法的弊病。科学的或分

---

① 冯友兰:《柏格森的哲学方法》,《三松堂全集》第11卷,郑州:河南人民出版社2001年版,第15页。

析的方法有着不少的优点,这是谁也不能否认的。但其不足却也无法遮蔽。比如说,以数学、天文学为基础的科学方法或分析方法的特点在于将时间、空间以坐标的方式来图解。在此图解方式中,时间就是从某一点开始的往某一方向延续的无穷系列。但是在进化论问世后,对时间的这种解读或图解方式却遭遇了无情的批判和严重的挑战。生命进化的历程似乎采取的不是这种方式,而却类似于滚雪球的方式,是一种不断的累积过程。生命的进化是绝对不能够用时间坐标的方式来解读和认识的。从猿脑演变到人脑、从原始人脑发展到现代人脑的历史进程实质上表现为大脑结构和功能的不断提升。这就是所谓的进化。

科学方法的不足还表现在,不同的科学只能从不同的方面来研究事物,即选取某一侧面如物理的或化学的或生物的等等或某一时段如原始的或中古的或近现代的等等。这种研究法当然重要,但却往往使我们注重部分而忽略了整体,只停留在事物的现象层面而不能进入事物的内部,看重概念的分析而忽视了事物本身。更进一步,科学方法更本质性的特点在于,其方法之运用、过程和结果都必得依赖于语言和逻辑,否则我们将寸步难行、不知所措。逻辑只问思维的形式,而不管其内容如何。语言也具有差不多类似的功能和性质。如任何语词都是表达或形容事物的形式。个体事物的性质是综合的,而语词只能表达或形容事物某一方面的属性,绝对不可能对事物性质做整体的把握。个体事物的特性有则同时就有,而任何语言内的语词都是一维性的,语词只能是一个语词叠加在另一个语词之后组成一个句子,再由句子组成文章,如此类推。对语言的进一步研究也告诉我们,语言不具有事物才具有的任何特型。比如我们用"重"或"脏"这样的语词去表达重的个体事物或脏的个体事物,但语词本身并不是重的或脏的。如此等等。

柏格森对科学方法的批判表明科学及其运用的方法并不能使我们真正地认识事物,而只能使我们在事物的外围打转(around the object)。柏格森哲学提倡的直觉方法的目的是要我们设法钻进事物里面去,直探事物的本性。于是,在柏格森的积极提倡之后,我们就有了两种方法。这就是柏格森自己说的:"有两种甚深的法子,可以知物;第一种是我们围绕在物的外面,第二种是我们钻到那物里头。第一种要依靠我们所占的地位观察点(depends on the point of view at which we are placed),并且要靠我们用以发表意见的记号(on the symbols by which we express ourselves)。第二种是也不依靠观察点,也不依赖记号。第一种的知识,止于相对;第二种的,在可能的事例,可得到绝对。"①柏格森批判第一种方法所说的依靠观察点和记号的特性,我们在上面已经有所论列,在此不赘。而第二种方法就是柏格森竭力提倡和宣传的直觉方法。柏格森试图通过这一方法克服第一种方法的局限而直钻到事物的里面去。在他看来,直觉方法是"一种智识的同情(intellectual sympathy),由此同情,我们把自己放在物的里面,以求与那个物的画一的(what is unique in it)相合,而终于不可说"②。叙述完了自己所理解的柏格森的第二种方法后,冯友兰指出,柏格森在此所说的第二种方法或经验"也是人人都有一点的。因为人人都是有心的,就让他不能学曾子'吾日三省吾身',然而他自己的精神状态,总不能全不知道"③。可见,他自己是基本认同柏格森的此种方法的。同样,他也认可柏格森下述的看法。柏格森说道:"至少有一样真实,是我们人人都能不用分析,而用直觉,而自内得到的。这就是我们自己的人格,在那里流着穿过时间;我们的'我',在那里绵延(It is our own personality in its flowing through time—our own self which endures)。"对柏格森的这一看法,冯友兰更是深表赞同。于是,他说道:"这一种内省的直觉,真是人人都可有的。我们自己的意识,不但我们自己能直接知道,我们就生活在这个里头。我们试一反省,当时就觉得无论什么感觉,概念,感情,意志,都是互相穿插而成一个不可分的全体,而一切心理学上的名词,都是强分的。所谓分析的赏鉴(Non-analytical appreciation)就是如此了。"④

---

① 转引自冯友兰:《柏格森的哲学方法》,《三松堂全集》第11卷,郑州:河南人民出版社2001年版,第15页。
② 同上书,第16页。
③ 同上。
④ 同上。

《柏格森的哲学方法》一文对于柏格森的介绍基本上依据柏格森的《形而上学导论》《创化论》。也依据了当时学界对柏格森的论述如詹姆斯的《多元宇宙》等。应该说冯友兰对直觉方法的叙述是忠实于柏格森本人的哲学思想和方法论的,而且他大体上也是表示赞同的。

除了上述的认同之处外,他更进一步指出:"非分析的赏鉴,是人人都有的,并不奇怪。"他并且重述了柏格森关于读文章和写文章的经历,强调了直觉的冲动人人都有。

我们还需注意的是,冯友兰正确地指出了柏格森的直觉方法对于科学及其方法的重要性,即科学的发明往往源于直觉。他这样说道:"科学的发明,也都是从直觉来咧。凡是发明,都不是从死概念得来,都是从知觉得来,这是人人所承认的。发明家的步骤,第一是把具体的事例,合得拢来;第二步是定'假设'(Hypotheses);第三步证那个假设;这是一定的。其中以第二步为最难,因为具体的事例上面,没有贴条子,说他是属于什么定律。这就如上文所说,是真正作文的时候,要用那一种往往很苦痛的力了。但是力虽用了,而那种'冲动'什么时候来,可还是没一定。所以牛顿发明吸引力,华德发明蒸汽力,都是一时触动灵机,悟得来的。"①其实,柏格森在其《创化论》一书中多处讲到,直觉或直觉方法对于科学发展的重要作用。

中国学术界对于柏格森哲学思想及其方法之介绍主要是在第一次世界大战之后。1840年后,凭借其强大的科学力量和物质力量,西方列强一直在侵略、掠夺中国,使中国逐渐沦为殖民地和半殖民地。中国知识分子通过长期的探寻和研究意识到,我们之所以落后于西方是因为我们自己的文化传统内没有孕育出民主和科学。尤其是与西方相比,我们的科学非常落后。所以中国要振兴,首要之务在于大力发展科学,洋务运动就是1861年"同治中兴"的标志,从此就能看出中国人对于科学的期盼与向往。但是第一次世界大战后,国内学术界受西方某些思想家的影响,喋喋不休地议论道:世界大战后,科学在西方破产了,西洋人渐渐

---

① 《三松堂全集》第11卷,郑州:河南人民出版社2001年版,第16—17页。

不信科学了。冯友兰指出,有这样看法的人"实是大错"。因为他认为,"科学在实用上的价值,非常之大"。他指出:"智识所做的东西,起初虽没有本能好;……但智识所做的东西,可以无穷的改变,而且改变的快;所以人类可以利用之以征服为生命阻碍的死物质。科学莫大之用,即在于此。"①文明进步当然有很多标志,但是不能否认的是,以理性为基础的知识进步是其中最重要的一个要素。冯友兰的看法对于当时国内思想界准确理解和研究柏格森直觉是有一定纠偏辨伪作用的。

也正是根据上述的认识,冯友兰提请我们"要注意",柏格森虽然大谈特谈直觉,但是他本人"并非不重视科学",而是主张"科学、哲学,会于直觉"。

《柏格森的哲学方法》一文的结尾处,是冯友兰谈自己对直觉或直觉方法简单的几点看法。第一点,"直觉是分析以后的事,主张直觉的,只反对以分析为究竟,并不反对分析"。第二点,"科学的假设,固从直觉得来,而第一步之收集事例,仍是先决问题。所以科学必根于事实,哲学必本于科学"。第三点,冯友兰不同意美国新实在论和英国哲学家罗素对于柏格森的批判,而极力为柏格森申冤。他们指出,你柏格森既反对分析,就不能再用分析的方法,但你讲的话仍是从分析来的。罗素说,你柏格森说言语是不完全的,但你自己写书也偏偏要用言语的呀。冯友兰说,这些人实在"都有点冤枉柏格森"。至于有些头脑不清的人,"以直觉为借口,以自文其笼统,那更为柏格森之罪人了"②。

应该说,冯友兰对于柏格森直觉思想及其方法的介绍虽然简单但却是准确的。柏格森的直觉思想及其方法对于当时盛行的科学方法或分析方法也极有纠偏的作用。冯友兰本人也在很大程度上看出了过度智识主义概念分析的弊病,但我们需要知道的是,当时的冯友兰所热衷的仍然是逻辑分析方法。他虽然欣赏柏格森的直觉思想及其方法,但他在撰写《中国哲学史》及后来创立自己的"新理学"哲学思想体系的前期所

---

① 冯友兰:《柏格森的哲学方法》,《三松堂全集》第11卷,郑州:河南人民出版社2001年版,第17页。
② 同上书,第18页。

大量使用的也主要是逻辑分析方法,或用他自己的话讲那时他所运用的是"正底方法"。

　　用这样的"正底方法"能否讨论和研究人生哲学思想和人生境界,应该说是一个颇令人困惑的哲学问题。柏格森清楚地看到,逻辑分析方法或科学方法是不能够用来讨论人类的生命本质的。在1920年撰写《柏格森的哲学方法》一文时,冯友兰本人也已经清楚地意识到,要研究人类的精神境界,研究人格等,仅仅使用分析方法是远远不够的,我们还必须要借助于柏格森所谓的直觉或直觉方法。但是由于对逻辑分析方法或"正底方法"的过度偏爱,或者说由于冯友兰是首先通过逻辑学而进入哲学大门的,所以他撰写"新理学"哲学思想体系的前期,没有适当注意到直觉方法对人生境界提升的重要性是可以理解的。但问题在于,他的哲学与当时西方盛行的分析哲学大异其趣,各走一路。如果他当时不只运用逻辑分析方法或"正底方法",而是将逻辑分析法或"正底方法"与柏格森的直觉方法结合在一起,那么他的"新理学"体系将会有新的面貌。遗憾的是,他只是到了1943年,在其撰写《新理学在哲学中之地位及方法》时,他才补充说道,研究形上学有两种方法,一种方法是形式主义方法,另一种方法是直觉方法。此处所说的直觉方法应该说与柏格森所说没有很大的区别。但他所说的形式主义方法虽然贴近逻辑分析方法,然而两者之间还是有着巨大的差异。冯友兰之所以要对逻辑分析方法做出自己的解读,是因为他对作为学科的哲学的看法已经大大地不同于当时在西方颇为盛行的维也纳学派的哲学观。在后者看来,哲学不同于科学之处恰恰在于,哲学已经不是同科学并列的学科,而只是分析科学命题有无意义的一种活动。冯友兰不同意维也纳学派的哲学观,他认为,哲学是对人类精神的反思,学习和研究哲学的目的就是要使人达到更高的精神境界。对哲学及其追求的此种目标的解读,不得不使冯友兰对所谓的逻辑分析方法做出自己颇具特色的解读。在他看来,哲学与科学的研究对象都是一样的。其间的区别只在于,科学对经验事物做有内容的解析,而哲学却只是对事物做他所谓的形式的分析,就是不管经验事物的经验内容,而只对之做形式的分析。此时的冯友兰由于偏爱逻辑分析方法,这就使他看不清楚,他的哲学和他通过哲学所要达到的目标已经与柏格森哲学思想相差无几。柏格森所谓的生命、人格、精神界在很大程度上就是冯友兰所说的人学或关于人的学问。具体说来,就是对于生命或人生境界或人格,一般说来是不能运用逻辑分析方法来进行研究的,而只能通过所谓的直觉方法来体认或悟入。如果这样的看法是有道理的话,那么冯友兰在建构自己的"新理学"哲学思想体系的前期偏重逻辑分析方法的理路必然会给这样的建构过程带来种种理论上和实际上的困境。虽然他几乎没有对自己理解和运用的逻辑分析方法有过什么样的批评,但他对于"正底方法"与"负底方法"孰轻孰重前后却有不少不同的议论。最初他只谈论逻辑学的方法,到美国后接触到当时颇为走红的柏格森的直觉方法,上世纪30年代后建构"新理学"前期运用的方法就是逻辑分析方法。但是到了1943年却提出有两种方法即形式主义方法与直觉方法。1945年出版的《新知言》更为明确地提出建构形上学的两种方法,但说的不是形式主义方法与直觉主义方法,而是与之略有区别的"正底方法"与"负底方法"。而完全将他所谓的"负底方法"置于"正底方法"之上则是他在美国讲学所用的教科书《中国哲学简史》的末章。其实,早在1933年,冯友兰就与维特根斯坦谈过"可说的"与"不可说的"区别。当时的冯友兰对此颇有兴趣。但由于他该说的话还是没有说完,所以其时的他根本没有注意到"不可说的"东西的重要。在自己的哲学思想体系建构完毕后,他才能够深切地感到,最高的人生境界是不能够通过言辞或所谓的逻辑分析方法或"正底方法"论说或证明的。因为任何的方法以及运用方法所做出的解析都是有限的。而他的哲学所要达到的天地境界却是无限的不可言说的。

下面我们将要论证,冯友兰用他所说的"正底方法"或逻辑分析方法来解读人生境界时所可能产生的种种理论上的困境。

三、人生境界与逻辑方法之间的张力

冯友兰指出,分析方法可以分为两种,即逻辑的和物质的。所谓物质的分析是在实验室中对实验对象作化整为零的分析活动。而所谓逻辑分析则是哲学的活动。由于哲学是"纯思"的学问,这样,逻辑的分析也只能在"思中行之"。① 他所谓的逻辑分析,用《新知言》一书中的话来说,就是对经验作形式的分析。而所谓形式的分析也就是"空"的,或者说是"没有内容"的。他认为,所谓逻辑分析就是不管经验事实的内容,而只对之作形式的分析。② 运用这种方法得到的哲学当然也就不能向人们提供任何积极的知识了。他所说的在"思中行之"是基本符合分析哲学所谓的对命题的分析。但说对经验事实作形式的分析就是含混不清的说法。

其实,我们只要通读《新理学》就可以发现这样一个事实:冯友兰虽然十分重视并热衷运用逻辑分析方法来建构自己的哲学思想体系,但是他本人却并未对逻辑分析方法理论本身作过任何深入细致的论述,更谈不上对逻辑分析方法理论的系统研究了。③ 这种状况也就决定了,他不可能有系统的逻辑分析方法的理论。但这并不妨碍他积极努力地利用逻辑分析方法来处理哲学问题。其结果也就是,他也只能运用他"一知半解"的逻辑学知识来讨论哲学问题了。应该承认的是,冯友兰对逻辑学知识的这种知识状况事实上误导了冯友兰对维也纳学派的逻辑分析方法的理解,也影响了他本人运用逻辑分析方法来构造形而上学的逻辑进程。

维也纳学派认为,逻辑分析方法的对象并不是经验事实或所谓的物理事实,而只是表达经验事实的命题形式。所以,在他们看来逻辑分析方法运用的范围是严格被限制的。这种方法既不能以经验事实为其内容,也就更不能从所谓的经验事实向非经验的实在过渡。

而冯友兰并不这样看。他的逻辑分析方法的对象就是经验事实。

---

① 冯友兰:《新理学》,《三松堂全集》第 4 卷,郑州:河南人民出版社 1986 年版,第 47 页。
② 参见冯友兰:《新知言》,《三松堂全集》第 5 卷,郑州:河南人民出版社 1986 年版,第 147 页。
③ 冯友兰:《三松堂自序》,《三松堂全集》第 1 卷,郑州:河南人民出版社 2000 年版,第 179 页。

但这种经验事实的含义却已经发生了极大的变化。因为他对所谓的经验事实作了形式的和内容的区分。众所周知,在思维中,我们可以不考虑思维的内容而只对思维的形式作分析,逻辑学就是研究思维形式的科学。

现在的问题就是,冯友兰所作的形式和内容的划分是否适用于经验事实呢？如果回答是肯定的话,那么什么又是经验事实的内容？什么又是经验事实的形式呢？上述问题的实质就是质疑冯友兰对经验事实所作的划分的合理性根据。真正说来,经验事实进入思维就不再是原来意义上的经验事实了。

对经验事实作冯友兰所谓的形式和内容的划分是缺乏理据的。因为思维的形式是抽象的,是一般的,因为形式的东西已经与其内容被隔离开来了。任何一个经验事实都是特殊的,这没有例外。如果我们承认可以对经验事实作这种形式和内容的划分,那么这也就在某种程度上默认经验事实变成一般的了。这显然是错误的。

在此我们不细究这一错误,且先顺着他的思路看看他准备如何从经验事实来做逻辑分析,而他通过这种对经验事实的逻辑分析又要达到什么样的目的？

《新理学》一书之所以要从经验事实出发,其真正的用意是要从对经验事实的逻辑分析中得出以下四组主要命题。这四组命题分别是:第一组,"凡事物必都是什么事物。是什么事物,必都是某种事物。某种事物是某种事物,必有某种事物之所以为某种事物者"。第二组,"事物必都存在。存在底事物必都能存在。能存在底事物必都有其所以能存在者"。第三组,"存在是一流行。凡存在都是事物的存在。事物的存在都是其气实现某理或某某理的流行。总所有底流行,谓之道体。一切流行蕴涵底动,谓之乾元"。第四组,"总一切有,谓之大全,大全就是一切底有"。

根据冯友兰的说法，这四组命题是得之于对经验事实所作的逻辑分析。① 这是《新理学》逻辑构造进程中的第一阶段。但是，得到这四组命题并不是《新理学》的真正目的。它们仅是过渡性的，因为进一步还需要从这四组命题中抽取出冯友兰的哲学体系所需要的四个主要观念，即理、气、道体、大全。② 根据《新理学》的规定，只有这四个主要观念才能说是冯友兰的形而上学真正所需要的对象，而上述的四组命题却不是。因为冯友兰认定，《新理学》肯定真际，且还只是对之作形式的肯定。这样，从经验事实到四组命题，再从四组命题到四个主要观念的逻辑构造进程，实质上是得到其《新理学》的进程，而并不就是《新理学》本身。显然，《新理学》和如何得到《新理学》的进程并不是同一的。问题在于，冯友兰本人认为哲学只是形而上学，且形而上学是"最哲学底哲学"。于此可知，他并不重视认识论在哲学中的地位。但是在建构其形上学哲学思想体系时，他却不能够成功地避免认识论的问题，因为我们刚才所揭示的在他的新理学体系中得到《新理学》的进程实际上恰恰就是认识论的问题。这样一来，冯友兰有意无意间混淆了形上学与认识论之间的区别。如果说，认识论是试图从特殊的东西中去得到一般性的东西，尽管在事实上这是一个难以解决的问题，那么形而上学或《新理学》则是要解决如何为现象世界寻找存在的根据。可见，这两者之间应该是有本质的区别，混淆它们之间的本质差异是不对的。而且，从认识论的角度讲，能否从特殊的经验事实中得到《新理学》所要求的一般性的东西迄今仍然是一个不可能解决的问题。所以，从经验事实出发是不可能得到冯友兰所谓的《新理学》所需要的四组主要命题和四个主要观念的。

进一步的问题是，冯友兰的《新理学》所作的唯一断定是"事物存

---

① 参见冯友兰：《新知言》，《三松堂全集》第5卷，郑州：河南人民出版社1986年版，第148—153页。

② 冯友兰在《新知言》第十章中说道："在新理学的形上学的系统中，有四个主要底观念，就是理、气、道体及大全。这四个都是我们所谓形式底观念。这四个观念，都是没有积极底内容底，是四个空底观念。在新理学的形上学的系统中，有四组主要底命题。这四组主要底命题，都是形式命题。四个形式底观念，就是从四组形式底命题推出来底。"（《三松堂全集》第5卷，郑州：河南人民出版社1986年版，第148页）

在"。他认为,"事物存在"是对于实际的肯定。且这样的肯定是随时可以得到证实的。但是,"事物存在"中的"事物"并不就是经验事实,所以这样的"事物"似乎很难得到经验的证实。真正的经验事实是特殊的,是存在于特殊的时间和空间之中的,是一去不复返的,是难以为我们的思维或语词或概念所把握的。

总之,我们可以总结说,冯友兰所谓的逻辑分析方法的对象不是存在于经验现象内的经验事实,而是非经验的理世界。冯友兰的《新理学》只对真际世界的实在作逻辑的分析。

分析一般可分为逻辑分析和语言分析。罗素与早期的维特根斯坦都十分强调逻辑分析方法。这种方法的运用是以逻辑为其基础的一种技术性很强的方法。语言分析方法最早的倡导者是与罗素同期的英国哲学家摩尔。而维也纳学派所强调的分析方法主要的是一种现代逻辑的分析方法。那么冯友兰所理解的分析方法是哪一种呢?他本人曾经这样说过:"照我们的看法,逻辑分析法,就是辨名析理的方法。"①在这里,所谓的"辨"与"析"都有分析的意思。他又这样说道:"在《新理学》中,我们说'哲学之有,靠人的思与辨'。思的工作是作分析。以名言说出其分析,就是辨。"②按照他的理解,分析就是辨名。这也就是说,冯友兰所理解的逻辑分析的主要内容就是对思维中所运用的概念作分析的工作,使其含义明确起来。冯友兰就是这样来解读逻辑分析方法的。《新理学》是"接着"宋明理学讲的。而对所谓的"接着讲"的意思,他本人又有进一步清楚的解释。他说道:"新的近代化的中国哲学,只能是用近代逻辑学的成就,分析中国传统哲学中的概念,使那些似乎是含混不清的概念明确起来,这就是'接着讲'与'照着讲'的分别。"③据此,显然冯友兰所谓的逻辑分析方法的功用就在于用现代逻辑学的成就使原来不明确的概念明确起来。这种意义上的逻辑分析方法乃是一种语言分析或语词分析,显然与逻辑分析方法有着一定的区别。

---

① 冯友兰:《三松堂全集》第5卷,郑州:河南人民出版社1986年版,第233页。
② 同上。
③ 冯友兰:《中国现代哲学史》,香港:中华书局(香港)有限公司1992年版,第207页。

但是冯友兰又经常是在逻辑分析方法的意义上来使用这种语言分析或语词分析的。如《新理学》一书所谓对经验事实作逻辑分析,此种分析就是空的分析或形式的分析。此种方法显然不是所谓的语言分析或语词分析。

在此,我们还必须注意的是,冯友兰关于逻辑分析方法的对象的性质问题。我们在前面曾经指出过,维也纳学派认为,逻辑分析方法适用的对象并不是经验事实,而只是表达经验事实的命题或命题形式。冯友兰却不同,《新理学》的分析方法对象就是经验事实,而不只是表达经验事实的命题。如果是严格地限制在后者的话,那么在冯友兰看来,他的《新理学》也就毫无价值了。

尤需我们特别关注的是,冯友兰所谓的逻辑分析方法的对象既包括了经验事实,也将表达经验事实的命题包括在内。这一现象反映了冯友兰对逻辑分析方法的理解缺乏明晰性和前后一贯性。此种理解显然也不同于维也纳学派。后者认为分析方法只涉及表达经验事实的命题,而与经验事实无关。对经验事实的研究属于科学的任务,与哲学没有任何关系。

由于逻辑分析方法只是对表达经验事实的命题的分析,并不关涉经验事实本身,因此现代逻辑所谓的命题也就不断定任何经验事实。正因为如此,逻辑命题才不能为经验事实所推翻,所以才无往而不真。冯友兰对于现代逻辑的这一性质有所了解,所以他所谓的分析也是针对着命题的。他就是把自己《新理学》的命题称之为自语反复的命题或重言式命题或分析命题。① 也正是在这种意义上,或是构造形而上学体系的需要,他区分了命题与经验事实,说这些命题不肯定任何经验事实,所以它

---

① 关于《新理学》中四组主要命题的性质,冯友兰也无明确的解说,有时说它们是自语重复的命题,有时又说它们是分析命题,不得已时又强调它们是析理之后所得到的命题。其实,这三类命题在分析哲学家们看来泾渭分明。冯友兰在这样的问题上摇摆,说明他本人没有很好地把握逻辑分析方法的实质。

们是无不适用的,是空且灵底。① 据此,我们断定,冯友兰心目中的分析方法似乎就是逻辑分析方法。但又不是。为什么呢？因为若他的《新理学》所使用的命题真正是通过严格意义逻辑分析方法得到的话,那么他的《新理学》也就不是形而上学的思想体系,而变成了类似于数学和逻辑学的命题了。然而,冯友兰在构造其《新理学》时所极力追求的就是这种现代逻辑学的命题。我们也清楚地看到,《新理学》中的命题可以说与经验事实似乎已经没有了任何关系。难以理解的是,这些"空且灵"的四组命题恰恰又是从对所谓的经验事实所作的"空"的分析得到的。显然对逻辑分析方法做这种理解已经大大地偏离了逻辑分析方法的立场。在此,我们更得注意的是,冯友兰对逻辑分析方法或他所谓的正的方法的解读已经蕴涵了他后来提出的负的方法。因为既然他所需要的哲学命题已与经验事实没有了任何关系,具有了"空且灵"的性质,因此在他的思想中逻辑分析方法与所谓的负的方法已经没有了本质上的区别。

上面的论述表明,冯友兰在其《新理学》中,根据自己哲学思想体系构造的需要,对于逻辑分析方法前后有着不同的解读,而不同的解读之间又没有一致与明确的关系。于是,问题也就在于,在同一的形上学哲学思想体系之内是否允许对于逻辑分析方法有着不同的甚或是矛盾的解读呢？哲学思想,尤其是有"一以贯之"之道的哲学思想体系,追求的是系统内的一致与和谐。互相矛盾的思想体系难以让人信服。对于执意要以逻辑分析方法来建构自己哲学思想体系的哲学家来说,更要满足体系内在的前后一致性。

在研读《新理学》时,我们还注意到这样的现象,即有时候冯友兰把分析方法解读为语言分析或语词分析,有时候又解读为逻辑分析。而且他又经常将逻辑分析方法解读为对概念意义的澄清,从而使概念获得明确的含义。这就是说,他主要的还是把逻辑分析方法解读为"辨名析

---

① 冯友兰:《新理学》,《三松堂全集》第 5 卷,郑州:河南人民出版社 1986 年版,第 179 页。

理"的方法。我们现在感觉兴趣的是,逻辑分析方法能否仅仅解读为"辨名析理"。从逻辑学这门学科的性质来说,以"辨名析理"来解读逻辑分析方法并不能说是错误的,因为要求概念明晰本就属于逻辑学科的基本要求。传统逻辑要求概念明确、判断恰当、推理形式合乎规则。然而现代逻辑学或形式逻辑中,似乎概念明确不再是其研究的内容。逻辑学是研究关于推理的有效性的学科。传统逻辑学虽然研究概念,但是它也不只局限于概念,其主要内容仍然是关于推理形式规则的研究。

如果从现代逻辑学着眼,而且冯友兰既口口声声讲究现代逻辑分析方法,那么我们就不能把逻辑分析方法仅仅归结为概念的分析。

如果这样的理解正确的话,那么把逻辑分析方法主要地解读为"辨名析理"就是不完全或不确切的。而且我们在论述新实在论对于逻辑分析方法的理解的时候,已经明确地指出过,分析方法也并不只是局限于整体中的元素或部分或个体,因为被分析的是整体,分析所得到的是个体。所以,所谓的分析的真正含义应该是这样的,即通过分析,我们既揭示了整体中的元素或部分或个体的含义,同时也明确了元素或部分或个体与整体之间的关系。从这个意义上来解读分析方法,我们认为对于逻辑分析方法的正确解读应该是这样的,即分析方法理论是关于推理规则的理论或方法论。如果以这种对于逻辑分析方法的理解来构造哲学思想体系的话,那么我们就既要注意其中每一个概念含义的明确,更要关注概念之间,尤其是命题之间推导的关系。只有如此,我们才能使一个哲学思想体系内部具有最起码的一致性或明确性。

其实,冯友兰对分析方法的此种解读不仅与维也纳学派相去甚远,也与当时同在清华哲学系的张岱年有着不小的区别。由于受到了罗素、摩尔、维也纳学派以及金岳霖的影响,张岱年也很重视分析方法及其运用。他指出,逻辑是一切学术研究的基本方法。如果将这种方法运用于实证科学,那么这种方法就称之为科学方法;如果运用于哲学,那么这同样的方法就称之为哲学方法。与冯友兰更为不同的是,张岱年清楚地意识到,要真正地了解什么是逻辑分析方法,我们就必须首先清楚地知道什么才是逻辑分析方法的对象。他指出,逻辑分析法的对象,并不是什么事物或东西,而主要是概念、命题,或者说是思想、意谓。当然,他也认为,经验也是逻辑分析方法的对象。这样,在他看来,逻辑分析方法的对象有两大类:一是名言的解析,一是经验的解析。而名言的解析又可以进一步分为以下四项:

一是名的意谓的解析。即名的意谓的厘清。这有两方面:第一,名词歧义的辨别。第二,名词意谓所包含的要素的分析。

二是命题的解析。即命题意谓的解析。这也可以分为两个方面:第一,命题歧义的辨别。第二,命题的剖分,这就是阐发命题所包含的较简单的命题。复杂的命题都是由简单的命题所组成的。所以要阐明一命题的确切含义,就必须对这一命题所包含的每一个简单命题的意谓进行分析,直至最简单的命题为止。

三是问题的解析。即问题的确切含义的辨别。这也同样可以分为两个层次:第一,问题歧义的辨别,这就要求,辨明论点,确定问题的核心之所在。第二,问题的分析。这就要求把大问题化为小问题,把复杂的问题化为简单的问题。

四是论证的解析。这是要求论证层次的辨别。在论证中,根据与结论之间的关系必须是明确的,要合乎逻辑。而且如果要明了见解的根据,我们还需更进一步地掌握这一根据的根据。①

在张岱年看来,经验的解析也可以细分为几个层次。由于篇幅所限,我们不拟详尽讨论。

需要我们注意的是,张岱年对逻辑分析法的解读显然明显地不同于冯友兰仅仅将逻辑分析方法解读为"辨名析理"的立场。他认为除"辨名析理"之外,逻辑分析方法还要求对问题的解析、对论证的解析。而冯友兰根本就不重视对问题和论证的解析。应该承认,张岱年对逻辑分析方法的理解更贴近分析哲学。

由于冯友兰经常是将逻辑分析方法解读为使概念的含义明确起来

---

① 张岱年:《维也纳学派的物理主义》,《张岱年全集》第1卷,石家庄:河北人民出版社1996年版,第269页。

的一种方法论,而不注意概念之间,尤其是不注意命题之间的推导关系,这就使得他的《新理学》一书在思想体系内部缺乏一种前后呼应、一以贯之的关系。比如说,首先,从冯友兰所说的经验事实能否推导出他的《新理学》所需要的四组命题。如果说休谟提出了归纳问题,而二百年后的今天没有哲学家能够解决这一问题,那么要从经验事实推出冯友兰《新理学》所需要的这四组命题是根本不可能的。

其次,这四组命题的含义相对而言还是比较明确的,但是这四组主要命题之间到底是一种什么样的关系呢?是平行的抑或是相互蕴涵的?如果是相互蕴涵的,那么能否从第一组命题推出其余三组命题呢?细读冯友兰的《新理学》,我们就会发现,他全然没有关注这些极其重要的问题。因此,他的《新理学》并不是严格按照逻辑分析方法推导出来的思想体系。

再次,《新理学》一书的章节清楚地表明了冯友兰的哲学思想体系所能够做的工作就是要将中国传统哲学思想主要概念的含义弄清楚,并将它们排列成一个系统。我们且看看整部《新理学》十章的标题。第一章"理、太极";第二章"气、两仪、四象";第三章"道、天道";第四章"性心";第五章"道德、人道";第六章"势、历史";第七章"义理";第八章"艺术";第九章"鬼神";第十章"圣人"。毋庸置疑,试图将传统哲学的概念弄清楚这一工作是有意义的。但是我们也注意到,由于冯友兰过度注重将中国传统哲学概念讲清楚的意义,过度强调所谓的"接着讲",所以他试图建构的形而上学思想体系也就缺乏体系内应该具有的一致性和明确性。这是重构形而上学的期许与接着讲或试图将中国传统哲学概念讲清楚之间的紧张或冲突造成的必然结果。

四、对《新理学》的逻辑批判

冯友兰与分析哲学家们之间更大的区别是究竟能否运用分析方法来重建形上学。

20世纪30年代前后是维也纳学派的鼎盛时期。维也纳学派的哲学家关注的一个主要问题就是要坚决而又无情地拒斥形而上学。在西方哲学中,反形而上学有着悠久的传统。维也纳学派只不过将之推向了一个极端。在当时的西方哲学界,拒斥形而上学成了一种不可逆转的哲学潮流。

但在中国哲学界,情形却截然不同。许多哲学家清楚地知道西方哲学家的反形而上学立场,然而他们却偏偏要坚持形而上学的哲学立场。于是在上世纪30、40年代,形而上学的哲学思潮几乎左右着中国当时的哲学界,成为了显学。如在当时的中国哲学界有着重大影响的哲学家冯友兰、熊十力、金岳霖等人都建构了自己的形而上学哲学体系。

当时清华大学哲学系教授如金岳霖、冯友兰等都有重建形而上学的哲学雄心。张岱年回忆说:"在1936年的一次会议上,张岱年提出,有的哲学家注重建立'统一的世界观',有的哲学家则认为哲学的任务只是对于科学命题进行分析。当时金岳霖先生接着说:我现在就是要建立'统一的世界观'。其后不久,他的《论道》写成了,这是以分析方法建立形而上学体系的重要著作。"①冯友兰也差不多同时完成了自己的《新理学》。

然而,当时也在清华大学哲学系的洪谦却显然对此不甚感冒。"洪谦于1936年曾到清华哲学系任教。洪谦在奥国受学于石里克,是维也纳派的成员,坚持维也纳派的关于哲学的观点。他注重运用分析方法,但反对任何建立本体论的企图。因此,洪谦不同意冯友兰的'新理学'与金岳霖《论道》的学说。因此洪谦与清华哲学系的关系趋于淡化了。"②道不同,不相为谋,洪谦最终离开了清华哲学系。

洪谦和冯友兰在如何对待形而上学的问题上的思想分歧终于在1946年11月11日的中国哲学会昆明分会的第二次讨论会上演变为洪谦与冯友兰等人之间的剧烈争论。

在会上,洪谦作了《论〈新理学〉的哲学方法》的演讲对冯友兰的《新

---

① 张岱年:《回忆清华哲学系》,《张岱年全集》第8卷,石家庄:河北人民出版社1996年版,第535—539页。
② 同上。

理学》的哲学思想方法提出了尖锐的批评。在洪谦发言之后,冯友兰本人当即提出答辩。当时也在场的金岳霖及沈有鼎亦先后发言设法替冯友兰解围。洪谦的发言后来全文刊登于《哲学评论》第10卷第1期上。

维也纳学派的哲学纲领是要拒斥形而上学,而他们拒斥形而上学的主要手段便是关于命题及其命题证实的理论。他们将命题分为两类,一类是分析命题,一类是综合命题。命题只有这样的两类。一个命题不是分析命题,就是综合命题。综合命题是关于经验事实的命题,它的意义存在于它的证实方法之中。这也就是说,一个综合命题必须有可证实性,然后才有意义。冯友兰指出,分析命题,我们在形式上就可以断定它是真的。分析命题的特点在于,如果我们否认这样的命题就必然会陷入自相矛盾之中。所以这样的命题是必然的真的。因此分析命题也可称之为必然命题。逻辑和数学中的命题就是这样的命题。在冯友兰的理解中,维也纳学派拒斥形而上学的主要理由是,他们以为形而上学中的命题都是综合命题,又都是没有可证实性的,所以就是没有意义的命题。这样的形而上学中的命题类似于"砚台是道德""桌子是爱情"这样的似是而非的命题。显然这样的命题是毫无任何意义的。传统形而上学讨论的命题如"上帝存在""灵魂不灭""意志自由"等命题,无论你对之肯定还是否定,这些命题都是没有意义的。因此冯友兰认为,维也纳学派拒斥这样的形而上学是对的,有根据的。

但是他紧接着指出,维也纳学派能够推翻传统的形而上学,然而却不能拒斥他自己的形而上学,所以他的形而上学不在维也纳学派的批判范围之内。为什么呢?他认为,他是要"经过维也纳学派的经验主义而重新建立形上学"。这一重建的具体途径就是利用逻辑分析的方法来对经验事实作所谓的形式分析,"由分析实际底事物而知实际,由知实际而之真际"。他的形而上学的要义在于要从经验事实出发,进而从中演绎出没有任何经验事实的形而上学所需要的全部观念。由于对经验事实只作形式的分析,所以在冯友兰看来,真正的形而上学命题必须是"一片空灵"的。可见,在冯友兰本人看来,他的形而上学的全部命题是毫无经验事实内容的,所以这样的命题不容易为维也纳学派所取消。他认为,《新理学》与传统的形而上学是两种完全不同的形而上学。这种不同表现在传统的形而上学是以"对于事实为积极的肯定"的综合命题为根据的,而《新理学》却不同,是以"对于事实作形式的解释"的分析命题为根据的。维也纳学派能够取消传统的形而上学是因为这样的形而上学的命题是似是而非的命题。而他自己的命题则是空且灵的,所以不是维也纳学派所能推翻的。

洪谦指出,从维也纳学派的哲学立场来看,问题就完全不一样了。他这样说道:"从维也纳学派立场而言:它的'反形而上学'(Antimetaphysik)的主要点,并不是如冯友兰所言将形而上学从哲学上加以'取消',只想将形而上学在哲学中的活动范围加以指示,在哲学中的真正地位加以确定。换句话说,维也纳学派虽然否定形而上学之为一种关于实际的知识理论体系,但并不否认它在人生哲学方面的重要意义。所以某种形而上学之能被'取消'或不能被'取消',与某种形而上学之以某种命题为根据,毫不相关。某个形而上学家视他的形而上学是否为一种关于实际的知识理论体系,才是其唯一的标准了。"①这就是说,在洪谦看来,冯友兰对维也纳学派有关形而上学的理论是有误解的。第一,维也纳学派并没有拒斥或取消形而上学,只是划定了形而上学活动的范围,把它从实际的知识体系领域中逐出,但是并没有彻底地取消形而上学在哲学中的地位和作用,也没有否认形而上学在人生哲学方面所能起的重要作用。第二,如果说维也纳学派取消形而上学的话,那么他们所运用的标准也并不是冯友兰所说的那样是以什么样的命题为根据,而是看形而上学是否是一种关于实际的知识理论体系。

维也纳学派是从知识理论的角度来评述形而上学的,认为形而上学不是一种关于实际的知识理论体系。洪谦就是从这个角度来评论冯友兰的《新理学》。他指出,冯友兰实质上确实是把形而上学视为一种关于实际的知识理论体系。因为冯友兰本人这样说过,人类的知识可以分为四种:1. 数学逻辑,2. 形而上学,3. 科学,4. 历史。洪谦指出,冯友

---

① 洪谦:《维也纳学派哲学》,北京:商务印书馆1989年版,第183页。

兰与传统的形而上学家不一样的地方在于,他没有强调在科学这样的关于实际的知识理论体系之外,还有所谓的超越实际的知识理论体系。但是他却认为,关于所谓实际的知识也可以分为两种,即"积极的实际知识"和"形式的实际知识"。他于是这样说道:"所谓实际的积极方面的知识,就是一些'对于事实为积极的肯定'的综合知识。所谓实际的形式方面的知识,则是如冯先生所谓'对于事实为形式的解释'的分析知识,就是冯先生所主张的形而上学知识了。"①洪谦认为,关于知识的这两种分类的看法是成问题的。

在维也纳学派看来,一个关于实际的命题在原则上必须对于事实有所叙述,有所传达。被叙述、被传达的事实对象就是这个命题有无意义的唯一根据。说一个命题是对事实有所叙述有所传达必须以这个命题有无证实方法为标准。而证实方法实质上是指,命题与其所反映的经验事实之间有无一一相应的关系。如果有,那么这个命题就是真的,相应的它也就有了意义。否则,这个命题就是假的。当然,维也纳学派所谓的证实方法并不是很严格的。证实方法有原则的和事实的两种。如果一个命题没有事实上证实的可能性,但是只要这个命题有原则上被证实的可能性,就可以说,这个命题具有实际的意义。如果一个命题没有原则上的可证实性,那么这样的命题在原则上就无法加以肯定或否定,所以也就没有实际的意义了。洪谦指出,维也纳学派之所以能"取消"传统的形而上学就是因为传统的形而上学命题在原则上没有可证实性,所以这些命题都是一种"似是而非的命题"了。

在洪谦看来,冯友兰的形而上学命题也是没有实际意义的命题。但是与传统的形而上学命题不一样,《新理学》中的命题没有意义不是因为它们是"似是而非的命题",而是因为它们是"重复叙述的命题",所以这些命题才没有意义。"重复叙述的命题"所叙述所传达的对象,我们根本就无法从事实方面加以肯定或否定。同时,它是否是真或假、是否有实际的意义我们也无法从事实方面加以肯定或否定。可见,"冯先生

---

① 洪谦:《维也纳学派哲学》,北京:商务印书馆1989年版,第184页。

的'对于事实为形式的解释'的形而上学命题如'山是山,水是水。山不是非山,水不是非水。山是山不是非山,必因有山之所以为山,水是水不是非水,必因有水之所以为水',在原则上就是一些对于事实无所叙述无所传达的'重复叙述的命题',因为这样的命题对于事实所叙述所传达的对象,我们从事实方面亦不能有所肯定或否定,同时这样的命题亦不因其在事实方面不能有所肯定或否定而失去它的真性,而失去其原有的意义的。"①所谓"这样的命题不因其在事实方面不能有所肯定或否定而失去它的真性,而失去其原有的意义"是说,"重复叙述的命题"的真假并不决定于事实。洪谦接着指出,如果传统的形而上学命题是一些变相的"桌子是爱情""炮台是道德"之类的"似是而非的命题"的话,那么冯友兰的形而上学中的命题则是一些"今天是星期三就不是星期四""今天是晴天就不是雨天"一类的对于事实无所叙述无所传达的"重复叙述的命题"。洪谦把传统的形而上学命题说成是没有根据的"胡说",他指出冯友兰的形而上学命题虽然没有"胡说"的成分,但是他的形而上学命题对于事实也是没有叙述没有传达,所以这样的形而上学最终也不过是"一种'空话'的理论系统了"。冯友兰把形而上学看做他所理解的知识中的一种,但是经过洪谦这样的分析,我们可以清楚地看到,他的形而上学命题也与传统的形而上学一样并不能构成关于实际的知识理论的系统。

冯友兰自认为维也纳学派能够拒斥传统的形而上学,却不能推翻他的形而上学,因为他的形而上学是以维也纳学派的经验主义为基础,而进一步超越了维也纳学派。但是洪谦却不这样看。他说,传统的形而上学,在维也纳学派看来,固然不能成为一种关于实际的知识理论体系,但是它们在人生哲学方面还是具有科学所不具有的深厚意义和特殊作用的,"我们能从形而上学的体验中和形而上学理想中确能得到内心中的满足和精神上的安慰,确能弥补生活上的空虚,扩张我们体验中的境界"。"我们从传统的形而上学命题如'上帝存在'、'灵魂不灭'、'意志

---

① 洪谦:《维也纳学派哲学》,北京:商务印书馆1989年版,第188页。

自由'中,可以得到在理想上的许多丰富的感觉,优美的境界,得到许多满足许多安慰。"①然而冯友兰的形而上学既不是关于实际的知识理论体系,同时它也不具有传统形而上学所具有的人生哲学方面所能发挥的作用。他说:"但是我们从冯先生的形而上学命题如'山是山,水是水','山不是非山,水不是非水','山是山不是非山,必因有山之所以为山,水是水不是非水,必因有水之所以为水'中不仅无有如此的感觉境界、满足和安慰,甚至于似乎有点'无动于中'之感。"如果说传统的形而上学不是一种关于实际的知识理论体系,但是它们在人生哲学方面毕竟还有其相当的价值。然而冯友兰的形而上学则既不是关于实际的知识理论体系,在人生哲学方面也没有相当的价值,按洪谦的说法是冯友兰的形而上学是"两者俱无一厝"。结论也就是,如果维也纳学派真的要取消形而上学的话,"那么冯先生的形而上学之被'取消'的可能性较之传统的形而上学为多"②。

我们可以相当清楚地看到,洪谦彻底地否定了冯友兰的形而上学思想体系。在此需要指出的是,张岱年也同样认为逻辑分析方法在根本上是反对玄想或形而上学的,科学的哲学是以细节的可证实性结果来代替那些不能由经验来证实的形而上学思想系统。③

如果站在维也纳学派哲学的立场上,那么毫无疑问洪谦的这种批判是绝对的正确的。因为事实上冯友兰的形而上学与传统的形而上学相比是大同小异,两者之间并没有实质上的区别。所以如果维也纳学派要取消形而上学的话,那么冯友兰的形而上学也难逃这样的厄运。这应该是显而易见的事实。因为冯友兰的形而上学同样不是对实际有所反映的知识理论体系。他的体系中的命题同样缺乏可证实性,不但事实上无证实性,在原则上也缺乏可证实性。冯友兰称自己的形而上学命题为"重复叙述的命题"。这样的命题也就是重言式命题。重言式命题的真

---

① 洪谦:《维也纳学派哲学》,北京:商务印书馆1989年版,第191页。
② 同上。
③ 张岱年:《维也纳派的物理主义》,《张岱年文集》,石家庄:河北人民出版社1996年版,第269页。

假值显然不取决于其是否与外界的经验事实有一一相应的关系,所以这样的命题当然也就不可能对实际有所反映了。冯友兰的形而上学的另外一个问题就是他反复地宣称哲学始于分析经验事实,所谓分析经验事实就是对经验事实作形式的分析,而不是对之作积极的或有内容的分析。这样做的目的是要从特殊的经验事实过渡到一般性的东西。这当然是不可能的。而且命题分类理论本来是维也纳学派用来批判形而上学的,但是冯友兰却不加以改造就利用所谓的分析命题来构造自己的形而上学,这当然会带来种种困难。这个体系还有其他的一系列问题。总之,如果从哲学方法论的角度来看冯友兰的形而上学,那么不得不说他的这一哲学体系之中充满着很多矛盾,难以成立。应该说洪谦对《新理学》方法论的批判是正确的。

五、人生境界与负的方法

冯友兰的《新理学》不是在一个严格的分析哲学的传统中形成的,所以在运用逻辑分析方法来建立自己的哲学体系之时难免会有不少错误。而洪谦在严格的分析哲学的传统中接受过专业的训练,并对现代科学有较深入的了解。在科学方法或逻辑分析方法方面,洪谦当然有更厚实的知识基础和更严格的方法论训练。

但问题的另一方面却是,冯友兰和洪谦可以说有着不同的哲学背景。洪谦可以说完全是在西洋哲学背景之下成长起来的哲学家,他的思维方式明显是西方式的。而冯友兰则不同,他虽然也曾赴美国留学,也曾受过新实在论哲学思想和方法论的影响,但是他的哲学思想主要还是中国传统哲学的。

中国传统的哲学思想虽然不重视逻辑的分析,但是却特别注重人生哲学中的人生境界理论。冯友兰完全继承了中国传统哲学的这一优良传统,他的哲学工作的路向就是要给传统哲学的人生境界奠定一个现代性的哲学理论或方法论的基础。

冯友兰从事哲学研究的目的似乎并不纯粹是一种学术的事业,或者仅仅是为了求真。他在民族危机重重的年代创立自己的"新理学"哲学思想体系,目的是要"以志艰危,且鸣盛世",他是要以自己的哲学思想体系为中华民族确立哲学思想的基础。可见,他有着民族文化的担当和强烈的现实关怀。因此他同时在追求着真和善,或者说在真和善这两者之间,他更注重的是善。所以他反复指出,形而上学虽然不能增加人们实际的知识,但是它确实可以提高人们的境界。他所以要撰写《新理学》一书,其目的就是要帮助人们进入天地境界,成为圣人。显而易见,冯友兰的哲学思想研究并不仅仅是一种学术事业,而且也是一种民族文化的担当。我们这样说并不是说洪谦不关心国家的安危,而是说他是把哲学研究看做一种纯学术的事业。而且我们也能很清楚地看到,洪谦的分析哲学指向的是真,真是最高的,是唯一的。他完全赞同维也纳学派的哲学的任务就是要说明科学命题的意义就是一个明证。

洪谦对冯友兰的批判固然是一个逻辑实在论者对一个新实在论者的批判,而更为根本的是,这一批判也是一个完全站在西方哲学立场的哲学家对一个中国哲学家的批判。这就涉及维也纳学派与中国哲学对待形而上学的根本态度问题了。可以说,在这个很重要的哲学问题上,他们之间有着很大的分歧。在西方哲学史上早就有一个取消形而上学的传统,维也纳学派只不过将其推向极端而已。但是在中国哲学中的确从来就没有这样的排除形而上学的传统,不但没有,而且还积极地维护形而上学。这是因为按照中国哲学家的看法,哲学从本质上说就是形而上学。应该说中国哲学与西方哲学有着某种共性,但不能否认它们之间还是有着很大区别的。西方文化的核心是宗教而不是哲学。与此不同,中国文化的核心却是哲学。西方人的终极关怀和终极托付是宗教,而中国人的安身立命之所却是哲学。准此,我们可以说,西方人具有宗教的属性,而中国人就其本质说是哲学的。把哲学看做概念游戏是典型的西方人的说法,因此对于他们来说,哲学并不是绝对必需的。相反,对于中国人来说,特别是对于中国的知识分子来说,宗教倒并不是必需的,但哲学却是不可一日或缺的。冯友兰就是这样看的。而且他还进一步指出,在不远的将来,哲学一定会代替宗教。显然,这就是典型的中国哲学家的看法。其实有这样看法的不仅仅是冯友兰,熊十力也有这同样的看法。

熊十力基本上是一个传统的中国哲学家。他维护形而上学或本体论的立场则更为积极。他的哲学思想体系就是本体论或形而上学。他说:"学问当分二途:曰科学,曰哲学。科学,根本是从实用出发,易言之,即从日常生活的经验里出发。……哲学自从科学发展以后,他底范围日益缩小。究极言之,只有本体论是哲学的范围,除此之外,几乎皆是科学的领域。……哲学思想本不可以有限界言,然而本体论究是阐明万化根源,是一切智智,与科学但为各部门的重视者不可同日而语。则谓哲学建本立极,只是本体论,要不为过。夫哲学所穷究的,即是本体。"①洪谦或维也纳学派的哲学家们认为,哲学不是一种知识体系或科学,而是一种活动,它的任务就是要说明或明确科学命题的意义。总之,哲学没有自己的独立性,没有自己独立的领地,而只不过是科学的附庸,只不过是科学范围之内的一种活动。而熊十力却不这么看,他指出人的智有性智和量智的区别。"性智者,即是真的自己底觉悟。""量智是思量和推度,或明辨事物之理则,及于所行所历,简择得失等等的作用故,故说明量智,亦名理智。此智,元是性智的发用,而卒别于性智,因为性智作用,依官能而发现,即官能得假之以自用。"②他认为,性智是一切智中最上的智,它要高于量智。本体是需要性智才得体认,而量智的运用形成的是知识。他于是这样说道:"哲学所以站得住者,只以本体论是科学所夺不去的。我们正以未得证体,才研究知识论。今乃立意不承有本体,而只在知识论上钻来钻去,终无结果,如何不是脱离哲学的立场?凡此种种妄见,如前哲所谓'道在迩而求诸远,事在易而求诸难'。此其谬误,实由不务反识本心。易言之,即不了万物本源,与吾人真性,本非有二。遂至妄臆宇宙本体为离自心而外在,故乃凭量智以向外求索,及其求索不可得,犹复不已于求索,则且以意想而有所安立。学者各凭意想,

---

① 熊十力:《新唯识论》,北京:中华书局1985年版,第248页。
② 同上书,第249页。

聚讼不休,则又相戒勿谈本体,于是盘旋知识窠臼,而正智之途塞,人顾自迷其所以生之理。"①由于人们认识不到本体,所以才凭借量智向外逐物,在知识论上纠缠不休,所以才认识不清哲学的真正目的在于认识本体。

根据熊十力的这种看法,知识论的研究不是哲学内容,更不是哲学追求的目标。很显然,这样的看法与西方近代以来的哲学思潮是完全背道而驰的,是对西方哲学的这种发展趋势的中国式批评。冯友兰和金岳霖都在西方学习哲学多年,对于西方哲学的发展更是了如指掌,但是他们似乎也没有为这种哲学发展的趋势所动,而仍然执着地坚持形而上学的立场,花了极大的精力来创建自己的形而上学哲学体系。冯友兰认为,形而上学是"最哲学底哲学"。金岳霖也明确地指出"玄学是统摄全部哲学的"。他虽然在知识理论的研究方面花了极大的工夫和时间,但他对知识理论的基本态度却是,知识理论应以形而上学或本体论为基础。

总之,中国现代哲学家们都毫不犹豫地坚持形而上学才是哲学的核心内容的立场。

中国现代哲学虽然受到西方哲学很大的影响,但是中国现代哲学还是在走着自己的发展道路。我们上面所作比较的意图就是要显示中西哲学之间的区别。

维也纳学派的哲学家们大多对于现代逻辑学有着很深入的研究,有的本来就是逻辑学家、物理学家、数学家、心理学家等。由于维也纳学派把哲学完全归结为一种逻辑分析的活动,所以他们的哲学方法就是逻辑分析方法。对于他们说来,逻辑的问题也就是哲学的问题。或者说,用罗素的话说,任何真正的哲学问题就是逻辑问题。于是,逻辑分析方法对于他们来说具有决定性的意义。从此着眼,严格说来,所谓的分析哲学中核心的东西不是哲学思想,而是分析方法。哲学思想是紧跟着分析方法打转的,分析方法走到哪儿,思想跟到哪儿。难怪,罗素的哲学思想

---

① 熊十力:《新唯识论》,北京:中华书局1985年版,第250—251页。

经常发生变化。但是他的思想中也有始终不变的,这就是分析的方法。当思想与分析方法两者发生矛盾时,思想必须服从逻辑分析法。在他们看来,不合乎逻辑推导规则而得到的思想必定是有问题的。而且在维也纳学派的哲学家们看来,哲学也不是一门如科学那样的学科,而仅仅是一种活动。可见,在维也纳学派那里,运用逻辑分析方法来分析科学命题的意义有无便是哲学的最高目标。

但冯友兰、金岳霖、熊十力等人却不同,虽没有很强的科学知识和方法论背景,但却有强烈的中国传统思想的人文关怀,要重建被西方哲学挤压下面临崩溃的中国哲学便是他们崇高的人文目标。所以他们本人更看重哲学思想本身,方法或分析方法在他那里必然是为其哲学思想服务的。虽然受了西方哲学中的逻辑分析方法的影响而看重这一方法,但在其哲学思想中这一分析方法始终只是手段。在他们眼里,手段或工具是为目的服务的,或者说是为其思想服务的,这一点是不能改变的。具体说就是,他们之看重逻辑分析方法,是因为他们要以之为工具在对经验事实的分析中得到某种人生境界。一旦得到了这样的人生境界,逻辑分析方法在他们的形而上学体系中也就不是很重要了,甚至可以过河拆桥。

《新理学》真正开始于冯友兰所谓的四个主要观念,因为他认为自己的形而上学只对真际有所肯定。而他所说的四组命题,如第一组命题"凡事物必都是什么事物,是什么事物必都是某种事物,某种事物是某种事物,必有某种事物之所以为某种事物者",用中国传统哲学的说法来概括这些命题就是表达的是"有物必有则"的含义。在这里,"有物"是逻辑分析的对象,但"有物"并不是冯友兰《新理学》形而上学的真正对象。而"有则"亦即所谓的"理"才是他形而上学的真正对象。如果这种分析正确的话,那么逻辑分析方法在其哲学体系中也只不过是帮助他得到所需要的哲学的一种工具。既然所需要的对象已经得到,所以逻辑分析方法也就不再重要了。所以,我的结论是,逻辑分析方法是帮助冯友兰寻找其形而上学出发观念的工具或手段,而并不是他的《新理学》哲学思想体系本身。他需要的是这一思想体系,逻辑分析方法是为这样的思想体系服务的。逻辑分析方法要完全服务于这一思想体系的获得。或者说,逻辑分析方法必须围绕其《新理学》的思想体系的需要而不断改变其自身。当这样的方法与其哲学思想体系冲突的时候,他会毫无疑义地站在思想的立场上改变方法论的内容。这也就能很好地解读为什么在他的《新理学》思想体系中,逻辑分析方法有着不同的甚或是互相冲突的解读。

在《新原道》一书中,冯友兰说道:"在西洋,近五十年来,逻辑学有很大的进步。但西洋哲学家,很少能利用新逻辑学的进步,以建立新底形上学。而很有些逻辑学家利用新逻辑学的进步,以拟推翻形上学。他们以为他们已将形上学推翻了,实则他们所推翻的,是西洋的旧形上学,而不是形上学。形上学是不能推翻底。不过经过他们的批判之后,将来底新底形上学,必与西洋的旧形上学,不大相同。它必须是'不著实际'底,它所讲底必须是不著形象,超乎形象底。新底形上学,须是对于实际无所肯定底,须是对于实际,虽说了些话,而实是没有积极地说什么底。不过在西洋哲学史里,没有这一种底形上学的传统。西洋哲学家,不容易了解,虽说而没有积极地说什么底'废话',怎么能构成形上学。在中国哲学史中,先秦的道家,魏晋的玄学,唐代的禅宗,恰好造成了这一种传统。'新理学'就是受这种传统的启示,利用现代新逻辑学对于旧形上学底批判,以成立一个完全'不著实际'底形上学。"[①]维也纳学派对于传统形而上学的批判给予冯友兰的启示就是,他要重建新的形而上学必须要绕开传统形而上学之种种不足。根据上述冯友兰的自述,我们得知,他真正用以构造自己《新理学》思想体系的方法似乎是传统的道家、玄学和禅宗的思想方法而挂上了"逻辑分析方法"的招牌。当然,我们不能据此就断定,《新理学》完全是依据道家、玄学、禅宗的思想方法。但是,我们却有充分的理由说,逻辑分析方法不是冯友兰构造其形而上学体系的主要方法或工具。或者说,他表面所说的是逻辑分析方法,其

---

① 冯友兰:《新原道》,《三松堂全集》第5卷,郑州:河南人民出版社1986年版,第147页。

实骨子里想到的却是道家的玄学的禅宗的思想方法。他没有西方分析哲学家对于逻辑分析方法的执着追求和强烈关怀。

冯友兰认为，他的《新理学》一书运用的主要的是"正底方法"或逻辑分析方法，但是我们却看到，他通过这一"正底方法"却得到了负的结果。这负的结果就是"空"的命题，并进而凭借这个结果达到了一种"空且灵"的境界。他的理解是，现代逻辑的分析方法就是不对实际有任何积极的肯定，正因为不断定任何事物，所以它才无往而不真。也正是因为它不断定任何事物，所以说它是空的。在冯友兰看来，形而上学所需要的命题必须是"一片空灵"的。于此，我们可以清楚地看到，他是通过所谓的"正的方法"，达到的却是一种负或"空灵"的境界。他对逻辑分析方法的这样的理解已经离开分析哲学家的思想立场相当的遥远。维也纳学派是在一种极其严格的经验现象的领域内来运用逻辑分析法的。他们的这一哲学立场叫做逻辑实证主义。而冯友兰则站在新实在论的哲学立场上，他不是运用逻辑分析方法来对任何事物作积极的分析，而是运用这种方法帮助他自己达到一种"经虚涉旷"的空灵境界。可见，他对逻辑分析方法的解读并不符合分析哲学家们的理解。如果这样的理解是正确的话，那么我们研究能够进一步指出，他所谓的"正的方法"与"负的方法"之间似乎也没有什么严格的区别，是相通的。如果说有区别的话，也只是形式上的。

冯友兰之所以对逻辑分析方法做出这种解读是与他中国哲学史的知识背景密切相关的。道家、玄学和禅宗的方法论在有意和无意之间促使他对现代逻辑分析方法做出了倾向于道家、玄学和禅宗的解读。就是在其《新理学》一书中，他也是经常地运用道家思想资料来解读逻辑分析方法。当然在那时，道家的负的方法还未自觉地成为他构建形而上学的方法，但是道家的负的方法已经在影响着他的哲学思想方法。在写作《新知言》时，负的方法已经成为冯友兰形而上学方法论中一种很重要的方法了。他说道："真正形上学的方法有两种。一种是正底方法；一种是负底方法。正底方法是以逻辑分析法讲形上学。负底方法是讲形上学不能讲。讲形上学不能讲,亦是一种讲形上学的方法。"①那么,什么是负的方法呢？他解释道:"讲形上学不能讲,即对于形上学的对象,有所表显。即有所表显,即是讲形上学。此种讲形上学的方法,可以说是'烘云托月'的方法。画家画月的一种方法,是在纸上烘云,于烘云中留一圆或半圆底空白,其空即是月。画家底意思,本在画月,但其所画之月,正在他所未画底地方。……用负底方法讲形上学者,可以说是讲其所不讲。讲其所不讲亦是讲。此讲是其形上学犹之乎以'烘云托月'的方法画其月者,可以说是画其所不画,画其所不画亦是画。"②他又说:"负的方法,试图消除区别,告诉我们它的对象不是什么；正的方法,则试图作出区别,告诉我们它的对象是什么。"③

这种负的方法在冯友兰从《新理学》的创立到《中国哲学简史》撰写的十年间的思想演变过程中占有越来越重要的地位,发挥着越来越重要的作用。他甚至于把"负底方法"看做是达到哲学的最后顶点的方法。他如斯说道:"一个完全的形上学系统,应当始于正的方法,而终于负的方法。如果它不终于负的方法,它就不能达到哲学的最后顶点。但是如果它不始于正的方法,它就缺少作为哲学的实质的清晰思想。神秘主义不是清晰思想的对立面,更不在清晰思想之下,无宁说它在清晰思想之外。它不是反对理性的,它是超越理性的。"他又接着说道:"在使用负的方法之前,哲学家或学哲学的学生必须通过正的方法；在达到哲学的单纯性之前,他必须通过复杂性。人必须先说很多话然后保持静默。"④我们于此可以清楚地看到,在冯友兰的思想中,"正底方法"和"负底方法"对于真正的形而上学来讲都是不可缺少的。

但是,随着思想的不断发展,在他反复强调的这两种建构形上学的方法中,冯友兰逐渐地将其重点放在了"底的方法"即直觉方法之上。

---

① 冯友兰:《新知言》,《三松堂全集》第5卷,郑州:河南人民出版社1986年版,第173页。
② 同上。
③ 冯友兰:《中国哲学简史》,北京:北京大学出版社1985年版,第378页。
④ 同上书,第394页。

于是,他在《中国哲学简史》一书中这样说道:"我在《新理学》中用的方法完全是分析的方法。可是写了这部书(《中国哲学简史》——作者注)以后,我开始认识到负的方法也很重要……现在,如果有人要我下哲学的定义,我就会用悖论的方式回答:哲学,特别是形上学,是一门这样的知识,在其发展中,最终成为'不知之知'。如果的确如此,就非用负的方法不可。哲学,特别是形上学,它的用处不是增加实际的知识,而是提高精神的境界。"①哲学不能向人提供任何积极的知识,而只能使人们进入最高的境界。这是冯友兰对于哲学"一以贯之"的看法。"正底方法"试图努力告诉我们对象是什么,能使我们知道对象是什么,这就是一种知识。"负底方法"不告诉我们对象是什么,它不对对象作任何的区别,所以这样的方法显然也就不能向我们提供任何积极的知识。运用这种方法虽然不能使我们具有关于经验事实的积极知识,但是它却能使我们进入一种最高的境界。所以,从对冯友兰关于哲学性质的看法的分析中,我们可以看到,在关于哲学的两种方法中,他更重视负的方法。至此,他对逻辑分析方法的性质及其运用的看法已经与维也纳学派完全背道而驰。维也纳学派绝对不会承认既说不清又道不明的"负底方法"的,只承认能够带来确切知识的逻辑分析方法。

还需做详细深入分析的是,冯友兰之所以从其哲学生涯初期尤重"正的方法"到最后完全折向"负的方法"是与他所理解的哲学的终极目标分不开的。在他的哲学中方法是为人生境界服务的。

众所周知,在中国现代哲学中,冯友兰也如金岳霖似的十分重视逻辑分析法的运用。但是冯友兰本人却谦虚地说,他对逻辑学的知识是"一知半解",而对于现代逻辑又没有研究过。所以我们可以这样说,作为哲学家,冯友兰具备的决定性的学术训练是中国哲学史方面的。哲学史的研究对于研究者来说就是在研究者的思想中思考或反思前人的思想。或者说就是对思想的思想,或对前人思想的反思。前人的思想是对象,研究者是思者。思想只有在思想者的思想中才能成为对象,才能被

---

① 冯友兰:《中国哲学简史》,北京:北京大学出版社1985年版,第387页。

思考。这是哲学史家的特色。由哲学史家演变而来的哲学家也必然具有这样的特点。

冯友兰就是这样一位哲学家。他是自觉地接着中国哲学史往下讲的哲学家。当然,哲学家不同于哲学史家。因为哲学家必须有自己的哲学思想,否则他就不是哲学家。但这里所说的不同,就是说,哲学家解决哲学问题的方法、语言、话语背景不同于传统。而不是说,哲学家所要解决的问题与传统完全不一样。研究冯友兰的哲学思想,我们就会发现,冯友兰的哲学问题就是中国哲学史上的中国哲学家的老问题。因此,可以这样说,冯友兰的问题是老问题,但冯友兰用来解决问题的方法是新的,话语是新的,他解决问题的话语背景是新的。总之,他是在一种新的哲学视野下来关照、解决中国传统的哲学问题。

这就决定了冯友兰必然会具有什么样的哲学观。他这样说道:"哲学、宗教都是多义的名词。对于不同的人,哲学、宗教可能有完全不同的含义。人们谈到哲学或宗教时,心中所想的与之相关的观念,可能大不相同。至于我,我所说的哲学,就是对于人生的有系统的反思的思想。每一个人,只要他没有死,他都在人生中。但是对于人生有反思的思想的人并不多,其反思的思想有系统的人就更少。哲学家必须进行哲学化;这就是说,他必须对于人生反思地思想,然后有系统地表达他的思想。"①可见,在冯友兰看来,所谓哲学就是对于思想的思想或对于思想的反思。

把哲学看做对人生的反思的思想并不是冯友兰即兴的思想火花,而是他的"一以贯之"之道。在其晚年的《中国哲学史新编》的"全书绪论"中,冯友兰在讲清楚什么是哲学的时候说道:"哲学是人类精神的反思。所谓反思就是人类精神反过来以自己为对象而思之。人类的精神生活的主要部分是认识,所以也可以说,哲学是对于认识的认识。对于认识的认识,就是认识反过来以自己为对象而认识之,这就是认识的反

---

① 冯友兰:《中国哲学简史》,北京:北京大学出版社 1985 年版,第 4 页。

思。"①在此,冯友兰似乎把哲学等同于认识论了。其实不是,尽管他指出,哲学是认识的认识。但哲学并不就等同于认识论。因为在他看来,认识论讲的是认识的一般形式,其中包括认识的能力、认识的对象、认识的程序、主观与客观的对立等问题,但不包括认识的内容。可见,认识论是不问认识的内容的。"而对于人类精神的反思则必包括这些认识的内容。"所以,认识仅是哲学的一部分。就哲学而言,她就是对人类的精神反思。所以对东西的反思或对思想的思想,是冯友兰对哲学性质一贯的看法。

但对于思想的反思或对于思想的系统的思想内涵是相当广泛的。哲学是反思的产物,就连科学也应该说是反思的产物。冯友兰认识到了这一点。所以他对之有所限制。他所说的反思是指对于人生的系统的反思。

冯友兰到过西方,在美国的哥伦比亚大学哲学系得过哲学博士学位。对西方分科治学的系统是相当熟悉的。所以他也应该清楚,哲学当然不会仅仅局限于人生论,也应包括比如宇宙论、知识论、伦理学、美学等等。为什么,他要把哲学仅仅限于对人生的系统反思这样的说法呢?这是因为,冯友兰本人认为,对于人生的系统反思是最基本的思想。其他种类的思想都是由对人生的系统反思的思想演变出来的。因此他说:"这种思想,所以谓之反思,因为它以人生为对象。人生论、宇宙论、知识论都是从这个类型的思想产生的。宇宙论的产生,是因为宇宙是人生的背景,是人生戏剧演出的舞台。知识论的出现,是因为思想本身就是知识。照西方某些哲学家所说,为了思想,我们必须首先明了我们能够思想什么;这就是说,在我们对人生开始思想之前,我们必须首先'思想我们的思想'。"②

我们可以清楚地看到,至少在冯友兰看来,宇宙论、知识论等与人生论相比不是最基本的。相反,对于人生的系统反思或人生论本身才是最

---

① 冯友兰:《中国哲学史新编·绪论》,《三松堂全集》第8卷,郑州:河南人民出版社2000年版,第15页。

② 同上。

基本的。而所谓的宇宙论、知识论都是从对思想的思想或思想的反思这一更为基本的思想演变出来的。比如知识论的讨论焦点应该是人类的知识论。知识论可能的先验条件就是人这一主体的先在。如果没有人这一主体,任何种类的知识都将是不可能的。而且任何知识论创立的目的也是为了探讨人类认识自身和外在环境的种种可能的方法或手段。同样的情形也会发生在宇宙论上。因为我们关心宇宙,并且进一步形成宇宙理论的目的就是为了探讨人类存在的可能条件。所以同样的理由就是,如果没有人类的存在,那么宇宙论成立的可能条件也就立刻消失了。如从此着眼,我们应该同意冯友兰的看法,即关于人生的反思的系统思想就是哲学的最基本内容。

在他看来,哲学就是关于人的哲学。人或人生应该是哲学讨论或关注的焦点。这应该说是正确的。哲学之所以应该学习、应该研究,正是因为,学习和研究哲学的目的就是使人过上幸福美满的生活。因此人本身应该是哲学的真正目标。

正是在这个意义上,冯友兰有时又把哲学称之为人学或仁学。他这样说道:"戊戌变法的一个大理论家谭嗣同,作了一部书,名为《仁学》。这个名称,很可以作为我所说的哲学的名称。在中国文字中,'仁'、'人'两个字可以互训。《中庸》说:'仁者,人也。''仁'是儒家所说的仁的最高的精神境界,也是人之所以为人的最高的标准。'仁学'也可以称为'人学'。人学所讲的是关于'人'的学问。生理学、医学以及心理学所讲的也是关于'人'的学问,但它们所讲的是关于'人'的身体方面的事情。仁学所讲的则是人的精神境界,这两者之间大有区别。"①

其实,宗教与哲学一样也是对于人生的系统反思的思想,与人密切相关。那么哲学和宗教又怎样加以区别呢?冯友兰是怎样来看这一问题的呢?

他承认,宗教与哲学在这一点上有相似之处。但他又进一步认为,

---

① 冯友兰:《中国哲学史新编》第八十一章"中国哲学史新编·总结",《三松堂全集》第10卷,郑州:河南人民出版社2000年版,第659页。

哲学和宗教有着本质上的区别。在他看来,"每种宗教就是一种哲学加上一定的上层建筑,包括迷信、教条、仪式和组织"①。根据冯友兰的理解,每一种宗教的核心内容应该是其中哲学的部分,而不是其外层的迷信、教条等部分。据此,比如对于道教来说,重要的是道教的哲学,而不是那套迷信、教条等部分。迷信、教条等部分,至少在冯友兰看来,并不是宗教的重要部分,它们使宗教显得不那么纯了。

而且在冯友兰看来,正是宗教过于"拖泥带水",过于关注实际的人生,所以宗教所提供的关于实际的信息都是与科学所提供的信息冲突、不调和的。所以在与科学的冲突中,科学前进一步,宗教就后退一步。宗教的权威降低了。他说:"人由宗教所得底境界,只是近乎此所谓天地境界。严格地说,其境界还是道德境界。因为在图画式底思想中,人所想象底神或上帝,是有人格底。上帝以下,还有许多别底有人格底神,共成一社会。例如耶教以上帝为父,耶稣为子,又有许多别底有人格底神,如约翰保罗等,共成一社会。一个耶稣教的信徒,在图画式底思想中,想象有如此底社会,又想象其自己亦是此社会的一分子,而为其服务。在如此底想象中,其行为仍是道德行为,其境界仍是道德境界。"②在冯友兰的思想中,天地境界是要比道德境界更高一层的境界。他所谓"图画式底思想"是指有这些思想的人的思想还不是纯粹的思,而有很多想的成分。这就是冯友兰所批评的宗教的"拖泥带水"之处。

与宗教相比,哲学却要纯粹得多。哲学能够比宗教提供更高的价值,而无须采取祈祷、礼拜之类迂回的道路。宗教所能提供的是道德境界,至多类似于天地境界。而哲学却能向人提供天地境界。因为哲学的思是纯思,不夹杂任何想象的成分。所以,他的结论自然就是:"人类将要以哲学代宗教,这是与中国传统相结合的。人不一定应当是宗教的,

---

① 冯友兰:《中国哲学史简史》,北京:北京大学出版社1985年版,第5页。
② 冯友兰:《新原人》,《三松堂全集》第4卷,郑州:河南人民出版社1986年版,第564页。

但是他一定应当是哲学。他一旦是哲学的,他也就有了正是宗教的洪福。"①

冯友兰始终坚持以哲学代宗教的看法。如在晚年还是坚持这样的立场,在其《中国哲学史新编·总结》中他这样说:"信宗教的人,于不能自主之中,要求一个'主'。信基督教的人遇见不能自决的事,就祷告'上帝',求他的'主'帮助他决定。祷告以后,他自己再作决定。即使这个决定还是以前的决定,他也认为这是他的'主'替他作的决定。儒家指出,不需要这个'主'。人在宇宙间所遇到的幸或不幸,是个人的力量所不能控制的。既然个人不能控制,那就顺其自然,而只做个人所应该做的事。这就是'夭寿不二,修身以俟之'。人的精神境界达到这样的高度,宗教对于他就失去了作用了。蔡元培提倡以美育代宗教,其实,真能代宗教的是哲学。"②

冯友兰以逻辑分析方法得到的理世界或共相世界并不是他的哲学的最终目的。因为他的哲学的核心部分是境界理论。共相论为他的境界论起着奠基的作用。对此,冯友兰是有着充分自觉的。他说道:"哲学本来是空虚之学。哲学是可以使人得到最高境界底学问,而不是使人增加对于实际底知识及才能底学问。"又说:"新理学知道它所讲底是哲学,知道哲学本来只能提高人的境界,本来不能使人有对于实际事物底积极底知识,因此亦不能使人有驾御实际事物底才能。"③按照他的说法,哲学的真正目的不在于向人们提供各种知识,而只在于提高人的境界,使人得到超乎道德、超乎形象的价值。

在冯友兰看来,所谓提高人的境界,就是使人成为圣人。究竟怎么样才能使人成为圣人呢?这就是冯友兰的"新理学"哲学思想体系想要

---

① 冯友兰:《新原人》,《三松堂全集》第 4 卷,郑州:河南人民出版社 1986 年版,第 564 页。

② 冯友兰:《中国哲学史新编·总结》,《三松堂全集》第 10 卷,郑州:河南人民出版社 2000 年版,第 660—661 页。

③ 冯友兰:《新原道》,《三松堂全集》第 5 卷,郑州:河南人民出版社 1986 年版,第 134—135 页。

回答的问题。

成为圣人的当然是人。冯友兰指出,人的生活是"有觉解底生活"。所谓解就是了解。觉是自觉。了解必须依赖概念。自觉则是一种心理状态,所以不必依赖概念。

人对于一事物的了解不同,这一事物就对人呈现不同的意义。人对于一事一物的了解有程度上的不同。深的了解可谓之胜解,最深的了解可谓之殊胜解。对于事物最高程度的了解,即完全的了解,在理论上或事实上是不可能的。然而我们总是追求对事物了解得越多越好,事物也因此向我们所呈现的意义也就越丰富。

人之所以能有觉解,就是因为人是有心的。人有心,心就是"知觉灵明"。宇宙间有了人,有了人的心,即如黑暗中有了明灯。所以说:"人者,天地之心。"就存在方面说,人不过是宇宙万物中的一物,人有心不过是宇宙万物中的一事。但就觉解方面说,宇宙间有了人,有了人心,天地万物便一时明白起来。因此可以说"人与天地参"。知觉灵明是人心的要素。人将其知觉灵明充分发扬光大,即是所谓"尽心"。

冯友兰强调人对宇宙与社会的觉解,强调要深入认识和把握宇宙人生的内在规律,才能真正体现人生的价值和意义,突出了人的价值主体的地位,有益于人提高自身的精神境界。

接下来的问题就是,人又是如何成圣的呢?

在冯友兰看来,这是一个极其简单的问题。他的"新理学"的哲学思想体系就是要为人们指引出一条入圣域的路径。他这样说道:"新理学中底几个主要观念,不能使人有积极底知识,亦不能使人有驾御实际底能力。但理及气的观念,可使人游心于'物之初'。道体及大全的观念,可使人游心于'有之全'。这些观念,可以使人的境界不同于自然,功利,及道德诸境界。……在这种境界中底人,谓之圣人。哲学能使人成为圣人。这是哲学的无用之用。"[①]

[①] 冯友兰:《新原道》,《三松堂全集》第5卷,郑州:河南人民出版社1986年版,第136—137页。

具体而言之,只有进入天地境界的人才有可能成为圣人。在天地境界中的人,其行为是事天。他们了解到除社会的全之外,还有宇宙的全。人知道了有宇宙的大全之后,人之所以为人者才能得到尽量的发挥,始能尽性。他自觉到自己不仅是社会的一分子,而且还是宇宙大全的一分子。所以不但对于社会,人应有贡献,对于宇宙,人也应做贡献。"人有了此等进一步底觉解,则可从大全,理及道体的观点,以看事物,从此等新的观点以看事物,正如斯宾诺莎所谓从永恒的形式的观点,以看事物。人能从此种新的观点以看事物,则一切事物对于他皆有一种新底意义。此种新意义,使人有一种新境界,此种新境界,即我们所谓天地境界。"①

根据冯友兰的看法,人所以可能进入天地境界,所以可能成为圣人,就是因为人可以具有理、气、道体和大全这些哲学观念。人有了这些哲学观念,就可以从这些观念去看事事物物,事事物物就会向他呈现不同于常人的意义。他因此即可以知天、事天、乐天,最后至于同天。同天境界是天地境界中人的最高造诣。"人的肉体,七尺之躯,诚只是宇宙的一部分。人的心,虽亦是宇宙底一部分,但其思之所及,则不限于宇宙的一部分。人的心能作理智底总括,能将所有底有,总括思之。如此思即有宇宙或大全的观念。由此思而知有大全。……自同于大全,不是物质上底一种变化,而是精神上底一种境界。所以自同于大全者,其肉体虽只是大全底一部分,其心虽亦只是大全底一部分,但在精神上他可以自同于大全。"②

由上面的分析和讨论,我们可以得知,冯友兰的哲学观是由反思、方法和境界三个部分组成的。当然这三个部分并不是互相独立,毫不相干的。相反,它们是紧密相连,不可分割地连为一体的。

现在的问题是,冯友兰由理、道体和大全的观念能不能推出他所谓的天地境界?

我想,这不应该是一个问题。因为由理、道体和大全观念或所谓的

---

① 冯友兰:《新原人》,《三松堂全集》第4卷,郑州:河南人民出版社1986年版,第562—563页。
② 同上书,第570页。

共相是完全可以推出天地境界的。早在冯友兰之前的英国哲学家罗素在其《哲学问题》一书中就是通过这同样的方法推出类似于冯友兰天地境界的境界。

我们且先看看罗素是怎样来处理这一哲学难题的。

罗素写作《哲学问题》时与冯友兰一样也是一位新实在论者。他也是把世界分为实在的世界和存在的世界。于是,他指出,实在的世界是永远不变的、严正的、确切的,对于数学家、逻辑学者、形而上学体系建立者和所有爱好完美胜于爱好生命的人,它们是可喜可悦。存在的世界则转瞬即逝、模糊不清、没有确定的界限、没有任何明显的计划或安排;但是它却包罗着所有的思想和感情,所有的感觉材料和所有的物质客体。他认为,这两个世界是同等重要的。但他紧接着指出,存在的世界只不过是实在的世界淡淡的影子。这里所谓实在的世界就是共相世界。相对于我们而言,共相的世界是外在的,是非我。因此罗素说,自由的心智对于抽象的和共相的知识,比对于得自感官的知识更加重视。他反对从自我的角度来思考问题。而主张从非我出发。他说:"如果我们从非我出发,便完全不同了,通过非我的伟大,自我的界限扩大了;通过宇宙的无限,那个冥想宇宙的心灵便分享了无限。""通过哲学冥想中的宇宙之大,心灵便会变得伟大起来,因而就能够和那成为至善的宇宙结合在一起了。"①

可以看到,罗素是从非我或共相的伟大推出了自我的伟大。冯友兰的境界说,应该说,其路径基本上和罗素是相同的。从共相理论应该说是完全能够推出境界理论的。

由于罗素和冯友兰在这一理论方面的相同,倒使我们想到了另外一个问题,即冯友兰的境界说既然是建立在他的共相理论基础上的,那么他的境界说与中国传统哲学思想中的境界说又有什么样的关系呢?

可以肯定地说,冯友兰的境界说与中国传统哲学思想中的境界说已经有了很大的区别。因为很显然,中国传统哲学思想中的境界说没有冯

---

① 罗素:《哲学问题》,北京:商务印书馆1959年版,第110—112页。

友兰这样的共相理论作为基础。对此冯友兰本人有着充分的自觉。他说:"中国需要现代化,哲学也需要现代化。现代化的中国哲学,并不是凭空创造一个新的中国哲学,那是不可能的。新的现代化的中国哲学,只能是用近代逻辑学的成就,分析中国传统哲学中的概念,使那些似乎是含混不清的概念明确起来,这就是'接着讲'与'照着讲'的分别。"[①]他认为,自己的哲学思想体系并不是照着中国传统哲学讲下来的,而是接着讲。所谓"接着讲"的意思是说,他自己的哲学问题就是中国传统哲学中的老问题。但这些问题需要运用西方逻辑学的方法使其明确起来,并给予充分的论证,由于是运用了西方近代以来逻辑学的最新成就,所以他的哲学思想体系也就显然不同于传统的中国哲学。他把西方近代以来的逻辑学看做正的方法,并且指出这样的正的方法是传统的中国哲学所没有的,所以我们要急于加以引进。由于冯友兰的境界理论以西方的逻辑学方法为其基础,所以要比传统的中国哲学来得细密、谨严,但也似乎显得迂阔、不着实际、过于空虚。然冯友兰本人并不以迂阔、空虚、不着实际为病,相反却以此为自己哲学思想的特色。

我们看到,冯友兰的哲学观是他企图融和中西哲学的产物。问题是中国的,而方法却是西方的。

[①] 冯友兰:《中国哲学史新编》,《三松堂全集》第 10 卷,郑州:河南人民出版社 2000 年版,第 629 页。

第六章 贺麟的知行合一新论与直觉论

一、知行合一新论

知行合一论与直觉论是贺麟"新心学"的重要内容。在知行观上，贺氏主张自然的知行合一说，认为知行合一是自然而然、不假人为的事实。他从知行的概念、合一的意义、知行的关系、知行难易四个方面讨论了他的知行观。

贺麟认为，直觉既是一种生活态度，也是一种方法；直觉是与理智辩证统一的。他把直觉区分为先理智的直觉和后理智的直觉。进而，他提出了从先理智的直觉经过形式分析与推论、矛盾思辨法而过渡到后理智直觉的方法论系统。

知与行的关系问题本来就是中国传统哲学，尤其是宋明理学家如程朱、阳明讨论的主题之一。所以贺麟自称自己的知行合一论实在是由程朱到阳明讨论知行问题的发展的必然产物。贺麟说，阳明之后三百年内赞成、反对阳明学说的人虽多，但对知行合一说，由学理的发挥，有透彻的批评和考察的人，似乎很少。而且，阳明的知行合一说似乎表面上与常识抵触，所以在新的时代里很有必要重新提出讨论知行合一的学说，"要超出常识的浅薄与矛盾"，并为程朱、阳明的知行合一观奠定学理的基础。

贺麟又进一步指出："知行问题，无论在中国的心理学或新心学中，在西洋的心理学或知识论中，均有重新提出讨论，重新加以批评研究的必要。"①这是因为，本体论的研究、伦理学的研究都必须以对知行关系问题的研究为前提或基础。所以，贺麟正确地指出："不批评地研究思有问题，而直谈本体，所得必为武断的玄学（dogmatic metaphysics），不批评地研究知行问题，而直谈道德，所得必为武断的伦理学（dogmatic ethics）。因为道德学研究行为的准则，善的概念，若不研究与行为相关的知识，与善相关的真，当然会陷于无本的独断。至于不理会知行的根本关系，一味只知下'汝应如此'、'汝应如彼'，使由不使知的道德命令的人，当然就是狭义的、武断的道德家。而那不审问他人行为背后的知识基础，只知从表面去判断别人行为的是非善恶的人，则他们所下的道德判断也就是武断的道德判断。"②

总之，要超越常识的浅薄与矛盾，所以要重新提出和讨论表面上好像与常识违反的知行合一说；要谈论本体问题并反对武断的玄学，所以要重新提出和讨论知行合一说；要反对道德判断、道德命令、和道德上的武断主义，所以要提出知行问题。

贺麟虽然主张知行合一说，但是他的知行合一说与朱熹和王阳明的知行合一说不尽相同。他把朱熹的知行合一说称为直觉的价值的知行合一观。朱熹和王阳明的知行合一观可统称为价值的知行合一观。他认为，价值的或理想的知行合一说，认知合一为理想的知或理想的行，认识知行合一为"应当如此"的价值或理想，必须加以人为的努力方可达到或实现，而且也只是少数人才能达到或实现。另外，价值的知行合一观，实质上是知行二元观，先根据常识或方便起见，将知行分为两事，然后再用种种的努力，勉强使知行合一，所以它们是将知行分开于先，然后又求合一于后。与朱熹、王阳明的价值的知行合一观不同，贺麟称自己的知行合一观为"自然的知行合一论"。他说："此种的知行合一论，我称为'普遍的知行合一论'，亦可称为'自然的知行合一论'。"③至于为什么称这种知行合一论为自然的知行合一论呢？他说："一以表示凡有

---

① 贺麟：《五十年来的中国哲学》，沈阳：辽宁教育出版社1989年版，第130页。
② 同上书，第130—131页。
③ 同上书，第136页。

意识之论,举莫不有知行合一的事实,一以表示不假人为,自然而然即是知行合一的事实。前者与理想的(经过选择的)知行合一论对立,后者与价值的知行合一论对立。"① 又说:"自然的知行合一论则认为知行合一乃是'是如此'的自然事实。知行本来就是合一的,用不着努力即可达到,因此单就知行合一之本身言,并无什么价值,虽然有高级的或低级的知行合一之别,但以知与行的内容为准。"② 如果说朱熹、王阳明的所谓知行纯属于德行和涵养心性方面的知行,那么贺麟所说的知行的范围却要广得多,而且其知行主要应属于认识论、逻辑方面的知行。

贺麟的自然的知行合一论主要包括以下几个方面的内容:(1)知和行的概念;(2)"合一"的意义;(3)知行的主从关系;(4)知行难易问题。

先让我们来看看贺麟是如何来界说知和行这两个概念的。

他说:"'知'指一切意识的活动。'行'指一切生理的活动。"③ 他举例说,任何意识的活动如感觉、记忆、推理的活动,如学问思辨的活动,都属于知的范围。也就是说,知是心理的活动。而任何生理的动作,如五官四肢的运动是行,就是神经系的运动,脑髓的极细微的运动,也属于行的范围。所以,行是生理的或物理的动作。可见,知与行是两种性质不同的活动,但是知与行都是活动。他进一步指出,知行都是有等级的,如动手动足的行为为显行,静坐、思的行为为隐行。同样,知也有显隐的区分,如推理、研究学问为显知,最不显著或隐晦的意识活动如本能的意识、下意识的活动等为隐知。显行与隐行、显知与隐知虽有等级的差别,但无性质的不同。

知行的概念既已界定,就得进而来解释"合一"的意义。贺麟认为,知行关系中的知行是分中有合,合中有分。也就是说,既要指出知行本来是合一的,也要分析清楚知与行如何又分而为二,最终更要明了知与行又是如何最终复归于统一。"知"是意识的活动,"行"是生理的活动,

---

① 贺麟:《五十年来的中国哲学》,沈阳:辽宁教育出版社1989年版,第136页。
② 同上书,第137页。
③ 同上书,第131页。

这是二者之分。但是,这两种活动是同时产生或同时发动的。在时间上,知行不能分先后。不能说知先行后,也不能说知后行先。两者同时发动,同时静止。这里所说的知行合一是指同一生理心理活动中的知与行而言的,而不是指所谓甲的知与乙的行这样不同主体间的知行关系。正因为"知行是同一活动的两面",所以"认知行合一为知行同时发动,方有意义"①。由于知行是同一活动的两面,所以知与行永远在一起,两者不可分离。无无知之行,亦无无行之知。贺麟又进一步用"知行平行"来解释知行合一。什么是平行,他解释说,意识活动的历程与身体活动的历程乃是一而二,二而一,同时并进,次序相同。由于知行平行,所以知行不能交互影响。知为知因,行为行因。知不能决定行,行不能决定知。知不能知身体动作,行不能使知识增进。总之,贺麟认为:"任何一种行为皆含有意识作用,任何一种知识,皆含有生理作用。知行永远合一,永远平行并进,永远同时发动,永远是一个心理生理活动的两面。最低级的知永远与最低级的行平行。……最高级的知与最高级的行,所谓真切笃实的行,明觉精察的知,亦永远合而为一,相偕并进。"②

贺麟还认为,合一体中的知行可以辨别主从,亦应当辨别主从。他指出:"所谓主从关系,即是体用关系,亦即目的与手段关系,亦可谓领导者与随从者的关系。"③但是知行关系中的主从关系不能以事实上的显与隐或心理上的表象与背景定主从,而应当以逻辑上的知与行的本质定二者之孰为主孰为从。贺麟认为,从逻辑上分析起来,知是主,行为从。其要点如下:

1. 知是行的本质(体),行是知的表现(用)。行若不以知作主宰,为本质,不能表示知的意义,则行为失其所以为人的行为的本质,而成为纯物理的运动。知是不可见的,知藉行为而表现其自身。总之,知是体,行是用;知是有意义的、有目的的,行是传达或表现此意义或目的的工具或媒介。

---

① 贺麟:《五十年来的中国哲学》,沈阳:辽宁教育出版社 1989 年版,第 134 页。
② 同上书,第 136 页。
③ 同上书,第 140 页。

2. 知永远决定行为,故为主。行永远为知所决定,故为从。贺麟认为,知行同时发动,两相平行,本不能互相决定。但是,这里所谓的决定为内在的决定或逻辑的决定。也就是说,知为行的内在的推动原因,知较行有逻辑的在先性。

3. 知永远是目的,是被追求的主要目标;行永远是工具,是服从的、追求的过程。任何人的活动都是一个求知的活动。

以上就是贺麟所谓的知主行从说的主要内容。

贺麟认为,如果从逻辑上解决了知行主从的问题,那么价值上知行难易的问题自可迎刃而解。从知行同时发动、平行并进的角度看,当然知行同其难易。但是如从知主行从着眼,那么就应当说知难行易了。所以贺麟说:"显知隐行永远决定显行隐知,较高级的知行合一体永远支配较低级的知行合一体,则显知隐行,较高级的知行合一体(即中山先生所谓科学研究及革命先觉的工作)当然难;而显行隐知,较低级的知行合一体(即中山先生所指的日常饮食的动作)当然容易。故照这样讲来,知难行易不惟是确定的真理,而且与知主行从之说互相发明。"①

以上就是贺麟"知行合一新论"的主要内容。显然,这一知行关系的理论不仅仅是接着朱熹、王阳明的知行合一说讲的,它也同时吸收了斯宾若沙、格林、和鲁一士有关的思想。可以说,贺麟在新的历史条件下,推动了关于知行关系理论的研究。他的知行合一新论较朱熹、王阳明的理论要系统、精致得多。其最主要的特色是把知行合一说从纯粹的德性修养的领域扩展到了逻辑和认识论的领域,从而为中国传统哲学的知行关系理论奠定了逻辑和认识论的学理基础,指明了道德学的研究应该以知行关系这样的认识理论为其前提。而且,由于人这一认识主体的任何活动都是在意识自觉或不自觉的支配下进行的,所以不可能有脱离意识的行动,从这个意义上可以说知决定行,知行是合一的。虽说这一理论有进一步完善的必要,但是从现代知识论研究的现状看,应该说是正确的。

---

① 贺麟:《五十年来的中国哲学》,沈阳:辽宁教育出版社 1989 年版,第 146 页。

当然,贺麟的知行合一新论也有其不足之处。如关于"知"的概念的界定,贺麟有时把它定义为意识的活动,有时又直接称之为知识,这就有前后有不一致的地方。而且将知定义为意识的活动有消知归行之嫌。再者,贺麟认为知不能决定行,行不能决定知,但在其知主行从说中,他又说知永远决定行,故为主。还有,如果知不能知身体动作,行不能使知识增进,那么知识增长的途径又是什么呢?如果知行不能交互影响,那么合一就不能算是真正的合一。

二、直觉与理性的辩证统一

贺麟哲学思想中一个很有特点的思想是积极地倡导并系统地论述了直觉这一哲学方法。他反对把直觉与理性割裂为二,而是要把直觉与理性辩证地统一起来。

贺麟在哲学的基本立场上是要自觉地坚持和发扬宋明理学尤其是陆王的思想路线,那么他就必须要首先搞清楚在思想方法上宋儒的特色是什么。经过深入的思考之后,他认为,宋儒的思想方法不是严格的科学方法,而是所谓的哲学或形而上学的直觉法。

最早引起贺麟注意并研究直觉问题的是梁漱溟。梁漱溟在20年代的中国思想界是倡导直觉说最有力的第一人。所以要系统深入地研究考察直觉问题就不能避开梁漱溟的直觉说,而必须对之作详尽的分析、评论。

在《东西文化及其哲学》一书中,梁漱溟从研究和比较东西文化问题出发,认为直觉是一种生活的态度,这种态度是反功利的、不算账的、不计较利害得失的、遇事不问为什么的,又是随感而应的、活泼而无拘滞的、刚健的、大无畏的、充满了浩然之气的修养境界。他认为,孔子所说的仁就是这种锐敏的直觉。梁漱溟说过,"仁是一个很难形容的心理状态",它包含着两个条件:第一是"寂——像是顶平静而默默生息的样子",第二是"感——最敏锐而易感且很强"。所说的"感"是附于感觉的第一种直觉,而"寂"则是附于感觉的第二种直觉,是生命本体的直觉。

梁漱溟说:"要晓得感觉与我们内里的生命是无干的,相干的是附于感觉的直觉;理智与我们内里的生命是无干的。相干的是附于理智的直觉。我们内里的生命与外面通气的,只是这直觉的窗户。"①

这就确立了直觉高于理智的原则。而且在梁漱溟看来,从根本上说,理智与直觉是对立的。他说:"在直觉、情感作用盛的时候,理智就退伏;理智起了的时候,总是直觉、情感平下去。"②总之,理智与直觉有相违的倾向。

贺麟由梁漱溟的上述直觉说,进而追溯到宋明儒的直觉说,且更推广去研究西洋哲学家关于直觉的说法。对直觉问题如此深入而系统的研究遂使贺麟对于梁漱溟所提出的直觉说,提出了两个问题。第一,梁漱溟认为直觉是一种生活态度,这种态度是反功利的、不算账的、不计较利害得失的,但他并没有讲清楚直觉究竟是否计较苦乐、计较善恶。然而,儒家的人生态度根本就是道德的。凡是道德本位的人生态度决脱不了善恶的计较和君子小人的分辨,以奖善罚恶,亲君子远小人为归。贺麟认为,梁漱溟"只明白表示他所谓直觉态度是反功利的,却未进而明白反对苦乐及善恶的计虑,且反而有计虑某种快乐的近似,而且因为他是出自道德本位的儒家,于善恶的讲虑,似亦特别注重。……漱溟先生所谓直觉,不是超苦乐善恶的境界,而是计虑苦乐善恶最酣熟最敏锐的境界;是分辨善恶的敏感或道德的直觉,而不是超道德的,艺术的,科学的,或宗教的直觉"③。第二,直觉既是一种生活的态度,一种精神修养达到的境界,那么直觉究竟是否是一种思想的方法呢?对于这个问题,梁漱溟没有讲清楚,他根据唯识家的说法认为直觉是认识意味的能力,而非认识实在的方法。他又分直觉为附于感觉的直觉与附于理智的直觉,约略相当于柏格森所谓的"机体的同情"及"理智的同情"。但他未曾指出直觉如何认识"生活"及"我"的方法。总之,贺麟认为,梁漱溟虽

---

① 《梁漱溟全集》第1卷,济南:山东人民出版社1989年版,第468条。
② 同上书,第455条。
③ 贺麟:《宋儒的思想方法》,《哲学与哲学史论文集》,北京:商务印书馆1990年版,第177页。

有承认直觉为方法之意,但并不认为直觉是求真实的方法。

针对梁漱溟的直觉说,贺麟提出了自己对直觉说的看法。他说:"梁先生所讲的直觉只是一种道德的直觉,而我进而把它发展为超道德、艺术的、宗教的直觉……浩如烟海先生认直觉与理智的对立,我打破了这种对立,提出有所谓'前理智的直觉'和'后理智的直觉'的区别,认为在后理智直觉中一切对立得到了辩证统一。于是我一方面把直觉辩证法化,一方面又把辩证法直觉化。"① 这就是贺麟的直觉与理智辩证统一的方法。

要确立直觉是一种思想方法是哲学理论上的一个难题。为了解决这个问题贺麟考察了西方哲学史上英、美、法、意大利等著名哲学家如西吉微克、孟太苟、巴斯尔、孔德、斯宾格勒、克罗齐等人关于伦理学、认识论、历史学、美学等方面的直觉方法。

这些哲学家都承认直觉作为一种思想方法并不违反理性。于是,贺麟认为:"我们谓直觉方法与抽象的理智方法不同则可,谓直觉方法为无理性或理性则不可。"②

对于直觉是否为一种思想方法,贺麟也曾"异常徘徊","得经过很久的考虑,我现时的意识仍以为直觉是一种经验,复是一种方法。所谓直觉是一种经验,广义言之,生活的态度,精神的境界,神契的经验,灵感的启示,知识方面突然的当下的顿悟或触机,均包括在内。所谓直觉是一种方法,意思是谓直觉是一种帮助我们认识真理,把握实在的功能或技术。……就直觉之为方法言,是一种工夫,可用可不用,时有用时无用。这就是说,虽我们事实上客观地承认直觉是一种方法,但我们可以不采用这种方法,而采用别的方法。我们此时可以采用此法,他时亦可以采用别的方法"。③ 但是,我们决不能因为不采用直觉方法,便根本否

---

① 贺麟:《两点批制,一点反省》,《哲学与哲学史论文集》,北京:商务印书馆1990年版,第466页。

② 贺麟:《宋儒的思想方法》,《哲学与哲学史论文集》,北京:商务印书馆1990年版,第180页。

③ 同上书,第179页。

认直觉的方法。

贺麟反对把直觉与理智对立起来。他说过,直觉与理智各有用而不相背。没有一个用直觉方法的哲学家而不兼采形式逻辑及矛盾思辨法的。同时也没有一个理智的哲学家而不兼用直觉方法及矛盾思辨法的。贺麟认为:"形式的分析与推论、矛盾思辨法、直觉三者实为任何哲学家所不可缺一,但各人之偏重略有不同罢了。"①他把直觉分为先理智的直觉和后理智的直觉。"先用直觉方法洞见其全,深入其微,然后以理智分析此全体,以阐明此隐微,此先理智之直觉也。先从事于局部的研究,琐屑的剖析,积久而渐能凭直觉的助力,以窥其全体,洞见其内蕴的意义,此是后理智的直觉。"②这样,他在实际上提出了从先理智的直觉经过形式的分析与推论、矛盾思辨法而过渡到后理智直觉的辩证的方法论系统。

贺麟认为,先理智的直觉只是一种混沌的经验而非知识,它相当于康德的感性阶段。形式逻辑和矛盾思辨法即理智的分析形成科学知识,它相当于康德的知性阶段。后理智的直觉则相当于康德的理性阶段,哲学知识形成于此一阶段。他认为,只有第一阶段而无第二、第三阶段,就是狭义的神秘主义。但是,这第一阶段的先理智的直觉在整个认识过程中的重要作用在于它为第二阶段的理智分析提供了前提或对象。因为"就推论言,推论必先有自明的通则以作基本,但此自明的通则,则系一种直观知识"。③ 这就是说,分析就是用先理智的直觉方法所得到的对于实在、对于理念的整个印象。及至部分的分析到了面面俱到的程度,于是又借助于后理智直觉的方法,对于整体有更新更深的认识。经过第一阶段过渡到第二阶段之后,还须继续,如果只重第二阶段的分析,而不企图第三阶段的直觉的综合,就是狭义的理智主义。贺麟认为,第三阶段中,斯宾诺莎的思想与形气二属性之统一,黑格尔的辩证统一都达到

---

① 贺麟:《宋儒的思想方法》,《哲学与哲学史论文集》,北京:商务印书馆1990年版,第181页。
② 同上。
③ 同上。

了理智与直觉的辩证统一。他尤其指出,第三阶段约略相当于朱熹所谓的"物之本末精粗无不备,而吾心之全体大用无不明"之豁然贯通的直觉境界。总之,贺麟认为,直觉与理智乃代表同一思想历程之不同的阶段或不同的方面,不但不相冲突,而且相互印证发明,相互通融过渡。而且近代哲学以及现代哲学的趋势,乃在于直觉方法与理智方法的综贯。"这条路实在是治哲学的康庄大道。"

直觉既分为先理智的直觉与后理智的直觉两种,那么这二者之间应是有质的差异的。它们的区别是:"先理智的直觉,只是经验而绝不是方法。后理智的直觉,亦经验亦方法。"[1]由于贺麟认定直觉主要是一种思想方法。"盖方法据界说必是后理智的,任何方法均起于理智之使用,据斯宾诺莎的说法,'方法起始于真观念的获得',无真观念(理智)以作指导,绝不能有方法。直觉方法的本质为理智的同情,亦即后理智的同情。"[2]所以,只有后理智的直觉才是一种思想的方法。

贺麟讨论、研究直觉法的主旨在于指出宋儒的思想方法不是严格的科学方法,而是直觉法或后理智的直觉法,也就是陆象山的思想方法都是直觉的方法。朱子注重向外体认物性,读书穷理,而陆象山注重向内反省以回复自己的本心,发现自己的真我。所以,朱陆之间在方法上似有差异。但是,贺麟认为,直觉方法既可向外观认,也可以向内省察。直觉方法的一面,注重用理智的同情以观察外物,如自然、历史、书籍等。直觉方法的另一面,则注重向内反省体察。所以,朱子与陆象山的方法恰好每人代表了直觉法的一面,两人的方法之间并无实质性的差异。而且"根据宋儒所公认的'物我一理,才明彼,即晓此,合内外之道也'的原则,则用理智的同情向外穷究钻研,正所以了解自己的本性;同样,向内反省,回复本心,亦正所以了解物理。其结果亦归于达到心与理一,个人与宇宙合一的神契境界,则两者可谓殊途同归"[3]。在此,贺麟运用直觉

---

[1] 贺麟:《宋儒的思想方法》,《哲学与哲学史论文集》,北京:商务印书馆1990年版,第200页。
[2] 同上。
[3] 同上书,第184页。

方法向内反省和向外观看的两面消弭了朱陆思想方法上的矛盾,将两者统一包容在直觉方法之内,指出朱陆间的差异大体上只是二人对于直觉方法之着重点与得力处不同。

最后,贺麟又特别指出他对于直觉法的研究的目的在于指出直觉是一种方法。这种方法"第一,不是简便省事的捷径,而是精密谨严,须兼有先天的天才与后天的训练,须积理多学识富,涵养醇,方可逐渐使成完善的方法或艺术";"第二,我并要说明直觉不是盲目的感觉,同时又不是支离的理智,是后理智的,认识全体的方法,而不是反理智反理性的方法"①。他并且进一步指出,这种后理智的直觉方法才"可达到'众物之表里精粗无不到',而'吾心之全体大用无不明'的最高境界。盖只有直觉方法方能深入其里,探究其精,而纵观其全体大用。而科学方法则只求认识其表面的、精的、部分的方面,并没有认识形而上的、里面的、精的、全体大用之职志也"②。

在中国现代哲学中,贺麟对直觉方法的研究较为细致、系统、深入,他自觉地将理智与直觉辩证统一起来,明确地规定感性直觉为先理智直觉,理性直觉为后理智直觉,提出了感性直觉、形式逻辑、矛盾思辨、理性直觉这四种形式相互为用的系统的方法论,这都是对中国现代哲学理论的很大贡献,其中不乏创见。但是,贺麟并没有清楚地说明如何可以由理智的分析、推论、矛盾的思辨过渡到后理智的直觉,也没有讲明何以理性直觉要高于理智。而且,只有直觉方法才能深入其里,探究其精,而纵观其全体大用这样的思想也是有待深入论证、说明的哲学难题。

---

① 贺麟:《宋儒的思想方法》,《哲学与哲学史论文集》,北京:商务印书馆1990年版,第183页。

② 同上。

第七章 "人文途径"的探寻与"生命哲学"的建构

——方东美哲学之方法论研究

一、"人文途径"之探寻

（一）"纵览宇宙理境，发抒人生情蕴"：生命哲学认识论之价值基础

20世纪初，西方启蒙主义思潮传入中国，科学精神以及与之相伴的科学方法论也随之传入，开始影响中国学术界。在哲学领域，近现代西方哲学的主要研究方法——分析法、归纳法以及辩证法等，开始对以儒道释为核心的中国传统思想的思维路向构成猛烈冲击。1923年至1924年，胡适、丁文江、张东荪等思想家宣扬科学至上性以及实用主义"有用即真理"学说，开创了中国的科学实证主义派。与之对应，梁漱溟、张君劢等思想家则高扬中国哲学形上学传统，力图重建中国本体论哲学。在这场著名的"科玄论战"过程中，采用"内在"（体悟、直觉等）还是"外在"（分析、归纳等）的方法来研究哲学成为中国哲学界重点关注、辩论和探讨的问题。

近现代西方哲学的主要研究方法是带有浓烈自然科学色彩的研究方法——分析法、归纳法、辩证法等。形式化的特点，借助概念、命题、判断对研究对象做外在的、系统的研究。"客体"和"主体"的两极划分，各自形成体系化的形上建构和解说，使主客二元的属性赫然呈现，条理明晰。但此种方法在研究主体，尤其是人的内在精神维度和心灵本质方

面,向来受到颇多怀疑。相比之下,中国传统哲学却有着与西方哲学科学化研究方法截然不同的"直觉"情结:例如儒家哲学、道家哲学与佛教哲学内参与体悟的方法。人在宇宙和自然的大系统中,浑然一体,人的认知方法、人的道德意识、人的安身立命无一不取源于"自然"生生不息的创造精神。

引入传统哲学这种人文的方法,开掘中国哲学新路向,成为近代人文思想家的选择。近代哲学家梁漱溟认为中国传统哲学走的就是直觉主义路径,指出直觉哲学高于理智或分析的方法,成为中国现代哲学史上"第一个倡导直觉说最有力量的人"(贺麟语)。后来的冯友兰也指出,分析的方法只能带领我们走到哲学殿堂的大门口,而要达到哲学的顶点只有借助于"负的方法"。而贺麟、张岱年等人则试图将直觉方法与辩证法、分析方法相结合,建构新型的哲学方法论体系。这些中国近现代哲学大家都认为,"直觉"的人文方法在建构中国哲学,尤其是建构人的精神、道德和价值世界,从而建立"人与世界"新型关系方面发挥了不可估量的影响和作用。

现代哲学家方东美先生受到西方柏格森的生命哲学以及中国传统儒家哲学、道家哲学与佛教哲学体悟的影响,认为"直觉"的人文方法就其渊源上讲,既有中国传统哲学的思想资源,也有西方康德、柏格森直觉思想的巨大影响,再加上印度传统的唯识学和以心理学、生物学、人文学等现代学科为背景,此种方法能够进入形而上学的最核心——伦理道德的理想境界,引领我们直接走入研究对象内部,做全面深入系统直接的体悟和认取。方东美在比较了哲学方法的三条路径——宗教的、科学的、人文的途径后,得出结论:具有内在性与超越性的人文的方法才是最有效的哲学方法,以此方法为"探针",综合串接中国传统哲学,方东美的"生命哲学"体系才得以最终建立。

方东美从哲学的历史起因与心理学起因两方面阐释了其对"哲学"的理解。以西方为例,从哲学之历史的起因来看,哲学起源于神话与宗教。人类思想的进程是由神话到理性。原人神话系统的发展步骤经历了物魅——"原人相信每一个自然物都有一种活力或鬼魅寓于其中"、人鬼——"鬼之化身附于人体,遂为人鬼"、神鬼——"把低级的物魅都归到几种较完备的,较简约的神力里……然在原人社会里确是他们对于生活环境的一种认识,一种系统的了解。这便是原人的宇宙观,其功用直等于文化民族的科学与哲学"①三阶段。"原人思想之范畴,多由求生之欲,好恶之情理产生的,因此遂缺少逻辑的基础、批评的色彩。等到这类思想应用既久,流传既广,其有不近情理,不符事实,不成系统者,渐受淘汰,余下精纯的观念遂化成常识,人类一有了合理的常识,其智力已超过原人了。于是经验之秩序,物像之脉络,隐约中都有相当的律例可以识得。更上一层,则有理性的知识。我们通过理性审查客观的世界,主观的人生,处处引用严密的方法,订定明显的原则,以发现种种真理。这些真理的系统即科学与哲学。"②自历史观之,人类知识的演进是有一个循序渐进的过程的。就是由神话到常识,再到科学,最后达到哲学高度的。

而就心理学起因而言,哲学来源于"境"的认识与"情"的蕴发。方东美不赞成西方关于哲学起源于人的"惊怖"心理。无论是实践上,还是理论上,惊怖的心理时常会引起思想的发生,这自然是不可否认的事实。但是如果说哲学思想单纯起于"惊怖",显然犯了两个错误:一方面,惊怖心理中"怖"的成分如果太强烈,往往会产生迷信与宗教,而非哲学。另一方面,恐怖毕竟只是人类心理活动之一,仅以此来解释整个人类的思想未免失之褊狭。至此,方东美提出,哲学思想,从理论看,起于"境的认识";从实践看,起于"情的蕴发"。人类如果把"境的认识"与"情的蕴发"点化了,就会成就一种高洁的意境,自能产生一种珍贵的哲学。这里,方东美指出了哲学产生所必需的三个条件,即"境"的认识、"情"的蕴发及二者的点化——"含情契理"。具体如下:

1. "境"的认识

"境"即人生存的周遭环境。方东美认为,对"境"的认识起于感觉

---

① 方东美:《科学哲学与人生》,台北:黎明文化股份有限公司 2005 年版,第 58 页。
② 同上书,第 62 页。

的亲验,终于理智的推论,最终的认识结果属于理性之范畴。人类在任何环境中,如果用"感觉器官接遇众物而貌之,取得许多感觉印象,再加以彼此审量的功夫,于庶物之理,自能得着一贯的了解"①。人的认识,自感觉经验开始,经过理智分析,而得到认识结果。对"境"的认识,不是一促而成,而是感觉器官接触万物,众多感觉印象经比较分析而得以完成。方东美认为,由于人避苦就乐、避繁就简的本性,致使其认识的最终结果都是简约的条例定则。

"哲学家思想起于境的认识,此中要义是:我们依据某种兴趣,选定某种观点,察觉一群事象的伦脊与线索,以明其理。科学上种种简约律例都不外乎境中事理之写实与说明。境的认识贵在举物得实,抚实求真,把不关切的要则都置之度外,存而不论。"②境的认识只求在时间上、空间上对种种事理有一个冷静而系统的了解而已。哲学思想发达的源流,同时也是科学思想进展的步骤,我们主张科学里有哲学科学的工作。假使哲学思想仅以此处为境,所谓哲学纯是科学,而哲学上关于境的认识一层纯是的化身。因此,为了获得真正的哲学,人类不能仅仅满足于对"境"的认识,更要由"理"而"情"。方东美提出:"进而言之,境之中有情,境之外有情,我们识得情蕴,便自来到一种哲学化的情景,于是宇宙人生之进程中不仅有事理的脉络可寻,反可嚼出无穷的价值意味。"③

2."情"的蕴发

人类于万象中探索事理,获得事理之后,仍须追求美的、善的情趣,才能满足人性上根本的要求,这就需要"情"的蕴发。关于"情"之所由起,方东美有句精辟的论述:"何自有情?因色有。何缘造色?为情生。"④意思是说,"情"由"理"出,"理"为"情"生。但是,我们从事哲学而获得"境"的认识,往往侧重于分析,居于一隅,偏于一理,不能寄精神于色相,所认识的宇宙只是一个"冷酷的机构","结果人生的热望都焕

---

① 方东美:《科学哲学与人生》,台北:黎明文化股份有限公司2005年版,第49页。
② 同上书,第79页。
③ 同上书,第55页。
④ 同上书,第64页。

然冰释,顿起意态消融的悲感了"①。人类如欲追求宇宙的真理,充实人生的内容,须知人性是活跃的、创造的,不为现实所拘束,探寻美的、善的价值世界,为精神之所寄托。

方东美认为,"情"的蕴发是人性使然。"境之中有情,境之外有情","情"是人的欲望与冲动,"情"的蕴发,是美化、善化、价值化的过程。人类一切创造,无论是理论的还是实践的,属于美的或属于善的,都是要把现实世界提升到价值世界上来,才显出其高贵性。这种意义上的要求,这种价值化的必要,并不是主观上无据的幻想,而是人类对宇宙之价值关切。可见,方东美所说的"情",实质上是与宇宙人生的价值认同,代表人类更高层次的追求。方东美反对西方哲学固执于理性,更反对其"价值中立"的态度,他认识真正的哲学是对"境"的认识与"情"的蕴发两方面的结合体。

概而言之,哲学思想是对"意境之写真"。境的认识,是时空上事理之了解;情的蕴发是事理上价值之估定。哲学是境的认识与情的蕴发的统一体,缺一不可。二者不是彼此孤立的系统,而是有机整体,这就要求人类要将两方面结合——即"情"与"理"的点化。

3. 含情契理

方东美在《哲学三慧》的首句便提出:"太初有指,指本无名,熏生力用,显情与理。"②"情"与"理"总摄宇宙中种种现实界与可能界。依据前文所述,已经明确概念,"情"即是人的欲望与价值评价;"理"即是对"境"的认识。方东美认为,"情"与"理"具有一贯性。"情"与"理"原本就不是两极的,宇宙本身便是情与理的统一体,人生实质便是情与理的集团,哲学对象的总合也不外乎情与理的一贯性。一方面,人类要运用理性分析了解万事万物的本质;另一方面,要运用"情"的蕴发,价值评判宇宙万物之情趣。正如方东美所言:"就境的认识而言,哲学须是穷物之理,于客观世界上一切事象演变之迹莫不因其已知之理而益穷之,

---

① 方东美:《生生之德》,台北:黎明文化股份有限公司2005年版,第55页。
② 同上书,第184页。

以求致乎其极。就情的蕴发而言,哲学须是尽人之性,使世间有情众生,各本其敬生、达生、乐生,推而广之,创而进之,增而益之。体万物而与天下共亲,以兼其爱;裁万类而与天下共爱,以彰其善;感万有而于天下共赏,以审其美。"①可以说,"境"的认识,是人类对客观世界的认知;"情"的蕴发,是人类对真善美的追求。

关于"情"与"理"的关系,方东美认为,情理具有一贯性,甚至是一体的。情理是哲学名言系统中的原始意象。"情"缘"理"有,"理"依"情"生,彼是相因。"情"由"理"生,"理"自"情"出,情与理本就是不可分割的全体。情理虽然是具有一贯性的,然而就其属性上看来,却可分辨清楚。"哲学意境内有胜情,无情者止于哲学法门之外;哲学意境中含至理,违理者逗于哲学法门之前,两俱不入。"②生命以情胜,宇宙以理彰。生命是有情之天下,其实质为不断的、创进的欲望与冲动;宇宙是有法之天,其结构为整秩的、条贯的事理与色相。"虽则有情之天不时有法,有法之天亦随在有情,但有法与有情,就其差别来看,毕竟不是同性质的一体。执其两端,性质自异;合其两端使成一连续体,则有法之天下与有情之天下是相互贯串的。因此我们建设哲学时,每提到生命之创进,便须连类及于世界;每一论及世界之色相,亦须归根于生命。"③

方东美赞誉真正的哲学"成就了这两种丰功伟烈"——境的认识与情的蕴发。只要做到"含情契理",哲学的功用即会显现:"(一)本极致密的求知方法穷诘有法天下之底蕴,使其质相、结构、关键,凡可理解者,一一了然于吾心,(二)依健全的精神领悟有情天下之情趣,使生命活动中所呈露的价值如美善爱登循序实现,底于完成。"④简而言之,哲学的功用在于"穷物之理"与"尽人之性"。作为理性的"境的认识"与作为价值的"情的蕴发"合二为一,探寻宇宙与人生真、善、美的最高境界。

"人类含情而得生、契理乃得存,生存原为人类根本权利,故哲学之

---

① 方东美:《科学哲学与人生》,台北:黎明文化股份有限公司2005年版,第64页。
② 方东美:《生生之德》,台北:黎明文化股份有限公司2005年版,第185页。
③ 方东美:《科学哲学与人生》,台北:黎明文化股份有限公司2005年版,第64页。
④ 同上书,第62页。

在宇内,势用可以周遍圆满。"①只有做到"含情契理",人类才可以充分发挥其精神生命,与宇宙精神并行不已。人,生而有知,知"审乎情合乎理",称做"智"。"智有所缘之谓境,境具相状,相状如实所见,是谓智符。"②人,生而有欲,"欲称乎情切乎理",谓之"慧"。"慧有所系之谓界,界阗精蕴,精蕴如心所了,是为慧业。"③可见,人类只有充分的"含情契理",才能到达智慧之门,体会宇宙之大精神,才能成为大哲学家。也就如方东美所言:"智与慧本非二事,情理一贯故。知与欲俱,欲随知转,智贯欲而称情合理,生大智度;欲随知而悦理怡情,起大慧解。生大智度,起大慧解,为哲学家所有事,大智度大慧解为哲学家所托命。"④

4. 中国哲学之"情"论

"情"是中国哲学探讨的一个重要议题之一。例如,先秦《性自命出》中,就有"道始于情,情生于性"的精辟论述,这里的"情"具有道德伦理的特质。自汉代开始,董仲舒以阴与阳、恶与善的对立以诠释情与性,"性者,阳之施;情者,阴之化也。人禀阴阳气而生,故内怀五性六情。情者,静也,性者,生也,此人所禀六气以生者也"。故《钩命决》曰:"情生于阴,欲以时念也;性生于阳,以就理也。阳气者仁,阴气者贪,故情有利欲,性有仁也。"(《白虎通·性情》)这里的"情"也具有道德属性,只是需要伦理教化。由此可见,传统儒家的"情"是具有道德意义的。

道家的"情"与儒家不同,主张"情即自然"。例如,魏晋之际,向秀的《难养生论》中有云:"有生则有情,称情则自然,若绝而外之,则与无生同。何贵于有生哉?且夫嗜欲;好荣恶辱,好逸恶劳,皆生于自然。"可见,道家的"情"非道德意义,而是具有自然(自然而然)之属性。

值得注意的是,近代中国对于"情"的关注,也不只方东美一人。例如,梁漱溟在《中西文化及其哲学》一书中也提到情感问题,但是其情感只局限于道德情感。梁漱溟提倡社会生活的"尚情无我"。他认为,社

---

① 方东美:《生生之德》,台北:黎明文化股份有限公司2005年版,第185页。
② 同上。
③ 同上。
④ 同上。

会是人与人之间关系的总和,而人与人关系的和谐决定了社会的和谐。为了获得社会的和谐,梁漱溟高度赞誉孔子的"己欲立而立人,己欲达而达人"与"己所不欲,勿施于人"的行为标准,他分析道:"不分什么人我界限,不讲什么权利义务,所谓孝悌礼让之训,处处尚情而无我。"①可以说,梁漱溟是以"尚情无我"作为人生的社会行为原则。在《中西文化及其哲学》一书中,他论述道:"西洋人是先有我的观念,才要求个性权利,才得到个性伸展的,但从此各个人间的彼此界限要划得很清,开口就是权利义务、法律关系,谁同谁都是要算账。甚至于父子夫妇之间也都如此;这样生活实在不合理;实在太苦。中国人态度恰好与此相反:西洋人是要用理智的,中国人是要用直觉的——情感的;西洋人是有我的,中国人是不要我的。"②从梁漱溟对于中西方的比较之中可以清晰地看出,中国人是具有"尚情无我"情怀的,不计个人得失,注重道德伦理情感。

  再如"反抗以智识作用来支配生活而主张情意主义"③的朱谦之在其《一个唯情论者的宇宙论及人生观》论著中,认为"情"是宇宙的本体,宇宙生命就是真情之流,独树一帜地确立了"情"本体论。另在其著作《革命哲学》中,朱谦之提出:"精神变起宇宙,宇宙由吾心认识出来,故'情'为精神的本体,也就是宇宙的本体了。"④这里明确指出,"情就是本体",是"真实、个性自存的实体",也就是柏格森所言的"真的时间"。⑤朱谦之又在《周易哲学》一书中,首页就开宗明义,确立"情"的宇宙本体地位:"原来充塞宇宙间,不外这顶活泼顶流通的'真情之流'……因宇宙万物无一不为'真情'所摄,故此大宇宙的真相,就是浑一的'真情之流'。"⑥朱谦之把"情"与西方的进化论、柏格森之生命哲学的思想以及中国《周易》的"生"互相诠释,认为"情"就是时间的绵延、生命的冲动,

---

① 梁漱溟:《梁漱溟全集》第1卷,济南:山东人民出版社1989年版,第478页。
② 同上书,第479页。
③ 朱谦之:《革命哲学》,《朱谦之文集》第1卷.福州:福建教育出版社2002年版,第375页。
④ 同上书,第323页。
⑤ 朱谦之:《革命哲学》,上海:泰东书局1921年版,第54页。
⑥ 朱谦之:《周易哲学》,上海:启智书局1935年版,第1页。

并论证"情"的绵延变化是生生不息、健行不已的创生过程。不难看出，"情"在朱谦之看来，是宇宙的本原，而人之为人，也是以"情"作为根本行为基准。因此他提出自己标志性的概念"情人"，指出"我现在立志做个'情人'了。我理想的人格，就是情人。我很盼望世间上有情的人，都爽爽快快做'情人'去"①。

通过以上列举，不难看出，方东美关于"情"的解说，既不是梁漱溟那种单纯的"道德情感"，也不是朱谦之"唯情"主义的本体哲学；而是"含情契理"，情与理的并重。人不仅要探求真，更要追求善与美，而"含情契理"可以达到真、善、美的统一，并以"情"为基点，进入生命哲学的方法中去。

（二）生命哲学思考之三路向

方东美生命哲学确立了"含情契理"的认识论基础，其方法论自然一脉相承，独具特色。方东美哲学方法论——"人文途径"的提出，巩固了其生命哲学的建构体系，契合其"天人合一"、宇宙与人、自然与人并行不息、生生不已的主题。

可以说，西方近现代哲学，"哲学就是哲学史""哲学就是方法论"的观点得到了许多哲学家的赞同和拥护。以黑格尔哲学为正式开端，综合过往哲学派别，打破时间、地域、学派、学说等哲学纷争与隔阂，建造拥有"史学"脉络的"统一"哲学，成为许多现代哲学家创立自己理论体系的新途径和新目标。而在这一"建立"过程中，"方法"成了建设核心和根本。"方法"的选择与明确直接决定了哲学"大厦"的耸立和稳定。

对中外哲学方法论的探讨与总结自然也成为很多中国现代哲学家的学术命题。方东美认为，哲学方法通常有三种途径："宗教的途径"：即通过信仰启示而进行哲学的思考；"科学的途径"：即通过知识能力而进行哲学的思考；"人文的途径"：即通过生命创进而进行哲学的思考。

---

① 朱谦之：《革命哲学》，《朱谦之文集》第 1 卷，福州：福建教育出版社 2002 年版，第 384 页。

以下将试图对上述三种途径的可行性进行详细的探讨：

1. 宗教的途径

方东美分析道，宗教的途径只是对超自然的信仰与启示，这种途径会使人们只寄希望于完美的彼岸世界，而无视或逃避备受贬抑的此岸世界。正如斯宾格勒所说："宗教自始至终，是形而上的，是另一世界的，是对另一世界的知觉，而在该世界中，所有感觉只为烘映出前景而已。宗教是在超感觉中的生命，是与超感觉一致的生命，在此一知觉的能力消失时，或是对它存在的信仰消失时，真正宗教便走向了终结。"①基督教的根本教义中提到"我的王国不属于这世界"，而现实的物质世界却被否定、贬抑。这样一来，此岸世界与彼岸世界便被二元对立，不能相互融通、调和。现实世界倘若"没有神的恩典降宠，便根本是有罪的"。

被尼采称为"预设的基督徒"的柏拉图，在其《对话集》中提到苏格拉底说过："我要向你证明，真正的哲学家临死之际仍有充分理由高兴，因为死后他才可望在另一世界得到最大的善。""经验告诉我们，如果我们对任何事物想得到纯知，便必需离开肉体——因为只有精神才可以透视纯知，然后我们才能得到想要的智慧，我们是爱智者，然而得到智慧是在死之后，不在生前。""真正的哲学家，只有他们，才永远在追求精神的解脱。"所以说："真正的哲学家……所一直萦绕于怀的，乃是在如何实践死亡。"苏格拉底还进一步说过："死亡——不是生存——才是得到纯粹智慧的最佳途径！"②方东美认为，从"苏格拉底之死"可以看出"哲学的雄健精神一旦萎缩致死，无边的空虚惆怅便会到处弥漫，至少在现实世界，便会更感空虚，苏格拉底便是一典型例子，他如此悲怆的哲学，只有更加速哲学的悲惨死亡。"③因此，方东美否认了"宗教的途径"，如果哲学家采取此种宗教的途径，哲学便只会成为为神学服务的婢女，从而走向虚无主义的深渊。"宗教的途径"，在方东美看来，是否定现实世界而向往超现实世界，从而消极地消解此在世界的哲学方法。这种方法正

---

① 方东美：《中国人生哲学》，台北：黎明文化股份有限公司 2005 年版，第 137 页。
② 同上。
③ 同上书，第 138 页。

如方东美所言,哲学会重蹈西方中世纪神学婢女之命运的覆辙,其结果当然是要舍弃之。

2. 科学的途径

近代欧洲科学启蒙主义思潮成为西方主流。首先要明确指出的是,这里方东美主要是针对"极端科学化"的哲学途径进行探讨的。那么什么是"极端科学化"的哲学?罗素的两段话可以代表这种极端的科学主义:"我相信,哲学的问题与方法一直被所有学派所误解,我们若有传统的知识方法,对很多问题都无法解决,然而其他被忽略的更重要问题,只要透过更有耐性、更为适当的方法——也就是精确与固定的科学方法,便可解决。"[1]罗素甚至认为"我们必需抛弃指望,不要希望哲学能对人心提供满足,它所能做的,只是在堕落的尘世中,澄清一些观念,帮助我们了解世上的一般情景,并对复杂的事物从事逻辑性的分析,如此而已……对一个真正的科学哲学你不能多存奢望,它的作用只能停在求知的层面,以避免知识性的迷惑。除此以外,它并不提供——也不想提供——有关人类命运的解决方案,更遑论宇宙前途的解决方案。"[2]方东美分析道,自然科学变成实用科学以后,犹如一只猛兽,无论飞禽走兽、甚至我们人类,都在它的势力范围之中,都要受到它的控制。近代西方人便据以发挥全能,产生技术,控制自然界以为人用,于是造就了近代工业文明的硕果。方东美认为,17、18两世纪的科学思想,可以称之曰科学齐物论。他极力反对这种"极端的科学主义",认为科学固然有宝贵的成就,是人类知识的宝藏。但是如果一个科学家不守他的本位,不守他的分寸,不守他的范围,跨越他的范围而表现狂妄的态度,把其他的生命现象也化成物质现象,把精神现象也化作物质现象,把价值现象也化作物质现象,那么这就不是真正的讲科学,而是科学不守它的范围、不守他的领域、不守他在方法学的限制所产生的一种狂妄的思想,这就是极端的"科学主义"。

---

[1] 方东美:《中国人生哲学》,台北:黎明文化股份有限公司2005年版,第138页。
[2] 同上书,第139页。

方东美认为,从理性的角度思考,罗素这种关于科学可以解决一切的承诺是无法兑现的。宣扬科学至上性,难以避免会陷入功利主义,从而缺少道德根基与终极关怀。如方东美指出:"生活在二十世纪的人类最大的一个精神危机是什么呢?就是把我们幼弱的心灵、青年的心灵,到壮年的心灵一齐使之色盲,使它再也看不出任何价值理想。"①科学的方法只能借助于语言、概念对研究对象做外在的、形式上的研究。这样的研究越系统、越深入,也就越具有形式化的特点,从而脱离实际。科学的哲学无法解决生命及终极关怀的问题。对于这样的哲学,罗素不得不推导出令人悲观的结论"哲学在科学精神的洗礼下,必需只与干枯抽象的事体打交道,而且并不能奢望它为实际人生寻求答案"②。

近代欧洲的大多数哲学家,都采取"科学的途径"研究哲学。视科学为自然界的系统研究,不论是有机自然还是无机自然,均把人从自然中分离开来。因此,欧洲近代科学家从根本上来说,实质是有"非人类学"的趋势,自然界被断然分隔为二:即初性与次性。导致人与自然对立相仇。宇宙整体被断然地分为两部分,一部分是物质及其初性,另一部份则是心灵(精神)及其次性。科学总是力求达到纯粹客观标准,但根据近代心理学的研究成果看来,人类是主观的,并且根本不可能是纯客观的。所以在纯客观的领域之下,科学虽尽一切力量要分析什么是抽象的,什么是可以量化研究的,并且要肯定什么是精确的,但对人类却绝不可能也如此对待,因为人生是完整的,人性是活跃的。方东美认为,这种深刻的逻辑和理性,会走向以纯正的理性消灭理性,甚至于摧毁知识,走向彻底的虚无主义。近代欧洲人一切思想问题的探讨,都由二元论出发,对待人生总要隔开主客,离析身心,这种内在矛盾不能根本消除,终究难以获得真理。为了求证事理,近代欧洲人达到理智疯狂,认为感觉能趋幻,理性能起疑,幻想是妙用。

方东美提出,运用自然科学的方法与途径来研究哲学,除了轻忽人

---

① 方东美:《中国大乘佛学》,台北:黎明文化股份有限公司2005年版,第293页。
② 方东美:《中国人生哲学》,台北:黎明文化股份有限公司2005年版,第139页。

的地位外,另外还有以下窘境:

(1)科学的研究至少要在"经验"的层次中进行,例如科学实验,必须来自可观察的感性材料,并且将之作为研究依据,然而,科学借以继续前行的经验前提却是主观的,其中显然有自相矛盾之处。

(2)近代欧洲科学家宣称要纯粹客观,要把人完全摒除于科学之外。然而人类却得到截然不同的结果,人在对自然科学的持久研究过程之后,反而成为控制自然的参与者与胜利者。方东美先生曾经引述康德的话:"悟性并不是由自然界先天导出定律,而是将此种定律引向自然界。"如此看来,客观性实质上是建构在人类纯主观的基础之上,严格地由"超自我"所决定,这又是明显的自相矛盾之处。

在近代欧洲文化里,近代欧洲人认为科学就是工具。方东美指出,西方近代科学思想"把宇宙万象划分为两类。一类是科学所能够观察,能够理解,能够实验,能够计算的现象,这是做'量'的特性,这是被当作'真相'的,然后在近代科学所发现的天文学的领域里面……如果要找宇宙的真相时,只有这一类的特性被当作是真实的。……至于所谓质的特性,又是什么呢?是人类感觉、知觉、思想、情绪所能够进入、接触的领域,但是这一种领域就不是'真相',因为它不精确,所以你观察时,得不到精确的资料,其次解释它时不能形成精确的概念系统,因此被视为主观的东西,进而视为幻想而一齐扫除,走向价值中立。一切真善美的价值都消散了。但当价值机构被扫除之后,整个科学的大厦也垮了"①。

总之,在方东美看来,所有这些科学哲学所面临的困境都根源于西方思想隐含的一种假定——将人与自然截然对立。而在中国人文哲学看来,西方的这个假定是错误的,诚然科学在中国文化并不像珍珠般灿烂发光,或像神明般受到膜拜崇敬,此中自有遗憾。然而即使在我国发展科学思想,也不会陷入这种人与自然截然二分的困境,导致人性被贬抑。因为,中国哲学运用"人文的途径",认为人与自然是和谐统一的整体,人之生生不息、不断创进是融贯于自然的大化流行之中的,人与自然

---

① 方东美:《原始儒家道家哲学》,台北:黎明文化股份有限公司2005年版,第170页。

彼是相因,共同趋向至善纯美之境界。

3. 人文的途径

方东美引用德国实存主义大师雅士培在其著作《哲学的永恒境界》中的论述,指出哲学以往的两种出路:一方面,因为哲学极其注重信仰启示,而这种信仰又具有极端的排他性,因此哲学成为神学的婢女,必须附属于神学的概念体系,否则便会丧失其信仰,走上虚无主义。而另一方面,因为哲学深受欧洲科学启蒙主义思潮的影响,因此哲学又成了科学的工具,必须严格符合科学原理,其世界观便只能相应于一套批判性的知识论,否则即会被视为虚幻的表象。这样一来,哲学就陷入了尴尬的两难境地,最后只能宣告让位于神学或科学。

哲学以"宗教的途径"引导人生的启示,不免会使神学为了完善自己的护教理论,而贬斥或否定生存于此岸的人类价值,并在狂热的本能中特别强调死亡与牺牲。哲学以"科学的途径"追求真理的价值虽然是毋庸置疑的,但如果科学逾位越界,力求解决包括人生与终极关怀的一切问题,极具排他性地将哲学也科学化思考,那么科学化的哲学只能处理一些枯燥与抽象的事体,反而把人生种种活泼机趣都剥落殆尽,这也是同样的危险,从而哲学只能成为科学的附庸。方东美认为,人文主义的方法则形成哲学思想中唯一可行的途径,至少对中国思想家来说,它至今仍是不折不扣的"哲学"。

方东美指出,整个宇宙,无论是此岸世界或彼岸世界,现实世界或理想世界,自然界或超自然界,站在中国人文主义立场看来,都是普遍生命流行的境界,这种生命的大化流行,"范围天地而不过,曲成万物而不遗,而人类承天地之中以立,身为万物之灵,所以在本质上便是充满生机,真力弥漫,足以驰骤扬厉,创健不已"①。哲学,尤其是中国哲学,是一种生命哲学。因此,研究生命哲学的方法自然不是一种分析的、推理的途径,而是直观的、直觉的生命"人文途径"。

方东美所比较考量的三种哲学方法论,前两种是从希腊诞生开始,

---

① 方东美:《生生之德》,台北:黎明文化股份有限公司2005年版,第333页。

经历中世纪与基督教的对抗结合到近代科学化机械化的发展历程,是西方哲学最具代表性的"信仰"与"理性"各执一端的两种相互对立的方法论。而第三种"人文"的哲学方法则是东方化,更确切说是"中国传统哲学"模式的方法论。三种类型的方法论的梳理比照,根本的目的就是为中国化的"人文"方法开辟进路,引发世人对中国哲学解语模式的关注。"人文途径"主张人在宇宙的万象运化中,因其健行而与自然合二为一,进而参赞化育,静观自得。

(三)人文途径的可能性与进路:人与自然的统一

"人文途径"之哲学方法论,强调人与自然是和谐统一的整体,人之生生不息、不断创进是融贯于自然的大化流行之中的,人与自然彼是相因,共同趋向至善纯美之境界。人与自然并行不已,人作为自然之创造者,静观自得。因此,方东美从人、自然及人与自然的关系入手,逐步论证哲学思考之"人文途径"的可能性与中国哲学选择此进路的必然性。

1. 人与自然的概念解析

(1) 人

关于"人"的概念,方东美认为,中国哲学坚持走人文主义路向的哲学家,建立了一套纯正、博厚的哲学系统,它将"人"提到一定的高度,明确宣称"人"乃是宇宙间各个领域、各种活动的创造者与参与者。具体而言,儒家提倡,人的生命气象顶天立地,足以浩然与宇宙同流,进而参赞化育。在关于人的认识上,老子和墨子虽然派别互异,都和孔子的思想相抗,但对于人性伟大这一点,却是看法相同。如老子说:"天大,地大,人亦大。"墨子描绘的人具有宗教的狂热,非常切实生动:"天欲义而恶不义,然则率天下之百姓,以从事于义,则我乃为天之所欲也。我为天之所欲,天亦为我所欲。"可见,中国哲学自古就把人提升到一个重要的位置。

方东美在列举了以往哲学关于人的思想后,把"人"又详细划分为以下几种:

自然人:完全表现于行动操作的人。

符号人：用符号语言表达不同意境的人。

理性人：一种永远依照理性而生存的动物。

神性人：深藏若虚，本为神人，但由于被谬妄的知识所污染而下坠为寻常人。

"自然人"只是与其他动物一样具有本能、冲动、习性、知觉的一种自然的存在。自然人除去人性上特有的价值，所剩的性质就与其他生物完全相同，只是物质界的一部分而已。这是现代生物科学、自然科学与心理科学所研究的人。当然中国哲学家也不能否认这种实际的存在，但中国哲学家称这一类的人，只是"小人"。所谓"小人"，是指在理智和道德方面有问题的人。例如《周易·系辞》曰："小人不耻不仁，不畏不义，不见利不劝，不威不惩。""小人以小善为无益而弗为也，以小恶为无伤而弗去也。"

与"小人"相比，中国哲学家肯定的是具有道德的君子。君子是指能了解天地之机，见机而作的人。他非礼不取，非礼不动，处事宽大，目标高远。君子之所以有如此胸襟，乃是由于他具有中正的态度、音乐般的温和、诗般的热情，以及深邃的史识。他有这种高度的教养，使他不至于像"小人"一样沉迷于物欲，这得力于他内在的完成。在中国哲学家的眼里，人是可以由自然人变化气质而成就崇高的人格。

"符号人"，是以符号的运用，渴望能够寻求本性之外更高的东西的人。在西方，科学、哲学、纯艺术都是以各种符号，如姿态、颜色、线条、声调、指标、文字、公式、具体和抽象的语言、概念、原则、知识体系等来创作的。要解析何谓"符号""符号人"，方东美认为，首先必须先确定一个基本的假设，即主观的分离型思想必须趋向于客观的分离型实在，而且是不可避免的需要客观化。"符号"只是一些标志，经由一连串象征的历程，以求表达它们所要表达的对象。符号的运作者(即"符号人")只是一个主体，即使竭尽所能，也只是向往于一种从未曾知，而且是不可知的对象。依据二分法及内在的二元对立性，透过辩证逻辑的运用，其势必会陷入矛盾之中。这样一来，符号的运作者，也就是"符号人"，最多只是表现一种"浮士德精神"，追求着永远也无法达到的理性罢了。常因不能把握外物本身的准确性而落入到客观性的迷惑中,符号人"于是只得回过头来,躲在主观的范围内孤芳自赏"。

"符号人"的一切都失去了纯粹的客观性,就必须用理性来纠正,因此有"人是理性动物"观念的产生。方东美认为,就"理性人"来说,东方哲学家与西方哲学家之间并没有根本性的差别,假如有差别的话,也只是思维模式的不同而已。在西方,科学、哲学与宗教,常相互限制,形成了分割的局面。纵观西方历史,近代科学所发展的自然理性,对于宗教实质却毫无启发,而宗教所依据的神圣理性,反倒轻视科学所最关心的物质世界的一切自然形态。西方哲学曾企图用理性来沟通现象界和本体界,却是困难重重。依据康德的看法,这种理性如果超出了它的界限,便倾向辩证的矛盾,而失去了理性的本真。这种被分离了的理性,是不为中国的心灵所接受的,因为中国哲学所谓的理性之大用,乃是旁通、统贯的精神统一体。虽然中国哲学的发展派别众多、意趣各异,但就理性大用这点来说,却是殊途而同归的。正如老子曰:"知常容,容乃公,公乃王,王乃天,天乃道。"荀子亦云:"君子大心则天而道。"墨子也以宗教的根据和政治的目的,要求所有人的生命、精神和思想,应取法于最公平的天志。

由中国哲学家看来,"人"常在创造的过程中,随着宇宙创造的生力,"浑浩流转而证验其大用",这样的人是"神性人"。人一方面是创造者,一方面又是旁观者。正因如此,人的生命时时渗透于宇宙的奥秘中而显露其神奇的力量。人可以认清自己受禀于天道,他的自性中含有神性,人更了解没有任何东西能遮盖由天道所生的神秘的创造力。这种创造力是自生的,没有任何力量能阻碍它的发展。不仅人是它所创的,人的理性和神性也是它所生的。"由于人同具理性与神性,所以他对神和人性的了解是直接的,而非推论的;是亲切的,而非隔膜的;是直觉的,而非分析的。"①方东美认为,由于直观的体验,中国的哲学家能确知人性的至善是源于神性的,人也许会失落,但他的失落并非偶然,而是由于他

---

① 方东美:《生生之德》,台北:黎明文化股份有限公司2005年版,第333页。

违离了天道。人在存在之初,并没有离道,因为人的存在,本是天命所生的。

方东美分析道,人的失落,并不是因为他具有知识,而是由于他失去了悟性正智的作用。人缺乏这种正智,内心便会烦恼,情绪便会不定,也就无法了解生命与世界的真相。利令智昏,使我们的真性受到蒙蔽,生命无法展开。是什么使我们如此沉沦?是世俗的生活,而不是精纯的生命。

关于人的认识,道家、儒家与佛家都有精辟的论述。如庄子云:"古之真人其备乎,配神明、醇天地、育万物、和天下,泽及百姓,明于本数,系于末度,六通四辟,小大精粗,其运无乎不在。""天下之乱,圣贤不明,道德不一。天下多得一察焉以自好,譬如耳目鼻口,皆有所明,不能相通,犹百家众技也,皆有所长,时有所用,虽然不该不遍,一曲之士也。判天地之美,析万物之理,察古人之全,寡能备于天地之美,称神明之容。是故内圣外王之道,暗而不明,郁而不发,天下之人各为其所欲焉,以自为方。悲夫,百家往而不反,比不合矣,后世之学者不幸不见天地之纯、古人之大体,道术将为天下裂。"①庄子是兼有诗和哲学两方面造诣的伟大天才。作为诗人,他带有浓厚的情感;作为哲学家,他献身于精神生命的高扬。由于他兼有这两方面的特色,他悲悯人类之如此沉沦,远离了道体。人类之所以如此,乃是由于他们为了一己的私利、表象的价值及世俗的虚荣,而把人性泯灭在物质的世界中。庄子整个精神在于完成一种寓言化的大思想体系,借着讥讽世俗的妄动与无聊,以辨明精神解脱的重要,及彻悟理想生命的崇高意义。人类必须扬弃小我的局限,以求生命高扬,达于精神的逍遥境界。庄子的主张是:生命的崇高在于经验范围的拓宽、价值观念的加深,使人类的精神升华和道体合一,使其把人世的快乐和天道的至乐打成一片。在这方面,庄子把老子和孔子的智慧推展到极点,同时也为一千年以后的大乘佛学融入中国哲学而铺路。

方东美认为,儒家的哲学理论着眼人在本能、情感和欲望上的实际

---

① 方东美:《生生之德》,台北:黎明文化股份有限公司2005年版,第56页。

需要。一个自然人,必须在实际物质方面得到适度的满足。但这样的满足只是暂时的,自然人为了继续得到真正的满足,还必须着重于心性的修养与人格的升华。正如孔子云"性相近,习相远",孔子并没有断定性是善是恶,但他认为如果通过伦理的教化,人性是可以为善的。也就由于这点向善的潜能,可使自然人变气质而为有道德的君子。自然人只要一心为德,便能成为理性人。理性人知道遵循天命之性。人所禀受的神性是永恒的,这是所有儒家共同的根本信念,即《中庸》所谓:"天命之谓性,率性之谓道,修道之谓教。"

儒家自孔子以降,最主要的代表是孟子与荀子。由于他们二人思想的共同影响,促成了宋明理学的发展。内圣外王代表儒家思想的精髓,人就是通过内圣外王的工夫,而成为内外合一的典范。孟子深入研究人类行为的善良与好义,奠定了性善的道德基础。内心的至善须待扩充,善端扩充后便成为完美的人格。这种完美的人格,不失其为大,所谓"大而化之之谓圣,圣而不可知之之谓神",人的理想就是要趋于神圣。荀子走的是不同路线,他认为人性本来是恶的,只有通过了教化后,人性之恶就能升华为善。因此一个普通人如果做到不为外诱,做到依道而行,也就能成为君子。君子是成为圣人的阶梯。

人的最好目标——"圣人",是以道所赋的至善为生命,能把道德理想与理性知识加以实践的人。这是有确切路线可循的,这条路线就是以涵容周遍的神圣为理想,集中人的整个生命,以求最高的价值,使人成为道的化身的至人。至人由于有得于道,所以能不为外物所诱。圣人,在其人格达于完美时,应取法于天道的无限创生的精神,为全人类,甚至全物类安身立命,使世界万类都能共臻于完美之境。圣人绝不以自己内心的满足为限,他必须使所有的人类能安心理得地过活,必须使天下的生物都能发展其才能,他的生命才能够充实与实现。内圣者不只是顺着自然而行,他的心具有理性的巨大作用,为天地立心,为生民立命。但依照孔子与荀子的看法,这一伟大工作的完成,还须靠人去代行、去补充。即《中庸》所言:"天地之大也,人犹有所憾,故君子语大,天下莫能载焉;语小,天下莫能破焉。"由此可见,人在天地间的重要地位。

综上所述,中国传统哲学在生生不已的宇宙创进过程中,极其注重人的作用。从"自然人"到"符号人",再到"理性人",最后成为"神性人",在此过程中,人既是宇宙的创造者,又参赞化育,参与宇宙的创化过程。人要顺应天道,尽心尽性,实现其人格的发展,进而达到圣人的境界。圣人作为"人"的最高追求,促使人类向真、善、美的价值提升自我。

(2)自然

西方人的心灵充满了分离性的思想,反而因其过分强调自然,使人与万物自然地极端发展,而不能自然地融合。对中国人的心灵来说,"自然"是最亲切的,它绝不是以下各种方东美批判的西方人观念中的"自然":

第一,"自然"是指在后期希腊哲学中所谓的一个没有价值意义,或否定价值意义的"物质的素材"。

第二,希伯来宗教思想认为一个堕落的人受虚荣的欲望、自私的恶念和虚伪的知识等愚妄所迷惑,而一任罪恶所摆布,这就叫做"自然"。

第三,"自然"是指整个宇宙的机械秩序,这种秩序依近代科学来说,即是遵从数学物理定律支配的数量化世界,是纯然中性的,而无任何真善美或神圣价值的意义。

第四,"自然"是一切可认识现象的总和,严格遵守先验自我所规定的普遍和必然的法则。这与康德及新康德派中的不可知本体,正好是一个鲜明的对照。

显然,生命哲学家方东美不同意以上关于"自然"的观点。他提倡中国关于"自然"的思想,在《生生之德》一书中曾指出:"对我们来说,自然是宇宙生命的流行,以其真机充满了万物之属。在观念上,自然是无限的,不为任何事物所局限,也没有什么超自然凌驾乎自然之上,它本身是无穷无尽的生机。它的真机充满一切,但并不和上帝的神力冲突,因为在它之中正含有神秘的创造力。再说,人和自然也没有任何间隔,因为人的生命和宇宙的生命也是融为一体的。"[①]"自然",顾名思义是指世

---

① 方东美:《生生之德》,台北:黎明文化股份有限公司2005年版,第340页。

界的一切。方东美认为,就本体论来说,它是绝对的存有,为一切万象的根本;它是最原始的,是一切存在之所从出。从宇宙论来看,自然是天地相交、万物生成变化的"温床"。从价值论来看,自然是一切创造历程,形成不同的价值层级,如美的形式、善的品质,以及通过真理的引导而达于最完美之境。

方东美认为,中国人更喜欢用"自然"两字,远胜于"宇宙"两字。主要的理由有三:第一点在《易经》中有说明:"成性存存,道义之门。"这是因为中国哲学里的自然与人性是一体的,所以用"自然"两字更可以精确表达"天人合一"的思想。第二点是由于中国哲人具有诗的气质,常把自然拟人化。老子有段话说得极为恰当,他说:"天下有始,以为天下母。既得其母,以知其子;既知其子,复守其母,没身不殆。"自然与人之间有如母子的亲切关系,这种关系并不因疏远而消失。第三点是在自然的境界里,可以把天、地、人合而为一,"把万有组成一个和谐的乐曲,共同唱出宇宙美妙的乐章"。

关于"自然"的认识,中国哲学的人文主义与西方的哲学家有明显的不同。"自然"对中国哲学家来说,是普遍生命流行的世界与境地,自然的力量是弥漫的,它能够贯注于万物,自然的力量是无穷的,它不会受任何事物的局限与牵绊。当然,在中国人文主义看来,也不会有"超自然"的力量凌驾于"自然"之上。可以说,"自然"本身就是无穷无尽的绵延之生命力,方东美认为:"其饱满生机充满一切,但又不和上帝的神力冲突,因此在它之中正含有一切神奇的创造力。"

明确了人与自然的概念问题,人与自然的关系问题迎刃而解。中国哲学家所理解的人与"自然"之关系,没有任何隔阂,因为人类大化流行的生命与生生不息的宇宙生命乃是融贯互通,流行并进的。在中国哲学中,人源于神性,而此神性乃是一种无穷的创造力,它广及天地,而且是生生不息的。"这种创生的力量,自其崇高辉煌方面看,是天;自其生养万物,是道;自其充满了生命,赋予万物以精神来看,是性,性即自然。"[①]

---

① 方东美:《生生之德》,台北:黎明文化股份有限公司2005年版,第333页。

天是具有无穷的生力,道就是发挥神秘生力的最完美途径,性是具有无限的潜能,从各种不同的事物上创造价值。由于人参赞天地之化育,所以人能够体验天与道而"流行于万物所共禀的性分中"。

2. 人与自然的关系

人之所以为人,其本性纯洁无瑕,与具有创造性的大自然相互结合。从比较哲学旷观中国文化中的人与自然,中国人强调"广大悉备的和谐":由于这种和谐,人和世界上的一切生命"结成一体,而享受到和平、安宁的妙乐"。要把这个理想,化为事实,唯一的条件就是我们要确信人和自然(也即是宇宙),都是生元所发,都是中和的。

方东美认为,西方是分离型的思想方式。西方人把东方,尤其是中国的思想形式视为没有智性的,因为形成中国人的观念形式与西方人的完全不同。这也就是西方学者对中国人的心境常感格格不入的原因。他们所注意的,只是外表,而文化的生命和价值必须从其内部才能透显,才能洞悉。可以说,"西方的观念是条理清晰的,中国的观念确是浑融一片的"。"在亚洲,他们文化的各方面都是汇入整个生命之流中。他们离开了宗教的情愫不能谈艺术;离开了理性的思辨不能谈宗教;离开了玄秘的感受不能谈思想;同时,离开了道德及政治的智慧,也没有玄秘的感受可言。"[①]方东美分析道,这段话所指,对西方人来说,在逻辑上是欠通的,但对中国人来说,却是一种深刻的智见。以综合的眼光来看,外表复杂的事物,在艺术的境界上,又都是和谐相融的。一个中国的学者,如果他没有超然的思想,没有宗教的至诚,没有生命实证的道德意识,就不会被尊称为纯正的"雅儒"。中国人评定文化的价值时,常是一个融贯主义者,而绝不是一个分离主义者。

方东美认为,在中国哲学看来,整个自然乃是由一以贯之的生命之流所旁通统贯,它从何处来,或到何处去,固然属于神秘的领域,永远隐秘难知。然而人类之生命本就是无限的延伸,无限的生命来自"无限"之上,而面对"无限",有限的生命又要绵延,因此所有生命都在大化流

---

① 方东美:《生生之德》,台北:黎明文化股份有限公司2005年版,第325页。

行中变迁发展,生生不息,运转不已。不难看出,方东美所倡导的是一种人文的途径与路向。生命之流循序渐进,止于至善;这创进不息的历程就是"道",就其源头而言,则为善之本质,由此源头而流衍出一切生命流化,超越于所有价值之上。就其终点而言,则为善之完成,所谓"道"也就是在此历程之中,尽性践行,正己成物;"又因其包容万类,扶持众妙,所以也必然是内在性的,在万有之中彰显出造物主的创造性,如此在'原始要终'之间,正是大道生生不息的创进历程,蔚成宇宙的太和次序。"①

如此看来,《周易》的义理把生命与自然的创进、流化,阐述的最为精彩与贴切——"成性存存,道义之门。"方东美认为,根据传统,中国哲学本体论也同时是价值论,一切万物的存在都具有内在价值,在整个宇宙之中所有的存在都是有价值的。万物皆有其自身的价值,就是因为一切万物都参与在普遍生命之流中,与普遍的大化流行一齐并进,所以能够在继善成性、创进不息之中绵延长存,共同求善,这也正是宋明理学"理一分殊"之理。

如果追问人生处于何处,根据中国哲学家的探讨,人生存在于自然之中,而自然乃是大化流行的境界,其生机浩然流化,畅然不滞。在中国哲学家看来,自然全体弥漫生命,是一种盎然生意化为创造动力向前推进的过程。因此中国哲学家认为,自然与人生虽是深化多方,但最终可以协然一致。不难体会,方东美所谓的"自然"是一个生生不息、大化流行的创进过程,而人则是这历程中参赞化育的创造者、参与者。因为自然与人是一而为二又二而为一的整体,生命全体融贯旁通,形成方东美先生所说的"广大和谐",在这融贯之中内在的生命世界与外在的自然世界流行互摄,融为一体,达到了天人合一之境界。

人生的追求目标与旨趣,在中国哲学家看来,在于崇高的至善理想,融入自然的创化历程中,以追求其完成实现,这种"善"源自无限,也趋向无限。正如戴震在《原善》中的精准表述:"善曰仁、曰礼、曰义,斯三

---

① 方东美:《生生之德》,台北:黎明文化股份有限公司2005年版,第201页。

者,天下之大衡也。上之见乎天道,是谓顺,实之昭为明德,是为信,循之而得其分理,是谓常。道,言乎化之不已也,德,言乎不可喻也。理,言乎其详致也,善,言乎知常体信达顺也。""性,言乎本天地之化,分而为品物者也。限于所分曰命,成其气类曰性。各如其性以有形质,而秀发其心,征于貌色声,曰才。资以养者存乎事。节于内者存乎能……呈其自然之符,可以知始,极于神明之德,可以知终。"

中国哲学对性善论的分析,充分肯定了人是能够臻于天人合一之精神境界。中国哲学这种人文途径之优势在于,能够使人善尽其责,在仁爱的指导之下,完成神圣的使命,也即是说,宇宙之至善纯美是同时伴随着普遍生命之流行周衍,旁通统贯于每一个人的心性之中,而个人之良心善性、不忍仁之心又伴随普遍生命之流化而创造,流溢扩充于整个宇宙。因此,在中国人文主义哲学家看来,个人的生命感应能与生命的大化流行和谐一致,个人的精神气象能与天地上下同其流化,而其尽性成物更能与大道至善纯美相互辉映。个人的一切活动之原动力都源自仁爱至善,因此人文教化便自然的建立起一套合理性秩序,而人类遵行其合理性秩序所产生的义行、善行,更能彰显仁爱、至善,个人最终成为圣贤,充分实现他生命的神圣性。在生命随着自然的大化流行之历程中,中国哲学家认为人应该体悟"广大和谐"之道,充分展现自我、实现自我,以促使天赋之神圣生命得以充分实现,正因为自然与人浩然同流,交融互摄,均为整个宇宙创造动力的一部分,所以自然与人才能形成和谐一致之整体。反过来说,如果一个人不能充分展现自我、实现自我而有缺憾,也就成为自然的缺憾,宇宙生命便也因此能不能周遍、完整。这正是孟子说的人人"有贵于己者"。在中国哲学看来,人是完整的、完美的,因为人可以尽性、成物。如此,天人和谐,人人感应,人物调和,时时处处都以仁爱、至善、集义为高标,这样天地间就建立了合理、有序的秩序,一切万物也就盎然滋生。但是,事实并非如此,这些理论无非是中国哲学家的理想,绝大多数人达不到这样个人的生命感应能与生命的大化流行和谐一致的境界。

方东美认为,在中国哲学看来,人与自然之大化流衍浑然一体。其中,原始儒家与原始道家深知其意蕴。他列举了孔子与老子的著作加以史料证明。如孔子云:"鬼神之为德,其盛矣乎,视之而弗见,听之而弗闻,提物而不易。""天命之谓性,率性之谓道,修道之谓教。""如天地之无不持载,无不复……万物并育而不相害,小德渊流,大德敦化,此天地之所以为大也。""博厚所以载物也,高明所以覆物也,悠久所以成物也。""大哉圣人之道,洋洋乎发育万物,峻极于天。"老子亦云:"大道泛矣,其可左右,万物恃之,生而不辞,功成而不有,衣养万物而不为主,常无欲,可名为小,万物归焉而不为主,可名为大","持大象天下往,往而不害,安平太"。"有物混成,先天地生,寂兮寥兮,独立不改,周衍而不殆,可以焉天下母,吾不知其名,强字之曰道。""故道大,天大,地大,人亦大,而人居其一焉,人法地,地法天,天法道,道法自然。""上士闻道,勤而行之……夫唯道,善贷且成。""天地长久,天地所以能长且久者,以其不自生,故能长生。""知和曰常,知常曰明,益生曰祥。""载营魄抱一能无离乎,专气致守,能婴儿乎。""含德之后,比于赤子。""万物并作,吾以观复,夫物芸芸,各复归其根,归根曰静,是谓复命。""天下有始,以为天下母,既得其母,以知其子,既知其子,复守其母。"以上孔子、老子之精言辞语,充分彰显了在各种文化发展中,中国哲学智慧乃在允执厥中,臻于大和之气象,故能尽人类之本性,合内外之圣道,赞天地之化育,参天地之神工,充分完成道德自我的最高境界,达到人与自然的和谐统一。

要之,方东美关于中国思想中人和自然的关系分析道:

第一,关于自然,中国人认为它是宇宙普遍生命的大化流行的境域,不能将它分割或简化为机械物质的场合,以供人类作为科学智能的征服对象,或经济、政治权益竞争的战场。"自然",对于我们而言,是广大悉备,生成变化的境域。在时间中,无一刻不在发育创造;在空间内,无一处不是交摄互融的。

第二,自然是一个和谐的体系。它借着理性的创造力,点化物性,使之成为至善至美的精神。方东美认为:"仁人志士于此可以戮力励行,提升品德;高人雅士于此可以悠游创作,成就才艺。自然是本体的至真之境,也是万有价值的渊薮。它是纯善、纯美、洁净无暇的。"①

第三,富有心智的中国哲人,都认为自然是神圣的、幸福的境域。"在那里,圣人贤士都以顺应感召的方法,散布着生命的福音;而不是以恐怖诅咒的手段,斥责人间的罪恶。"②

第四,由于心中对这种生命存有神圣的信念,作为一个典型的中国人,他的人格修养并不局限于个人偏颇才能的发展,而是追求懿美品德的完成。我们人类精神的发扬,既然已臻于崇高的境界,那么个人就应以忠恕体物,深觉我之于人,人之于物,一体俱化。我、人、物三者,在思想、情分及行为上都可以成就相似的价值尊严。人类以平等之心待人接物,自不难与天地并生,与万物为一,共同创造生命。"惟有这样,我们在内心深处才能发掘出、感得到,而且更相信每个人及每一物的生存价值,和我们自己的成就是一致的。有限和无限在神圣生命妙乐的享受上是合一的。哲学所建立的理想生命,和宗教所启示的神圣生命,是交融互摄、一体不分的。"③

最后,尊敬生命的神圣。"我们站在整个宇宙精神之前,呼吁大家本于人性的至善。共同向最高的文化理想迈进。也就是为了这个原因,传统的中国思想不受原罪的干扰,而且相信凭着我们的纯洁、庄严的本性,可以得到精神的升华。"④中国人的思想在这方面是独一无二的,没有象西方人那样背负"罪恶的文化",而感觉命运的沉重。

以上是方东美探讨人与自然之关系。正因为人与自然的和谐并进,人作为自然被创造者与参赞化育的创造者,要运用"静观自得"的人文途径来探求生命的意义与价值。接下来,方东美并没有仅仅停留于此处,他又更推进一层,试图解答人与人自身之关系问题。

3. 人与人自身的关系

方东美认为,根据中国哲学家的思考路向,人可以刚健不已,坚忍奋

---

① 方东美:《生生之德》,台北:黎明文化股份有限公司2005年版,第342页。
② 同上。
③ 同上。
④ 同上书,第343页。

发,实践追求,生生不息。人类的自我实现是一种人生价值的实现,这也正是人生终极追求与根本意义之所在。从"自然"来看,我们可知人"能够"如何,然而,从历史来看,我们则知人"应该"如何。自然与人类之和谐一致,意味着自然与人的共同创进、并肩发展。但是在历史的历程中,人类又是自己的主宰者,理应集中所有原创力而追求至善纯美的最高境界。方东美先生认为:"这不只是拓展新机,更为了在文化活动中激发精神的生命的纯美与价值的至善不是单纯自然所赋予人类的,人必须尽其自身的力量,经由良心、不忍人之心的指引,积健为雄,大化流行,完成德业。唯有在文化理想光照之下,一个新的生命气象始可脱颖而出,将原始生命转化为人文生命,也唯有如此不断求新求进,生命的创化才不致偏差有误,要之,正因为先天的禀赋与善行浑然同体,故后天的德业更应与善性浩然同流,唯有如此,证明格局才能显示出恢宏的气宇。"[①]

方东美强调,人文的路径并不是单一的,它有着多种多样的方式与进路,用以完成生命的大化流行、并行不悖。下面将举人文路径的艺术、文学、绘画等方式作简要阐释,这些艺术的方式正体现了人与其自身的和谐。

在艺术方式的世界里,方东美形象地把生命比喻为芭蕾舞,他认为生命是一场舞蹈,每一处细微的动作都经过美化的处理,把人生各种情感、情绪按照韵律纳入教化,才能成就优雅美妙,气韵生动的人生舞台之效果,"在悠扬高雅的音韵中,促使人类的本能转化成高尚芳洁的意境"。生命成为律动之生命类型,人与其自身达到和谐境界。

在文学方面,方东美认为,人类借助语言除了能够达到彼此沟通的目的之外,在文学上更是含有神妙的点化与教化之作用,特别是诗的语言,更有高度人文教化的用途,无论写景诗歌、达意诗歌抑或抒情诗歌,都可以熏陶浑厚灿烂之气韵,培养深沉幽静之心性,通过曼妙之美从而提升人自身向上的生命精神与大化流行之精神气象。

关于绘画方面,方东美认为,赋有诗境般美感的绘画艺术,可以通过

[①] 方东美:《方东美先生演讲集》,台北:黎明文化股份有限公司2005年版,第246页。

线条、轮廓、色彩、明暗对比等巧思独运而充分表露人类生命的纯美至善,特别是中国国画,更可以看出其气韵生动、大化流行之融贯之美。

总之,在中国哲学家看来,"一切艺术文化都是从体贴生命之伟大处得来的,所以在艺术领域之中,人类无需再模仿自然,相反的,他甚至可以挺身而出,超拔其上,因为他的生命之流已经贯注了更大的创造力,不受任何下界所局限,故能臻于最高的精神成就,这是我为什么肯定'历史'乃是文化理想的实现历程,乃至于大化流行的优美文字。"①方东美指出:中国人之灵性,不寄予科学理趣,而寓诸艺术神思。科学之精义贵在细微缜密,以数之单位量化,而后知宇宙之奥妙。而艺术之妙机,常托之冥想。由此可见,在中国哲学中,诸如文学、绘画、舞蹈等艺术的人文途径对人与其自身和谐发展的重要性与必要性。

可以说,生命哲学家方东美所倡导的"人文"的方法与西方生命哲学家柏格森所提出的"直觉"的方法相近。柏格森认为,西方哲学自柏拉图开始,哲学家便运用理智的方法以解决形而上学之问题。西方哲学家认为,感觉的范畴是有限的,只凭借感觉是不能彻底认知世界的。因此,有许多感觉所达不到的认识领域,需要引入概念、判断、推理等理智的方法,以彻底认知人类所面对的世界。但是方法却与初始目的形成相反的结果。柏格森提出,因为理智方法具有抽象性的特点,运用此种方法不但没有更大限度的扩充认知范围,相反,它"把大量的质的差别从实在中消除了,把我们的一部分知觉泯灭了,把我们对宇宙的具体的洞察力削弱了"②。由此可见,柏格森认为,理智方法不是认识与处理形而上学问题的最佳方法,更无法全面地把握事物的本质。至此,柏格森提出自己的哲学方法——直觉的方法。"所谓直觉,就是一种理智的交融,这种交融使人们自己置身于对象之内,以便与其中独特的、从而无法表达的东西相符合。"③"这里所说的直觉,是指脱离了利害关系的,具有

---

① 方东美:《方东美先生演讲集》,台北:黎明文化股份有限公司2005年版,第248页。
② 柏格森:《关于变易的知觉》,《现代西方哲学论著选读》,北京:北京大学出版社1992年版,第53页。
③ 柏格森:《形而上学导言》,北京:商务印书馆1963年版,第10页。

自我意识的本能。它能在对象上反思自身,并且能无限扩大对象的范围。"①柏格森这种直觉的方法直接影响方东美,并提出了直观的、直觉的生命"人文途径"。

关于"人文"的哲学方法论,方东美通过对什么是人、什么是自然、人与自然、人与人自身几个方面的概念以及关系的疏解,使我们了解到,在中国哲学这里,有"人"和"自然"概念的区分,但区分却以"联系"为目的,这种联系就是"生命""生机"和"生生不息",有了这种"万物一体,大化流行"的联系,才能打破"二元对立"的西方哲学困顿,建立一种在"人文途径"基础上拥有中国特质的新型哲学体系。

二、"生命本体"的建构

方东美认为,中国哲学,其本体论是"一个以生命为中心的本体论,把一切集中在生命上"②。中国哲学把宇宙本体看做价值本体,道德本体,而非西方一样把宇宙当做一个纯粹的自然事物。方东美认为,中国人的宇宙观,不像西方哥白尼天文学以后的宇宙观,把宇宙当做是无穷的境界,再运用科学上无穷的理论体系去描述。中国人是站在生命的立场,从感觉器官,亦即见闻的知识里面肯定世界与宇宙。然后再把这个有限的系统设法"点化"了,成为无穷。不论是儒家哲学还是道家哲学,抑或是先秦的墨家哲学,都是透过中国人共同的才情来点化宇宙的。

(一)关于"生命"的诠释

关于生命的诠释,中西哲学家基于自身的哲学体系,有着互不相同的诠释与解析。在西方,生命哲学作为一种具有非理性主义特征的哲学思潮,它把揭示人的生命的性质和意义作为全部哲学研究的出发点,进而推及人的存在及其全部认识和实践,特别是人的情感意志等心理活

---

① 柏格森:《创造进化论》,长沙:湖南人民出版社1989年版,第16页。
② 方东美:《原始儒家道家哲学》,台北:黎明文化股份有限公司2005年版,第158页。

动,再由人的生命和存在推及人的历史和文化,以至人和周围世界(社会和自然)的关系。

对生命现象从哲学上进行研究和阐释在西方由来已久。古代和近代哲学家对心物关系的探讨在一定意义上也是对生命的研究。例如,心灵学说中的心灵就是生命的重要体现。但是,这些哲学家都是把对生命现象的研究当做自己哲学架构中的一个环节。到了19世纪末,西方科学和文化都出现了一系列重要变更。科学的变化反映在近代生物科学的产生,文化则表现为以德国为中心的浪漫主义文艺运动的兴起,它发扬并突出了西方思想强调生命和激情的传统,超越了近代理性主义形而上学的视界。

在近代自然科学的发展中,生物科学的兴起大大晚于数学和物理科学。当时科学领域中活力论与新活力论之争,一度成为学术界焦点。活力论的概念可泛指那些把生命等同于灵魂(心灵)并在物质事物之外支配物质事物的理论。产生于19世纪的新活力论则指一些哲学家和科学家用超越物理化学过程及科学分析范围的各种名目的生命力来解释一切生命现象的观点。这些学者提出不要笼统否定对生命现象进行科学研究的可能性。但他们仍然以不同方式设定某种不可认识的生命力(生命冲动,对生命的渴求等)作为解释生命现象、解释一切事物的原则,以此消除有机和无机的界限,这种观点就是新活力论。

生命哲学作为一个哲学派别,虽然起源于19世纪70年代,但它的思想起源可以追溯到18世纪的歌德与浪漫主义哲学家,特别是弗·施莱格尔。19世纪下半叶叔本华的生存意志论、尼采的权力意志论、达尔文的生物进化论、斯宾塞的生命进化理论以及法国居约的生命道德学说,对生命哲学的正式形成产生了决定性影响。

生命哲学在德国的主要代表人物有狄尔泰、奥伊肯、齐美尔等,他们强调生命在人本科学和社会生活中的意义。狄尔泰最早用"生命哲学"一词来表示他的哲学。新康德主义者如文德尔班等人也通过对自然科学和价值论的区分,有力促进了生命哲学的发展。生命哲学在法国的代表有柏格森等人,他们试图从生命的进化和生物学的立场,为生命哲学建立自然科学基础。

作为19世纪末至20世纪上半叶法国哲学界影响最大的人物,柏格森的生命哲学对现代哲学、科学、文学和宗教产生了广泛的影响。

柏格森哲学以生命冲动为基石,以时间为本质,以直觉为方法,包罗与人有关的一切理论领域。它同时具有两个思想时代的特征。一方面,柏格森还保持着近代哲学家的研究框架,仍致力于寻求绝对、实在和不可辩驳的真理,强调时间的心理性质,把形而上学的研究对象从空间转移到时间。另一方面,他又努力扭转人们的常识观念,否定科学和传统理性认识实在的权威性,把对世界整体和人的存在的认识推向非理性的直觉。柏格森把生命看做宇宙的某种活力,把生命,即"生命的冲动"及创造性的进化看做世界的真实的实在和本原,把万物的本质定义为脱离物质运动的"绵延"。认为绵延的各个方面的体现便是记忆、本能、意识、自由、精神。柏格森把创造性的进化分为两大阶段:第一阶段,表现为动物的本能,第二阶段表现为人的智能。但人类的理性是微不足道的。人类只能通过非理性的直觉来体察人类社会以及与社会连在一起的道德。

与柏格森之生物学立场不同,中国现代人文学者对于"生命"的诠释有着自己的观点,可以说,他们的生命是一种道德的生命。如果说,柏格森的生命是一种生命的绵延、自由意志和生命冲动,具有"自我意识的绵延"的主观主义与强烈的非理性主义色彩;那么,中国哲学的生命则是一种刚健有为的,具有理性与道德价值特质的体系。例如,梁漱溟认为生命就是"无尽的意欲",生命就是生活,生活就是整个宇宙。他认为,儒学正是一种生命哲学体系,"宇宙是一个大生命,从生物的进化史,一脉下来,都是这个大生命无尽无已的创造"[1]。梁漱溟认为人之内在精神的创进不已,才是生命的完满与圆融。关于生命,熊十力也有自己的见地。他传承中国传统儒学"天人合一"之思想特质,以"体用不二"立宗,认为只有生命才是唯一真实的存在,"生命"是"本心之别名",

---

[1] 《梁漱溟全集》第2卷,济南:山东人民出版社1989年版,第406页。

"生命与心灵不容分为二,离心灵无别生命可说故"①。熊十力把生命诠释为宇宙本体的表现,"吾人识得生命即是宇宙本体,故不得内吾身而外宇宙"。牟宗三也从道德生命出发,认为生命是理性之生命,道德之生命,"正德利用厚生以安顿生命"。牟宗三认为"中国文化之开端,哲学观念之呈现,着眼点在生命,故中国文化关心的是生命"②。方东美哲学更是统贯西方生命哲学与中国传统哲学,赋予"生命"以超越主客观的色彩,认为宇宙是有机整体之生命,人处于宇宙之中,是创造的核心力,天人合德,参赞化育,生生不已。方东美把中国之生命精神发挥到顶点,从内在本性与外在显相两方面全面诠释"生命"内涵。

1. 方东美"生命"释义之内在本性

方东美对于"生命"的内在本质诠释道:"生命包括万类,绵络大道。变通化裁,原始要终,敦仁存爱,继善成性。无方无体,亦刚亦柔。趣时显用,亦动亦静。"③生命包容一切万类,并与大道交感相通,生命通过"变通化裁"得以完成。若要"原其始",即知其根植于无穷的动能源头,进而发为无穷的创进历程,若是"要其终",则知其止于至善。也就是说,生命就"始"而言,是生生不已的创化历程的根源,就"终"而言,更具有价值的意义。方东美进一步论述,从"体"上看,生命是一个普遍流行的大化本体,弥漫于空间,其创造力刚进无比,足以突破任何空间限制,发用显体,显示其无限创造力的伟大力量;若从"用"上看,则生命的大用在时间之流中,更是驰骤拓展,运转无穷,健行不已。它是生命力的外显。它在奔进中是动态的、刚性的,在本体则是静态的、柔性的。方东美所诠释的生命是宇宙的本体,普遍的生命,它既是大化流行自身,又是大化流行所造就的万物。

方东美更进一步指出了,普遍的生命在内在本质上具有五种要义,分别是"育种成性义""开物成务义""创进不息义""变化通几义""绵延

---

① 熊十力:《新唯识论》,北京:中华书局1985年版,第538页。
② 牟宗三:《中西哲学之会通十四讲》,上海:上海古籍出版社1997年版,第235页。
③ 方东美:《中国人生哲学》,台北:黎明文化股份有限公司2005年版,第185页。

不朽义"①。以下将对这五大要义进行简要阐释：

（1）"育种成性义"。方东美认为，在连续不绝的时间之流行中，创造性的生机透过个体与全体的绵延，不间断地赋予生命以新的形式，使生命成就其特性。不论从细微的观点看，还是广大的视野看，都是如此，即使是从宇宙的观点出发，整个宇宙发生的历程也是如此创化绵延的。

（2）"开物成务义"。生命落实于万事万物，作为无穷动能的生命，其意义在于生命在万事万物行进中创造无已，运行无穷。方东美认为"生命资源正是原其始的'始'，如同一个能源宝库"②。

（3）"创进不息义"。即整个宇宙是一个普遍生命的创进系统，因此整个大化流行不仅充满"苍冥"，而且创进无穷，永不停息。"在生命的流畅节拍中，前者未尝终，后者已资始。"③

（4）"变化通几义"。方东美论述道："生命之流和时间之流相同，不能在同一个水流中投足两次，其营育成化乃是前后交奏，新新不停，更迭相酬，生生相续，如同在时间中有无穷变化，生命在变化中也有着无穷机趣。"④生命的创化进程中，时时充满变化，处处充满变化。生命在创化过程中新新相续，生生不已。

（5）"绵延不朽义"。生命在健行过程中创化不已，充满活力。其中"不朽"即是指生生不息，创造不已，它是在生命历程中所展现的活力，在实践的创进中它是从不萎缩的，从不停止的。值得注意的是，方东美把这个"不朽"看做当下可成的，因为生命的创进并不是在另一个虚无缥缈的彼岸世界完成永恒，而是在此世——当下的变迁发展中完成实现的，不是在彼岸，而是在此岸，上可"原其始"，下可"要其终"。要将至善的理想贯注于具体的历程中，求其完成实现。方东美特意强调，他所提倡的"不朽"不是指神的恩典所赐，而是指"人类靠着自己的奋发努力，激发出伟大的生命潜能，进而完成不朽的价值，人类固然是被创造

---

① 方东美：《中国人生哲学》，台北：黎明文化股份有限公司 2005 年版，第 186 页。
② 同上。
③ 同上。
④ 同上。

的,但是人类身上却可以看出创造者的创造力,透过这种潜在而持续的创造力,人类足以开拓种种文化价值,在生生不息的创造活动中完成生命,这才是通往精神价值与最高境界的智慧之门"①。

这里,方东美并没有详细说明生命内涵这五大方面的关系,并且五个方面意义又相互包含,含混不清。例如,"创进不息义"与"绵延不朽义"之内涵重叠,都含有生生不息、创进不已的意义,难以区分。

2. 方东美"生命"释义之外在显相

生命是动态而非静态的,处于变动不居的"生命",自然包含丰富的外在属性。方东美将其归结为五大要点,即"爱之理""化育之理""原始统会之理""中和之理""旁通之理"。

（1）爱之理

生命具有"爱之理"。方东美解释道:"生之心原本于爱,爱之情取象乎易。故易以道阴阳,建天地人物之情以成其爱。爱者阴阳和会,继善成性之谓,所以合天地,摩刚柔,定人道,类物情,会典礼。"②通过以上一段话,可以看出,生命精神形于外,即是"爱"的精神。爱的感情取象于宇宙的变易,宇宙在一阴一阳之道中建立万有之情,完满的生命才能由此实现。方东美认为这里所说的"爱"是指两性的亲切交流,是一个普遍交感的过程。所有生命的完成,与所有价值的实现,都是透过"爱"的精神达到的。

方东美进一步提出,爱有"六相四义","六相"包括:（1）阴阳交感;（2）雌雄和会;（3）男女媾精;（4）日月贞明;（5）天地交泰;（6）乾坤定位。"四义"分别为:（1）暌通;（2）慕悦;（3）交泰;（4）恒久。可以看出,方东美关于"六相"的含义直观易解,下面仅对"四义"的具体含义分析如下:

第一,"暌通":"暌"字的意义,在《易经》里曾一再提出:"二女同居其志不同行""二女同居其志不同得"。这是因为她们都是女性,同性相

---

① 方东美:《中国人生哲学》,台北:黎明文化股份有限公司2005年版,第186页。
② 同上书,第188页。

斥,彼此不能吸引。但是"通"在《易经》中又指"天地暌而其事同,男女暌而其志通,万物暌而其事类"。即使是最有敌意的人,也能化成相爱的朋友,这就是所谓"对立中的调和",或者"反对中的同爱""相反而相成"①。

第二,"慕悦":在相反的两性中,永远有着同情的互感,或者体贴的相伴。所谓"柔进而应乎刚",他们相互分享内在的本质而彼此悦慕。此所谓"天地感而万物化生,圣人感人心而天下和平,观其所感,而天地万物之情可见矣"②。

第三,"交泰":相互的欢畅,天地和交,以示福泰,一切万有也由衷交流内在的生命喜悦,"无往不复,天地际也"。方东美认为运用老子的论述"天地相合,以降甘露……民莫之令而自均",可以很恰如其分地诠释"交泰"之含义。

第四,"恒久":爱,作为幸福生命的本质,刚柔相济相应,要能恒久持续才行。此所谓"天地之道,恒久而不已也","日月得天而能久照,四时变化而能久成,圣人久于其道而天下化成,观其所恒而天地万物之情可见矣"③。

(2) 化育之理

生命具有"化育之理"。方东美认为,生命为元体,化育乃其行相,元体是"一"而不局限于"一",因此生命表现为乾坤(一动一静),分别展现出天地的创造力与化育力,前者永远是动态的,后者则是静态的,这两种运作力量相并俱生,才能使生命万象普遍得以完成。另外,生命的元体在创进中显其大用,故形成阴阳,生命乃是贯通天、地、人之道,以乾元的创造力引发坤元的化育力,然后贯通于万有生命之中。

(3) 原始统会之理

生命具有"原始统会之理"。方东美指出,生命元体原本是"一",进而成为创造性的"元"(指乾元坤元之"元")后,其"用"即散为万殊,以

---

① 方东美:《中国人生哲学》,台北:黎明文化股份有限公司2005年版,第188页。
② 同上书,第189页。
③ 同上书,第188页。

不同的形式展现于世。万物含生而相待,形成了不可分割的有机整体,每一个生命都分有原始的"一"以为"一","一"与"一"又形成"多",而"多"与"多"又复归于"一"。实现了"统之有宗,会之有元"。正如老子曰:"道生一,一生二,二生三,三生万物。"道是生命的本源,是起初的"能生","能生"又生成"所生","所生"又生成"能生",以至无穷无尽,因此道所含的生命正是生生不已的创造历程。

(4) 中和之理

生命具有"中和之理"。方东美认为,"中和"可谓中国精神最高深的真谛、中国文化最重要的标准。"中"表现为"不偏"之精神,"和"展现出"相应"之关系。生命的"中和"之理可从以下五方面得以阐释:

第一,"一往平等性":宇宙生命充满内在价值,各种个体生命都根源于此,而秉承了宇宙生命的价值,所以必须以平等性的爱心相对待。如果任何宇宙生命受到损害,宇宙生命本体的内在价值也会受到损害。

第二,"大公无私性":生命在宇宙中是无所不在、弥漫全体的,在人类也是如此,所以我们每个人的生命都包含一种伟大的精神支柱与精神使命,那就是推己及人,实践广大的爱心,不仅我们自己的人性要完成实现达到完满,就连所有其他人的人性,以及所有其他物的物性也都要充分完成实现臻于圆满。

第三,"同情体物性":虽然宇宙生命是弥漫全体的"一",但各个个体的生命意义与独特价值也不容抹杀,也要能从各种立场来设身处地了解,然后就会发现每一个体也自成世界,在这些自成的世界中,个体生命的形式虽难免有其自私性,但如果走出自私自利的自我中心,同时能为其他每一个体着想,就能够产生共同互惠的普遍的生命利益。

第四,"空灵取象性":所有生命动力与生命气韵原都在空间展开,但"空间"由物体所占,并不是没有窒碍的,若是滞而不变,将会使生命才情难以自由发展,所以我们可以借助精神空灵的妙用,来玄览物质空间的实体。

第五,"道通为一性":大道为生命之源,无所不在。生命通而为一,存在于万物之中,正是中国哲学之通性。如同庄子所言:"天地与我并生,而万物与我为一","天地虽大,其化均也;万物虽多,其治一也","道枢始得起环中,以应无穷","道通为一……凡物无成无毁,复通为一"。

(5) 旁通之理

生命具有"旁通之理"。整个宇宙大易之用,大化常道之行,只有在"旁通"的原理下才能领悟。万事万物各具大理,变通无穷,各理之间相互通贯,可以旁通他理,达到对他事他理的领悟。旁通之理包含四个特性:(1) 生生条理性;(2) 普遍相对性;(3) 变通不穷性;(4) 一贯相禅性。大易在其普遍创进中展现"道"的历程,据此以显示天地交泰,完成万物之生命,正因为它能够包容一切,所以易之大用堪称"光大悉备",旁通统贯。方东美认为,生命的"旁通之理"是基于《易经》体系基础上的。从逻辑来看,易经是一个演绎系统,用一系列严谨的法则来推论易卦的构成;从语义来看,易经是一个完备的语言文字系统,很精细地说明卦爻辞中的变通法则;从哲学来看,易经又是一个动态的本体论系统,根据生生不息的原理,说明"时间"之流中的一切变迁发展;此外它更是一个通论价值的系统,根据广大和谐的原理讨论至善的起源与发展,所有这些要义都可以证实"旁通"这一基本原理。

总之,方东美认为"生命"作为本体,不仅仅是自然的存在、感性的存在,更是体现了精神的价值,生命除去物质条件之外,更兼有精神的意义和价值。他提到:"本体论同时是价值论,一切万物存在都具有内在价值,在整个宇宙之中更没有一物缺乏意义。各物皆有价值,是因为一切万物都参与在普遍生命之流中,与大化流衍一起并进,所以能够在继善成性,创造不息中蔓延长存,共同不朽。"[①]

(二) 探析生命宇宙本体论

从对生命内涵内在本性与外在显相的梳理中,我们不难发现方东美生命内蕴的理性与道德性。基于生命的意义与价值,方东美认为,中国哲学家处处都以价值的根源来说明宇宙之秩序。本质上,中国的宇宙观

---

① 方东美:《中国人生哲学》,台北:黎明文化股份有限公司2005年版,第234页。

乃是一种以价值为中心的生命哲学。方东美认为,"中国的哲学从春秋时代便集中在一个以生命为中心的哲学上,是一套生命哲学。这生命不仅是动植物和人类所有,甚至于在中国人的幻想中不曾承认有死的物质的机械秩序,所谓的原初存在乃是生命的存在。……中国的本体论是一个以生命为中心的本体论。"①就方东美的生命宇宙论而言,中国哲学所宣扬的宇宙具有三项特色:(1)是普遍生命创造不息的大化流行。(2)是一个将有限形体点化成无穷空灵妙用的系统。(3)是一个盎然大有的价值领域,足以透过人生的各种努力加以发扬光大。也就是说,宇宙生命的特色是生生不息、创化流行的;是大用无穷万妙的;是发扬无限价值与意义的。

在西方哲学体系中,时间与空间是指世界万事万物的基本存在方式。时间体现事物运动的顺序性与延续性,后者则体现事物存在的广延性与伸展性。从人类认知的方面来考察,时间与空间又是人类感知世界的两种基本方式。正如康德在论著《纯粹理性批判》中分析道:"是以在先验感性论中,吾人第一、须从感性中取去悟性由其概念所思维之一切事物,使感性单独孤立,于是除经验直观以外无一物存留。第二、吾人又须从经验直观中取去属于感觉之一切事物,于是除感性所能先天的唯一提供之纯粹直观及现象之纯然方式以外,无一物存留。在此种研究途程中,将发现有两种感性直观之纯粹方式,用为先天的知识原理,即空间与时间。"②也就是说,空间与时间,是人类知觉器官的一部分,是认知世界的两种基本形式。西方近代哲学家把宇宙看做人类借以生存的环境,宇宙观就是人类对于生命环境所下的合理解释。"宇宙"原本指空间与时间。上下四方叫做"宇",往来古今叫做"宙"。宇和宙连在一起,就是空间与时间的整个系统。在近代西方科学中是作如此解释的,所以一切物体的动静变化,都落在时间与空间上。方东美认为这种说法本无大错,但由中国先哲看来,却不甚圆满,因为西方哲学意义上的空间与时间只

---

① 方东美:《原始儒家道家哲学》,台北:黎明文化股份有限公司2005年版,第98页。
② 康德:《纯粹理性批判》,蓝公武译,北京:商务印书馆1997年版,第50页。

是机械物体存在的场合。

中国先哲所理解的宇宙,其实包括物质世界与精神世界两方面,并需使之浑然化为一体,不像西方哲学家往往把它们截作两个方面来看。《易经》中的《系辞传上》虽云"形而上者谓之道,形而下者谓之器",后来宋代儒学家如张载、朱熹虽亦有"虚""气"或"理""气"分别的主张,但是他们仍然于"道"与"器"、"虚"与"气"及"理"与"气"之间,求得其一贯处。这些说法是不能拿来与西方哲学中精神物质之二元论混为一谈的。

根据中国先哲的宇宙观念,宇宙即中国人绵络天地之大象也。"语其'形体',则仰望可于'云盖',远瞩略尽于'四海';语其'绵延',则上溯仅达于黄帝,下穷且止于会元,(绍康节以世运会元推天地始终之数,三十年为世,十二世为运,三十运计一万八百年为会,十二会计十二万九千六百年为元。)其涯际与始终宜若有限矣。"①宇宙之属性包括"形体"与"绵延"。因此,方东美认为,对于宇宙观的探讨,可以从宇宙的"形体"与"绵延",亦即"空间"与"时间"两大属性入手。

1. 宇宙的"形体"——空间

方东美认为,中国人关于空间的认识,虽然颇近似于希腊人之有限空间形式,然而关于空间的势用却类似于近代西方人之无穷,其原因在于中国人一向不执著于宇宙之实体,而视空间为一种"冲虚绵渺之意境",正如老子曰:"道冲,而用之或不盈,渊兮似万物之宗。"又曰:"三十辐共一毂,当其无,有车之用,埏埴以为器,当其无,有器之用;凿户牖以为室,当其无,有室之用。"老子又言:"体形于实,而用寄予无,无也者,乃妙道之形相,非寂然无有之谓也,举此以喻空间,但觉渊然而深,幽然而远,一虚无缥缈之景象也。"儒家的荀子也有宇宙之形体有限、势用无穷的思想。例如其云:"人何以知道?曰心,心何以知?曰虚一而静,心未曾不藏也,然而有所谓虚,不以所已藏害所将受谓之虚。虚一而静,谓

---

① 方东美:《生生之德》,台北:黎明文化股份有限公司2005年版,第174页。

之大清明,万物莫形而不见,莫见而不论,莫论而失位,夫恶有蔽矣哉!"①

方东美精辟地总结道:"希腊人之空间,主藏物体之界限也,近代西洋人之空间,'坐标'储聚之系统也,犹有迹象可求,中国人之空间,意绪之化境也,心情之灵府也,如空中音、相中色、水中月、镜中相。"②中国哲学的空间概念,既不同于希腊哲学有限之空间,又不同于近代西方哲学有迹象可循之空间,它是一种势用无穷之空间。

2. 宇宙的"绵延"——时间

西方哲学自古希腊开始,探讨关于"时间"的性质,就提出了"不确定性"的特质。古希腊哲学史上第一个明确探讨"时间"问题的哲学家当属赫拉克利特。他提出:"时间是第一个有形体的本质。"③赫拉克利特进一步分析,整个世界是"一团永恒的活火",其中"活"即是变化,变化即是时间。也就是说,时间是火的变化,整个宇宙世界都处于时间中。因为"活火"的变化不息造成整个宇宙万事万物的"一切皆流,万物常新"④,因此整个世界都处于变化无常的不确定之中。而哲学的任务是追求关于世界的终极确定性,"变化"必将被驱逐于哲学之外,具有不确定性的"时间"也因此被排除。

巴门尼德继续延用"时间就是变化"的观点。他提出著名的论断:存在者存在,不存在者不存在。而变化不息的现实世界是无法被获得的,只有在人的思维之中才能得以实现,正如巴门尼德所言:"能被思维者和能存在者是同一的。"⑤也就是说,作为存在者的存在必须在人的思维中才能获得确定性。而作为存在者而存在的"时间"是不具有确定性的。

---

① 方东美:《中国人生哲学》,台北:黎明文化股份有限公司2005年版,第59—60页。
② 同上书,第176页。
③ 转引自黑格尔:《哲学史讲演录》第1卷,贺麟等译,北京:商务印书馆1981年版,第304页。
④ 《西方哲学原著选读》上卷,北京:商务印书馆1981年版,第23页。
⑤ 同上书,第31页。

柏拉图继续发扬传统时间观,认为时间是运动变化的,具有不确定性。他将整个世界划分为"理念世界"与"现象世界"。认为不变不动的"理念世界"是真实的,而变化不息的"现象世界"是不真实的。而处于"现象世界"的时间不是真实的存在,而只是"理念世界"中"永恒"的摹本而已。

中国哲学与传统古希腊哲学的时间概念迥异。中国先哲向来肯定时间的真实性。无论是孔子川上曰:"逝者如斯夫!"或是老子的"天长地久",抑或墨子之言"宇宙",都肯定了时间的真实存在。正如中国科学史大家李约瑟所言:"中国文化的永恒哲学,是一接受时间实在性和重要性的有机自然主义。……不论在时间中发生什么事,无论是兴盛还是衰败,对于中国人的心灵而言,时间总是真实的。"①

方东美认为"时间"的精义在于,"盖时间之为物,语其本质,则在于变易。语其法式,则后先递承,赓续不绝。语其效能,则绵绵不尽,垂诸久远而蕲向无穷。时序变化……盈虚消长,斯乃时间在创化历程之中,绵绵不绝之赓续性也。时间创进不息,挟万物而一体俱化……是为宇宙……之理性秩序。时间……灭故生新,得可偿失,故曰时间之变易乃是趋于永恒之一步骤耳。……在时间动力学之规范关系中,《易经》哲学赋予宇宙天地以准衡,使吾人得以据之而领悟弥贯天地之道及其秩"("易与天地准,故能弥纶天地之道")②。方东美解释生命,特别由"时间"出发去解说。他把"时间"和"变异"同位化,时间代表变异,也可以说事件就是变异;因为变异由时间而显,时间由变异而成,为研究变异,须由时间去研究。由时间然后得知变异的秩序,由秩序得窥变异的性质。因为变异在时间内进行,方东美说"盖时间之真性万诸变,时间之条理会之通,时间之效能存乎久。生化无已,行健不息。时之化,形于渐而消乎顷。其成也毁也,故穷;穷而能革,则屈往而伸来。时之遁,隐于退而趋于进。其分也成也,故亢;亢而欲得,则藏往通今以通泰,变更往

---

① 李约瑟:《时间与东方人》,载《大滴定:东西的科学与社会》,伦敦:乔治·艾伦和厄温公司1969年版,第218—219页。
② 方东美:《生生之德》,台北:黎明文化股份有限公司1980年版,第290—291页。

复,退而实进,通而为一。时之运,资于亡而系于存。其丧也得也,故恒;恒而能久,则前者未尝终,后者已资始,后先相续,至于无极。"①时间本不是实体,没有方法可以去解释。所谓"时之化",因穷而革;"时之遁",由退而为进;"时之运",以止而系存;故屈往而伸来,变更往复,以趋于恒。这些列出来的时间特性,也就是宇宙生命的特性。生命是变异的,神妙莫测的,只能从时间的历程,以观察生命的历程与效率。变异虽也在空间进行,然而空间须涵盖在时间以内。因为如果没有时间,空间的变化没有变异的可能。因此,生命可用时间去解释,但是还要明确,生命终究不是时间。

以"易"来诠释时间的内涵,易之妙用可体现在"穷则变,变则通,通则久"之意。时间之真性寓于"变",时间之条理会于"通",时间之效能存乎"久"。方东美详细阐释了时间之"变""通""久"的内涵。生生无已,行健不息,谓之"变","变"的意义在于"革",而"革"的意义在于"丧故取新";转运无穷,往来相接谓之"通","通"的意义在于"交","交"的意义,在于"绵延";丧而复得,存存不消,谓之"久","久"的意义在于"积","积"的意义在于"更迭恒益"。"时之化形于渐而消于顷,其成也毁也,故穷,穷而能革,则屈往以信来。"②综上所述,"时之运,资于亡而系于存,其丧也得也,故恒,恒而能久,则前者未尝终,后者已资始,后先相续,至于无极"③。方东美认为,生命不是由一个人来实现的,这一个人死了,生命就断灭了。生命是具有久远的价值的,这个久远的价值在一个时间段里要求实现,一定不能完全完满,还要继续不断地在长时间中,把现在还没有完成的价值推之于将来,逐渐臻于完满。

可以说,中国人的空间、时间观念,"貌似具体而实玄虚,故其发而为用也,遣有尽而趣于无穷"④。这正如道家的老子玄览万象,损其体,致其虚,而物无遁形之妙,其云:"道之为物,惟恍惟惚,惚兮恍兮,其中

---

① 方东美:《生生之德》,台北:黎明文化股份有限公司2005年版,第179页。
② 同上书,第178页。
③ 同上书,第179页。
④ 同上书,第172页。

有象,恍兮惚兮,其中有物,窈兮冥兮,其中有精。"执大象以言万物之精,故能识其玄同、穷其奥妙,而无所遗焉。方东美认为,儒家观照万物,原本也要"设卦陈爻"以应天地山泽雷风水火之形、日月四时之态,"考其要旨,仅在立象以尽意,援爻以通情,玩占以观变"①。再如《系辞传》曰:"是故易者象也,象也者像也。彖者材也,爻也者效天下之动者也。"凡此云云,皆舍宇宙之形迹以显其势用,所谓穷神知化,"妙万物而为言者也"。方东美分析道:"乾道变化,首出庶物;坤厚载物,含弘光大,天地交而万物通,其用也泰;天地感而万物化生,其用也咸;天地革而四时成,日月得天而能久照,四时变化而能久成,其用也应恒;推而至于万物,雷取其动、风取其挠、水取其润、火取其燥、山取其坚贞、泽取其虚受,莫不有妙用流寓其中焉。"②中国哲学的时间与空间概念,是具体与抽象的合一,是有限与无限的融合。在时间与空间的共同作用之下,宇宙大化流衍,生生不息。

3. 中国人之宇宙观特质

欲探寻中国人的宇宙观之特质,必须先了解与之相对应的希腊与近代西方的宇宙观,方能经过比较,探明究竟。希腊人的宇宙观,被方东美称为"物格化"的宇宙观。他论述道:"希腊人之宇宙,一质实圆融之形体也。语其空间,则上下四方,其大有垠;语其时历,则往来今古,其序有尽;语其物类,则地、水、气、火,坌集如环。词人所谓'天似穹庐,笼盖四野,天苍苍,野茫茫,风吹草低见牛羊',最能写象希腊人之宇宙。"③希腊人的宇宙是可以看得见、摸得到的实物和成,其范围只限于有限的形体。方东美把希腊人的宇宙比作一个建筑,并运用三个范畴加以阐释:一为建筑材料;二为建筑基地;三为建筑学原理。而宇宙中的物质即是建筑材料,时空即是建筑基地,数学法则即是其遵循的建筑学原理。这种宇宙,其构造的基本成分是有限的物质质料。由此可见,希腊人的宇宙是物格化的、有限的宇宙。

---

① 方东美:《生生之德》,台北:黎明文化股份有限公司2005年版,第173页。
② 同上。
③ 同上书,第160页。

与希腊的"有限宇宙"相比,近代西方人的宇宙是"无限"的。如果说,希腊的宇宙中,"质"有限,"空"有限,"时"有限,"数"有限;那么,近代西方的宇宙中,"质"无穷,"空"无穷,"时"无穷,"数"无穷。近代西方的宇宙观,虽然也依据物质时空与数学的范畴,但其均由有限趋于无限,由具体趋于抽象。但无论是希腊人有限之宇宙,还是欧洲人无限之宇宙,都是依据科学立论。

与希腊和欧洲根据科学理趣探究宇宙形成对照,中国人的宇宙观寄诸艺术的意境。正如方东美所言:"希腊人与欧洲人据科学之理趣,以思量宇宙,故其宇宙之构造,常呈形体著明之理路,或定律严肃之系统。中国人播艺术之神思以经纶宇宙,故其宇宙之景象顿显芳菲之意境。"①因此,可以说希腊人与近代西方人之宇宙,是科学之理境;中国人之宇宙,是艺术之境界。方东美指出:"中国人之宇宙,一有限体质而兼无穷之势用。"②即是说,中国人的宇宙虽然形体有限,但借助艺术的玄思,可以将有限的宇宙融入空灵的意境,进而产生无穷的势用。中国人的宇宙不局限于有限的、有形质的实体,而是将其点化,成为艺术的玄妙意境。方东美从生命哲学视角、立场出发,以生命为基点,重新审视中国传统哲学之宇宙观。认为,宇宙既是一个普遍联系的有机整体,又是一个生生不已、创化不息的历程。方东美认为,中国人的宇宙是精神与物质浩然同流的境界,"这浩然同流的原委都是生命"③。方东美将中国传统哲学的宇宙观分为下列三层来讨论:

(1)"中国人的宇宙不仅是机械物质活动的场合,而且是普遍生命流行的境界。"④

因为宇宙的根本是普遍生命的变化流行,其中物质条件与精神现象融会贯通,而毫无隔绝。因此我们生活在世界上,以精神寄物质,以物质染精神,物质表现精神的意义,精神贯注物质的核心,精神与物质合二为

---

① 方东美:《生生之德》,台北:黎明文化股份有限公司2005年版,第171页。
② 同上书,第127页。
③ 方东美:《中国人生哲学》,台北:黎明文化股份有限公司2005年版,第55页。
④ 同上。

一,如水乳交融,共同维持宇宙与人类的生命。

不难看出,中国传统哲学不常用"宇宙"这个名词,我们在经书子书上常看到天、地、乾坤、道、自然、阴阳、五行、虚、理、气、心一类的观念来替代"宇宙"一词。这是因为中国哲学家不愿意把宇宙机械地看做空间与时间整合的系统。宇宙是一个包罗万象的大生机,无一刻不发育创造,无一处不流动贯通。关于这一思想,古代哲学家都有精彩的论述。例如孔子云:"天何言哉,四时行焉,万物生焉!"(论文阳货)《易传》更以大生之乾,广生之坤,合而言之,称颂天地之大德曰生。再如,老子、庄子、列子所谓道,显然是生天生地、衣养万物的母体(参考老子上经,庄子大宗师,列子天瑞篇)。墨子也曾曰:"天欲其生而恶其死。"(天志)孟子有知性知天之说,汉儒赵岐注孟子,亦曰:"天道荡荡乎大无私,生万物而不知所由来。"秦、汉儒生多笃信阴阳五行之说,不免拘于形气以谈天,似近乎唯物论,但仍然把积气之天与积行之地,看做"万物苍苍然生"。于是有"天地含情,万物化生","万物非天不生,非地不载","天地有合,则生气有精矣","道立于一,造分天地,化成万物","天者施生""地者元气之所生","天之为言陈也……施生为本,转运精神"之说法。后来宋、明儒者更是发挥这种主张。比如,朱子"天以阴阳五行化生万物"一语,可以总括汉、宋儒家的说法。张载更有所谓"由太虚有天之名,由气化有道之名,合虚与气有性之名"。由此可见,自先秦以来,中国传统哲学家视域下的宇宙不仅是机械物质活动的场合,更是普遍生命流行的境界。

(2)"中国人的宇宙是一种冲虚中和的系统,其形质虽属有限,而功用却是无穷。"①

中国人多就"云盖"之下,"四海"之内,形容宇宙,故空间的范围并不是很大。再就时间而言,由远古数到将来,倘若依邵康节的"世、运、会、元"(三十年为世,十二世为运,三十运计一万八百年为会,十二会计十二万九千六百年为元)来推算,至多也不过数十万年。中国人的宇宙

---

① 方东美:《中国人生哲学》,台北:黎明文化股份有限公司2005年版,第58页。

就其形体而言,可算是有限的。然而这个有限的形体,只是中国宇宙观的一个方面,另一方面,表现为功用的无穷性。

如果说,希腊人的"宇宙",是一个有限的体质;近代西方人的宇宙,是一个无穷的体系;那么,中国人的宇宙,就是一个有限之体质而兼无穷之"势用"的整合体。方东美精确地总结道:"体质寓于形中,体统寄于玄象,势用融于神思。科学立论,造端乎形迹,归依乎玄象,希腊人与欧洲人之窥探宇宙,盖准形迹以求其玄象者也,前者创始而后者圆成之,固犹属于相似之理境。艺术造诣,践迹乎形象,贯通乎神功,中国人之观察宇宙,盖材官万物,以穷其妙用也。"①

从各家经典不难发现,中国哲学家关于宇宙之所以有无穷功用的观点,是因为中国人一向具有一种天赋,凡是遇着有障碍、有行迹的东西,并不停滞,总是把它们化作极空灵、极冲虚的现象,掩其实体,显其虚灵之妙用。例如,《易经》中《大有象传》曰:"大车以载,绩中不败。"老子也说:"三十辐共一毂,当其无,有车之用,埏埴以为器,当其无,有器之用;凿户牖以为室,当其无,有室之用。"世界上许多东西的功用都不在实体,而在空虚。老子亦曰:"天地之间,其犹橐龠乎,虚而不屈。""大成若缺,其用不敝,大盈若冲,其用不穷。"庄子亦曰:"执其环中,以应无穷。"朱熹有云:"盖自本体而言,如镜之未有所照,则虚而已矣。"墨子认为"方不障"等等,都是实者虚之的道理。宇宙虽有形体,却不生障碍,中国先哲何以能使有限宇宙的形体,表现无穷空灵的作用,其主旨就在于损其体,去其障,致其虚。②

从以上例证可以看出,不偏为中,相应为和,中国哲人所以能将有限的宇宙形体化作无穷的微妙作用,就是因为中国哲学家能够放眼观察宇宙,处处都中和不偏,所以能够使万物感应以相兴,生出无穷的和悦之气来。正如《中庸》所言:"中也者天下之大本也。"

(3)"中国人的宇宙,穷其根底,多带有道德性和艺术性,故为价值

---

① 方东美:《生生之德》,台北:黎明文化股份有限公司2005年版,第171页。
② 方东美:《中国人生哲学》,台北:黎明文化股份有限公司1978年版,第59页。

之领域。"①

首先要明确的是,希腊哲学家诚然也把宇宙当作价值的境界,但是他们的宇宙大多分两层,在宇宙底层——物质境界——只有罪恶,而没有至善,只有伪美,而没有纯美,所以希腊人讲到尽善尽美的境界,总是要超脱物质世界,而归趋于彼岸的神境。而近代西方人,从科学立场上观照宇宙,认为宇宙是纯粹的自然现象,是转运不已的历程,并无善恶美丑可言,假使提到价值观念,也只是像宗教哲学家或艺术家一样,要先超脱物质世界。所以,近代西方人要消除物质世界,创设一个超自然境界或艺术幻想境界,然后价值的观念才有所凭借。

中国的先哲把"宇宙"当做普遍生命的表现,其中物质条件与精神现象融会贯通,以至于浑然一体而毫无隔绝。一切至善尽美的价值理想,都可以随生命的流行而实现。宇宙是道德的境界,亦即是艺术的意境。"整个宇宙与富同情的人类形成一个目的系统;在此系统中,存有之诸凡形态均向往神的完美。"正如《周易》中《系辞》篇曰:"一阴一阳谓之道,继之者善也";"乾以易知,坤以简能","易简之善配至德";"天地设位,而易行乎其中矣,成性存存,道义之门"。又如老子虽有"天地不仁,以万物为刍狗"的感叹,后起的道家于是化宇宙为自然之常行,而弃绝善恶观念,但其实老子的本意,并不是反对宇宙具有道德性,而是说宇宙遵道而生,贯德而成,"莫之命而常自然"。清儒戴震亦云:"一阴一阳,盖言天地之化不已也,道也,一阴一阳其生生乎,其生生而条理乎,以示见天地之顺,故曰一阴一阳之谓道,生生,仁也,未有生生而不条理者,条理之秩然,礼至著也,条理之截然,义至著也,以是见天地之常。"由此可见,宇宙一切现象都具有道德价值,可以说中国人的宇宙乃是道德的宇宙。

在中国哲学中,艺术价值在宇宙中也极其普遍地存在。例如,庄子曰:"圣人者,原天地之美而达万物之理。"再如,汉儒虽多主张阴阳五行而形容自然之气化行相,近似自然主义,但也有以五行配五德的学说,比

---

① 方东美:《中国人生哲学》,台北:黎明文化股份有限公司2005年版,第60页。

比皆是,尤以董仲舒、班固、郑康成、赵岐等为最显者。宋儒继承《周易》《论语》《中庸》《孟子》的典籍,发挥"天理流行无间,为仁之体";"天体物不遗,……无一物而非仁也";"至善,天彻古今";"天地之间,理一而已";"天地只是仁义礼智之总名,仁义礼智便是天理之件数"。道家与儒家气象瑰伟,俱为中国之显学。方东美认为:"道儒两家,妙能参透万象而得其势用,杂家转觉拘泥形迹,滞而不化者也。"①正因如此,他们的区别在于,道家与儒家的宇宙观,多以艺术神思作为表现形式;而杂家的宇宙观,乃囿于阴阳五行之痕迹。儒家与道家遵循形上之天道与天理,以状宇宙之神采;杂家执著形下之器物,以求宇宙之形体。方东美认为,只有儒家与道家,才能真正体会到宇宙观的真谛,代表中国之宇宙观的主流。

中国人之宇宙观,既不局限于物质实在,又不出于科学理趣,而发自艺术神思。"旷观中国人之宇宙,其底蕴多属虚像灵境,颇乏实迹繁理。迹之著,理之成,均有赖于数而纲纪始显。故希腊与近代西洋人宇宙之基础,舍数学观念即未由确立。反观中国人之宇宙,乃大异乎是,其故果安在耶?吾前已推论,中国人之灵性,不寄于科学理趣,而寓诸艺术神思。"②由此可见,中国先哲处处要从价值的根源说明宇宙的秩序。不难看出,儒道两家贞观宇宙,皆去迹存象,因此能"官天地""府万物"而洞见其妙用。据此以言宇宙:"则一切窒碍之体隐而无彰,之余艺术空灵胜境。"③总之,中国人视宇宙多舍其形体而穷其妙用,即使有执著形质者,亦且就其体以寻绎其用,因为体有尽而用无穷,只有趋于无穷,才能表现中国人艺术神思之情蕴。

方东美把中国人的宇宙观与古希腊人、近代西方人的宇宙观作了较为细致的比较,从而凸显出中国人宇宙观的优点。从宇宙本体论出发,"中西自然主义彼此之间明显有一大差异:后者恒标榜价值中立,而中国哲人则于宇宙观及人性观上无不系以价值为枢纽。从我们中国固有的文化来看,宇宙真实存在常是负荷着真美善的价值,所以我们把握存

---

① 方东美:《生生之德》,台北:黎明文化股份有限公司2005年版,第172页。
② 同上书,第135页。
③ 同上书,第173页。

在,同时变能观赏价值。近代西洋人割裂自然界,漫将客观的存在与宝贵的价值区分为二而断其连贯,揆其究竟,宇宙的终极目的,人生的至善理想往往浮游无据,濒于幻灭。"①总之,中国人与西方人不同,从道德价值与宇宙价值出发,探索宇宙之生命精神与秩序。中国人的宇宙观不但克服了古希腊人有限形质之宇宙的束缚,彰显宇宙的无穷势用;而且克服了近代西方人自然的、机械之宇宙的桎梏,突显生命精神的意境。究其根本,中国人的宇宙观是具有艺术性、道德性的宇宙观,这与古希腊及近代西方物质的、无价值可言的宇宙形成鲜明的对照。

方东美所理解的宇宙,作为一个联系的整体,既是旁通统贯的有机体,又是生生不已、创化不息的历程。而这种历程的源头正是广大悉备的生命精神。在方东美看来,生命具有了宇宙本体的意义。生命作为一个整体而普遍的宇宙本体,既是现实的感性存在,又显现了精神的价值内涵。从方东美关于生命之诠释,不难看出,其生命的内涵,首先,并不单单指人生,而是包含人生在内的一切万事万物之生命与宇宙生命全体;其次,作为宇宙本体之生命,是具有价值意义的,而非西方生物学意义上的生命哲学。宇宙生命的实质具有向善的价值取向。人处于宇宙生命之中,应了解自身的使命,不断向善之方向发展。人之生命与宇宙之生命并行不辍,天人合一,和谐演进,生生不已。方东美借用西方生命哲学的概念,摒弃其非理性因素,突显了中国生命哲学"生生之德"的理性精神。

总而言之,经历了来自西方世界"民主""科学"浪潮洗礼的近现代中国,怎样确立一种融合"现代"与"传统"的新型思想,从而既保守住千年民族文化,又健全个体意识,成为中国近现代哲人的自觉使命。当对哲学世界命题的探寻与对中国传统文化的拯救相互碰撞时,很多中国现代哲学家惊喜地发现,这两者是可以合二为一的。因为"人"与"自然"这两个在西方哲学中对立的两极,在中国古老的文化典籍中统一于一个更高的主宰——"生命"。而"人文"的直觉方法就是方东美倡导的,能够走进此种"生命意识"的哲学方法。

---

① 方东美:《中国哲学精神及其发展》,台北:台湾成均出版社1984年版,第28页。

第八章 牟宗三:"智的直觉"(上)

一、中国传统哲学的思维方式

20世纪初,随着西方哲学不断地得到丰富的介绍和系统的研究,在中国现代哲学的思想之中,也随之出现了一股直觉主义的思想理论潮流。受康德(Kant Immanuel,1724—1804)、叔本华(Schopenhauer,Arthur,1788—1860)、尼采(Nietzsche,Friedrich,1844—1900)、柏格森(Bergson,Henri,1859—1941)等西方哲学家直觉思想的影响,众多中国哲学家,如梁漱溟、熊十力、冯友兰、贺麟、唐君毅、方东美、牟宗三等人,开始将其与中国传统哲学的直觉思维方式结合起来进行中国哲学方面的研究,以此来重新诠释中国传统哲学的基本精神,并力图在这一基础上进行某种原创性哲学思想的研究。

在这一直觉主义思想理论的潮流当中,当代新儒家学者牟宗三先生的研究,可以说是一个典型的代表。由于深受康德批判哲学和中国传统哲学思想的影响,在他的众多著述中,如在其《智的直觉与中国哲学》《现象与物自身》《中西哲学之会通十四讲》等著述中,到处都体现出他本人对于直觉及直觉理论的浓烈兴趣与广泛重视。他所提出的"智的直觉"思想,已经成为中国现代哲学家直觉理论研究中流传甚广且已被学界认同的话语主题。可以说,牟宗三的这一思想,也已成为他的全部"道德的形而上学"体系建构的理论基础,并成为他进行当代新儒家返本开新工作的关键。在此,我们主要结合牟宗三相关思想的基本著述,来呈现其"智的直觉"思想的基本含义、理论来源、基本内容、论证依据,并据此试图探析出其"智的直觉"理论的基本限制。

思维方式的区别,往往决定了东、西方文化尤其是东、西方哲学的基本差异。在东西方文化思想演变发展的漫长历程中,"直觉"一词及相关理论,历来都是众多哲学家习惯运用和热烈探讨的对象。直觉在西方哲学传统中一直是一个重要的内容,近代的西方哲学家们更是将直觉问题的思考当做哲学研究的一个核心概念和问题。直觉作为一种方法,成为哲学家们广泛运用的方法。"没有可以不用直觉方法而能作哲学思考的人。……形式的分析与推论、矛盾思辨法、直觉三者实为任何哲学家所不可缺一,但各人之偏重略有不同罢了。"①

纵观西方哲学的漫长发展史,无论是笛卡尔(Descartes, Rene, 1596—1650)"理智的直觉"、斯宾诺莎(Spinoza, Benedictus de, 1632—1677)静观事物本质的直觉、洛克(Locke, John, 1632—1704)兼具感性和理性的直觉,还是休谟(Hume, David, 1711—1776)彻底经验主义的直觉、谢林(Schelling, Friedrich Wilhelm Joseph von, 1775—1854)美感的直觉,都是对直觉认识论某种程度上的阐释。到了现代西方哲学家那里,直觉更进而成为被广泛运用的术语,它或者被归结为理性的一种自明性,或者被认为是一种洞察难以表述的生命之流的有效方式。例如,在帕斯卡尔(Pascal, Blaise, 1623—1662)和孔德(Comte, Auguste, 1798—1857)作为"心情的逻辑"的直觉,在叔本华的意志直觉论,尼采强力意志的直觉论,柏格森生命冲动的直觉论,西季威克(Sidgwick, Henry, 1838—1900)伦理的直觉,蒙塔古(Montague, William Peppedrell, 1873—1953)认知的直觉,桑塔耶拿(Santayana, George, 1863—1952)的本质直觉论,克罗齐(Croce, Benedetto, 1866—1952)作为美学方法的直觉,斯宾格勒(Spengler, Oswald, 1880—1936)作为历史认识方式的直觉,克尔凯郭尔(Kierkegaard, S? ren Aabye, 1813—1855)与狄尔泰(Dilthey, Wilhelm, 1833—1911)、舍勒(Scheler, Max, 1874—1928)体验生活价值的直觉,胡塞尔(Husserl, Edmund Gustav Albert, 1859—1938)的本质直觉论,

---

① 贺麟:《宋儒的思想方法》,见宋志明主编:《儒家思想的新开展——贺麟新儒学论著辑要》,北京:中国广播电视出版社1995年版,第133页。

海德格尔(Heidegger, Martin, 1889—1976)存在的领会理论,萨特(Sartre, Jean-Paul, 1905—1980)存在的介入理论等思想当中,我们依然可以看到直觉认识对于现当代哲学家的吸引力。不过,尽管直觉一词及直觉理论在西方哲学的漫长发展史中一直没有停息过,但众所周知,西方两千多年自从柏拉图(Plato, C. 429—347BC)、亚里士多德(Aristotle, 384—322BC)以来的有关现象与本质、主体与客体的二元理性思维方式,一直都是主导性的思维方式,相比之下,直觉的思维方式只是在理性思维方式引领下的一种补充。

与西方哲学相比,中国传统哲学的思维方式一直采取的都是强调主体与客体、物与我、人与自然和谐一致的思维方式。此种思维方式类似于西方哲学中的直觉思维。此种思维方式体现了人类原始文化时期所具有的原始思维形式,因而具有自身存在的客观依据。原始思维的特点即在于不注重主体与客体的区分,而是强调主客体相互渗透和浑然一体。正如列维·布留尔(Lévy-Brühl, Lucién, 1857—1939)所言:"这里,有一个因素是在这些关系中永远存在的。这些关系全都以不同形式和不同程度包含着那个作为集体表象之一部分的人和物之间的'互渗'。所以,由于没有更好的术语,我把这个为'原始'思维所特有的支配这些表象的关联和前关联的原则叫做'互渗律'。"①因此,"可以把原始人的思维叫做原逻辑的思维,这与叫它神秘的思维有同等权利。与其说它们是两种彼此不同的特征,不如说是同一个基本属性的两个方面。如果单从表象的内涵来看,应当把它叫做神秘的思维;如果主要从表象的关联来看,则应当叫它原逻辑的思维。"②"原逻辑思维本质上是综合的思维。我是想说,构成原逻辑思维的综合与逻辑思维所运用的综合不同,它们不要求那些把结果记录在确定的概念中的预先分析。换句话说,在这里,表象的关联通常都是与表象本身一起提供出来的。"③可见,与"互渗律"和主客体无区别状态相伴随的是,原始思维又呈现出原逻辑性、综

---

① 〔法〕列维·布留尔:《原始思维》,丁由译,北京:商务印书馆1981年版,第69页。
② 同上书,第71页。
③ 同上书,第101—102页。

合性和神秘性。这样的思维必然决定了,当人们看世界的时候,他们首先考虑的不是"我看"的问题,"看"实际上就是"看本身",所看到的世界即"表象"也就是"表象本身"。很显然,中国传统文化及其哲学中的直觉思维方式,正是人类原始思维方式的一种客观体现。

因此,作为直觉思维方式的表达的直觉语词,充满了中国思想文化之中,直觉思维方式在中国思想文化中成为占据主导地位的思维方式。事实上,在我们日常语词的概念化和抽象化的过程中,始终伴随着感性化和形象化的因素。这正如卡西尔(Cassirer, Ernst, 1874—1945)所言:"我们的日常言语不仅具有概念的特征和意义,而且还具有直觉的特征和意义。我们的常用词汇不仅仅是一些语义符号,而且还充满着形象和特定的情感,它们不仅诉诸我们的感情和想象——它们还是诗意的或隐喻的词组,而不只是逻辑的或'推理的'词组。在人类文化的早期,语言的这种诗意的或隐喻的特征似乎比逻辑的或推理的特征更占优势。"①但是,随着新的思维方式和语言世界的形成,语词原有的感性意蕴逐步丧失,主体与客体融而为一的原始直觉思维方式遭到了阻断。"如果说,从发生学的观点来看我们必须将人类言语具有的这一想象的和直觉的倾向视为言语的最基本和最重要的特征之一,那么另一方面我们会发现,在语言的进一步发展过程中,这一倾向逐渐减弱了。语言越是扩大和展开其固有的表现力,它也就变得越抽象。语言于是就从那些作为我们日常生活和社会交往的必要工具的言语形式发展成为一些新的形式。"②在卡西尔看来,西方人只有通过艺术的途径才能体现直觉思维。"如果我们还想保存和恢复这种直接地、直觉地把握实在的方法的话,我们就需要一种新的活动和新的努力。这一任务只有通过艺术而不是通过语言才能得以实施。"③因为艺术就是"直觉符号"④。直觉的符号,并不是直觉本身,这种缺乏语言根基的直觉世界,其可靠性显然令人

---

① 卡西尔:《语言与神话》,于晓等译,北京:三联书店1988年版,第164页。
② 同上。
③ 同上书,第165页。
④ 同上书,第67页。

怀疑。

在中国传统思想文化尤其是哲学当中,充分地以直觉语词保存了直觉思维的世界。这一点也是迄今为止西方学者依然关注中国文化及其哲学的重要原因之一,中国的直觉思维方式和直觉文化,必将在全球化时代的多元文化主义中自始至终占据着一席之地。那么,何谓直觉语词?"它的内涵既不单独地指称某一具体的可感物又不纯粹地表示超验的主观意念世界,而是将形象世界与超验意念世界连为一体。*这类语词就称作直觉语词。*"①在中国古代汉语中,这样的直觉语词比比皆是,如"道""一""虚""神""清""浑""悠""圆""清远""典怨""华茂""峻切""渊放""英净""幽深清远"等等。在中国古代诗话、词话等文学批评样式,如钟嵘的《诗品》、曹丕的《典论》、陆机的《文赋》、刘勰的《文心雕龙》、刘熙载的《艺概》、陈延焯的《白雨斋词话》、王国维的《人间词话》等中,直觉语词得到了最为充分的展现。

在此,特以中国传统哲学中非常重要的"道"一词来进行说明。"道",《说文解字》上解释道:"所行道也,从辵从首,一达谓之道。"②后来,"道"一词具有了引申含义,如"天道"指的是日月星辰运行的轨道,"人道"则指的是人应当行走的路,人的生活所应遵循的路——一种行为准则。因此,"道"也可以说具有我们常讲的"引导""指导"之义,如"劈山导河"。《说文解字》上还说,用一种语言告诉别人怎么做也具有指导之义。老子之道便具有路之意,但这是一种大路,它能指给国君金光大道。正如老子自己所讲:"*大道甚夷,而民好径。*"③总之,在中国早期时代,随着对于"道"的不断解释,"道"意味着一种过程,体现出来某种法则,可以变成人们遵守的准则。但有一点必须强调的是,作为直觉语词的"道"既有超越的一面又有内在的一面,它是超越的意念世界与现实的可感世界的统一。在老子的哲学中,"道"作为形而上的本体,它

---

① 周春生:《直觉与东西方文化》,上海:上海人民出版社2001年版,第57页。
② 许慎:《说文解字·卷二下》,徐铉校订,北京:中华书局1963年版,第42页。
③ 《老子·第五十三章》。注:以下凡涉及《老子》原文之处,均以《王弼集校释·老子道德经注》(楼宇烈校释,北京:中华书局1980年版)为准。

显然具有超越的含义,"道可道,非常道"①。再如:"道冲而用之或不盈,渊兮似万物之宗"②;"道生一,一生二,二生三,三生万物。万物负阴而抱阳,冲气以为和"③;"视之不见名曰夷,听之不闻名曰希,搏之不得名曰微。此三者不可致诘,故混而为一。其上不皦,其下不昧,绳绳不可名,复归于无物。是谓无状之状,无物之象。是谓惚恍。迎之不见其首,随之不见其后。执古之道,以御今之有,能知古始,是谓道纪"④;"道之为物,惟恍惟惚。惚兮恍兮,其中有象;恍兮惚兮,其中有物。窈兮冥兮,其中有精;其精甚真,其中有信"⑤;"有物混成,先天地生,寂兮寥兮,独立不改,周行而不殆,可以为天地母。吾不知其名,字之曰道,强为之名曰大。大曰逝,逝曰远,远曰反。"⑥形而上的"道",是我们人类的感觉知觉所不能直接接触到的,但这个不为我们所见的"道",却能落实到现象界而对我们产生很大的作用。当"道"作用于各事各物时,便可以显现出它的许多特性,"道"所显现的基本特征可以成为我们人类行为的准则。这样,形而上的"道"渐渐向下落,落实到生活的层面,作为人间行为的指标,而成为人类的生活方式与处世方法了。也就是说,将"道"和人事结合起来,便使道的最终目的落到了实处。形而上的"道"落实到物界,作用于人生,便可称它为"德"。"道"和"德"的关系是合二而一的。在老子看来,作为人类行为所依循的"道"(即"德")具有自然无为、致虚守静、生而不有、为而不恃、长而不宰、柔弱、不争、居下、取后、慈、俭、朴等基本的特征和精神。

尽管中国传统哲学中一直存在类似于直觉的思维方式,不同于西方哲学中所谓的直觉方式,因为西方意义上的直觉方式,一般而言,是针对理智的或分析的科学方法的。西方意义上的直觉及直觉理论,只是到了

---

① 《老子·第一章》。
② 《老子·第四章》。
③ 《老子·第四十二章》。
④ 《老子·第十四章》。
⑤ 《老子·第二十一章》。
⑥ 《老子·第二十五章》。

19世纪末20世纪初,随着西学的翻译和介绍才逐步引入中国学术界。此后,在中国学术阵营中,我们一直可以找到广泛运用西方直觉思想,并将其思想与中国特有的直觉思维方式相比较、相融合的思想家。例如,在当代新儒家学者梁漱溟进行中西文化比较的过程中,在贺麟诠释宋儒思想方式的论述中,在熊十力区别"性智"与"量智"的对比中,我们都可以发现这样的比较和融合。在这些关注和研究直觉及直觉理论的20世纪思想家中,牟宗三依据康德的直觉思想而构建的"智的直觉"理论,可谓是饱含创新性的一种理论。

与康德哲学以感性直观为主不同,牟宗三整个思想理论体系中最为核心的概念之一便是智的直觉,这也成为他的理论具有独创性的具体表现。他本人认为,"智的直觉"的有无影响中国哲学甚大,因为中国哲学所开出的主要是一套"道德的形而上学"。这套"道德的形而上学",在他看来,恰恰是建立在"智的直觉"的肯定上的。于是,我们有必要分析牟宗三在此概念上的得失之处,不过,我们的分析将从直觉一词的双重内涵开始。

二、"直觉"的双重内涵:"理智直觉"与"生命直觉"

"直觉"一词,长期以来一直是被思想家们广泛和频繁使用的一个术语,但是,随着人类思想的发展,此词也不断经历着意义上的诸多变化。"直觉"一词的拉丁文表述为"Intuition"(名词)和"Intueri"(动名词)。有些学者一直主张将它们翻译成汉文的"直观"一词。他们认为,动词性的直观,可以翻译为"以直觉查看"或"以直觉察知","观""察""看"都与视觉有关。不以"直觉"翻译,是因为"直觉"反映不出动词意味。① "直觉"一词相应的德文表达一般被规定为"Anschauung"一词。但是,实际上德文"Anschauung"一词很难找到英文的某一个词和它对

---

① 参见笛卡尔:《探求真理的指导原则》附录部分"关于直观",管震湖译,北京:商务印书馆1991年版,第121—123页。

译。"Anschauung"(观看)与"Erfahrung"(经验)不同,因为经验总是与那些至少被认为是真实的情况有关,而"Anschauung"却可以发生在想象或回忆中。"Anschauung"(观看)与特别是就德文意义上来讲的"Intuition"一词也不同。在德文中,"Intuition"通常具有来自灵感的思想的含义或来自本能的预知的含义。除非我们有足够的勇气提出一个新的英文对应字,譬如"In-templation",否则就只能说"Direct intuition"(直接的直观),或用一个无人接受的动名词形式:"Intuiting"(直观)[1]。

抛开拉丁文、英文、德文、中文之间的互译问题不谈,即使在学者那里,"直觉"一词也往往被思想家们赋予了林林总总的解释,他们都各自从自己思想建构的角度出发来侧重于"直觉"丰富意涵的某一个方面。在此,我们将"直觉"这一术语视作一个包含丰富内涵的概念,它主要指的是一种非推论性的直接的知识形式或思维方式。与"直觉"一词相关的还有"直觉思维""直觉意象""直觉语词"等合成词,这些因直觉而产生的术语,其最终的解释还得依赖于"直觉"一词本身的含义。"直觉思维",指的是一种独特的思维方式,它主要依靠直觉而不是理性来思考和解决问题。"直觉意象",指的是认知主体将感性的形象世界融入抽象的意念世界,它体现的是普遍与特殊、理性与感性的统一。"直觉语词",指的是直觉思维过程中所运用的语词,其含义上文已经做过交代。

在布莱克波恩编的《牛津哲学词典》中,哲学中"直觉"一词主要指的或者是对某一命题的真理,或者是对一个理解对象(如一个概念)的真理的直接意识。例如,对于时间的流逝的意识,或对于上帝的不可表达本性的意识。在伦理学、数学、逻辑中,都存在直觉主义。[2] 类似地,在安东尼·弗卢主编的《新哲学词典》(上海译文出版社,1992年)中,也是从命题和非命题的角度对直觉一词作了恰如其分的表述。"Intuition 直觉——一种非推理的或直接的知识形式。该名词在哲学上可以

---

[1] 关此可参看〔美〕赫伯特·施皮格伯格:《现象学运动》,王炳文、张金言译,北京:商务印书馆1995年版,第165—166页。

[2] 〔英〕布莱克波恩编:《牛津哲学词典》,上海:上海外语教育出版社2000年版,第197—198页。

分为两种主要用法:第一,关于一个命题(Proposition)的真的非推理知识;第二,关于一个非命题对象的直接知识。在后一种含义上,有四种非命题对象被断定为可直觉的:(a)共相;(b)概念,如正确地运用一个概念,而不能说明其运用规则的情况;(c)可感对象,如在康德对我们与可感对象间直接的非概念关系的说明中;(d)不可言喻的对象,如在柏格森关于绵延的不可表达的意识的说明中,或在对于上帝的感知的某些宗教说明中。"①"关于一个命题的真的非推理知识",主要指的是欧洲近代哲学史上笛卡尔等人对数学公理之类命题的直接自明的认识;"关于一个非命题对象的直接知识",则主要指某些宗教学的、美学的、伦理学的认识对象,例如价值、生命、形而上的真理都可以作为直觉认识和思考的对象。

除了直觉的含义之外,有关直觉的类型问题,也是直觉理论中的一个主要争议性问题。从具体形态来看,直觉按照古典的划分可以分为感性直觉、本质和概念的直觉、形而上学直觉,也可以分为对象化的科学直觉和体验式的人文直觉。尽管学者对于"直觉"的分类存在着五花八门的解释,但总体上来讲,主要有两大类型:理智的直觉与生存的直觉。"理智的直觉"的目的主要是为了获得关于外物的知识,"生存的直觉"的目的则主要是为了获得人的本真状态的体认。

"生存的直觉",具体又可以分为两种类型。在《宋儒的思想方法》②这篇著名的文章中,贺麟先生结合西方哲学家的直觉思想,具体分析了陆九渊、王阳明与朱熹的直觉思想方法的异同。在他看来,直觉既是经验,也是一种方法。

直觉是一种经验,复是一种方法。所谓直觉是一种经验,广义言之,生活的态度,精神的境界,神契的经验,灵感的启求,知识方面突然的当下的顿悟或触机,均包括在内。所谓直觉是一种方法,意思是谓直觉是一种帮助我们认识真理,把握实在的功能或技术。就直觉之为经验言,

---

① 安东尼·弗卢主编:《新哲学词典》,上海:上海译文出版社1992年版,第253页。
② 贺麟先生此文最初写于1936年,原载于《哲学评论》第7卷第1期,后收入《近代唯心论简释》。商务印书馆1990年出版的《哲学与哲学史论文集》也收入了此文。

是一种事实,可有可无,时有时无。即使素来反对直觉的人,如果忽然有了直觉,他也无法加以反抗,驱之使去。就直觉之为方法言,是一种工夫,可用可不用,时有用时无用。这就是说,虽我们事实上客观地承认直觉是一种方法,但我们可以不采用这种方法,而采用别的方法。我们此时可以采用此法,他时亦可以采用别的方法。就直觉之为经验的事实言,可以"有甚高的价值",可以"产生最好的工作",但亦可无甚高价值,不能产生最好的工作,盖直觉经验亦有好坏高下真妄的等差,不可一概认为很好,有价值而是真实。就直觉之为方法言,亦有利钝巧拙精粗深浅的等差,视应用此法者之学养如何及善于应用与否以为断,不可一概抹煞。善于应用直觉法可以使之紧严而合于理性;犹如不善于应用分析法三段论法等,亦可以陷于支离诡辩而不合理性。①

贺麟先生据此非常明晰地提出生存直觉的两种形式:一是"向外观认""向外透视"的直觉,它是作为成知活动的直觉;一是"向内反省"的直觉。他认为,作为方法的直觉,是用理智的同情来体察事物,用理智的爱来玩味事物的方法。因此,"同一直觉方法可以向外观认,亦可以向内省察。直觉方法的一面,注重用理智的同情以观察外物,如自然、历史、书籍等。直觉方法的另一面,则注重向内反省体察,约略相当于柏格森所谓同情理解自我。一方面是向内反省,一方面是向外透视。认识自己的本心或本性,则有资于反省式的直觉,认识外界的物理或物性,则有资于透视式的直觉"②。

贺麟先生对于直觉的定义,主要是从方法上来解释的。他对于直觉的定义主要是安东尼·弗卢《新哲学词典》中对直觉所作的第二方面的定义,即直觉主要是对非命题的对象的直接知识。通盘地考量他对于直觉的定义和对于直觉方法的分类可知,他的直觉主要是一种生存的直觉。

理智的直觉,所对应的是哲学中的知识论、科学主义、理性主义、逻

---

① 贺麟:《宋儒的思想方法》,见宋志明主编:《儒家思想的新开展——贺麟新儒学论著辑要》,北京:中国广播电视出版社1995年版,第130页。
② 同上书,第136页。

辑主义。古希腊时期的柏拉图是第一个从直觉认识的角度来寻找理性知识确切性根源的哲学家。这正如文德尔班（Windelband, Wilhelm, 1848—1915）指出的那样："苏格拉底在他的概念形成学说中认定为归纳法的东西，在柏拉图那里，转变成凭借回忆而进行的直观，转变成对更高、更纯的知觉的反省。然而这种纯知觉，与引起这些知觉的物体的多样性相对应，而产生观念的多样性；从这里就产生科学进一步的任务：了解理念彼此之间的关系。这是柏拉图超越苏格拉底的第二步，这点特别重要，理由是它直接导致对于概念之间的逻辑关系的理解。"①事实上，柏拉图的"理念"实质上就是一种智性的直观物，它是心眼即理智所看及看到的"相"。柏拉图论证"相"的过程中，大量引证了数学和几何学方面的例子，这为后来近代唯理论哲学家以数学为方法来建构形而上学打下了基础。

理智（智性、知性、悟性）在16—18世纪欧洲大陆唯理论哲学家当中，一直成为一个非常核心的哲学概念。笛卡尔曾讲："没有人不知道理智里有一种清楚性是指一种认识的清楚性或明瞭性，这种清楚性或明瞭性是人人都认为有的，可是也许并不是人人所能有的。"②例如，"我思故我在"中的"我在"，"并不是从什么三段论式得出来的，而是作为一个自明的事情；他是用精神的一种单纯的灵感看出它来的"③。于是，笛卡尔要求读者们要"专心研究一下不需要证明就能认识的、其中每一个的概念都能在它自身中找到的那些命题"，"要求他们运用自然给他们的这种理智的自明性，这种明白性由于感官的干扰，经常被弄得模糊起来"，"要求他们运用完全纯粹的、从他们的成见中摆脱出来的这种理智的明白性"④。

据此，笛卡尔成为第一个在比较完备的意义上对"理智的直觉"下定义的哲学家。他认为获得真知的最确实可靠的途径只有两个，即直观

---

① 文德尔班：《哲学史教程》（上），罗达仁译，北京：商务印书馆1987年版，第164页。
② 笛卡尔：《第一哲学沉思集》，庞景仁译，北京：商务印书馆1986年版，第194页。
③ 同上书，第144页。
④ 同上书，第163页。

和演绎。那么在笛卡尔看来,究竟什么是直观呢?"我用直观一词,指的不是感觉的易变表象,也不是进行虚假组合的想象所产生的错误判断,而是纯净而专注的心灵的构想,这种构想容易而且独特,使我们不致对我们所领悟的事物产生任何怀疑;换句话说,意思也一样,即,纯净而专注的心灵中产生于唯一的光芒——理性的光芒的不容置疑的构想,这种构想由于更单纯而比演绎本身更为确实无疑,尽管我们前面说过人是不可能作出谬误的演绎的。这样,人人都能用心灵来直观[以下各道命题]:他存在,他思想,三角形仅以三直线为界,圆周仅在一个平面之上,诸如此类,其数量远远超过大多数人通常注意所及,因为这些人不屑于把自己的心灵转向这样容易的事情。"①笛卡尔认为,直观之所以明显而确定,不是因为它单单陈述,而是因为它能够全面通观,即在提供清晰透彻命题的同时能够顿然间抓住事物的整体特性,而不像推理等其他认识那样只是对事物作断续的反映。例如,假如有这样一个结论:2+2之和等于3+1之和;这不仅要直观2+2得4,3+1也得4,还要直观从这两道命题中必然得出第三个命题即结论。心灵的直观和确定的演绎是有区别的,"我们设想在演绎中包含着运动或某种前后相继的关系,而直观中则没有;另外,明显可见性在演绎中并不像在直观中那样必不可少,不如说,[这个性]是从记忆中以某种方式获得确信的"②。直观和演绎这两种获取知识的方式是有区别的,获取知识所依据的最初的原理只能通过直观来加以获得。"凡属直接得自起始原理的命题,我们可以肯定说:随着予以考察的方式各异,获知这些命题,有些是通过直观,有些则通过演绎;然而,起始原理本身则仅仅通过直观而得知,相反,较远的推论是仅仅通过演绎而获得。"③直观属于理性认识的范围,它思考的对象是观念;直观知识是不证自明的,由人的心灵直接获取和给予,因此能够避免许多由于中间环节的介入所导致的认识错误;直观是发现观念、理

---

① 笛卡尔:《探求真理的指导原则》,管震湖译,北京:商务印书馆1991年版,第11—12页。
② 同上书,第13页。
③ 同上书。

解观念间联系的最为可靠的认识手段。直观认识中的观念与其他观念是根本不同的,自明的直观知识是独立于个别事物而存在的。"我把那些共相领会得同他们完全不一样。不过,对于我们认识得清楚明白的那些本质,比如三角形或其他几何形状的本质,我将使你很容易承认,在我们心中的那些本质的观念并不是从个别事物的观念中抽出来的。"①总之,在笛卡尔看来,直觉认识是人的认识以理性反思的形式对反思对象的非推理性的、无中间环节的直接把握。直觉所把握到的对象有本体论意义上的实体,数学中不证自明的公理,逻辑推理中必须予以设定的前提,等等。

除了笛卡尔之外,在近代唯理论的另一位代表人物斯宾诺莎撰写的《伦理学》中,也体现了对理智直观的重视。斯宾诺莎将知识分为三大类:一是感性的知识,这又被称之为"意见或想象";二是理性的知识,即普遍概念及其推理的知识;三是"直观知识",也就是"由神的某一属性的形式本质的正确观念出发,进而达到对事物本质的正确知识"②。第三类知识的代表是数学与几何学方面的知识。斯宾诺莎认为,第一种知识是错误的原因,第二和第三种知识必然是真的,它们是真观念,只有它们才教导我们辨别真理与错误。

除了近代唯理论哲学家之外,在经验论者当中,也不乏对于直觉知识的重视。例如,在《人类理智论》的第四卷第二章"知识底各种等级"中,洛克在谈到知识的等级分类时,也对直觉知识进行了系统的阐述。他认为,知识是有等级的,它分为直觉的知识、辩证的知识和感觉的知识。何谓直觉知识?"我们如果一反省自己底思维方式,就可以发现人心有时不借别的观念为媒介就能直接看到它底两个观念间的契合或相违这种知识,我想可以叫做直觉的知识。"③它们的明白性和确实性的程度都是不同的。最高的等级是直觉的知识,其后是解证的知识(依据的是证明)和感觉的知识(是关于特殊外物的存在的知识)。直觉的知识

---

① 笛卡尔:《第一哲学沉思集》,庞景仁译,北京:商务印书馆1986年版,第379页。
② 斯宾诺莎:《伦理学》,贺麟译,北京:商务印书馆1983年版,第80页。
③ 洛克:《人类理解论》(下),关文运译,北京:商务印书馆1959年版,第520—521页。

和解证的知识主要有三点区别:(1)解证的知识不如直觉的知识容易,我们借助中介证明所得到的解证的知识虽然确实无疑,但对它的征验并不很明白,我们的同意也不是很直接迅速;(2)证明之先不免疑惑,对于解证的知识,我们如果依据中介的观念虽然可以把一切疑惑完全消除,但对于直觉的知识来说,人心只要尚有几分分辨各个观念的直觉能力,那么它总不至发生丝毫疑惑;(3)解证的知识不如直觉的知识明白。诚然,由解证而生的知识也是很明白的,但这种认识远没有直觉知识所具有的那种辉煌光亮和充分确信。因此,直觉知识是最明白、最确定的,它是解证知识得以进行的前提或必要条件,而解证的知识远不及直觉的知识那样完全。"我们一切知识底确定性,明白性,就依靠于这种直觉;……确定性是完全依靠于直觉的,因此,在次一级知识中,就是在所谓解证的知识中,一切中介观念只有凭直觉乃能有所联系。离了直觉,我们就不能达到知识和确定性。"①"在解证的知识方面,理性每进一步,必然伴有一种直觉的知识;我们每走一步,必须凭直觉认识此一个观念与下一个中介观念(它可以用作证明)间的契合或相违。……在能产生知识的推论中,每一步都带有一种直觉的确定性;……解证每进一步,人心必须精确地保留这种直觉的知识。"②

洛克在知识论上的看法,明显地受到亚里士多德传统的影响。亚氏曾认为,"我们必须通过归纳获得最初前提的知识。因为这也是我们通过感官知觉获得普遍概念的方法。……除了理会而外,没有其他类知识比科学知识更为精确。基本前提比证明更为无知,而且一切科学知识都涉及根据。由此可以推出,没有关于基本前提的科学知识。由于除了理会外,没有比科学知识更为正确的知识,所以把握基本前提的必定是理会。……因为证明的本原自身并不是证明,所以科学知识的出发点自身也不是科学知识。由于除科学知识外,我们不拥有其他真实的官能,因

---

① 洛克:《人类理解论》(下),关文运译,北京:商务印书馆1959年版,第521页。
② 同上书,第523—524页。

而这种知识的出发点必定是领会"①。"领会"是对希腊语"nous"的翻译，它相当于"直觉"一词。

英国近代另一位经验论者休谟，也认为理性直觉知识具有独特的确定性。"人类理性（或研究）的一切对象可以自然分为两种，就是观念的关系（Relations of Ideas）和实际的事情（Matters of Fact）。属于第一类的，有几何、代数、三角诸科学；总而言之，任何断言，凡有直觉的确定性或解证的确定性的，都属于前一种。"②不过，与笛卡尔强调理性的直觉，洛克强调兼顾理性和感性的直觉不同，休谟更为重视的是彻底经验论意义上的直觉。休谟之后，在康德哲学中，感性直观、知性直观就是在知识论的层面进行论说的，它表明直觉并不等于非理性。与康德不同，谢林在谈论直觉认识论的时候，更多的是以美感艺术进行诠释。他自己所建构的整个先验哲学思想体系有两个顶端，一个顶端以理智直观为标志，另一个顶端以美感直观为标志，不过，"理智直观的这种普遍承认的、无可否认的客观性，就是艺术本身。因为美感直观正是业已变得客观的理智直观"③。

由于深受笛卡尔和康德哲学的影响，现代哲学家胡塞尔也十分重视直觉。他曾谈道："笛卡尔的怀疑考察方法为我们提供了起点：在体验的过程中和对体验的素朴反思中，思维（Cogitatio）和体验的存在是无可怀疑的；直观地直接把握和获得思维就已经是一种认识，诸思维（Cogitationes）是最初的绝对被给予性。"④胡塞尔认为，一切知识特别是现象学洞察的最后检验就是直观，直观主要是指与纯粹范畴相对应的认识活动，而最重要的直观就是"本质直观"（Wesensschau）。胡塞尔在众多著述中，详细地阐述了与现象学还原理论相关的"本质直观"（有时又称为

---

① 亚里士多德：《工具论·后分析篇》，见苗力田主编：《亚里士多德全集》第1卷，余纪元译，北京：中国人民大学出版社1990年版，第348—349页。
② 休谟：《人类理解研究》，关文运译，北京：商务印书馆1957年版，第26页。
③ 谢林：《先验唯心论体系》，梁志学、石泉译，北京：商务印书馆1976年版，第273—274页。
④ 埃德蒙德·胡塞尔：《现象学的观念》，倪梁康译，上海：上海译文出版社1986年版，第8页。

"范畴直观")理论。

通观西方哲学中的直觉思想发展史,我们发现,理智直觉成就的是科学与知识,是建构知识和逻辑的逻辑。学者们所普遍谈论的有关人自身的自我意识的人学,涉及的则是对人有所知,对人进行理论的把握,人学于是成为一个关于人的知识系统。不过,理智直觉中的人学最终归本于形而上学。人学形而上学系于两点:"一为人的安身立命之本,它是形而上学的内在基础;一为理智直觉,它是形上之知的官能。在此意义上说,形而上学是以知识形态出现的人本之学,或者说是在理智直觉中的人本之学。"①

当然,人学形而上学不是一种单纯解释世界的理论,因为形而上学的知识形态并不能掩盖人学形而上学本身的人本基础。在理智直觉中,作为形而上学基础的安身立命之本是作为所知对象而出现的,这一最终的对象是理智中被直觉着的一切事物的支点。但是,理智直觉在把握人之本身意义的时候虽为必然,却具有自身难以克服的自然之弊。

人学形而上学研究的是人的安身立命之本,人的终极价值,它虽然和万物之本是统一的,但必在人自身中有其根据。换句话说,人的安身立命之本是人本身所应有的。但在理智直觉中,它成了求知的对象。在理智直觉主体看来,这个对象虽然是存在的,但我们却要通过构造各种规定,甚至形成一个概念逻辑系统来把握它,而不能直接拥有它。这就使人产生一种被异化了的感觉。或者说,自我在理智直觉中被对象化了,变成了以非我形式存在的自我,并且受着它的制约。我们称这种状态为人的统一体的"离间状态"。这种状态又是由理智直觉的"向外观认"的对象化的本性决定的,即只要理智直觉以人为对象进行观照,人的离间状态就不可避免。②

理智直觉在把握人学形而上学上的自然之弊,源于理智直觉的对象化活动。例如,黑格尔曾讲:"就思维作为知性(理智)来说,它坚持着固

---

① 王天成:《直觉与逻辑》,长春:长春出版社2000年版,第167页。
② 同上书,第180—181页。

定的规定性和各规定性之间彼此的差别。"①"纯粹识见的概念认为自己是不同于它自己的对象的一种别的东西(他物);因为正是这个否定性规定,构成着对象。"②后来,柏格森、狄尔泰、尼采、海德格尔等哲学家,集中表述了理智直觉对于人之整体的知性分离作用。

我们认为,人以理智思维的方式将人作为一种对象化的存在来加以认识,这是人学形而上学之知的一个必要路径。没有这种对人的概念的、逻辑的、知性的、理性的把握,我们对于人的认识便或者陷入一种无知的境地,或者步入人学神秘主义之中。但另一方面,人与其他存在物又有一个基本的区别,即人是能够认识并反思自身存在的存在物,人不仅仅存在着,人还追问着自己的存在本身,乃至所有存在物的存在问题。人的这种反思性特征,决定了人不能仅仅以理智直觉的对象化方式来把握活生生的人本身。理智的对象化思维方式所产生的对于"对象化"之人的把握,势必将人之整体分裂为对象和主体这种二元存在。人之本真意蕴的澄明,无疑需要去除理智直觉所造成的自我分裂状态,去寻求理智直觉之外的某种把握人学真蕴的有效方式。

在人学形而上学中,理智直觉与生存直觉、理智化的对象把握与生存论的直觉把握始终处于一种辩证的统一关系之中。

认识和体验是相互渗透的。人学作为人对自身的自我意识既需要对象化的理智直觉将其内容凝化为规定和概念以使其得到彰明,也需要反身内求的生存直觉和体悟以保证人学基础上的统一性。这两种直觉虽然作用方向不同,但从心理机能角度看则是同一直觉方法的两种运用。理智直觉寻求的是人的安身立命之本,并将其化为一终极理念,进而以它为本体构造出了人学的概念逻辑系统。生存直觉则寻求人的本真状态,并把理智直觉构成的概念逻辑系统的内容扬弃于本真状态中,成就一种形而上学的境界。③

在以理智直觉为主导的人学理解中,内在地包含着对人的生存直觉

---

① 黑格尔:《小逻辑》,贺麟译,北京:商务印书馆1980年版,第172页。
② 黑格尔:《精神现象学》,贺麟、王玖兴译,北京:商务印书馆1979年版,第88—89页。
③ 王天成:《直觉与逻辑》,长春:长春出版社2000年版,第194—195页。

的把握，它成就的是外在的、知识形态的人学形而上学；在以生命直觉为主导的人学理解中，内在地包含着对人的理智直觉把握，它成就的是内在的、境界形态的人学形而上学。在人学形而上学中，由理智直觉和生存直觉所展开的知识论价值与生存论价值，是合二而一的有关人之存在的不同方面的诠释。

与理智直觉不同，生存直觉与哲学中的人学、直觉主义、非理性主义、人文主义、生成论相对应。生存直觉成就的是人生的意义和价值，是由知识和逻辑的建构转向本真自我的体验。为了在人学中把握真正的生命澄明，需要消解那些阻碍人生澄明的概念逻辑体系，要超越理智的态度，于是生存直觉或生命直觉便凸显出了自身的意义。

生存直觉的典型阐述者是存在主义大师海德格尔。他提出了一种十分重要的认识形式即"领会"，它是切入存在本身的认识展开状态，而不是一种纯粹的、先验的思维形式。任何其他的认识方式，只有在"领会"的基础上才能够展开。"'直观'和'思维'是领会的两种远离源头的衍生物。连现象学的'本质直观'也根植于生存论的领会。只有存在与存在结构才能够成为现象学意义上的现象，而只有当我们获得了存在与存在结构的鲜明概念之后，才可能决定本质直观是什么样的看的方式。"①海德格尔在对基本存在论的构建过程中，以"存在的领会"取代了"本质的直觉"的优先性。与胡塞尔和海德格尔的直觉认识论不同，萨特以"存在的介入"强调的是个体在现实活动中的投入，是展开其存在时的个体存在直觉。这种生存性的存在直觉，不是纯粹地去直觉先验的意向结构，而是意识和情感的综合投射；不是仅仅停留在意识和情感的领域来领会存在，而是更多地带有现实和政治的气息。

除此之外，在叔本华和尼采的意志直觉理论中，也体现出对生命直觉的重视。叔本华以非理性主义的视角严格将直觉认识与理性认识区别开来，并认为只有前者才能表达主客体之间的交融状态。"正是直观

---

① 海德格尔：《存在与时间》，陈嘉映译，北京：三联书店1999年版，第172页。

的和抽象的认识不相吻合,所以后者之近似于前者亦如镶嵌画之近似绘画。"①又如:"直观认识在被纳入反省思维时所遭受到的变更几乎和食品在被纳入动物有机体时一样。……反省思维,对直观认识的关系决不等于水中的倒影对于被反映的对象的关系,而几乎只能等于这些对象的影子对于这些对象本身的关系。"②当然,叔本华所肯定的直观是艺术直观,即有对象的智性直观或客体化的智性直观。叔本华对意志直觉的强调,在尼采"强力意志"的直觉理论那里得到了进一步的阐扬。同样,在柏格森的生命冲动直觉论里也体现了直觉论的生命化和非理性化倾向,也就是在人的感性生命存在中寻求本体世界,并进一步以非理性的直觉来揭示感性生命存在的本真状态。

直觉的上述双重内涵,是我们下文研究和分析牟宗三"智的直觉"思想的理论基础。不过正如有的学者所指出的那样,尽管中国传统哲学的思维方式采取的是直觉的思维方式,但是在把握中国思想家"直觉"一词的时候,却应当将其和西方的"直觉"一词区别开来。因为"中国认识论讲究一种'化'、'感悟'、'反身'、'切己'、'参'、'省'的认识方法。因此,当用'直觉'一词来指称中国传统文化、传统认识方法的特征时,就必须将直觉一词限定在这样一个范围:即直觉是以现实中的人的具体感性为中心的感性领悟方式。它的特征就是注重超越世界与现实世界的合一,注重以人为中心的万物融通。事实上,只要不与'Intuition'这个词相混淆,那么用'直觉'一词来指涉中国传统思想文化的种种内涵确实也有其他语词所无法取代之处。因为用了'直'可补'觉'的现实感性内涵之不足;而有了'觉'又不会使'直'的内涵流于简单的感知"③。直觉在西方更多意义上是指对超越世界的超越性领悟,而由于中国传统文化具有一种既超越又内在的特质,因此牟宗三以康德的西方哲学意义上的"智的直觉"思想来解读中国传统儒、释、道哲学,显然会有失偏颇。

---

① 叔本华:《作为意志的表象和世界》,石冲白译,北京:商务印书馆1982年版,第100页。
② 同上书,第618页。
③ 周春生:《直觉与东西方文化》,上海:上海人民出版社2001年版,第54页。

对此,本章将在第七、八节予以详述。

三、牟宗三"智的直觉"的思想渊源

在众多研究和运用直觉理论的众多20世纪中国哲学家当中,当代新儒家的主要代表人牟宗三先生,其结合康德哲学与中国儒、释、道三家哲学在直觉方面的理论建构,应当说是最为丰富和具有创新性的。牟宗三在借鉴康德哲学来解读中国传统哲学的过程中,以"智的直觉"来诠释中国传统哲学的特质,已经成为其哲学创新的一大特质。但在牟宗三的理论背后,却暗含着他对直觉本身的诸多误解之处,这些误解直接导致了他本人以康德"智的直觉"概念来解读中国哲学的诸多失切之处。那么,究竟是什么原因促使牟宗三提出了自己的"智的直觉"思想?在此,我们力图主要从理论渊源的角度进行较为粗略的考察和分析。

1. 以儒家思想为核心的中国传统哲学是牟宗三阐发"智的直觉"思想的间接理论来源。

牟先生关注于直觉的思想,这与他作为一名当代新儒家的代表人是分不开的。作为一名常年研究中国传统哲学的中国学者,牟先生的致思方向是始终将直觉思想的研究视作自己理论探索的一个核心问题。事实上,在中国传统的儒、释、道三家思想当中,都可以找到对于直觉的重视和研究。

例如,在道家创始人老子那里,最核心的范畴"道"是具有独特特性的。"道可道,非常道;名可名,非常名。无名天地之始,有名万物之母。故常无欲,以观其妙;常有欲,以观其徼。此两者同出而异名,同谓之玄,玄之又玄,众妙之门"①;"吾不知其名,字之曰道"②;"道隐无名"③。作为万事万物来源和根据的形而上的"道",并不是我们的感官所能把握到的东西,它不能囿于我们的感官之中。在老子看来,如果要把握

---

① 《老子·第一章》。
② 《老子·第二十五章》。
③ 《老子·第四十一章》。

"道",便得需要"绝圣弃知"的静观和玄览的直觉工夫。

不过,从牟宗三一生治学的方向来看,他本人采取的是两条路向来进行哲学的研究。一是西学的路向,这主要是研究罗素、怀特海、亚里士多德、康德、海德格尔等人的思想。二是中学的路向,这主要是重新诠释以儒学为主的中国传统哲学。第一条研究路向,最终是为第二条路向服务的。因受到熊十力的极大影响,牟宗三自北大读书以来,一直都深刻关切于儒家哲学。他后来之所以能够以康德哲学的研究成果来进行中国儒学方面的研究,正是源于此。

可是,究竟如何将中国传统儒学中的精神阐发出来?究竟如何在中西哲学碰撞的情况下凸显儒家哲学的价值?究竟如何使得儒家哲学开出民主与科学?这些问题一直成为牟先生一生思考的主要内容。由于长期致力于康德哲学的翻译、诠释工作,他最终找到了"智的直觉"这一融汇东西方哲学的桥梁。众所周知,在儒家哲学尤其是宋明儒学当中,都充分体现出思想家们对于直觉思维方法的重视和运用。无论是在寻求形而上道德本体的过程中,还是在达到道德本体的工夫体验中,直觉一直成为宋明儒学家大谈特谈的一个主题。宋明儒学,尤其是其中的心学一派所阐发的相关思想,最终使得牟先生能够以康德的"智的直觉"思想展开了诸多创发性的论述。

牟先生关于"智的直觉"的看法,主要是依据儒家思想来立论的。"智的直觉"不过是本心仁体的诚明的自照照他或自觉觉他的活动。自觉觉他之觉是直觉之觉。自觉是自知自证其自己,也就是如本心仁体之为一自体来觉之。此时,觉他是觉之即生之,也就是如其系于其自己之实德或自在物来觉之。例如,张载的"心知廓之""诚明之知""天德良知""德性之知",就是一种"智的直觉"。张载曾讲:"人病其以耳目见闻累其心而不务尽其心,故思尽其心者,必知心所从来而后能。耳目虽为性累,然合内外之德,知其为启之之要也"[①];"人谓己有知,由耳目有受

---

① 张载:《正蒙·大心篇》,见《张载集》,章锡琛点校,北京:中华书局1978年版。

也。人之有受,由内外之合也。知合内外于耳目之外,则其知也过人远矣"①;"诚明所知乃天德良知,非闻见小知而已。天人异用,不足以言诚;天人异知,不足以尽明。所谓诚明者,性与天道不见乎小大之别也"②;"见闻之知,乃物交而知,非德性所知;德性所知,不萌于见闻。"③不仅张载,在牟先生看来,凡是真能相应地体悟《论语》《孟子》《中庸》《易传》,在通而一之中所表示的"道体""性体""心体""仁体""诚体""神体""知体""意体"都体现出"智的直觉"的含义。其中的"知体"是就良知明觉来讲的,良知本身就是体。"心体"是就此良知明觉就是我们的本心来说的,本心本身就是体。"性体"是就这种知体、心体就是我们作为道德存在的先验根据来说的。在宋明儒学家的思想中到处可以体现出"智的直觉"的存在。例如,周濂溪《通书》中所说的"诚""神""寂感""无思而无不通";程明道的"一本论",陆象山的"本心",阳明的"良知",刘蕺山的"知藏于意",胡五峰的"尽心成性"等,也都可以表示出"智的直觉"的意义。在心体大主的圆照与遍润中,就可以体现出智的直觉。牟宗三此处以中国哲学中的"德性之知"与"见闻之知"的区分来诠释康德的"智的直觉"之知与感性直觉之知,这显然有失妥当,对此,下文会详加分析。

2. 康德的认识论和道德哲学是牟宗三阐发"智的直觉"思想的直接理论来源。

与"智的直觉"("智性直观"或"知性直观"或"理智直观")在西方所遭受的命运不同,它在东方哲学家当中一直受到了很高的重视,例如,在日本学者西田几多郎的《善的研究》里,智性直观被理解为对"生命的深刻把握"。不过,与西田几多郎主要是以谢林的"知性直观"进行思想的阐发不同,牟宗三则主要是以康德的"知性直观"作为思想论述的基本资源。诚然,牟宗三先生研究中国哲学是时时结合西方哲学来进行的,在中西哲学相互融和的过程中,他广泛吸取了罗素、怀特海、C.I.刘

---

① 张载:《正蒙·大心篇》,见《张载集》,章锡琛点校,北京:中华书局1978年版。
② 张载:《正蒙·诚明篇》,见《张载集》,章锡琛点校,北京:中华书局1978年版。
③ 张载:《正蒙·大心篇》,见《张载集》,章锡琛点校,北京:中华书局1978年版。

易斯的数理逻辑主义,柏拉图、亚里士多德、海德格尔的形而上学,康德的批判哲学,黑格尔的精神哲学等思想。但是,在他所运用的西方哲学资源中,康德哲学的诠释和运用,可谓数量最大。牟宗三所提出的有关"智的直觉"方面的思想,便是直接渊源于康德的思想。

在到达台湾之前,牟宗三曾花费十余年时间构思和完成了《认识心之批判》这部大部头著作,他此书的目的是想重写一部《纯粹理性批判》。此时,他对于康德的研究,注重的是从逻辑数学方面进行研究,即重视的是知性的逻辑性格的分析。但是,后来随着牟先生对于康德哲学的系统研究和分析,他开始挖掘康德哲学中形而上学方面的思想。康德虽然不承认人可以有智的直觉,但在他的书中,却处处将"智的直觉"与"感触的直觉"进行对比,牟宗三因此将"智的直觉"思想的阐发作为他此后相当长时期思想研究的重点。

不过,最能充分体现牟宗三"智的直觉"思想的,便是1971年3月由台湾商务印书馆出版的《智的直觉与中国哲学》一书。1968年,牟先生偶读海德格尔的《康德与形而上学问题》《形而上学导论》两本书,引发了他撰写此书的想法。他用不到一年的时间将其写完,一是力图接着《认识心之批判》来疏解康德哲学的原义,一是为了弥补《心体与性体》"综论部"对于康德道德哲学讨论的不足,因为在"综论部",牟宗三主要是就康德的《道德形而上学原理》一书进行讨论,康德在此书中未使用"智的直觉"一词,因此牟宗三也便没有论及"智的直觉"方面的思想。但是在《智的直觉与中国哲学》一书中,牟宗三主要是因海德格尔的解读而开始重视康德的形而上学思想,重视其对于现象与物自身的区分的意义,"牟先生的《智的直觉与中国哲学》一书对康德的现象和本体界的超越区分虽已有相当认识,但这一认识只是顺应康德所讲知性的存有论的性格加以疏解所获致"[①]。有了这样的重视,通过疏解海德格尔对于康德形而上学相关概念和思想的理解,牟宗三依据中国儒、释、道哲学的

---

① 龚道运:《牟宗三与中西哲学的汇通》,见龚道运:《道德形上学与人文精神》,上海:上海人民出版社2009年版,第189页。

精神，才系统阐发了"智的直觉"思想，并对其存在的根据进行了详细的论证，同时又结合道家、佛家天台宗与华严宗思想进行了说明。借此，牟先生表明人类拥有"智的直觉"与否，关系甚大。否认它的存在，不但全部中国哲学不可能，即使是康德本人所讲的全部道德哲学也会全部成为空话。

总体看来，牟宗三"智的直觉"理论，主要是结合了以儒家哲学为主的中国传统哲学中的直觉思维方式与康德的"智的直觉"思想而提出的。当然，正是在是否承认"智的直觉"可以为我们人类拥有这一问题上，牟宗三的哲学与康德的哲学在相联系的同时，又呈现出一个最为根本的区别。

四、牟宗三与康德之间的根本区别：究竟有无"智的直觉"

我们知道，康德曾在人与神、有限与无限之间划出了一个明确的界限，并依此而建立了道德的神学与道德的宗教。牟宗三为了扭转和突破康德的理论视域，为了打通神与人、有限与无限间的障碍，为了将康德的道德神学转化为儒家意义上的道德形上学，他提出了人可以有"智的直觉"这一理论立论的根据。

牟宗三对于"智的直觉"的论述，实际上在《认识心之批判》（写于1940—1949年）中就已经有所体现。他认为由形而上的天心坎陷出的认识心，是由直觉的统觉、超越的想象、超越的理解这三个形态构成的。顺着理解活动要求一种满类与满证，最终逼显出直觉的照射。也就是说，由认识心逼出了寂照之心。由寂照之心所具有的"智的直觉"，我们便可以在某种程度上获得满类与满证。不过总体上来讲，牟宗三此时所多次谈到的"智的直觉"，主要还是从知识论角度来加以论述的。

在写作《心体与性体》（写于1961—1969年）的时候，牟宗三并没有言说"智的直觉"，他对于"智的直觉"全面和系统的论述，主要集中体现在《智的直觉与中国哲学》（写于1968—1969年）一书的第十六至二十一章,以及《现象与物自身》(写于1972—1973年)第三章当中。另外在《中西哲学之会通十四讲》(讲于1982—1983年)一书的第十四讲,即"现象与物自身之超越的区分:感触直觉与智的直觉之对比以及直觉的知性与辨解的知性之对比:中国哲学肯定人可以有智的直觉"中,也进行了概括的论述。我们的分析,因此主要据此来加以展开。此时,牟宗三对于"智的直觉"的探讨主要是将其放在道德界和本体界之中来进行的。牟先生将"智的直觉"由认知领域完全转到实践领域中去进行诠释,这成为他与康德在"智的直觉"理论方面的一个重要区别。

除了上文提到的认为在儒家哲学之中存在智的直觉思想之外,牟宗三也认为在道家与佛教方面同样具有"智的直觉"思想。①

在道家那里,直接从名与知来说,这一方面具有明显的反知意识,一方面又使得"智的直觉"思想的浮现比儒家显明,言说比儒家容易。道家在"为学"与"为道"之间进行了明确的区分。"为学日益,为道日损。损之又损,以至于无为。无为而无不为。"②例如,老子提倡"绝圣弃智""绝仁弃义""绝巧弃利""绝学无忧",因为圣智、仁义、巧利、学忧都是知与名的事情。道家提倡"无知而无不知",这说的是:因为不需要经验,因此无知;因为无特定对象,无知自然也涵蕴着无知相。无知而又无不知,这种无知之知即是"智的直觉"之知,即泯化一切而一无所有的道心之寂照,即寂即照,寂照为一。智的直觉是在泯除外取前逐之知而归于自己时的无所住、无所得之无上出现的。在道心的寂照下,一切都在其自己,如其为一自在物而一起朗照而朗现之。不过,道家无知而无不知的"智的直觉"并不创生物物在其自己的杂多,它成就的是静态的"智的直觉"或"非决定判断"的"智的直觉"。道家的"智的直觉"是虚寂的心斋的自我活动,智的直觉之知即是"以无知知"。

在佛家那里,"识知"(比知、比量)不如"圆智",由于佛心无外即是无限,因此必涵有一"智的直觉"在内,此"智的直觉"即寄托在圆教的般

---

① 牟宗三关于道家与佛家中"智的直觉"的论述,请参看其《智的直觉与中国哲学》,《牟宗三先生全集》第20卷,台北:联经出版公司2003年版,第261—276页。

② 《老子·第四十八章》。

若智中。例如,在华严宗真常心系统中所展示的"法界缘起"上,便可展露出"智的直觉"的全体大用。在天台圆教,一念三千实即法性具三千,法性具三千即智具三千,智现三千。智具智现即是"智的直觉"的自性与妙用。"智的直觉"只是佛心智(智如不二的法性体)的自我活动,不是感性(识知)的被动与接受,它的自我活动即是具而现为三千世间法,这也就是智的直觉在佛家系统下的创生性。

佛家的这种创生性是一种消极意义的创生性,就佛家般若智无知而无不知的本性来说,它与道家的玄智并没有区别。道家视道德为外在物,并没有意识到如何内在化道德,并以此来开悟道德可能的超越根据即本心仁体。因此,道家的无向只是无向,它的自然无为只是一个止、寂、虚、无,并没有任何的规定性,它成就的只是一个圆照,不是方中之圆的圆照,因此道家的创生性就只能是消极意义的我无为之生,万物自化的生。佛家与道家的消极意义的创生性与儒家意志因果的积极意义的创生性不同,因儒家所讲的心体性体是道德创生的心体性体。儒家从道德处立说,它的本心仁体之诚明的道德创生性很明显。儒家的天道也可以直说为"生物不测"之道,因此由诚明所发的虚明照鉴的"智的直觉"的创生性也十分明显。不过尽管有相同之处,道家和佛家所体现出来的"智的直觉"也有所不同。道家只是从学、知的"灭于冥极"来说道心的虚寂圆照,无知而无不知。在这种圆照之下,一切皆是"在其自己"的自而独化,对于万物并没有缘起性空的分解,这符合康德对于现象与物自体的区分。可是对于佛家,是就诸行无常、诸法无我来说的,诸行诸法并没有所谓的"在其自己",而只是缘起无性的现象,不只是现象,而且是幻象、假名。可见,道家是纯粹依据学知的消化来说智的直觉,并没有缘起性空的分解,因此有"在其自己"的含义,这是艺术性的,所开出的是艺术性的智的直觉。佛家有缘起性空的分解,因此没有"在其自己"的含义,而只能说在般若智的圆照下,一切皆"如",这种"如"因其无自己而不是在其自己,而是不执不取,一切都是即空即假宛尔呈现的"如"相,而"如"相无相,因此没有生灭相,也没有常断一异来去相,佛家最终成就的是灭度的智的直觉。

尽管儒释道系统中都可以展露出"智的直觉"思想,但在牟宗三看来,在儒家的伊川朱子系统与佛家的阿赖耶系统中,并不能建立智的直觉,只有那些讲超越义的本心或真常心的系统,才可能建立智的直觉。对于儒释道三家中的"智的直觉"思想,他依据儒学这中心的立场而认为,儒家的道德是正宗,道家与佛教是旁支。从道德上说的直觉是正面说,佛家道家是负面说,即从对于不自然与无常的痛苦感受而向上翻求"止"求"寂"以显示。然而,牟宗三承认这些都是从人的实践来建立或显示"智的直觉":儒家是从道德的实践入手,佛教的实相般若与道家的玄智是从求止求寂的实践入手,它们所形成的形上学叫做实践的形上学;儒家是道德的形上学,佛道两家是解脱的形上学。

上文曾言,牟宗三认为康德谈物自身只取其消极的意义,而他自己则主张物自身具有积极的意义。造成此种理解上之差异的根源,在牟宗三看来,即是对于"智的直觉"的承认与否。

> 康德言物自体是只取其消极的意义,因为他不承认我们人类能有"智的直觉"(Intellectual intuition)。我以中国哲学为背景,认为对于这种直觉,我们不但可以理解其可能,而且承认我们人类这有限的存在实可有这种直觉。这是中西哲学之最大的差异处。我们以"人类可有智的直觉"为背景,故对于"物自体"一概念可有亲切而清晰之理解,不似康德处之笼统与空洞。[①]

于是,牟宗三称自己与康德的差别只在于,康德不承认人有"智的直觉",因而只能承认"物自身"一词具有消极的意义,而他自己则承认人可有"智的直觉",因而也承认"物自身"一词具有积极的意义。进而,他认为以"智的直觉"的有无来决定"物自身"一词具有积极的意义还是消极的意义,总是成立的。

这样看来,造成牟宗三与西方哲学尤其是康德哲学差异的根本原因,就是对于"智的直觉"的承认与否。可以说,牟宗三在将西方哲学与

---

① 牟宗三:《智的直觉与中国哲学》,《牟宗三先生全集》第 20 卷,台北:联经出版公司 2003 年版,第 153 页。

中国哲学相结合方面所做出的种种独创性的贡献,都与"智的直觉"这一概念有着这样或那样的联系。如果我们想了解他对于"智知"的思想,这一概念则尤其显得重要。道德主体对于积极意义的物自身的认识,即是凭借"智的直觉"来进行的。由"智的直觉"所获得的知识就是中国哲学家所讲的德性之知。强调中国传统哲学中的德性之知,体现了牟宗三对于中国学问的正视与敬意。

既然"智的直觉"在牟宗三这里是如此的关键,那么究竟何谓"智的直觉"？它的意义与作用又究竟如何？"智的直觉",以牟宗三的看法来说,就是知体的显发与通明,就是"知体明觉"自身的自我活动。而对于"智的直觉"的意义与作用,我们可以通过将牟宗三与康德的有关论述加以比较来加以回答。

五、牟宗三对"智的直觉"含义之界定

在具体分析牟宗三有关"智的直觉"含义的论述及其中所存在的问题之前,我们先就术语的翻译谈论一下。在概念的翻译上,牟宗三有误读康德"智性直观"的嫌疑。牟宗三的译法本身隐藏着一种陷阱,"即把康德的创造出可观对象的'智性直观'理解为一种另类的直觉,即一种无对象的、因而不可'观'、只可'觉'的内心体验"①。

"智的直觉"一词的英文表述是"Intellectual intuition",德文表述是"Intellektuelle Anschauung"。牟宗三认为,此处的"直觉"一词,其德文是"Anschauung",英文译作"Intuition"。此词的原初意思就是直接看到,如果译作"直观"便不太好,因为中国人使用"观"字很神妙,观照也是观,玄览也是观,"直观"这个词不能用,译作"直觉"就是了。直觉就是直接觉到,不管是我看到、我听到、我嗅到、我尝到、我触到,都是我直接

---

① 邓晓芒:《牟宗三对康德之误读举要(之二)——关于"智性直观"(上)》,《江苏行政学院学报》2006 年第 1 期。

觉到。① 针对牟宗三的这种翻译,我国学者提出了批判。例如,倪梁康认为,在康德的哲学中,学者一般将其翻译为"知性直观""理智直观"或"智性直观";在费希特、谢林和黑格尔哲学中则往往被译为"理智直观";在西田几多郎著作里被译为"知的直观";在牟宗三著作里则直接被翻译为"智的直觉"。学者倪梁康根据蓝公武先生的译法,主张将其翻译为"智性直观"。因为"Intellectus"一词,在德国古典哲学中既不同于"Verstand"(康德的"知性"、黑格尔的"理智"),也有别于"Vernunft"(理性),因此应当将其翻译为"智性"以区别于前两者。与此相关的形容词"Intellektuell"和"Intelligibel",可以译为"智性的"和"悟性的",名词"Intelligenz"(原意是觉知、明察)译为"智识"。②

另外,我国学者邓晓芒先生也通过对英文直觉与德文直观两个词之区别的考察,指出了牟宗三以"智的直觉"来翻译康德的"知性直观"(智性直观)的错误。牟宗三所使用的"智的直觉"一词译自英文的 the intellectual intuition,严格说来,英译者用该词译康德的 die intellektuelle Anschauung 并不是十分准确。Intuition 来自拉丁文,由 in("进到里面")和 tuitus("看顾",名词 tuitio,"关心")两部分组成;Anschauung 则是个德文词,由 An("靠在上面")和 schauen("观看")两部分组成。这两个词在日常一般的意义上虽然可以互换,即有相互重叠之处,但也有并不重叠之处,即 Intuition 还包含有 Anschauung 中所没有的意思,就是指内心某种主动突发的"灵感"(Eingebung),而 Anschauung 则有静态地"旁观"的意思,这也是 Intuition 中所没有的。可见,英译者对康德该词的翻译只是大致相近,在英文中没有与德文的 Anschauung 完全相等的词,这也是没有办法的事。但中文对此应该有办法处理得很好,这就是译作"直观",而不是"直觉"。例如现代克罗齐(Benedetto Croce)和柏格森(Henri Bergson)的"直觉主义"(Intuitionismus),不能译作"直观主义"。直观与直觉的区别正在于前者是接受的、被动的(旁观或静观的),后者

---

① 关于此可参看牟宗三:《四因说演讲录》,见《牟宗三先生全集》第 31 卷,台北:联经出版公司 2003 年版,第 209 页。
② 参见倪梁康:《康德"智性直观"概念的基本含义》,《哲学研究》2001 年第 10 期。

则是自发的、主动的(创造性的)。至于康德所使用的 Anschauung 一词,则是基于这种静观的、被动的理解,因此,他认为我们人类的直观只能是感性的、接受性的,自发的主动性只能来自于智性(知性)。至于他谈到一种"智性的直观"(die intelle-ktuelle Anschauung),虽然这种直观被想象为能动的,但之所以能够这样想象,还是因为它是"智性的",因而带上了智性的能动性,而不是说单纯靠直观就有能动性。①

对于"Intellektuelle Anschauung",本文将依据不同哲学家思想理论的具体情况,相应地采用不同的表达术语。

除了术语的翻译之外,众所周知,有关"智的直觉"("智性直观"或"知性直观"或"理智直观"),无论是在倡导者之间,还是在反对者之间,还是在两派之间,思想家们对于"智的直觉"的理解似乎都是有差异的。这无疑增加了我们在研究牟宗三"智的直觉"思想过程中的困难。接下来,我们主要分析一下,智的直觉在牟宗三先生这里到底具有何种含义。

在厘清康德的现象与物自身、超越的对象=X 等术语的含义之后,牟宗三在《智的直觉与中国哲学》一书中开始详细论述了有关"智的直觉"的思想。他认为,在"智的直觉"(知性直观)问题上,康德继承传统的说法有如下四点:(1)就其为理解言,它的理解作用是直觉的,而不是辩解的,即不使用概念;(2)就其为直觉言,它的直觉作用是纯智的,而不是感觉的;(3)"智的直觉"就是灵魂心体的自我活动而单表象或判断灵魂心体自己者:如果该主体所具有的直觉只是自我活动,即只是理智的,那么该主体必只判断它自己;如果它是直接地自我活动的,它必只表象它自己;(4)"智的直觉"自身就能把它的对象的存在给予我们,直觉活动自身就能实现存在,直觉之即实现之(存在之),这是"智的直觉"的创造性;如果主体中的一切杂多是由自我的活动给予的,那么内部的直觉必然是"智的直觉"。② 牟宗三主张,"智的直觉"是存有论的呈现原

---

① 邓晓芒:《牟宗三对康德之误读举要(之二)——关于"智性直观"(上)》,《江苏行政学院学报》2006 年第 1 期。

② 参见牟宗三:《智的直觉与中国哲学》,《牟宗三先生全集》第 20 卷,台北:联经出版公司 2003 年版,第 187 页。

则,也就是创生原则或实现原则,它使一物如如地有其"存在"。

具有这样四点特性的"智的直觉",康德认为不是我们有限的人心所能具有的,而只能应当归属于神心。就知性来讲,人类的知性只是辩解的,而不是直觉的。因此,人类知性需要一种对于杂多的特殊的综合,综合必须用概念。如果是先验的综合,便必须用先验的纯粹概念即范畴。范畴对于人类的知性是必不可少的。如果人有"直觉的知性"(intuitive understanding),则显然范畴便没有存在的意义了。

与康德不同,牟宗三毅然承认人有"智的直觉"。于是,在他的理论中便存在两种知性或知解:一是运用概念以成就知识的"认知的知性",一是运用直觉以成就形而上学的"直觉的知性",它认识自己的对象不是通过范畴辩解地认识,而是在一种"非感触的直觉"(non-sensible intuition)中直觉地认识。他认为,直觉的知解是直而无曲的,辩解的知解是曲而能达——借概念而达。这种借概念而达就是它的封限性(finitude),曲屈性必然涵着封限性。它对应着非它自身所能提供的杂多而活动,因此它呈现了这种曲屈性与封限性;它服务于直觉,它不是创造的知解,只是认知的知解,因此,它呈现了这种曲屈性与封限性。不过,牟宗三却十分赞同康德在依"智的直觉"之知与依"感触直觉"之知间所做的区别。依"感触直觉"之知是直觉与思想两个绝异成分的合作,而且思想也需要有概念以及由概念所表示的统一;可是依照"智的直觉"之知,则是直觉即思,思即直觉,既不需要有概念也不需要统一,因此这种知是创造的知而不是认知的知,也可以说,"知而无知,无知而知,是谓一切知,(此一切不是由概念所表示的),既无知相,亦无知的意义,仍是具体地朗照一切朗现一切,体物而无所遗——依在其自己而朗照而朗现,用于'我自己',即依'我之在我自己'而朗照而朗现"[①]。

在牟宗三看来,如此解释的"智的直觉"是创造的实现原则,因此与感性的直观(感触的直觉)区分开来。感性直觉只能认知地呈现一物,而不能存有论地创生一物。具体讲来,就概念的思想说,直觉是具体化

[①] 参见牟宗三:《智的直觉与中国哲学》,《牟宗三先生全集》第20卷,台北:联经出版公司2003年版,第204页。

原则（principle of concretion）；就事物的存在说，如果直觉是"感性的直观"，那么它是认知的呈现原则（Principle of cognitive presentation）。此时它是接受的，不是创造的，也须有思想的统一，而统一须借助概念。如果直觉是"智的直觉"，那么它是存有论的（创造的）实现原则（Principle of ontological or creative actualization）。牟宗三曾以张载的如下话语来加以解说："天之明莫大于日，故有目接之，不知其几万里之高也；天之声莫大于雷霆，故有耳属之，莫知其几万里之远也；天之不御莫大于太虚，故心知廓之，莫究其极也。"①他认为，耳属目接是"感性的直观"，"心知廓之"是"智的直觉"，而且耳属目接的"感性的直观"为认知的呈现原则，"心知廓之"的"智的直觉"不但为认知的呈现原则，而且同时也是创造的实现原则，这是很明显的。

总之，"感性的直觉"（感性的直观）与"智的直觉"（知性的直观）的义用完全不同，一个是认识论的（Epistemological），一个是本体宇宙论的（Onto-cosmological）。但问题是："按照两种直觉而将世界划分为现象界与本体界，将价值界提升为本体界，将智的直觉提升为本体界的方法论却是道德理想主义者的一厢情愿之论。他既没有注意到'问题优先性'的社会现实基础，也忽视了生活世界的丰富性与本源性。'良知坎陷'说试图将两重化了的世界统一起来，但将单纯的道德意识即良知作为统一的基础与动力而无视甚至否定人性中最强大的质料因即被其视作形而下的欲望与生活世界，从而使两重世界难以统一起来。"②

从牟宗三"智的直觉"概念的含义来看，他的相关思想更接近于谢林的"理智直观"概念。与谢林一样，牟宗三坚持从"直观的知性"出发，因此有如谢林提出没有差别的绝对同一一样，也提出了没有差别的心体良知这种绝对的本体。但是，正如黑格尔所言，在"思辨逻辑内即包含有单纯的知性逻辑，而且从前者即可抽得出后者。我们只消把思辨逻辑

---

① 张载：《正蒙·大心篇》，见《张载集》，章锡琛点校，北京：中华书局1978年版。
② 贡华南：《智的直觉何以可能——试论牟宗三对形上方法论的重建》，《学海》2002年第2期。

中辩证法的和理性的成分排除掉,就可以得到知性逻辑"[1]。割裂思辨逻辑与知性逻辑的辩证关系,使得牟宗三有如谢林一样,在寻求本体的过程中抛弃了逻辑的东西思维,将直接知识奉为原则,并认为逻辑范畴的间接知识永远达不到真正的形而上真理,只有依靠圆而神的非逻辑的直接知识才能获得这种真理。但是,直接知识与间接知识、智性直观与知性范畴是统一的。一方面,按照最普通的经验,确实会有许多真理直接呈现在有教养的人们的意识之中,但是,它们是多方反复思索与长期生活经验的产物,也就是说,无数的间接知识转化成了某种直接知识,"直接知识实际上就是间接知识的产物和成果"[2]。另一方面,在科学和艺术里,天才的创造活动确实会洞见事物的枢机,不过随着岁月的推移,他们非凡的建树已经变为简单的思想规定,也就是说,直接知识转化成了间接知识,"许多在从前曾为精神成熟的人们所努力追求的知识现在已经降为儿童的知识"[3]。由于未能看到直接知识与间接知识、直觉的知识与概念的知识之间的辩证法,以及过度强调非理性的"智的直觉"的作用,于是自然使得牟宗三以"智的直觉"来构建的哲学体系充满了神秘主义的色彩。关于此,黑格尔对于谢林的如下批判显然也适用于牟宗三先生:"在哲学研究里,人们要求对于所要树立的观点加以证明。但是如果从理智的直观开始,那我们就会满足于断言、神谕,因为所要求于我们的只是作理智的直观。"[4]

从总体上看,牟宗三以智的直觉概念来阐述康德的智性直观概念,其间存在诸多误读之处。

众所周知,与近代一些经验论和唯理论哲学家不同,康德对于"智性直观"的理解具有两个明显的特征:一是将数学从知性当中分离出来,主张纯粹数学的可能性在于作为感性直观之纯粹形式而存在的时间

---

[1] 黑格尔:《小逻辑》,贺麟译,北京:商务印书馆1980年版,第182页。
[2] 同上书,第160页。
[3] 黑格尔:《精神现象学》上卷,贺麟、王玖兴译,北京:商务印书馆1979年版,第18页。
[4] 黑格尔:《哲学史讲演录》第4卷,贺麟、王太庆译,北京:商务印书馆1978年版,第353页。

和空间,数学知识只有作为可能经验的形式,也就是作为自然科学知识的形式才可以被看作是知识。二是不以"天赋观念"及其逻辑推导来理解理智(知性),而是将其理解为一种自发能动地产生概念的能力。在康德看来,人有两种完全不同来源的认识能力,即知性能力与直观能力,二者一起形成了我们的知识。感性直观的特点是"接受性",知性思维的特点是能动的"自发性"。康德曾讲:

> 我们的本性导致了,直观永远只能是感性的,也就是只包含我们为对象所刺激的那种方式。相反,对感性直观对象进行思维的能力就是知性。这两种属性中任何一种都不能优先于另一种。无感性则不会有对象给予我们,无知性则没有对象被思维。思维无内容是空的,直观无概念是盲的。因此,使思维的概念成为感性的(即把直观中的对象加给概念),以及使对象的直观适于理解(即把它们置于概念之下),这两者同样都是必要的。这两种能力或本领也不能互换其功能。知性不能直观,感官不能思维。只有从它们的相互结合中才能产生出知识来。①

可见,在康德这里,如果从知识论的角度来讲,直观与知性之间是泾渭分明、各司其职的,"知性直观"(或智性直观)这一概念本身完全是一个矛盾的概念,并不具有存在的可能性。但是,康德依然以"智性直观"概念来进行理论上的说明,此种原因即在于:"一是他要摆明唯理论哲学家所构想出来的'智性直观'只能是一种脱离人的一切能力而毫无根据的独断的猜想,因而这个术语是他用来批判独断论的一件武器;二是他也没有完全否定在人类以外(例如在上帝那里)有这种智性直观的可能性,他只是依据我们人类的'本性'而认定,智性直观对于人来说是不可能的,但我们也同样没有理由断言它对于任何存在者都是不可能的。这就为他后来在《判断力批判》中以'反思判断力'的名义来思考一种非人的智性直观留下了余地。"②康德在知识论领域之内是以智性直观概

---

① 康德:《纯粹理性批判》,邓晓芒译,北京:人民出版社 2004 年版,第 52 页。
② 邓晓芒:《康德的"智性直观"探微》,《文史哲》2006 年第 1 期。

念的运用,来批判唯理论者在进行知识建构过程中所步入的独断论窠臼,而在实践领域、美学领域之内则是以智性直观概念来言说形而上学的可能与建构。知识与道德在康德哲学中的二元分立,表征了智性直观概念在不同领域内完全不同的命运。

关于康德的智性直观一词的含义,我国一些研究德国古典哲学的专家对其进行了具体的规定。例如,邓晓芒认为,"智性直观"在康德哲学中至少蕴涵三层意思:(1)智性直观意味着一种虽然人类并不具有、但并非没有可能由别的存在者具有的直观,尽管我们并不能看出这种直观的可能性。这种直观,只是我们能够设想的一种可以无须借助于感官经验而直接给出"本体"的直观;(2)智性直观指的是这一概念中所应包含的含义,即它是一种"本源的"、能动创造性的直观,可以称之为"直观的知性"。此时,知性会使直观本身带上一种能动性和创造性,而直观就会使知性的创造带上直观的对象性;(3)从第二层意思中引申出来智性直观的第三层意思,它涉及智性直观与感性直观的关系。①

邓晓芒此处对于智性直观所提出的第三层含义,在康德哲学中确实存在。具有本源的创造性的直观被康德称之为"本源的直观"(Intuitus originarius),与这种"本源的直观"相区别的具有被动性的智性直观,则被称之为"派生的直观"(Intuitus derivativus)。根据这两种直观的关系,康德又引申出"原型的智性"(Intellectus archetypus)与"模仿的智性"(Intellectus ectypus)这两种智性的关系。他认为,当我们对自然的合目的性系统的思考中应"模仿"那种"原型的智性",以便逼近"人类理性的最大运用"。正如他在《纯粹理性批判》中论及纯粹理性的一个合目的性的绝对"完善性"理念时所说:"这个系统的、因而也是合目的性的最大统一性是对人类理性的最大运用的学习,甚至是这种运用的可能性基础。所以这个统一性的理念是和我们理性的本质不可分割地结合着的。因而正是这同一个理念对于我们来说是具有立法性的,所以我们很自然地要假定一个与这理念相应的立法的理性(原型的智性),从这个作为

---

① 邓晓芒:《康德的"智性直观"探微》,《文史哲》2006 年第 1 期。

我们理性的对象的立法的理性中可以推导出自然的一切系统的统一性来。"①

在康德的《判断力批判》中，康德更是明确区分了推理与直观、"推理的知性"与"直观的知性"。"直观的知性"是一种更高的认识能力。"推理的知性"是从分析性的普遍东西（概念）进到特殊东西（给定的、经验的直观），特殊东西的多样性在此过程中并没有得到任何规定。与此不同，"直观的知性"却是从综合性的普遍东西（对整体本身的直观）进到特殊东西，也就是从整体进到部分。直观的知性是一种非逻辑推理的、不依赖感性的认识能力，这种知性及其关于整体的观念在自身内并不包含各个部分的结合的偶然性，而且能够使得整体的明确形态成为一种可能。"推理的知性"是"模仿的智性"(Intellectus ectypus)，它在机械性因果联系与目的性因果联系之类的概念中总是陷于自相矛盾的境地；与此相反，"直观的知性"却是一种"原型的智性"(Intellectus archetypus)，它决不包含任何矛盾，不过，对人类的判断力来说，它永远仅仅是一个单纯的理念而已。根据"直观的知性"存在的假定，康德力图达到普遍与特殊、目的性因果联系与机械性因果联系、整体与部分的统一。

在《判断力批判》里，康德将这种我们只能学习或模仿的智性直观所作的"假定"，归结为反思判断力的必要。他说：对自然目的的反思判断力，"必须有另一个不同于人类知性的可能的知性的理念作基础（正如我们在《纯粹理性批判》中曾必须思考另一种可能的直观，如果我们的直观应当被看作一种特殊的直观，也就是对象对它说来只被视为现象的那种直观的话）"②。于是，我们就可以把某种自然目的性（如有机体）不再仅仅看做似乎是无限复杂的机械作业偶然凑合的结果，而是看做由"一种直观的完全自发性的能力"所整合并自行组织起来的，这种能力被设想为一种"最普遍含义上的知性"，"所以我们也可以思维一种直觉的知性（用否定的说法，就是只作为非推论性的知性），这种知性不是

---

① 康德：《纯粹理性批判》，邓晓芒译，北京：人民出版社2004年版，第540页。
② 康德：《判断力批判》，邓晓芒译，北京：人民出版社2002年版，第260页。

(通过概念)从普遍进向特殊并这样达到个别,对它来说自然在其产物中按照特殊的规律而与知性协调一致的那种偶然性是不会遇到的,这种偶然性使我们的知性极其难于把自然产物的多样性纳入到知识的统一中来;这是一件我们的知性只有通过自然特征与我们的概念能力的非常偶然的协和一致才能完成的工作,但一种直观的知性就不需要这样做"①。与推论的知性从分析的普遍(从概念)进向(被给予的经验性直观的)特殊不同,我们可以思维一种非推论性的、直觉的知性,它是"从综合的普遍(对一个整体本身的直观的普遍)进向特殊,也就是从整体进向部分"②,因此,在看待一个有机自然物的时候,我们不想依据推论的知性把整体的可能性设想为依赖于各部分的,"而是按照直觉的(原型的)知性把各部分的可能性(按照其性状和关联)设想为依赖于整体的"③。不过,这种设想的原则,"并不涉及到就这种方式而言这样一些物本身(哪怕作为现象来看)的可能性,而只涉及到对它们所作的在我们的知性看来是可能的评判"④。这是因为,此原则并不构成规定性的判断力,而只是一种反思性的判断力,也就是从对象上反思到我们主体中的某种需要。不过,这样的评判原则又是必不可少的,如果离开它,我们根本没有希望"从单纯机械的原因来理解哪怕是一株小草的产生"⑤。因此,"在此甚至完全不必要去证明这样一种原型的智性是可能的,而只须证明,我们在把我们的推论性的、需要形象的知性(模仿的智性)和一个这样的性状的偶然性相对照时,就被引向了那个也不包含任何矛盾的理念(一个原型的智性)"⑥。这样看来,在我们把握自然目的的时候,我们只能把我们自己的知性看做对某个"原型的知性"的尽可能贴近的"学习"或"模仿"。在我们对机械作用作尽量详尽分析以便解释有机体

---

① 康德:《判断力批判》,邓晓芒译,北京:人民出版社2002年版,第261页。
② 同上书,第262页。
③ 同上书,第262—263页。
④ 同上书,第263页。
⑤ 同上书,第265页。
⑥ 同上书,第263页。

的合目的性现象时,虽然永远也做不到把整个目的直观地呈现出来,但却借助于智性直观的理念而用这个假设的目的来统摄和指导一切机械的分析。总之,"本源的直观"(智性直观)可以产生本体,在认识领域之外,"智性直观"获得了积极的意义。

除了邓晓芒之外,我国另一位研究德国哲学的学者倪梁康主张,康德的"智性直观"可以从形而上的直观、心而上的直观与创造的直观三个方面来理解:(1)"在外直观方向上对某种非对象的、不显现的'先验对象'的'悟性直观',例如对'世界'或'自在之物'的直观。'智性的'在这里首先意味着'朝向客体本体的'或'与客体本体相关的';这个意义上的'智性直观'可以简要地诠释为'形而上的直观'";(2)"在内直观方向上对某种非对象的、不显现的'先验对象'的'悟性直观',例如对'自我'或'自由意志'的直观。""'智性的'在这里首先意味着'朝向主体本体的'或'与主体本体相关的';这个意义上的'智性直观'可以简要地诠释为'心而上的直观'";(3)"在'本原直观'意义上的创造性直观或创造性的想象力。'智性的'在这里被理解为'具有创造能力的'。但原则上只有神才具有它。在人这里,它相当于'想象力'。这个意义上的'智性直观'可以简要地诠释为'创造的直观'"①。前两个含义的智性直观概念都是限制性的、消极的概念,只有第三个含义的智性直观概念才是积极的概念。

倪梁康认为,在东西方哲学的发展过程中,胡塞尔和海德格尔的"范畴直观"涉及的主要是"智性直观"的第一个和第二个含义,谢林的"智性直观"以及日本学者西田几多郎的理解涉及的是第三个含义。具体讲来,在康德之后,"智性直观"在德国古典哲学家们的思想当中得到了进一步的发展,哲学往往被理解为是对绝对之物的一种智性直观。费希特运用和发展了第二种含义,同时将智性直观的对象"自我"作为其哲学的出发点;谢林继续将"智性直观"理解为一种把握绝对本原的行为,并且同时展开了"智性直观"的"美感直观"含义。黑格尔严厉地批

---

① 倪梁康:《康德"智性直观"概念的基本含义》,《哲学研究》2001年第10期。

评了谢林缺乏思辨逻辑的直观。"现在有一种自然的哲学思维,自认为不屑于使用概念,而由于缺乏概念,就自称是一种直观的和诗意的思维,给市场上带来的货色,可以说是一些由思维搅乱了的想象力所作出的任意拼凑——一些既不是鱼又不是肉,既不是诗又不是哲学的虚构。"[1]尽管黑格尔严厉地批评了谢林的"智性直观"概念,但是他依然主张一种"真正的智性直观"概念,它指的是对绝对精神本身的运动过程和发展脉络的纵向的、历史的把握。

从邓晓芒与倪梁康对于康德智性直观含义所作的规定来看,二人基本上是一致的。邓晓芒所指出的智性直观的第一层含义与倪梁康所谈的第一层与第二层含义是一致的,邓晓芒所指出的智性直观的第二层与第三层含义与倪梁康所谈的第三层含义是一致的。根据邓晓芒与倪梁康的规定,并结合康德的哲学,我们可以将康德的智性直观的含义归纳总结为两点:(1)在知识论领域中所存在的消极意义的智性直观概念,它表明了知识的界限,表明我们只能对现象界拥有知识,我们人类只能借助感性直观和知性范畴来对物自身的显现进行认识,从而获得科学知识;我们绝对不能以智的直觉来认识物自身或自在之物本身(无论这种自在之物是事物本身还是自我本身,情况均如此),因为我们人类并不能拥有智的直觉这种能力;(2)在形而上学领域中所存在的积极意义的智性直观概念,它表明我们可以获得关于本体的认识,表明依据智的直觉这样一种独特的能力,我们可以把握不可认识但可以思之的对象,如自由意志、上帝、灵魂,因为我们可以对智性直观进行学习和模仿。

具体说来,从消极意义上来讲,"智性直观"只是我们能够设想的一种无须借助于感官经验而由知性直接给出"本体"的直观。我们人类是不可能认识本体的,因为我们人类并没有认识本体所需要的智性直观,我们人类所具有的只是感性直观,因此所获得的认识对象只能存在于现象界。一旦我们把本体也当做我们认识的对象,那我们就必须要"假定了一种特殊的直观方式,即智性的直观方式,但它不是我们所具有的,我

---

[1] 黑格尔:《精神现象学》上卷,贺麟、王玖兴译,北京:商务印书馆1979年版,第47页。

们甚至不能看出它的可能性"①。在另一个地方,康德认为,一种直观的知性,其"本身就是一个问题","对这种知性的可能性我们是不能产生最起码的表象的"②。不过,尽管智性直观是一个空洞的、不能确定的概念,但是康德并没有彻底取消这个概念,而是将其作为一个必要的假定:"诸现象就其按照范畴的统一性而被思考为对象而言,就叫作现相。但如果我假定诸物只是知性的对象,但仍然能够作为这种对象而被给予某种直观,虽然并非感性直观(作为智性直观的对象);那么这样一类物就叫作本体(理知的东西)。现在,我们应当想到,经过先验感性论所限制的现象概念已经由自身提供出了本体的客观实在性,并且有理由把对象划分为现相和本体,因而也把世界划分为感官世界和知性世界。"③

从积极意义上来讲,如果存在一种"知性直观",那么情况就会不一样了。按照康德的设想,此时知性就会使直观本身带上一种自发的能动性,而直观也就会使知性的自发性带上直观的对象性,因而成为创造性的。感性的直观方式之所以不同于智性的直观方式,是因为它不是"本源的",而是被"派生"的,是一种"只有通过主体的表象能力为客体所刺激才有可能的直观方式"④。以此看来,"智性直观是一种'本源的'、能动创造性的直观,如果我们要设想一种'原始存在者'如上帝,他就会无须由外在的客体给他提供杂多的材料,而能够仅仅凭着自身的'自发性'而由自己的知性直接把对象提供出来。换言之,由于他'想到'一个对象,该对象就直观地被给予出来了"⑤。知性直观在这种积极的意义上又被称之为"直观的知性",这正如康德所明确讲到的:"例如也许是神的知性,它不想象各种被给予的对象,而是通过它的表象同时就给出或产生出这些对象本身。"⑥

---

① 康德:《纯粹理性批判》,邓晓芒译,北京:人民出版社2004年版,第226页。
② 同上书,第232页。
③ 同上书,第227页。
④ 同上书,第49页。
⑤ 邓晓芒:《牟宗三对康德之误读举要(之二)——关于"智性直观"(上)》,《江苏行政学院学报》2006年第1期。
⑥ 康德:《纯粹理性批判》,邓晓芒译,北京:人民出版社2004年版,第97页。

第八章 牟宗三："智的直觉"（上）

牟宗三先生对于"智的直觉"的理解，主要是基于康德"智性直观"概念的第二点含义。对于这种积极意义上的、具有创造性的"智的直觉"概念，牟宗三将诸多纷繁复杂的概念归于其下，西方哲学中的"统觉""神感神应"，中国哲学中的"乾知大始""知体明觉""无知之知""静观""独觉""玄觉""彻知""证知"都成为解释其"智的直觉"思想的词汇。综观牟宗三"智的直觉"概念，其中实际上包含三个虽然相互联系、但却始终无法再被还原的本质因素：(1) 相对于作为"次级直观"的"感性直观"而存在的"本源直观"或"根源直观"，它的基本特征是源始的、原生的或神造的、天性的，由其获得的是天命、天性、天心、天人；(2) 相对于作为"横列直观"的"感性直观"而存在的"纵贯直观"，他的基本特征是历史的、发生的、生命的、时间性的、存在着的。此处的"纵贯"，含有创造生成、发展、贯通之意，即所谓"存在的呼应""慧命之相续"，它意味着"我们的生命之源、智慧之源、道德创造之源"的流通贯彻；(3) 相对于作为"对象直观"的"感性直观"而存在的"如相直观"或"真如直观"，它的基本特征是本质的、如在的、无相的、实相的。①

总体看来，牟宗三是依据"生命直觉"的角度来理解和谈论"智的直觉"概念的，因此带有审美境界的色彩，正如有的学者所指出的，"作为牟宗三哲学拱心石并在与康德哲学的全部论辩中占据中心位置的'智的直觉'，在现代性语境中实质是审美境界。尽管牟氏从未意识到这一重大类似"②。"牟宗三的心体论虽称道德本体论，但心体结构的圆融无对及'呈现'与'直观'的同一、'觌面相当'、'逆觉'、'体证'、'天心自照'、'自悦'诸特征，正与审美的自我意识及主客合一性质吻合；心体超时间的'圆顿'，也正同于审美的'刹那即永恒'及其圆满自由感。"③

---

① 相关思想参见倪梁康：《"智性直观"在东西方思想中的不同命运(2)》，《社会科学战线》2002年第2期。
② 尤西林：《智的直觉与审美境界——牟宗三心体论的拱心石》，《陕西师范大学学报》（哲学社会科学版）2008年第3期。
③ 同上。

另外，康德"智性直观"所包含的上述两点含义，在牟先生的理论思想中并没有得到细致的区分。牟宗三的"智的直觉"概念所包含的上述三种因素，只是对于生命直觉这同一个东西所具有的三种性质的表达，其间充分表现出东方思想的特质，即"把建基于艺术——宗教直观上的美学——宗教与建基于'智性直观'上的哲学紧密地结合在一起。从这个立场出发来理解的'智性直观'，具有'直觉'或'灵感'的基本含义"①。

通盘看来，牟宗三所理解的"智的直觉"与康德的"智性直观"，并不像有的学者所指出的二者在本质上是一致的。② 我们赞同有的学者所指出的，在牟宗三的"智的直觉"与康德的"智性直观"两个概念之间，存在着诸多根本性的区别。③

与康德不同，牟宗三将直觉解释为"直接觉到"，是一种"具体化原则"。感触直觉的具体化表现为，它可以就着有价值意味的物自身来绉起或挑起现象。"智的直觉"则是通过自身的活动来实现存在，也就是创造出具有价值意味的物自身。现象与物自身成为两种直觉所创造的两种主观物，因而失去了客观性的身份。

依据牟宗三对于"智的直觉"的解释，我们发现，他的相关理论和康

---

① 倪梁康：《"智性直观"在东西方思想中的不同命运(2)》，《社会科学战线》2002年第2期。

② 例如徐瑾即认为："牟宗三在准确而深刻地理解了康德哲学的人学目的之后，着重从道德形而上学，而不是从知识论的角度来解释'智的直觉'的创造性。从这个角度来说，'智的直觉'与'智性直观'在内在本质上并无二致。"（徐瑾：《牟宗三真的"误读"康德了吗？——就"智性直观"与邓晓芒老师商榷》，《江苏行政学院学报》2007年第2期）

③ 例如，邓晓芒认为，在康德的"智性直观"和牟宗三的"智的直觉"之间存在如下一些区别："前者是反思性、对象性的，后者是非反思、非对象的；前者是自在之'有'（虽然对于我们的知识是'无'），后者是自在之无（虽然这'无'也有'无相之相'，称作'本体'）；前者指向一个永远追求而不得的理想目标，后者是一个当下即得的起点；前者是经过批判的审查而留下的剩余，后者是未经批判而预先假定的前提；前者看似不能'稳定'，实际上没有什么可以触动它，后者好像'稳定得住'，其实经不起质疑和批判的眼光。总的来说，这两者只是表面上相关，细究起来，却完全是两股道上跑的车，根本不搭界。所以牟宗三对康德的解读，在一些重要问题上是不成功的，而在从康德哲学转渡到中国哲学时，他抛弃了康德的批判精神，而正好陷入了康德所批评的'以心之自发的善性来谄媚自己'的'道德狂热'。而这反过来也说明，中国传统伦理的这种自恋和非理性的'道德狂热'正需要康德的批判哲学来'对治'。"（邓晓芒：《牟宗三对康德之误读举要（之二）——关于智性直观（下）》，《江苏行政学院学报》2006年第2期）

德的相关思想至少存在如下八方面的差异:(1)将智的直觉归于虽有限而可以无限的人,而不是如康德那样只是将智的直觉与上帝联系起来;(2)主要是以道德形而上学来言说智的直觉,而不是如康德那样还以知识论的角度来诠释智的直觉;(3)更多的是以东方的非理性的神秘主义体验思维方式来诠释智的直觉,而不是如康德更多的是以理性批判的方式来言说智的直觉;(4)最终是以中国儒家哲学道德上的本心明觉来谈论智的直觉的存在,而不是如康德那样曾经以上帝存在的预设来证明智的直觉的可能;(5)以道德本心所具有的智的直觉来将康德的物自身价值化,而不是像康德一样还在纯粹理论理性的范围内即知识论意义上来谈论智的直觉与物自身;(6)以形而上归约后的道德感来言说本心所具有的智的直觉,并进而谈论道德上的自律,而不是像康德那样将道德上的绝对命令与形而下定义的道德感严格区分开来,以上帝来言说智的直觉,以上帝存在、灵魂不死、意志自由的预设来保证道德上的自律;(7)将智的直觉只是理解为"心而上的直观"和"本原直观",而不是像康德那样将"智性直观"理解为"形而上的直观""心而上的直观""本原直观"三种含义;(8)将"智的直觉"理解为一个积极的概念,而不是如康德那样将"智性直观"既理解为消极的概念也理解为积极的概念。在康德的哲学当中,"智性直观"这一概念具有限界意义,因而包含消极一面的含义,它表明了人作为认知存在者在认知对象时是有限度的,即他只能凭借感性直观和时空、范畴等来认识现象界,而不能通过某种其他直观来直观现象背后的物自身。与此不同,牟宗三则将"智的直觉"完全看做一个具有积极意义的概念,并认为人既是有限的存在者又是可以成为无限存在者的。在这种有限通无限的背后,就表明了人可以有康德所主张的只有上帝才拥有的"智的直觉",凭此人可以拥有直觉现象背后的物自身的特殊能力。

除了这些区别之外,牟宗三在运用康德的"智性直观"概念时,至少存在三个方面的误读:一是将康德具有两点丰富含义的"智性直观"概念单一地解读为只具有单一层面的含义,即使如此,他也只是采纳了倪梁康所说的"心而上的直观"和"本原直观"的含义,而对于"形而上直观"这层含义未能把握住;二是将康德的"智性直观"概念误释为只是消极的概念,而未能看到此概念原本所具有的积极含义的一面;三是误认为康德只是将"智性直观"能力归于上帝或神,而没有看到康德在以"本原直观"或"创造的直观"来理解"智性直观"的时候,虽承认在原则上只有神才拥有这种直观能力,但认为这种直观也可以解释为处在感性与知性之间的一种创造性想象力,解释为一种将知性概念与感性直观联系在一起的人类灵魂的基本能力,此时,创造的直观或本原的直观不再是"神"的活动,而成为"人"的活动。

  在牟宗三的第三个误读当中,隐含着他对康德哲学中上帝这一概念的误解。牟宗三将康德的"智的直觉"归为上帝的一种功能,而康德却从来没有这样主张过。康德并没有肯定智性直观是属于上帝的一种直观,而只是引用自然神论者的观点,即在那些人眼中智性直观只能属于上帝。正如邓晓芒先生所指出的:"康德既没有肯定(在人类以外的任何存在者那里)有智性直观(或直观的知性),也没有肯定一旦有智性直观就必定是属于上帝的直观。他肯定的只是,我们虽然可以设想智性直观(这种设想逻辑上并不矛盾),但事实上我们只有感性直观。"[①]除此之外,牟宗三还认为康德有一个我们必须牢记于心的洞见,即"上帝只创造物自身,不创造现象",而这样的一种主张在康德的思想文本中,我们是找不到任何可靠依据的。因为,"康德在纯粹实践理性中悬设一个创造世界(不论是本体界还是现象界)的上帝,这只是自由意志追求至善的一种'希望',是决不能当作我们的一种关于上帝的'确知'的。牟宗三说康德把'上帝只创造物自身而不创造现象'看作一种'根据神学'而来的'确知',这从哪方面说都是站不住脚的"[②]。

  总之,尽管在牟宗三看来,康德哲学中的"智性直观"概念可以作为康德哲学乃至西方哲学向中国哲学过渡的桥梁,但他对这一概念的理解存在诸多误解,而且他借助这一概念过渡到中国哲学的立场也存在是否

---

  ① 邓晓芒:《牟宗三对康德之误读举要(之二)——关于"智性直观"(上)》,《江苏行政学院学报》2006 年第 1 期。
  ② 同上。

合理的问题。于是,牟宗三实际上从康德的批判的高度又退回到了非批判的独断论的陷阱之中。从他对"智的直觉"含义的解释上来看,更多的是采取一种东方式的神秘主义解读方式。众所周知,自从笛卡尔之后,主体的自我意识和反思特性,一直成为哲学思想中的主旋律。即使是康德,也继承了这一传统,并据此批判了在他之前的德国哲学浪漫派对于智性直观的理解。牟宗三以知体明觉等体验性的东西来诠释智的直觉,更为重视的显然是前反思的东西。这与近代西方哲学所强调的反思哲学相比,是不是一种东方式的思想倒退呢?这好比将已经苏醒后的主体意识重新又带回沉睡的状态。事实上,中国儒家哲学乃至全部的中国传统哲学所缺少的东西,正是一种用来建构和反显形而上本体的理性批判的思维方式。尽管牟宗三在中国儒家哲学的理性化路程中迈出了难能可贵的一步,但单就其对于智的直觉所进行的诠释来讲,他似乎又退回到了中国儒家哲学的老路之中。

第九章　牟宗三："智的直觉"（下）

一、牟宗三关于"智的直觉"之所以可能的论证

　　抛开牟宗三与康德在"智的直觉"概念上的上述区别，在此我们势必会问：具有上述意义的牟宗三的"智的直觉"，其存在究竟如何而可能呢？也就是说，诚明心体所发的那种"智的直觉"式的天德良知如何而可能？我们人类这有限的存在如何能有"智的直觉"？这是因为，牟宗三通过对一些儒家学者，如张载、程颢、周敦颐、王阳明、刘蕺山、胡五峰等人相关思想的分析，只是从概念上对中国传统儒家哲学中所存在的"智的直觉"思想进行了分析。

　　"智的直觉"的可能性，在牟宗三看来主要有四个方面的根据。在《智的直觉与中国哲学》中，牟宗三以道德之为一事实作为理论的出发点，分别从理论和实践两方面详细地对"智的直觉"的可能性进行了阐述，即我们下文所要论述的前两点。与《智的直觉与中国哲学》中对"智的直觉"的可能性的处理方式不同，在《现象与物自身》中，牟宗三是从"智的直觉"能够认识具有价值意味的物自身、能够认识知体明觉这两个方面来具体地加以论证的，即我们下文所要论述的后两点。

　　在牟先生所提供的四方面论证中，处处体现出他所坚守的儒家哲学的一个基本立场："德性之知"不同于并高于"见闻之知"。在他的具体论证中，时时存在无执的无限心与有执的有限心、智心与识心（佛家）、道心与成心（道家）、知体明觉或良知之明觉与见闻之知的知觉运动即气之灵之心（儒家）的区别。不管牟先生的四个论证有何不同，他主要都是以中国传统哲学尤其是儒家哲学来进行说明的。"**智的直觉之所**

以可能,须依中国哲学的传统来建立。西方无此传统,所以虽以康德之智思犹无法觉其为可能。吾以为这影响太大,所以本书极力就中国哲学抉发其所含的智的直觉之意义,而即在其含有中以明此种直觉之可能。故此书题名曰《智的直觉与中国哲学》。"①但是,牟宗三此处认为我们必须依据中国的传统来建立智的直觉的可能性,因为西方无此传统,这样的主张是丝毫没有根据的。如果牟宗三的"智的直觉"是对康德的"智性直观"的翻译,那么正像我们前文所述,智性直观迄今为止在西方哲学中一直是一个非常重要的、而且常常是占主导地位的概念。因此,牟宗三"如果不是对西方哲学的传统一无所知,就是对'智性直观'一词赋予了与西方人(包括康德)的理解大相径庭的解释。因此,只要不是无视西方从柏拉图到胡塞尔的整个哲学传统,牟宗三就必须将中国传统中被他命名为'智的直觉'的观点与康德所说的同名观点加以基本的区分。但可惜,牟宗三并没有作出这一区分,他始终自认为是从康德的思想中开出了中国传统的智的直觉的思想,或者说用中国哲学'证成'了康德所提出但却落实不了的智的直觉"②。

下面我们将具体地分析牟宗三所提供的有关"智的直觉"之可能的四点理由及其理论限制。

(一) 在道德这一关节上,"智的直觉"在理论上必然得加以肯定

依据传统儒家哲学的基本立场,牟宗三主张要由道德的进路展露本体,因为人首先关心的是自己的行为、人品。将人这一主体首先归为道德的、实践的、行为的主体,这与西方许多哲学家首先将人归为我思的主体,是有明显区别的。

以德性为入路,牟宗三主张,我们只应当由道德意识来直接显露道

---

① 牟宗三:《智的直觉与中国哲学·序》,《牟宗三先生全集》第 20 卷,台北:联经出版公司 2003 年版。
② 邓晓芒:《牟宗三对康德之误读举要(之二)——关于"智性直观"(上)》,《江苏行政学院学报》2006 年第 1 期。

德实体。道德意识是一个"应当"的意识,这种"应当"是"存在的应当",是一个人当下负责的应当,而不是泛说的一个知性概念。道德意识中"存在的应当"的决定就是一个"道德的决定"。牟宗三以人首先关心的是自己的行为、人品即道德感,来作为探讨"智的直觉"之所以可能的一个逻辑前提是有很大问题的。人首先关心自己的道德行为,具有道德感无论从逻辑的角度还是从事实的角度看,都很难具有说服力。从逻辑的先在性上来讲,将道德看做是至关重要的,从而将其视作论证的逻辑起点,必须提供合理而令人信服的理由,牟宗三在此显然并没有提出任何论证,而只是武断和蜻蜓点水似的予以断言。从事实的时间先在性角度来看,人们的日常生活行为似乎并不是如牟先生所言,首先关心的是自己的德行,而更应关注自己的衣食住行等最基本的生存上的问题。

抛开牟宗三以道德为入路来论证"智的直觉"可能性所存在的问题不谈,我们现在具体地看一下他究竟是如何以此立场进行"智的直觉"可能性的论证的。

牟宗三的分析开始于对道德含义的规定上。当我们讲道德的时候,我们会发问:为什么必须讲"本心""性体""仁体"?主观讲的"本心""性体""仁体"又为什么必须与客观讲的"道体""性体"相合一而为一个同一的绝对而无限的实体?牟宗三认为,其间的关键在于如何规定道德的含义,也正是在此点上可以体现出来康德与牟宗三相关思想的根本差异。牟宗三曾讲:

> 如依康德的思路说,道德以及道德的形上学之可能否其关键端在智的直觉是否可能。在西方哲学传统中,智的直觉是没有彰显出来的,所以康德断定人类这有限的存有是不可能有这种直觉的。但在中国哲学传统中,智的直觉却充分被彰显出来,所以我们可以断定说人类从现实上说当然是有限的存在,但却实可有智的直觉这种机能,因此,虽有限而实可取得一无限底意义。智的直觉所以可能之根据,其直接而恰当的答复是在道德。如果道德不是一个空观念,而是一真实的呈现,是实有其事,则必须肯认一个能发布定然命令的道德本心。这道德本心底肯认不只是一个设准的肯认,而且其

本身就是一种呈现,而且在人类处真能呈现这本心。本心呈现,智的直觉即出现,因而道德的形上学亦可能。①

在有关实践哲学的论述中,康德严格将作为道德最高原则的意志自律性与作为道德的一切非真正原则源泉的意志他律性区分开来。意志自律性,是意志由之成为自身规律的属性,而不管意志对象的属性是什么。因此,自律原则就是:"在同一意愿中,除非所选择的准则同时也被理解为普遍规律,就不要作出选择。"②自律性,被康德归为道德的唯一原则。"意志自律是一切道德律和与之相符合的义务的唯一原则。"③这是因为,道德原则必定是个定言命令④,而这一命令所颁布的不多不少恰好是自律性。自由自律的意志决定了人属于理智世界。康德认为,人既作为理性的存在物,也是作为自然的存在物而存在的。就人自身仅是知觉,就感觉的感受性而言,人属于感觉世界(感性世界,可知领域的必然世界);就人不经过感觉直接达到意识,就他的纯粹能动性而言,人属于理智世界(知性世界,不可知领域的自由世界)。人在感觉世界中服从自然因果律,在理智世界中则听命于自己的自由意志。在《道德形而上学原理》中,康德曾讲:"一个有理性的东西必须把自己看作是理智,而不是从低级力量方面,把自己看作是属于感性世界。于是,一个有理性的东西,就从两个角度来观察自己和认识自身力量运动的规律,认识他的全部行为。第一,他是感觉世界的成员,服从自然规律,是他律的;第二,他是理智世界的成员,只服从理性规律,而不受自然和经验的影响。"⑤又说:"作为知性世界的一个成员,我的行动和纯粹意志的自律原则完全一致,而作为感觉世界的一个部分,我又必须认为自己的行动是

---

① 牟宗三:《智的直觉与中国哲学》,《牟宗三先生全集》第 20 卷,台北:联经出版公司 2003 年版,第 447 页。
② 康德:《道德形而上学原理》,苗立田译,上海:上海人民出版社 2002 年版,第 60 页。
③ 康德:《实践理性批判》,邓晓芒译,北京:人民出版社 2003 年版,第 43 页。
④ 对于"Categorical imperative"一词,中国学者们往往将其翻译为"定言命令""绝对命令""断言命令"。牟宗三将其译成"定然命令"。本文依据苗立田先生的译法,采用"定言命令"的翻译。
⑤ 康德:《道德形而上学原理》,苗立田译,上海:上海人民出版社 2002 年版,第 76 页。

和欲望、爱好等自然规律完全符合的,是和自然的他律性相符合的。我作为知性世界成员的活动,以道德的最高原则为基础,我作为感觉世界成员的活动则以幸福原则为依据。"①于是定言命令的可能性,就在于自由的观念使我们成为理智世界(Intelligible Welt)的一个成员。假如我们仅仅是这一世界的成员,那么我们的全部行动就会永远和意志的自律性相符合。不过,我们同时既然还是感觉世界的一个成员,因此,我们就应该和这一规律相符合了。

依据康德上述有关实践哲学方面的思想,牟宗三也将道德视作依据无条件的定言命令来行为。引发这种无条件的定言命令的是自由意志或自发自律的意志,即中国儒者所说的"本心""仁体"或"良知",这即是我们的"性体",它表明引发无条件的定言命令的"本心""仁体"或"良知"就是我们的"性"。"性"是我们道德行为的先验根据,它本身是绝对而无限地普遍的,因此它不是一个类名。"性体"既然是绝对而无限的普遍的,因此它虽然尤其显现于人类,但却不为人类所限,不只是限于人类而为的一个类概念。它虽然尤其彰显于成就我们的道德行为,但却不为道德界所限,只是对于道德界而不关涉于存在界。"性体"是涵盖乾坤而为一切存在之源的。它不仅成就了我们的道德行为,即使是一草一木、一切存在,也都因为系属于它、为它统摄而拥有了自身的存在。所以"性体"不但创造了我们的道德行为,是我们的道德行为纯亦不已,它也创生一切而为一切存在之源,因此它是一个"创造原则",即表象"创造性"本身的那个创造原则,因此它是一个"体"即形而上学意义的绝对而无限的体,我们以此体为性,因此称之为"性体"。

在此,我们必然会问:具有道德意义的"性体"为什么能够放大而具有形而上学本体的意义?牟宗三是以儒家哲学中的"仁"来加以解说的。他认为,儒者所说的本心或良知是根据孔子的"仁"来谈的。仁心的感通在原则上是不能有封限的,于是其极必然与天地万物为一体。仁心体物而不可遗,即客观地竖立起来而为万物之体,无一物能除外,因此

---

① 康德:《道德形而上学原理》,苗立田译,上海:上海人民出版社2002年版,第77—78页。

名曰仁体。"仁即是体。是以仁心不但直接地彰显之于道德行为之创造,且以其绝对无限的普遍性同时即妙润一切而为一切存在之源,是以历来都说仁为一'生道'也。主观地讲的本心,仁体,良知,或性体既如此,所以它必须与客观地讲的道体为同一而为一实体,以道体说性体,它亦必与此客观地说的性体为同一,即以主观地说的本心,仁体,或良知去形著之以成其为同一。何以必须如此?盖只有如此,始能成就其命令为一无条件的定然命令,此在儒者即名曰性体之所命。"①

牟宗三此处以儒家的"仁"的思想来言说道德意义的"性体"能够具有形而上学本体的意义,这是成问题的。为什么仁心的感通便不能有封限,其不能有封限的理由到底为何?仁心的感通更多的是个人道德体验上的事情,它如何能够成就非体验所能言说的形而上学的世界?道德意义上的仁心与道体相通而成就的主客不分、相容不二的主观境界,如何能够取代非道德意义上的客观形而上学世界?牟宗三以儒家的"仁"实现了从道德界到形而上学界的逻辑跳跃,但这很明显是一种不恰当的逻辑跳跃,其跳跃的根据难以成立。再有,牟宗三以性体与道体之间的主客同一来作为成就定言命令的原因,似乎与康德所提出的定言命令存在的原因也有区别。康德的理由是:作为自由的善良意志,是以自身为目的的意志,它自己立法和守法而设定的规则就是定言命令。"一个彻底善良的意志,也就是那种其准则任何时候都把普遍规律当作内容的意志。"②每个有理性的人,在任何时候都不应把自己和他人仅仅当做工具,而应该永远看做自身就是目的。

以上是牟宗三从肯定一面来论说性体是绝对而无限的普遍性概念,它能够颁布定言命令,以此来说明智的直觉之可能。从否定的一面来说,他认为,如果性体不是绝对而无限的,而是有限的一个概念,那么便无法成就无条件的定言命令。这是因为:(1)性体是一个有限的概念表示的是本心仁体本身是受限制而为有限的,于是它发布的命令不能不受

---

① 牟宗三:《智的直觉与中国哲学》,《牟宗三先生全集》第20卷,台北:联经出版公司2003年版,第246页。

② 康德:《道德形而上学原理》,苗立田译,上海:上海人民出版社2002年版,第70页。

制约,于是无条件的定言命令便不可能;(2) 本心受限制而为有限的,那么本心不再是本心,它转成习心或成心而受制于感性,那么便丧失它的自律性。仁体受限制而为有限的,那么它在感通原则上便受限,它的感通也因此没有必然性,这样的感通是性癖性好即脾性的感通,这是属于气质上的偶然的、被动的感通,于是仁体便不再是仁体;(3) 本心、仁体受限制而为有限的,那么由本心、仁体所说的性体必然是一类概念,类概念的性体中的理性其本身就是有限的,是与感性动物性和合的理性,因而必是受制约的理性。因此,性只是定性之性,而不再是性体之性,也就是说性不再能是体。由此看来,当我们由无条件的定言命令来说本心仁体或性体的时候,本心仁体或性体在本质上就是无限的,此处没有任何曲折,而是从其自身看来即是绝对自体挺立的。只有存在如此的绝对自体挺立,才能有无条件的定言命令。可见,康德与牟宗三在对待自由自律的意志与心的关系上存在一个根本的区别。康德是从自己所言说的良心与道德情感处来说心的存在,而牟宗三则是直接从自由自律的意志处来点出心的存在。在牟宗三这里,自由自律的意志就是"道德觉情"这个"本心",它不但是理性而且也是明觉,本心自我立法的理性的一面就是其明觉的作用。可是,自由意志自身何以会开出道德本心呢?陆王心学所遭受到的程朱理学的批判,同样适合于牟宗三此处的理论。

除了从正反两方面来谈道德上的定言命令外,牟先生还从第三角度即因果关系角度来论说"智的直觉"的可能。他认为,当我们就无条件的定言命令来说意志的自由自律时,这种自由自律表示它只能为因不能为果,也就是只能制约别的而不为别的所制约。第一因与发布无条件必然命令的自由意志在性质上是完全相同的。如果第一因是绝对而无限的,那么自由意志也必然是绝对而无限的。由于天地间不能有两个绝对而无限的实体,所以两者必同一。如果我们只承认第一因为绝对而无限的,不承认自由意志为绝对而无限的,那么自由便成为非自由,自律便成为非自律,而只能为因的东西反而又为别的所制约。于是,便出现了自相矛盾。因此,当我们由无条件的定言命令说本心、仁体、性体,或自由意志时,这无条件的定言命令便证成引发这种命令的东西是绝对而无限的。"智的直觉就是一种无限心底作用。自由的意志就是无限心,否则不可说'自由'。"①据此,牟宗三认为,或者有上帝,本心、仁体或性体或自由意志必然和它同一,或者本心、仁体或性体或自由意志即是上帝,总之只有一个实体,并没有两个实体。牟宗三批驳康德只讲一个作为设准的自由意志,在自由意志之外还承认有一个绝对的存在即上帝,而两者又不同一,这是一种不透之论。据此,本心仁体或性体虽然特别彰显于人类,而它本身却不为人类所限;虽然特别彰显于道德的极成,却不限于道德界,而必然涉及存在界而为其体。

总之,在牟宗三看来,由于"本心仁体既绝对而无限,则由本心之明觉所发的直觉自必是'智的直觉'。只有在本心仁体在其自身即自体挺立而为绝对而无限时,'智的直觉'始可能。如是,吾人由发布无条件的定然命令之本心仁体或性体之为绝对而无限,即可肯定智的直觉之可能"②。"智的直觉"的根源即是本心仁体之自己。"智的直觉"就是本心仁体之明觉的回光返照。此时,它是能觉即所觉,所觉即能觉。正是逆觉体证中的"智的直觉"才使得本心仁体为定然的呈现,而不是一种设定。可见,"智的直觉"是就本心仁体的自我活动而单表象其自己亦即朗现其使自己为一定然的呈现而言的。在牟宗三这里,"智的直觉"与心体及意志自由的"呈现",作为同一个心体主体的"心能"表现是合二而一的。

正是以绝对而无限的本心仁体或性体作为判定标准,牟宗三认为在程伊川与朱子的系统中,智的直觉是不可能的。在他看来,性体如果视为只是理而心旁落,仁如果视为只是理而不复是心,那么便无法言说智的直觉。因为智的直觉是无限心的妙用,无限心即是本心、仁体、性体。如果心与性不一,则心不复是本心而成为气质层面的心,于是自然便不能有智的直觉。牟宗三将此看做是"性即理"与"心即理"系统之间的重

---

① 牟宗三:《现象与物自身》,《牟宗三先生全集》第21卷,台北:联经出版公司2003年版,第64页。

② 牟宗三:《智的直觉与中国哲学》,《牟宗三先生全集》第20卷,台北:联经出版公司2003年版,第248页。

要差别,心即理成为"智的直觉"之可能性的根据,而有无"智的直觉"也成为一个有严重影响的问题。在我们看来,如果依据牟宗三所提出的绝对而无限的性体可以设定道德上的定言命令这一判定智的直觉有无的标准,即使是在伊川与朱子系统中,也是可以承认有智的直觉的存在。宋明儒学中的理学与心学一派,其内部因重视以心言理还是以性言理而产生的差别,并不能掩盖其共同的主张。两派都是注重德性之知,都是以德性为第一性来探究问题,并进而探讨德性的心性形而上学依据。同时,作为形而上学依据的理或心,又都伴随着工夫论、境界论的论说。即使是在朱子那里,理也从来没有丧失绝对而无限的特性,理的认识和把握也从来没有缺少豁然贯通的体悟。

针对牟宗三上述以道德入手来谈论智的直觉可能的三个角度,我们认为,无论他从肯定的、正面的角度来谈性体的绝对而无限,还是从否定的、负面的角度来谈性体的绝对而无限,以性体的绝对而无限来言说定言命令并不成立。他的论说逻辑可以这样来表示:道德(即自由自律的意志)——引发无条件的定言命令——无执的无限心(心体、性体、道体、知体)——绝对而无限——智的直觉。由于从性体的绝对而无限处来言说道德上的无条件的定言命令不具有必然性,至少我们可以像康德那样从自由的善良意志处来谈定言命令,所以牟宗三因重视儒家心性本体而单以此来建构道德上的定言命令,并据此谈智的直觉便非妥当之言。牟宗三先生的论证和说明,其间隐含诸多有待解决的问题。我们可以问:自由自律的意志难道必然得从人的无限性上而不能从人的有限性中建立起来吗?人的有限性必然是自由意志建构的障碍吗?自由意志的自主自律、自我决定难道必然表明它就是决定一切、创造一切、实现一切的最高实体吗?本心仁体究竟有没有普遍性、绝对性、无限性?如果有,又是何意义上的绝对和无限?我们究竟如何由道德实践意义的本心仁体过渡到存有论、宇宙论意义上的本心仁体?道德实体何以即是宇宙实体?

依牟宗三看来,道德意义上的本心仁体具有普遍性、绝对性、无限性,但是,即使是在康德的实践哲学那里,当其承认存在着依据自由意志而设定的道德上的定言命令,即存在以伦理规约自由而产生的道德律的时候,他还明确提出为了使我们能够按照道德律、按照定言命令行为,我们还得必然需要一些道德设定。由此看来,所谓本心仁体的普遍性、绝对性、无限性,显然是离不开其特殊性、相对性、有限性条件的。任何的道德体验和感受,都是通过具体的道德实践行为来完成的。另一方面,牟先生所说的由道德实践过渡到存有论,则更凸显出其理论中的困境。确实,实践的内涵在儒家哲学中主要被归结为道德实践即正德、修身上,而且道德实践的价值并不只是在于成就具体的道德行为,它也同时被视为体悟形而上学本体唯一可能的道路。不过,即使在儒家哲学当中天道性命是通而为一的,可客观的天道与人的性命贯通完全可以从"人能弘道"的角度讲,从人能够以自己日新其德的创造精神去匹配富有日新、大化流行的宇宙并实现宇宙的创造性角度去讲。这样的讲法同样可以去建构儒家的形而上学基本精神,此种讲法显然不同于牟宗三将道德实体与宇宙实体整齐划一的讲法。牟宗三以道德界笼罩和开出存有论,以道德和道德上的无限心来言说形而上学,这实际上是一种泛道德主义、泛主体主义的体现。事实上,道德伦理方面的建构,往往恰恰需要以某种形而上学作为基础,如康德的《道德形而上学原理》、乔治·摩尔(Moor,George Edward,1873—1958)的《伦理学原理》等书所体现出来的思想。

  牟宗三谈论智的直觉可能的第三个角度也有问题,其间也包含对康德的误读。在康德对实践哲学的探索过程中,不同阶段所采取的路线是不同的。在《道德形而上学的基础》(1783)中,康德试图以"先验演绎"的形式来论证道德何以可能的问题。他认为,是理性存在者的自由使得道德成为可能。但是,人的自由又何以可能呢? 康德又回答:是人的自主自觉的道德行为使得人成为自由的主体。于是,他在此便陷入了一种循环论证:用自由论证道德的可能性,同时又用道德论证自由的可能性。到了《实践理性批判》(1788)时期,康德因直接从自由概念出发而放弃了原先到"先验演绎"形式。"自由"的内在含义便是不受任何限制,它因此是无条件的、绝对的,它不存在何以可能的问题。此时,康德是以形而上学或本体论意义的自由来作为道德基础的。牟宗三坚持自由的这种无条件性和绝对性,但是他与康德所面临的一个共同问题是:作为道德基础的绝对自由为什么不存在何以可能的问题?绝对的自由是没有的,任何自由都是在一定条件下的自由,这便是自由的相对性。也就是说,道德上的自由是相对于特殊情境下的欲望和情感而谈论的,所谓自由的绝对性是相对于一定条件的绝对性,完全没有脱离条件而存在的纯粹自由。这是自由理解上的辩证法。

除此之外,牟宗三对于康德自由意志的理解也存在误读之处。康德的自由概念实际上可以分为"先验自由""实践的自由"和"自由感"三个层次,其中"先验自由"的理念只是从认识论的角度为自由所预留的一个空位,"自由感"则是在感性的经验世界中对自由的一种象征和类比,它可以引导人们关注自由,但本身不具有实质性的意义;唯有"实践的自由"(包括"自由的任意"和"自由意志")才是具有本体意义的自由,其中尤以"自由意志"为纯粹实践理性的自由本身,这就是道德实践上的"自律"。所以自由根本不能视为一个认识论的概念,而只是一个实践的概念。① 牟宗三是把"先验自由"和"实践自由"两个层次完全混在一起了。另外,他单一以作为道德公设(设准)意义上的自由,来涵盖康德对自由意志的双重规定。事实上,在康德的道德哲学中,有两种类型的意志自由,一个是作为道德基础的绝对的、无条件的意志自由,一个是作为道德公设的意志自由,即与具体道德处境中的欲望和情感相联系的意志自由,它与上帝存在、灵魂不朽是并列存在的道德公设。这些道德公设的存在,是为了使人们确信能够达到至善这一最高的道德理想,是为了激励道德勇气和信心,是为了培养向善的道德情感和习惯。例如,在《实践理性批判》§5 与 §6 中,康德便设定了一个意志是自由的,这是因为此意志充分的规定根据是无条件的实践法则。

牟宗三在此以中国儒家哲学的心体与性体来言说康德道德哲学中的自由意志和定言命令,这并不妥当。在康德实践哲学中,不受任何外

---

① 参见邓晓芒:《康德自由概念的三个层次》,《复旦学报》2004 年第 2 期。

在东西所决定的、无条件的、绝对的自由被视作道德的先决条件,因为只有自由的人才能自主自觉地而不是被迫地行善,只有自主自觉的行为才有道德价值,被迫做出的事情既不是善的也不是恶的。这是康德对于道德所进行的形而上学探究,因为此处的自由是形而上学或本体论意义上的自由。形而上学意义上的自由之所以能够成为道德实践的基础,就在于自由具有伦理的含义,即它是一种"善良意志",不存在外在的目的是自由的无条件性的一个重要方面,这表明自由不是追求目的的手段,不是为目的服务并为目的所制约,因为这违背了自由不受任何外在条件决定这一形而上学方面的规定。自由实际上是以自身为目的的活动,而人的善良意志正好符合自由的这一特征。善良意志是以善良自身为目的的意志,它摆脱了一切经验因素的制约。意志的自由选择之所以具有趋善避恶的倾向,就是源于自由的意志是以善良自身为目的的。体现自由的善良意志以自身为目的,决定了它必然要以摆脱了一切经验因素的理性规则为指导,即以运用自身的力量和为了自身的目的而制定的规则为指导,这些规则体现了善良意志自己立法、自己守法,它们即是道德自律。善良意志的自律即是定言命令。定言命令是无条件的,是以自身为目的的合理要求。定言命令的普遍形式和内容是:"要只按照你同时认为也能成为普遍规律的准则去行动。"①定言命令之所以是理性的自律,就在于它完全符合理性的规则而具有合理性,在于它成为普遍的规律而具有普遍性,在于它不假任何外在条件的规则而具有自足性。这一定言命令作为纯粹实践理性的基本法则,不是从自由意识中推想出来的,"而是由于它本身独立地作为先天综合命题而强加于我们,这个命题不是建立在任何直观、不论是纯粹直观还是经验性直观之上,虽然假如我们预设了意志自由的话,它将会是分析的,但这种自由意志作为一个积

---

① 康德:《道德形而上学原理》,苗立田译,上海:上海人民出版社 2002 年版,第 38—39 页。在《实践理性批判》中,这种定然命令是作为纯粹实践理性的基本法则而被如此加以表述的:"要这样行动,使得你的意志的准则任何时候都能同时被看作一个普遍立法的原则。"(康德:《实践理性批判》,邓晓芒译,人民出版社 2003 年版,第 39 页)

极的概念就会需要某种智性的直观,而这是我们在这里根本不能假定的。"①这一法则不是任何经验性的事实,而是纯粹理性的唯一事实,纯粹理性正是借此来宣布自己是原始地立法的。"纯粹理性单就自身而言就是实践的,它提供(给人)一条我们称之为德性法则的普遍法则。"②

通过对康德实践哲学的基本概述,我们看到,康德谈道德的基础是从具有形而上学意义的自由意志入手来分析的,牟先生将其等同于儒家哲学的心体、性体,这是有问题的。儒家哲学显然并不重视人的自由和意志方面的分析,因此他们不是因此而有如康德那样更为重视道德上的定言命令,而是更关注道德律背后的心性本体根据。在康德道德哲学中是以自由为形而上本体,在儒家则以心或理或气为形而上学本体。也正因此,康德更多是从理性的角度来谈道德的问题,即以实践理性来研究道德。与此不同,中国儒家学者则更多的是以直觉而不是理性来谈心性本体的体悟和修养工夫。也正因此,牟宗三强调的是传统儒家哲学以道德来谈论形而上学的一面,道德性的本体不仅具有道德界内的力量,它还成为全部存在界的基础,从而具有了形而上学或存在论的意义,这终究难以摆脱泛道德主义的嫌疑。以道德言说形而上学,体现出来的势必是一种人类中心主义。与此不同,康德对于形而上学的探究,则是详细区别开传统的形而上学与自己建构的科学的形而上学这两者。传统的形而上学作为先天综合判断,它的可能性在于:理性的自然倾向是企图用最高的理念和原则来将知识的各部门综合为一个完整的体系,理性的寻求知识的最高的统一的综合能力,足以表明形而上学作为人类的自然禀赋是可能的。至于科学的形而上学,康德则分别将其放到科学领域和道德实践领域进行了分析,于是有所谓建构"自然形而上学"和"道德形而上学"科学体系的努力。

总而言之,牟宗三融会康德智的直觉思想来重新抒发儒家形而上学,他所建构的只是一种他自己曾多次谈到的属于境界形态的"道德的

---

① 康德:《实践理性批判》,邓晓芒译,北京:人民出版社2003年版,第41页。
② 同上。

形而上学"。"虽然牟氏所本之儒家心体论确乎比佛道积极有为,但由于这积极有为的心体仍只是以佛道境界形态亦即意识心态感应外界,而未对康德意义下亦即真实的自由因果过程提供论证,因而牟氏心体论终究是一种境界形态的本体论。"①这种境界形态的"道德的形而上学"是有颜色的,它是以道德为底子,借助和通过道德的感受和体验来达到对于世界的一种理解。我们认为,"道德的形而上学"其适用范围是有限的,它更恰当的适用范围应当是人所构成的社会界,因此,我们显然很难将其扩大为一种对人类社会之外的整个世界的理解。一种真正的形而上学应当是无颜色的,它需要抛开讲求善恶之分的有颜色的、以道德为入路的形而上学。只有如此,这种形而上学才能对全部的世界(人及其自然)有一种真正形而上的说明。再有,依据智的直觉的预设,牟先生以实践形而上学,即"道德的形而上学"(儒家)与"解脱的形而上学"(道家、佛家)为途径来建构基本形而上学和重新诠释中国传统哲学,如果可能的话,这也只是建构形而上学和阐发中国哲学的一条可能的道路,但绝对不是唯一的一条。

(二)在本心仁体的诚明、明觉、良知或虚明照鉴的关节上,"智的直觉"在实际上必然会呈现

牟宗三认为,在本心仁体的诚明、明觉、良知或虚明照鉴这个关节上,"智的直觉"不但是理论上必须肯定的,而且是实际上必然呈现的。本心仁体不是一个孤悬的、假设的绝对而无限的物摆在那里,因而设问我们如何能智地直觉它。当我们说"本心"时即是就其具体的呈现而说它,如恻隐之心、羞恶之心是随时呈现的。例如,孟子所说的见父自然知孝,见兄自然知悌,当恻隐则恻隐,当羞恶则羞恶,这些不是从生物本能方面说的,而是从本心方面说的。本心仁体是一个随时在跃动在呈现的活动,是感通周流而遍润一切的活动,这种活动是以明觉来规定的。明

---

① 尤西林:《智的直觉与审美境界——牟宗三心体论的拱心石》,《陕西师范大学学报》(哲学社会科学版)2008年第3期。

觉的自我立法,其立之即是觉之,它是在觉中立;其立之即是感受之,它是在立中感受。它觉、它感受,就在这种觉与感受中便会转出"智的直觉"。智的直觉使普遍法则成为一个具体的呈现,而不只是一个理性的事实。智的直觉不但是朗照明觉觉情所感应的事事物物为物自身,而且也回光返照朗照自己,使自由成为一个定是、必是的呈现,而不是一个设准。智的直觉就是明觉觉情的自我活动所放射的光芒。

进一步讲,在牟宗三看来,就道德主体为一个呈现而不是一个设定来说,道德本心就是道德的实体,它是创发纯亦不已的道德行为的超越根据。这样的道德本心是随时可以呈现的,是我们可以逆觉体证的。在这种逆觉体证中,就藏有一种"智的直觉"的作用。"本心仁体之明觉活动反而自知自证其自己,如其为一'在其自己'者而知之证之,此在中国以前即名曰逆觉体证。此种逆觉即是智的直觉。因为这纯是本心仁体自身之明觉活动故,不是感性下的自我影响。"①成为曲因的机缘是感性的,但是本心仁体的逆觉却不是感性的,逆觉之根不是被动地从感性发出的,而是从本心仁体当机跃动的明觉处发出的。这只是本心仁体的明觉活动返照其自己,因此是纯智的。越是这样逆觉体证,本心仁体的自体越是具体地呈现,因而也越有力,即越有力发为道德行为。不仅如此,由于本心仁体是无限的,具有绝对普遍性,因此它不仅是特显在道德行为成就方面,同时也遍润一切存在而为其体。前者是它的道德实践意义,而后者则是它的存有论意义;前者是它的道德创造,引生了道德行为的"纯亦不已",即孟子所谓"沛然莫之能御也"②,后者则是它的"生物不测",引发宇宙秩序,即《易传》所谓"以言乎远则不御"③。

因此,"只有当吾人郑重正视此明觉义、活动义,始能知本心仁体是一呈现,而不是一假设(不只是一个理论上的设准),因而始能知智的直

---

① 牟宗三:《智的直觉与中国哲学》,《牟宗三先生全集》第 20 卷,台北:联经出版公司 2003 年版,第 252 页。
② 《孟子·尽心上》,见《孟子译注》(下),杨伯峻译注,北京:中华书局 1960 年版,第 307 页。
③ 《周易·系辞上》,见《周易译注》,周振甫译注,北京:中华书局 1991 年版,第 235 页。

觉亦是一呈现而可为吾人所实有,不只是一个理论上的肯定"①。牟宗三认为,当本心仁体自知自证其自己的时候,也就是连同它所发生的道德行为以及它所妙运而觉润的一切存在而一起知之证之,也就是如其为一"在其自己"者而知之证之。此时,仁心的明觉活动觉润一切,同时即照了一切。这种照了活动即是它的"虚明照鉴",在此说"智的直觉"。它的虚明照鉴觉之即润之,润之即生之,因此"智的直觉"本身即给出它的对象的存在,这就是"智的直觉"的创生性。在此,牟宗三是继承了张载的如下说法:"虚明照鉴,神之明也;无远近幽深,利用出入,神之充塞无间也。"②他认为,当本心仁体随时在跃动而有其具体呈现时,"智的直觉"即同时呈现而已可能。"纯智的直觉即在此'明觉之活动'上有其可能之根据。何以必否认此种直觉,而只以不能被感触直觉所觉,故视之总不能呈现,而只为一设准?是以当本心仁体(自由意志是其良能)随时在跃动,有其具体呈现时,智的直觉即同时呈现而已可能矣。只有当把自由意志只看成是一孤悬的抽象的理性体,而忘记它本身就是一种心能,就是本心仁体之明觉活动,才认为智的直觉不可能,不能为吾人所有。这是把已可能的东西说死了,遂成为不可能。"③

    牟宗三借此批判康德将自由意志看做一个"设准",看做既不能通过感性直观也不能通过知性直观认识的东西。他认为这是将自由意志只看成一个理性体,一个纯粹的实践的理性,它毫无感性的成分,从而未能明了意志活动就是一种心能,就是本心明觉的活动。他认为,自由意志当然是理性体,但同时亦是心体、明觉体、活动体。自由意志因此是具体的呈现,它的明觉活动当然使其能够反身自觉,也就是可以依据明觉活动而纯智地直觉自己,并使自己成为一种呈现。牟宗三批判康德将道德感看成是形而下的、感性的、纯主观的,不能成为道德的基础,并认为

---

① 牟宗三:《智的直觉与中国哲学》,《牟宗三先生全集》第20卷,台北:联经出版公司2003年版,第249页。
② 张载:《正蒙·神化篇》,见《张载集》,章锡琛点校,北京:中华书局1978年版。
③ 牟宗三:《智的直觉与中国哲学》,《牟宗三先生全集》第20卷,台北:联经出版公司2003年版,第250页。

这是将心的明觉和活动意义完全从意志上脱落下来了,意志于是成为一个干枯的抽象的理性体,而不知道意志活动就是本心仁体的明觉活动,道德感就是本心仁体的具体表现。在牟宗三看来,道德感既可以有属于气性的,又可以上提而从本心仁体上来说。但是,如果只下属于气性,那么上面意志处便不能说道德感,从而意志处便没有心义、明觉义和活动义。这样道德便会成为一个死概念,永远不能是呈现中的实事。反之,如果道德感上提而从本心仁体上说,那么意志的心能义,本心的明觉活动义才能恢复,而意志活动就是道德感的呈现。这样道德才是一个实事,而智的直觉必然可能。他将康德所说的"良心"与"道德情感"复原为实体性的觉情,即王阳明所说的知体明觉,以便使心与理合一。"**实体性的觉情即含一智的直觉之可能。**"①

牟宗三此处对于康德道德哲学的批判具有积极的意义,这的确击中了其中的要害,即过分的理性主义和形式主义。"但问题是,康德正是看出了英法经验主义伦理学将道德律诉诸'良心'所带来的弊端,才超越一般道德情感而追究情感后面的普遍理性的道德法则的。许多人批判康德形式主义道德法则的软弱无力和脱离现实的同时,却往往忽略了这种对内心感觉(情感)的超越在建立普遍道德规律方面所做出的巨大贡献。至于能否从中'分析'出别的东西,如'实体性的觉情'或'良心'之类,这在康德看来简直就是天方夜谭。康德唯一承认的道德情感就是对道德律的'敬重',即一种否定一切情感的情感,也就是在道德律面前的绝对的'谦卑'。敬重实际上不过是道德律作为主观动机而对人的情感的'间接作用',即引起了对道德律的'为义务而义务'的兴趣或关切(Interesse)。它只能还原为道德律本身,而决不能还原为'实体性的觉情'。"②

从牟宗三的主张看来,他显然承认存在两种类型的道德感:一种是

---

① 牟宗三:《现象与物自身》,《牟宗三先生全集》第21卷,台北:联经出版公司2003年版,第74页。
② 邓晓芒:《牟宗三对康德之误读举要(之四)——关于自我及"心"》,《山东大学学报》2006年第5期。

实然层面上的,它是基于人性的特殊构造而产生的同情心,是在程度上有无限差别变化的。由于这一类型的道德感是经验的、后天的、主观的、偶然的,所以它不能在善与恶方面提供出统一的标准;另一种类型则是超越层面上的,它是道德法则、道德理性表现中最本质的一环。在这种情况下,"道德感、道德情感不是落在实然层面上,乃上提至超越层面转而为具体的,而又是普遍的道德之情与道德之心,此所以宋、明儒上继先秦儒家既大讲性体,而又大讲心体,最后又必是性体心体合一之故"①。性体心体合一,就是心、情、理的统一,是作为主观实现原则的心、情与客观的存在原则理的合一。此处的心被牟宗三归为儒家哲学中"心即理"中的心,这种心成为道德创造之源的本心。但这种将心与理合一的主张又存在着一种基本的限制。正如有的学者指出的:"康德的'理性'却不是什么'情理',而是超越一切感性和情感之上的逻辑理性,它所形成的道德自律虽然'不可见',但可以行,并且可以用来衡量行。由此所表现出来的'心理不一'正是自由的自我超越,也是中国哲学和中国文化最需要吸收的西方精神的精髓。牟宗三却通过将康德的理性用中国哲学中的'理'轻轻取代,而将其'滑转'为一种没有说得'通透'的中国哲学,而将这一西方精神的精髓放过去了。"②

针对牟宗三有关道德感的两种类型的划分,我们可以问:实然层面的同情心与超越层面的道德心这两种类型的道德感有没有联系?如果有,我们如何由心理学意义上的道德情感上升至具有普遍性的道德心?再有,心本体显然不同于心本体之情,我们怎能以道德情感来建立形而上学本心?牟宗三建立道德心与世界存在关系的方法,是利用了佛家"一即一切,一切即一"的思想,其中的神秘主义色彩不言而喻。

除此之外,牟宗三此处对于康德的批判也并不中的。康德实践哲学中所提出的作为道德公设(设准)的自由意志,不同于形而上学或本体

---

① 牟宗三:《心体与性体》(第一册),见《牟宗三先生全集》第5卷,台北:联经出版公司2003年版,第131页。

② 邓晓芒:《牟宗三对康德之误读举要(之四)——关于自我及"心"》,《山东大学学报》2006年第5期。

论意义上的自由,这种公设意义上的自由不同于作为道德先决条件的自由,它是与具体道德处境下的欲望和情感联系在一起的意志。因为在康德看来,人们只有相信自己在任何条件下都能够正确地运用自己的意志,做出自己的选择,他们才能够相信依靠自己的力量可以达到至善的目标。很显然,这层含义的自由意志,并非如牟先生所言,是与道德感完全无关的。

牟宗三此处对于智的直觉可能与否的论证逻辑是:首先将道德本体归于具有心觉能力的心体、仁体、性体,然后从它们的必然呈现处来论证"智的直觉"的可能性。但问题是:道德本体何以必然要以心体来规定,何以必须从明觉活动处来规定。心的明觉活动和呈现显然属于形而下的道德感层面,它如何能够等同于形而上的非道德感层面的本体界?本心、仁体为什么必然会呈现,必然会活动,其呈现和活动的根据何在?再有,自由意志和牟宗三所言称的心体、仁体、性体可以等同吗?自由意志和自由意志的活动,心体、仁体、性体与心体、仁体、性体的活动可以等同吗?即存有即活动,其可能性的原因究竟何在?

因此,牟宗三先生此处以本心仁体的明觉来谈"智的直觉"在实际上必然呈现,必然存在如下一个难题:本心仁体上的道德感、道德上的明觉,与他所言称的作为道德依据的本心仁体不是一回事,如果以道德之情与道德兴趣来言说"智的直觉"在实际上的呈现,实际上终究难以化解经验主义情感伦理学与先验主义理性伦理学之间所固有的矛盾。当牟先生以存有论意义上的本心仁体来言说"智的直觉"可能的时候,它显然是在非经验、非情感意义上来说的。而如果又以经验上的情感来谈本心仁体的感受和兴趣,则此时如何能够呈现出来"智的直觉"?

在康德哲学里,"智的直觉"正是离开感性领域来谈的。当我们充分考察康德的《道德的形而上学原理》《实践理性批判》《道德形而上学》等实践哲学方面的著述的时候,必然会发现,他是以理性而不是感性,是以形而上的意志自由而不是感性的道德情感,来谈论道德的形而上学依据的。在理性与感性、自由意志与道德情感之间,康德做出了明确的区分。

情感依据的是本能,而康德更为重视的是依据理性而获得的义务。与经验的、主观实践的情感相比较,先验的纯粹理性在康德的哲学中始终是处于第一位的。"信赖某种情感,该情感因具有预期的作用而被称为道德的,这大概也能使民众导师满意;因为作为一种德性义务的试金石,看它是不是德性义务,他要求人们牢记如下义务:'如果每个人在任何情况下都使你的准则成为普遍法则,那么,这样一个准则究竟如何才能与自己一致呢?'但是,如果仅仅是情感使得也把这个命题当做试金石成为我们的义务,那么,这种义务在这种情况下就不是由理性授意的,而是仅仅按照本能,因而是盲目地为此接受下来的。"①

康德认为,在探究道德问题的时候,我们必须得坚持如下一个原则:将思想回溯到其中的形而上学诸要素,因此,如果缺少了这些要素,那么就别指望德性论中会有什么可靠性和纯粹性,甚至就连打动人的力量也别指望。"如果偏离这条原理,而从病理学的或者纯感性的,哪怕是道德的情感(主观实践的情感而不是客观的情感)开始,也就是说,从意志的质料亦即目的开始,而不是从意志的形式亦即法则开始,为的是由此出发规定义务,那么,当然就没有德性论的形而上学初始根据——因为无论情感由什么所激发,它都始终是自然的。——但德性论在这种情况下也就在其根源上堕落了。"②

在康德看来,我们不存在拥有道德情感、良知、人类之爱、敬重的责任,因为它们是作为对义务概念的易感性的主观条件,而不是作为客观条件为道德性奠定基础的。它们全都是感性的,而且是先行的,但却是自然的心灵禀赋,可以被义务概念所激发。我们拥有这些禀赋并不能被看做是义务,相反,它们是每个人都具有的,而且凭借它们每个人都可以被赋予义务。我们对它们的意识不具有经验性的起源,而只能是作为道德法则对心灵的作用,是在一种道德法则的意识之后发生的。据此,康德对道德情感进行了如下详细的说明:

---

① 康德:《道德形而上学》,《康德著作全集》第6卷,李秋零主编,北京:中国人民大学出版社2007年版,第388页。
② 同上书,第389页。

道德情感只是对于出自我们的行动与义务法则相一致或者相冲突这种意识的愉快或者不快的易感性。但是,任性的一切规定都是从可能的行动的表象出发,通过对行动或者其后果感兴趣的愉快或不快的情感,而达成事实的;在这里,感性的状况(内感官受刺激的状况)要么是一种病理学的情感,要么是一种道德的情感。——前者是一种先行于法则的表象的情感,而后者则只能是继法则的表象而起的情感。

现在,不可能存在任何拥有一种道德情感或者获得这样一种道德情感的义务,因为一切责任意识都把道德情感当做基础,以便意识到蕴涵在义务概念中的强制;而是每个人(作为一个道德存在者)心中原本就有这种道德情感;但是,责任只能在于培养这种情感,甚至通过对其不可探究的起源的惊赞来强化它,做到这一点,乃是通过指出,它是如何排除一切病理学的刺激并在其纯洁性上通过纯然的理性表象恰恰最强烈地激发出来的。

把这种情感称为道德感觉并不恰当;因为感觉这个词通常被理解为一种理论的、与一个对象相关的感知能力;与此相反,道德情感(例如一般而言的愉快或者不快)是某种纯然主观的东西,它并不提供认识。——没有人不具有任何道德情感;因为如果对这种感受完全没有易感性,人在道德上就会死了,而如果(用医生的话说)道德的生命力不再能对这种情感造成任何刺激,那么,人性(仿佛是按照化学法则)就会化为纯然的动物性,而且会不可逆转地混杂进大量其他的自然存在者之中。——不过,虽然人们经常这样表述,但正如我们对真理很少有一种特殊的感觉一样,我们对(道德的)善与恶很少有一种特殊的感觉,而是有自由任性对自己被纯粹实践理性(及其法则)所推动的易感性,而这就是我们称之为道德情感的东西。①

---

① 康德:《道德形而上学》,《康德著作全集》第 6 卷,李秋零主编,北京:中国人民大学出版社 2007 年版,第 411—412 页。

上述几段引文出自康德《道德形而上学》德性论导论的第十二部分，牟宗三先生也在《现象与物自身》中予以了引述。通过这几段引文，我们很明晰地发现，在康德这里，作为人人具有的道德情感并不是道德感觉，而是不与对象相关的纯然主观的东西，是对于纯粹实践理性及其法则所具有的易感性。虽然道德情感不是道德的形而上学的初始根据，但却是道德法则影响的对象，没有了道德情感，道德法则作用的发挥也便难以实现。牟宗三先生由于将道德情感上升至形而上学的层面，因此未能充分看到康德此处所谈论的道德情感形而下的真蕴，未能充分认识到它在德性论中的作用，显然是误读了康德的思想。

与谈论道德情感一样，康德对于良知的规定，也是将其看做感性的，并以此来谈良知的作用。"良知也不是什么可以获得的东西，而且没有任何获得一种良知的义务；而是每一个人作为道德存在者都本来在心中有这样一种良知。说有责任有一种良知，就会等于是说：对自己有义务承认义务。因为良知就是在一个法则的任何事例中都告诫人有作出赦免或者宣判的义务的实践理性。因此，良知的关系不是与一个客体的关系，而是仅仅与主体的关系（通过其行为激发道德情感）；因而是一种必然发生的事实，并不是责任和义务。因此如果人们说：这个人没有良知，则人们说的是：他没把良知的呼声当回事。"[1] 良知与道德情感一样，都是每一个道德存在者在心中所本有的东西。于是，义务只是培养自己的良知，磨砺对内在法官的呼声的注意力，并且运用一切手段来倾听良知。

与康德不同，牟宗三将心理解为形而上学的道德本心，并以这样的心来谈论道德情感和良知，于是道德感便成为良知的明觉，它们都具有了形而上学的含义，都是道德本心所具有的道德情感，道德本心所具有的良知。这样来诠释和理解康德的具有感性意蕴的道德情感和良知，显然是不符合康德思想的本义的。康德的道德哲学正是想通过心中所固有的道德情感和良知，来建构起形而上与形而下、理性与感性之间的关

---

[1] 康德：《道德形而上学》，《康德著作全集》第6卷，李秋零主编，北京：中国人民大学出版社2007年版，第412—413页。

联性。牟先生单单从道德本心入手来谈道德哲学,显然使得他的德性论更多具有境界的意义,而缺乏康德实践哲学所包含的实践操作意义。

在康德的实践哲学中,德性论的形而上学的初始根据分析,重点在于强调感性的道德情感和良知与作为道德的客观基础的道德原则的分别,他是要以纯粹理性的实践运用来谈道德。道德形而上学普遍原理,就包括了如下一条:德性不是必须从经验中学到的,它必须依照无条件地发布命令的法则来评价。因此,"德性首先要求对自己本身的控制","德性必然以不动情(被看做坚强)为前提"①,道德上的不动情不是指的没有情感,而是指与冷淡不同的无激情。无论激情被一个什么样的对象激起,它永远都是属于感性的,而德性的真正力量就是平静中的心灵及其一种深思熟虑的和果断的决定,即实施德性的法则。在康德的实践哲学中,他强调的是以理性来控制人的行为,时时符合道德的原则。"德性只要基于内在的自由,对人来说就也包含着一项肯定的命令,亦即把人的一切能力和偏好都纳入自己的(理性的)控制之下,因而是对自己的统治的命令,这种统治添加在禁令之上,即不让自己受情感和偏好的统治(不动情的义务),因为,若不是理性执掌驾驭的缰绳,情感和偏好就会对人扮演主人。"②与此不同,牟宗三更强调的是以情感之心来体验和感受道德本心。

总之,尽管康德在道德的形而上学探究中十分重视以理性来谈论内在的道德自律,但是他的道德形而上学除了不能有外部法则的德性论这一部分之外,还包括对具有外在强制特征的、有外部法则的法权论的部分,二者都得到了康德的充分重视,尽管他的侧重点是德性论中的形而上学初始根据。合法性与道德性,合法则性与合道德性,得到了同样的重视,《道德形而上学》有关法权论的形而上学初始根据的论述,占据了此书篇幅的大半部分。

当然,伦理学的这两大部分是有区别的。伦理学作为一种道德论,

---

① 康德:《道德形而上学》,《康德著作全集》第6卷,李秋零主编,北京:中国人民大学出版社2007年版,第420—421页。

② 同上。

是关于义务的学说,它包括法权论和德性论两大体系,总的义务学说中的不是把外在自由而是把内在自由置于法则之下的部分就是德性论。伦理义务是广义的责任,而法权义务则是狭义的责任。二者的本质区别在于,对法权义务来说,一种外在的强制是道德上可能的,而德性义务则仅仅依据自由的自我强制。德性论的至上原则是:"你要按照一个目的准则行动,拥有这些目的对任何人而言都可以是一个普遍法则。"①不过,德性论的至上原则是综合的,而法权论的至上原则却是分析的。

不管怎么说,康德的高明之处在于不仅谈论德性义务,而且还谈论法权义务。与此不同,牟宗三为了证明"智的直觉"的存在,则大谈特谈心性本体的明觉之情。牟先生的问题是:过分强调和重视道德建构中的主体内在自觉,从而忽略了自律性之外的他律性道德的重要性。

(三)"智的直觉"是能够认知具有价值意义的物自身的原因

在《现象与物自身》一书的开篇,牟宗三即认为,康德的《纯粹理性批判》甚至其哲学的全部系统隐含着两个预设:现象与物自身的超越的区分,以及人是有限的存在。正是通过对康德哲学中的这两个预设进行独创性的阐释,才使得牟宗三对"智的直觉"的可能性提供了两个新的证明。对于第一个预设的独创性阐释,是将康德的物自身视作具有价值意味的概念,而智的直觉的积极意义上的存在便体现在它是认识这种物自身的工具。对于第二个预设的独创性阐释,是将康德在人的有限性和神的无限性之间所进行的严格区分化解掉,从而承认"人虽有限而可以无限"这一命题成立。人的无限性表明人具有无限心,这种心的知体明觉,只能通过承认智的直觉的存在才可以成为现实。接下来我们具体考察一下牟宗三对于"智的直觉"之可能性所提供的第三个原因。

早在《智的直觉与中国哲学》一书中,牟先生依据自己对海德格尔

---

① 康德:《道德形而上学》,《康德著作全集》第6卷,李秋零主编,北京:中国人民大学出版社2007年版,第408页。

《康德与形而上学问题》的阅读，花费了大量篇幅具体论述了康德在"现象"(appearance)与"物自身"(物之在其自己，thing in itself, or things in themselves)之间进行区分的意义，并以此引出自己对于康德"智的直觉"思想的诠释。按牟宗三的理解，物自身就是离开感性，"对于主体没有任何关系"，从而回归于其自己，这就是"在其自己"。物物都可以是"在其自己"，从而名为"物自身"。就主体本身来讲，也可以做如此解释。超绝的真我即作为单纯实体的我如果以智的直觉认识，便成为物自身意义上的"我"；如果以感触直觉认识，便成为现象的假我或组构的假我，这是心理学意义的"我"。这两种"我"加上由范畴和先验综合所形成的"形式的我"或"统觉的我"或"逻辑的我"，一共是三个"我"。

牟宗三坚持主张，不能以"通过范畴之思"来说物自身，由通过范畴之思而思的"对象一般"，是范畴的超越使用，这是一种误用。"对象一般"不是物自身，不能由智的直觉来觉。当物与主体发生关系，从而显现到主体上的时候，此时名为"现象"。因此，在牟宗三看来，"现象与物自身之分是超越的，主观的，批判方法上的"；"物自身不是形而上的实体"；"物自身不是超越推述中所说的'超越的对象=X'"；"物自身只是一物之不与感性主体发生关系"；"物自身既不对感性主体而现，它根本不是经验知识底对象，它根本无'对象'义，它是无对自在而自如，它是知识外的，它超绝于知识"①。总之，在现象、感触物、感官物、现相与物自身、理智物、知性物、本体之间，是有明确界限的。智的直觉所觉的只是物自身，并不能觉范畴所表示的"对象一般"。在智的直觉面前，"对象一般"正好被拆散，依智的直觉的有还是无，来说明物自身一词积极与消极的意义。

在《现象与物自身》中，牟宗三指出，从"智的直觉"与"物之在其自己"之自在相或如相的关系来看，"智的直觉"是能够认知具有价值意义的物自身的原因。他说：

---

① 牟宗三：《智的直觉与中国哲学》，《牟宗三先生全集》第20卷，台北：联经出版公司2003年版，第136—137页。

同一物也,对有限心而言为现象,对无限心而言为物自身,这是很有意义的一个观念,可是康德不能充分证成之。我们如想稳住这有价值意味的物自身,我们必须在我们身上即可展露一主体,它自身即具有智的直觉,它能使有价值意味的物自身具体地朗现在吾人的眼前,吾人能清楚而明确地把这有价值意味的物自身之具体而真实的意义表象出来。我们不要把无限心只移置于上帝那里,即在我们人类身上即可展露出。①

进一步来讲,牟宗三认为,在无执的存有论当中心外无物。也就是在"知体明觉"的神感神应而非物感物应中,感无感相,应无应相,心与物一起朗现,于是在"知体明觉"的感应中,在"知体明觉"的显发与明通中就含有一种"智的直觉"。"智的直觉"就是知体明觉的自我活动。在"智的直觉"中,物如如地呈现即是物以"在其自己"的身份而存在,这就是物的自在相。自在源于"知体明觉"即"智的直觉"呈现和创生之。"智的直觉之觉照此物即呈现此物,而呈现此物非感性直觉之被动的接受之认知地呈现此物,故呈现之即实现之,即创生之。是即智的直觉之存有论的创生性。感性直觉只能认知地呈现一物,而不能存有论地创生一物,故只为呈现原则,而非创生原则。"②

可见,这种自在是内生的自在,因为它源于知体明觉呈现之即创生之,从而不和"知体明觉"为对,因此此时的物无"对象"相。物无对象相,是在其自己的自在相,不是现象相,那么"智的直觉"也无直觉相,也就是无认知相。这种纯智的直觉就是圆而神的直觉,圆而神的直觉无知相、无觉相,但却是无不知、无不觉,这便是所谓的"独觉"或"圆觉"。"无不知"之知正是"无知"之知。这种无知之知是通彻于一切物而润生之,使之为如如地存在,这正是知之至。知之至只是冥冥为一而一起朗现,这便是所谓的"彻知""证知""独觉""圆觉","彻知""证知"是牟宗

---

① 牟宗三:《现象与物自身》,《牟宗三先生全集》第 21 卷,台北:联经出版公司 2003 年版,第 16—17 页。

② 同上书,第 103 页。

三所言称的有别于"识知"的"智知",它体现了"智的直觉"的创造性。

但是,智的直觉果真具有创造性吗?假如具有创造性,它如果只能创造事物的物自身的一面,那么,事物的现象的一面又是如何和由谁创生的呢?牟宗三将康德的物自身视作一个具有价值意味的概念而不是一个事实的概念,主要是因为他继承了熊十力等儒家学者在知识与价值之间进行二元分立的思想传统。在这些儒家学者看来,由科学所处理的事实世界、现象世界与由道德宗教处理的价值世界、形而上学世界之间具有明确的区别,而且前者的地位远远不如后者的地位重要。牟宗三继承这一"首孝悌,次见闻"的传统,最终将康德哲学中富有丰富义涵的物自身概念单一地还原为价值形而上学世界中的东西,这是不是有将康德哲学儒学化的嫌疑?

事实上,康德物自身概念的证成,是在认识论领域,在先验感性论中实现的。物自身是一个批判性的、否定的、限制的、空洞的、贫乏的概念,我们思考它的存在,是为了给我们的知识划定界限以避免知识探求中的独断论倾向。因此,这样的物自身概念,在康德认识论的领域内,也就不存在牟宗三所言称的什么具体的内容和真实的意义。"在康德那里,物自身的确定不是靠'跳出感性主体'而设定的,而是直接从感性主体中'推出去'的;不是依赖对一个无限存在的上帝的'确知'(所谓'由神学而知'),而是依赖我们自身中的知性思维和逻辑。"[①]"康德的物自身概念的根本立足处在于事实方面,即一切认识对象之所以可能的条件(或'事实'之所以可能的条件),而不在价值方面,价值方面的含义只是在事实方面已经确立起物自身的地盘以后才得以合理地生长起来。"[②]这正如康德所言:"我不得不悬置知识,以便给信仰腾出位置,而形而上学的独断论、也就是没有纯粹理性批判就会在形而上学中生长的那种成见,是一切阻碍道德的无信仰的真正根源,这种无信仰任何时候都是非

---

① 邓晓芒:《牟宗三对康德之误读举要(之三)——关于"物自身"》,《学习与探索》2006年第6期。

② 同上。

常独断的。"①牟宗三对康德物自身概念误读的一个重要结果是,将本来具有极强批判意义的概念,转而变成了一个康德严厉对之批判的独断的概念。

为了能够言说物自身在认识论领域中存在的重要意义,康德在"认识"一个东西和"思维"一个东西之间进行了区别。"思维一个对象和认识一个对象是不同的。因为认识包含两个方面:一是使一个对象一般地被思维的概念(范畴),二是使这对象被给予的直观;因为,假如一个相应的直观根本不能被给予概念,那么概念按照形式也许会是一个思想,但却没有任何对象,且它将不会使有关某个事物的任何知识成为可能;因为就我所知将没有、也不可能有任何东西,能够让我的思想运用于其上。既然我们可能有的一切直观都是感性的(见《感性论》),所以在我们这里,通过一个纯粹知性概念对某个一般对象的思维,只有当这个概念与感官对象发生关系时才成为知识。感性直观要么是纯直观(空间和时间),要么是对于空间和时间中直接通过感觉而表现为现实的东西的经验性直观。……纯粹知性概念即使当它们被运用于先天直观(如在数学中)时,也只有在这些先天直观、因而借助于先天直观使知性概念也能够被运用于经验性直观的情况下,才获得知识。"②又如:"只被当作悬拟的本体的这个概念仍然不仅仅是容许的,而且甚至作为一个在限制中来建立感性的概念也是不可避免的。但这样一来,本体就不是为我们的知性所特有的一个智性对象了,相反,它可能会隶属的那种知性本身就是一个问题,即是说,这种知性不是通过范畴推论式地认识其对象,而是在某种非感性的直观里直觉地认识其对象,而对这种知性的可能性我们是不能产生最起码的表象的。既然我们的知性以这种方式获得一种消极的扩展,这就是说,知性与其说是由于感性而受到限制,不如说是通过它用本体来称谓物自体本身(而不把它看作现象),知性就限制了感性。但知性同时也限制了自己,不能通过任何范畴来认识本体,因而

---

① 康德:《纯粹理性批判·第二版序》,邓晓芒译,北京:人民出版社2004年版,第22页。
② 同上书,第97—98页。

只能以未知某物的名义来思维这些本体。"① 知性在经验性的运用以外,不可能有一种先验的运用,即指向作为某种对象的本体。因此,知性不能认识本体而获得关于本体的任何知识,而只能思维本体,并因此而限制了感性和自身。

具体讲来,当我们认识一个东西的时候,我们当然需要感性直观作为其内容,但是当我们思维一个东西的时候却不一定需要感性直观,只要我们有逻辑能力就够了。这种逻辑思维能力,在我们认识一个东西的时候同样是不可缺少的条件,也就是说,当我们认识一个东西的时候,我们得必须先能够思维它,但是尽管我们可以思维一个东西,但是我们却不一定能够认识它。因此,即使是我们的认识被看做是关于"现象"的认识,但是却必须承认在这些现象背后存在"物自身"来作为它们的承担者,否则的话,就会必然导致逻辑上的自相矛盾:有"显现"但却没有"显现者"。由此可以推知,物自身就是"显现"后面的"显现者","现象"后面的"自在之物",它是按照逻辑的不矛盾律从"现象"这个概念中推出来的,即显现必须有显现者的存在。

总体来看,牟宗三对于康德物自身概念的理解正如有的学者所指出的那样,存在诸多的误读之处,"如对现象和物自身的划分原则的误解,对物自身的批判精神的放弃,以及对物自身的所谓'积极意义'的一相情愿的补充,这些都是偏离康德的基本原意的"②。有关牟宗三依据具有价值意味的物自身来论证"智的直觉"存在的批判,我们下文会详加分析。

(四)"智的直觉"是能够逆觉而认识"知体明觉"的原因

牟宗三说,从"智的直觉"与"知体明觉"本身的关系来看,"智的直觉"是能够逆觉而认识"知体"的原因。"知体明觉"的神感神应即是自由自律,但我们怎么能知道"知体"本身?牟宗三认为,"知体明觉"在随

---

① 康德:《纯粹理性批判》,邓晓芒译,北京:人民出版社2004年版,第232页。
② 邓晓芒:《牟宗三对康德之误读举要(之三)——关于"物自身"》,《学习与探索》2006年第6期。

时呈露中,其自身的震动可以惊醒我们。通过自我震动与惊醒,神感神应、自由自律的本心得到了自我肯认。这种肯认,牟宗三称之为"逆觉体证"。"震动而惊醒其自己者即自豁然而自肯认其自己,此谓本心之自肯;而吾人遂即随之当体即肯认此心以为吾人之本心,即神感神应自由自律之本心,此种肯认即我所谓'逆觉体征'。"①"本质的关键仍在本心之明觉觉情之自我震动。其自我震动即是使其本身涌现之力量。由其自我震动,吾人逆觉到此本心之明觉觉情,此即吾所谓'逆觉体证'。"②逆觉体征表明本心仁体的明觉活动反而自知自证其自己,如其为一"在其自己"者而知之证之。逆觉而知之的"逆觉",即是其自身之光的返照其自己,而不是以一个不同于其自身的识心感性地、被动地来认知其自己而又永不能及于其自己之本身。逆觉只是本心仁体的明觉活动的自知自证,因此只是判断它自己,即其自体判断具体呈现。此时,不存在能觉与所觉,而只是其自己觉自己。于是,这一逆觉而知之是纯智的而不是感性的、被动的。这种逆觉之知也就是该"知体明觉"之光所发的"智的直觉"的自照。依据本心之光的自照,牟宗三言称了"智的直觉"的必然存在。在他看来,逆觉体证之中实际上就含有了"智的直觉",智的直觉即是知体明觉所发之光,它因此无杂多可言,它所朗现而给予我们的只是知体明觉自身。由于知体明觉自身是纯一,因此对于其光进行返照的"智的直觉"在直觉它的时候,也当然是直觉和朗现这种纯一。杂多只能是在"在其自己"之物本身转为现象并由感触直觉摄取的时候才可以谈,智的直觉认识的是事物的"在其自己"的一面,它因此无杂多,也没有因杂多而带来的关于杂多的综合。

　　智的直觉既然可能,则依据智的直觉所获得的知识,便只能是一种独特的直觉知识。"吾人依此本心之自照而言智的直觉,依此智的直觉而知吾人之本心为自由自律,此种知不只是意识及,亦不只是由道德法则而必然地逼到之之逼到,乃是确然地直觉及之,即朗现之,此之谓'以

---

① 牟宗三:《现象与物自身》,《牟宗三先生全集》第 21 卷,台北:联经出版公司 2003 年版,第 106 页。

② 同上书,第 82 页。

智知'。虽是以智知,而不是以识识,然而仍是客观地确定的知识,此知识自不是识心之观解的知识,而乃是道德本心自照之实践的直觉知识也。"①

牟宗三此处承认存在两种类型的知识,这依然是继承了传统儒家尤其是宋明新儒学在德性之知与见闻之知上所做的区分。他与传统宋明儒学家的显著区别体现在,以从康德思想中所借用的、自己进行独特解释过的智的直觉来言说德性之知的客观存在。抛开牟宗三两类知识的划分及是否能够在当代新儒家体系内证成科学知识不谈,单就他此处所提出的对于智的直觉存在的上述论证的合理性,便很值得怀疑。牟宗三此处的论证明显存在循环论证的谬误。既然依据"本心之自照而言智的直觉",又如何能够再说"依此智的直觉而知吾人之本心为自由自律",这难道不是以本心来论证智的直觉的存在,又以智的直觉来论证本心吗？也许牟宗三会反驳道,此处"智的直觉"与本心是合二而一的,智的直觉即本心最本质的属性,一提及本心实体,我们自然会想到它所具有的最本质的存在即"智的直觉",这是存在与本质的统一。但是,即使有如此回答,我们也很难苟同。牟宗三此处论证"智的直觉"所采取的逻辑结构是：由我们的道德意识来体征我们的本心,本心神感神应、自由自律,则它必然是一种无限心,这种无限心具有明觉的功能,因此智的直觉必然存在。"吾人既可展露一唯一的本体（无限心）,即可有智的直觉。'智的直觉'即是那唯一的本体无限心之自诚起明。"②这样的逻辑论证,显然是就概念本身进行分析的阐明。

可是,如果将"智的直觉"看做是本心的本质属性,并据此来论证"智的直觉"的存在,这是以本心自身来论证"智的直觉"的存在,这其中所谓的"自照"证明,正如国内有的学者所指出的,所采取的依然是中世纪有关上帝存在的本体论证明方式。众所周知,康德所批判的传统独断论的形而上学正好包括这样的证明。正如有关上帝存在的本体论证明

---

① 牟宗三：《现象与物自身》,《牟宗三先生全集》第21卷,台北：联经出版公司2003年版,第106页。
② 同上书,第47页。

难以解释如何由观念到存在、如何由逻辑的可能性到现实的存在性一样,牟宗三单从本心实体本身来分析智的直觉的存在,这也终究难以摆脱以观念的东西言说观念之外的现实存在,以逻辑的可能性取代现实的客观存在的理论窠臼。对于中国传统儒学所特谈的本心良知的体证和说明,我们完全可以不采取牟宗三运用康德的非感性的"智的直觉"思想进行言说的方式,众多中国传统儒家学者正是从人的感性存在,从人的现实人伦日用中展开良知本体的实践论上的体证的。牟先生花费几十年时间以康德的智的直觉思想进行中国传统哲学的诠释,是否有叠床架屋之嫌呢?

事实上,也正是由于简单匆忙地承认"智的直觉"及道德本心的客观存在,才使得牟宗三不赞同西方人所主张的"有限是有限,无限是无限"的主张,而是认为"人虽有限而可无限"。他说:"人的存在当然是有限性的,由人的感性与知性亦当然足以见人之有限性,在这里,人自然是'非创造的',但通过一超越的无限性的实体或理境之肯定,则人可取得一无限性,因而亦可以是创造的。在其通过实践以体证超越的实体或理境以见其真实性与实有性时,即见其无限性与创造性。此时,他的直觉是纯智的,他的知性是直觉的,这是可能的。"①人现实地说是有限的,人理想地说则可以是无限的。人现实地为有限的,是因为他有感性;人理想地可为无限的,是因为他能超越自身的感性而不为感性所囿。如果只从事实上的知性与感性看人的能力,它自然有能有不能,即人的知解能力有限。但是,如果我们能展露出"智的直觉",那么人也可知本体与物自身。因此,人虽有限而实可具有无限性。"人通过知体之润泽与明通而为一'物自身'之存在,他即具有无限性与永恒性之意义,此则甚为显豁。此即是'人虽有限而可无限'之义。'虽有限'中之'有限'只就其感触的存在(为一现象)说。当其在知体之润泽中而为物自身之存在,即不可说'有限'。此即'即有限而为无限','不释动以求静'也。识心所

---

① 牟宗三:《智的直觉与中国哲学》,《牟宗三先生全集》第20卷,台北:联经出版公司2003年版,第472页。

对,他即是有限,而且在流动中,知体所润,他即是无限而永恒,动无动相。'一色一香无非中道'(天台宗语)亦复如此。知体明觉是无限心,但不是空悬的无限心,而是即于现实的物自身之存在而为无限心,故物自身之存在亦成无限而永恒的。"①当有限的人具有无限性的时候,他即呈现出一个无限心,并且以这种无限心为体。他可以为无限,就是因为他以无限心为体。他如果能够充分朗现这个无限心,他即是一无限的存在,这种无限是即于有限而为无限的,也就是说他不必毁弃感性便可以成为无限的存在。

此处需要澄清的是,牟宗三所认为的西方在人的有限与无限之间进行了严格的区分,这并不准确。例如在康德哲学中,人也是可以成为无限的存在物。"康德同样主张有限的人同时具有无限性,因为他通过自己的理性而与上帝相通。所以虽然只能设想上帝才有绝对的神圣性,但建立在人性中的人格之上的道德律同样也是神圣的。"②康德从人与神、人知与神知处加以立论的有限与无限之间的关系,现在却被牟宗三转变成了单从人本身来谈有限与无限,无限心与有限心的区分更多的是指道德与知识、实践与认识方面的,而不只是认识上的两种能力和方法的区分。牟先生是从道德实践的角度而不是知识认知的角度来谈论"智的直觉"的可能性的。通过道德实践中的良知本体的自我呈现,便可以显露出来"智的直觉"的存在。于是,智的直觉只是人们通过道德体验所达到的一种超越的心灵上的境界,而绝不是使我们获得某种关于存在的具体知识。可问题是,如果要达到有限与无限、凡人与圣人、人与神、人世与出世、现实与理想、凡俗与神圣、实然与应然、道德与宗教之间的相即不离,究竟如何而可能呢?

牟宗三认为,"智的直觉"源于先验的无限性的实体或理境,可是先验的无限性的实体或理境何以能够在人这里建构起来?无限性的实体

---

① 牟宗三:《现象与物自身》,《牟宗三先生全集》第21卷,台北:联经出版公司2003年版,第123页。
② 邓晓芒:《牟宗三对康德之误读举要(之四)——关于自我及"心"》,《山东大学学报》2006年第5期。

或理境在他这里实际上是一种境界和体验之内的事情,如果承认人有之,那充其量也只是个人的境域之内的事情,它显然不是客观的、主体间性的东西。这种所谓的因境界形而上学而来的对智的直觉的承认,显然与传统哲学所理解的可以解释外部世界的本体论的形而上学是不同的。何况牟先生所言称的境界形态的形而上学,其本身的可能性问题,依然是悬而未决的。再有,既然承认人可以有无限心,又承认在它存在的情况下,物自身也可成为无限的东西,这难道不是承认存在两种类型的无限物,即以心来言无限物和以物自身来言无限性。可是无限的东西只能是一个,否则便会发生自相冲突的情况,无限物也就不能称之为无限物了。对于牟宗三的"人虽有限而可以无限"主张的具体批判,我们下文会具体论述。

牟宗三有关人虽有限而可以无限的论述,可以具体从以下三个方面进行说明。

从"人能知道什么"来看,如果只从事实上的感性与知性看人的能力,它自然有能有不能,也就是说人的知解能力是有限的。但如果我们能展露出"智的直觉",那么人也可以认识本体与物自身。万物在无限心的"智的直觉"的观照中,是"物之在其自己"。此时,物无物相,乃是无物之物。它无时空相,无流变相。于是,人虽有限而实可具有无限性。牟宗三认为,只要展露了"智的直觉",那只认识现象的感性和知性便既可以被转出令其有,也可以被转化而令其归于无。当它们被转出时,它们决定只认识现象,这是充分被肯定了的。如果从此看人,那么人自然是有限的。但当它们被转化时,人的无限心即呈现。如果从此看人,那么人即具有无限性。当然,具有这种无限性的人不会是上帝,而且与上帝根本不同。比如儒释道中的圣、真人、佛即可以具有上帝般的无限性,而它们决不是上帝。

从"人应当做什么"来看,此时义务被带进来。牟宗三主张,如果只把义务看成是一个应尽而不必能尽,应当是而不必能实是,只就义务这一概念来如此分解,那么人当然是决定的有限。但是如果我们能展露一个超越的本心,一个自由的无限心,那么凡有义务皆应做,也必能做,由此见人的无限性。如果从无限的进程上来谈,自然永远不能充尽一切义务,从此可以体现出人的有限性。但是如果从圆教方面说,那么也可以一时俱尽,随时绝对,当下具足,这即是人所具有的无限性。由此看来,有限不碍无限,有限即融化于无限之中;无限不碍有限,无限即通彻于有限之中。

从"人可希望什么"来看,此时希望被带进来。牟宗三说,如果只从可得与不可得的一般期望来说,人自然是决定的有限。但是我们希望绝对,希望由一个自由的无限心的顿现而圆顿地朗现的德性与幸福圆满的和谐一致,即圆善。因此,人即有无限性。这正如孟子所言:"有天爵者,有人爵者。仁义忠信,乐善不倦,此天爵也;公卿大夫,此人爵也。古之人修其天爵,而人爵从之。今之人修其天爵,以要人爵;既得人爵,而弃其天爵,则惑之甚者也,终亦必亡而已矣。"①现实上修其天爵,而人爵不必从之。从这方面来看,德性与幸福之间自然存在距离,它们二者自然是一个综合关系,而不是分析关系。但是孟子也说过:"广土众民,君子欲之,所乐不存焉;中天下而立,定四海之民,君子乐之,所性不存焉。君子所性,虽大行不加焉,虽穷居不损焉,分定故也。君子所性,仁义礼智根于心,其生色也睟然,见于面,盎于背,施于四体,四体不言而喻。"②这便是泯绝无寄地来谈。依圆教来讲,德性与幸福之间绝对没有可以隔绝的地方。

总之,在牟宗三看来,人不是决定的有限,而是"虽有限而可无限"。这即是人最内在的本质。依"人虽有限而可无限",需要两层存有论:本体界的存有论,这是无执的存有论,道德的形而上学,超越的形而上学,价值的形而上学,实践的形而上学;现象界的存有论,这是执的存有论,内在的形而上学。

依据康德对于人是什么所提出的具体问题,牟宗三对人可以成为无限的存在进行了具体说明,综观牟宗三有关"人虽有限而可以无限"的

---

① 《孟子·告子上》,见《孟子译注》,杨伯峻译注,北京:中华书局1960年版。
② 同上。

上述三个方面具体的说明,我们可知,第一方面的具体说明,是依据认识论的角度从人的认识能力方面来谈人的无限性的,由于人不仅可以靠感性和知性认识现象界的东西,同时可以靠"智的直觉"的存在来认识物自身和本体界的东西,而正是在后者的意义上,人便成为了无限的存在物。实际上牟宗三是想以"人虽有限而可以无限"来论证智的直觉的必然存在,而此处他又以智的直觉的存在作为"人虽有限而可以无限"的根据,这明显是一种循环论证。再有,如果实际上人并没有智的直觉,那么显然人也就不具有无限性存在的特性了。反过来说,即使如牟先生所说人拥有智的直觉,它可以认识物自身和本体界,那么我们依然可以质问:人以智的直觉是如何认识它们的?当我们对牟宗三的论证进一步进行追问的时候,其理论中的神秘特质便昭然若揭了。

　　牟宗三第二个方面的具体说明是从伦理学的角度来说明人可以成为无限的存在。他认为在义务上存在着"应尽而不必能尽""应当是而不必能实是"的情况,据此他对人的无限性存在提供了两个论点。其一,如果我们人能够展露一个道德上的自由无限心即本心,那么凡是"义务皆应做""也必能做"。从义务的皆应做、必能做,也就是实行义务的普遍性、必然性来谈无限性,并以此赋予人的无限性内涵。但是义务方面所体现出来的无限性,与这种无限性存在所依据的无限心难道不冲突吗?无限只能有一个,如果存在两个无限,那么便会出现理论上的冲突;如果存在一个无限,那么本心的无限与义务上的无限便是合二而一的,有关人的无限性存在的论证便是一种循环论证。其二,从无限的进程上看,人"自然永远不能充尽一切义务",这体现出人的有限性一面。但是如果从圆教方面来看,人便可以具有无限性。此处依然涉及到两种无限的问题,即进程的无限与人的无限问题。第二个论点同样要面对第一个论点所具有的困境。不仅如此,以圆教的存在作为人的无限性存在的根据,这也是有问题的。究竟存不存在圆教?牟宗三当然认为其存在,在《圆善论》等书中是承认儒学可以充当真正的圆教,可随之而来的问题是:牟宗三究竟是以何为标准来判定某一学统是否是圆教的?他的判定标准如何而可能？单就这些问题不谈，牟宗三认为在圆教存在情况下，便可以"一时俱尽""随时绝对""当下具足"，以此来谈论的无限性似乎更是一种道德境界中的事情，而无关乎人在现实行为中是否能够"皆应做""必能做"的问题。

以德福是否一致来论证人的无限性存在，这是牟宗三所提供的第三个论点。从德性之后能不能获得幸福的一般期望来说，人是有限的；但是，依据自由无限心而来的对德福一致即圆善的绝对希望中，人便可以获得无限性。以圆善来作为论证人的无限性存在的论据，也涉及很多有待说明的问题：究竟德福到底能不能够一致？如果不能，则圆善如何而可能？牟宗三对于圆善的评判，是以何标准立论的？他的立论标准具有合理性吗？牟宗三在《圆善论》中以儒家哲学为宗，来谈论其圆善的特征，其切实的根据到底在哪里？德福的不一致在现实生活中是一个再明显不过的事实，由圆善所规定的德福一致，如果可能的话，它又如何来言说现实生活中比比皆是的德福不一致？牟宗三提出圆善的存在，也是以道德上的无限本心存在为依据的，这种本心上的无限与圆善德福一致所带来的人的无限，究竟是何关系？

总之，牟宗三有关人的无限性存在的三个方面的具体论证，是存在诸多理论难局的。假如从人的知识论、伦理学、希望学这三个方面都可以言说"智的直觉"之存在的必然性，那么我们依然会问：这样的直觉存不存在规律？直觉活动的规律体现在直觉活动中，而不是体现在直觉内容中。我们不是在直觉到的内容或直觉品中来寻求直觉规律，而是在直觉的呈现活动中达到对直觉规律的体认。通过随文的分析，我们知道牟宗三是以活动来规定智的直觉的，因此我们此处便可以发问：在人的"智的直觉"活动中有规律吗？如果没有，为什么？如果有，我们又是如何进行把握的？对于这些理论深层的问题，牟先生显然未能予以切实的考量。

二、牟宗三"智的直觉"理论之局限

牟宗三利用康德有关思想而对"智的直觉"(知性直观或智性直观)所进行的颇费心思的阐发,实际上只是借用了康德的"知性直观"概念,因为他结合中国传统哲学尤其是儒家心性之学,对知性直观进行了诸多完全有别于康德的崭新规定。他的有关"智的直觉"的思想,虽然是其哲学中极其重要的部分,但也恰恰是学者们保存争议的部分。① 对于牟宗三依据中国哲学尤其是中国儒家哲学来建立"智的直觉"存在的可能性和现实性理论,我们自然会提出如下问题:中国哲学中的"直觉"与康德所言称的"智的直觉"是否具有相同的意涵?如果二者相同,牟宗三又是如何建构起二者间的一致性的?如果不同,牟宗三以中国传统哲学中的直觉思想来诠释康德的"智的直觉",便有失偏颇。而姑且承认从中国传统哲学中可以表明"智的直觉"的可能性,似乎也只是言明了其"存在",但它为何存在即其存在的真正根由为何,牟宗三显然未能提供真正令人信服的理由。他只是呈现了一个"事实",但却未能深刻地说明这个"事实"存在的理由何在,何况"智的直觉"的存在又根本不是一个"事实"呢?我们认为,牟宗三的"智的直觉"思想至少具体面临如下几个方面的困难。

第一,以具有价值意味的物自身来论证和解释"智的直觉"是成问题的。

我们认为,康德的物自身是一个不仅仅具有价值意味的概念,牟宗三对于物自身所进行的价值化处理,显然是一种误置,因此难以借此保

---

① 有关牟宗三"智的直觉"思想的问题所在,武汉大学哲学系邓晓芒教授的批判最为有力和深刻。他认为,牟宗三不仅在术语的翻译上误译了康德的"知性直观"(或智性直观、理智直观),而且将"智的直觉"错误地归于上帝的一种功能。在他看来,康德的"智性直观"和牟宗三的"智的直觉"具有根本的区别。参见邓晓芒:《牟宗三对康德之误读举要——关于智性直观(上)》,《江苏行政学院学报》2006年第1期;《牟宗三对康德之误读举要——关于智性直观(下)》,《江苏行政学院学报》2006年第2期。

证"智的直觉"论证的合理性。

牟宗三以"人虽有限而可以无限"来规定对于同一个对象的认识，这无疑体现出一种同时承认两种无限性的理论矛盾。从主体方面来说，人虽因其具有感性生命而为有限的，但他也具有无限心，具有"智的直觉"，于是也可通往无限性。从客体一面来说，同一个对象对于有限的认知心来说因呈现出时空性而具有有限性，对于无限心来说因呈现出无时空性的物自身而具有无限性。于是，我们在此发现，物自身因为系属于无限心也取得了无限性的身份，但物自身并不是无限心本身。这样，在牟宗三的理论当中无疑存在着两种无限性，一是由自由无限心所表征的能体现人的本质的无限性，一是由物自身所表征的无限性。可是既然说无限性，它只能是一个，何以存在两种无限性呢？

牟宗三基本上是在主观境界的意义上来解释物自身的，从而将物自身看做是一个具有"价值意味的概念"。将物自身价值化的做法，是有悖于康德哲学原义的，至少没能抓住物自身这一概念所具有的丰富内涵。

康德在谈及"自在之物"的时候曾说："在这部批判的分析部分将要证明，空间和时间只是感性直观的形式、因而只是作为现象的物实存的条件，此外如果不能有与知性概念相应的直观给予出来，我们就没有任何知性概念、因而也没有任何要素可达到物的知识，于是我们关于作为自在之物本身的任何对象不可能有什么知识，而只有当它是感性直观的对象、也就是作为现象时，才能有知识；由上述证明当然也就推出，理性的一切思辨的知识只要有可能，都是限制在仅仅经验的对象之上的。尽管如此，有一点倒是必须注意的，就是在这方面毕竟总还是有一个保留，即：我们正是对于也是作为自在之物本身的这同一些对象，哪怕不能认识，至少还必须能够思维。因为，否则的话，就会推导出荒谬的命题：没有某种显现着的东西却有现象。"[①]在康德哲学中，对象"如它们所是的那样"与"如它们所显现的那样"是有区别的，"自在之物"是对象"如它

---

① 康德：《纯粹理性批判·第二版序》，邓晓芒译，北京：人民出版社2004年版，第20页。

们所是的那样",它是认识论之外的一种本体论之思,它是我们获得知识的时候必然要加以思考的。

康德在注释中对"我们正是对于也是作为自在之物本身的这同一些对象,哪怕不能认识,至少还必须能够思维"这句话,又进行了详细的解释,他论述了"自在之物"存在的逻辑可能性和实在的可能性。他说:"要认识一个对象,这要求我能够证明它的可能性(不管是根据来自其现实性的经验的证据,还是先天地通过理性来证明)。但我可以思维我想要思维的任何东西,只要我不自相矛盾,也就是只要我的概念是一个可能的观念,虽然我并不能担保在一切可能性的总和中是否会有一个对象与它相应。但为了赋予这样一个概念以客观有效性(实在的可能性,因为前面那种可能性只是逻辑上的),就还要求某种更多的东西。但这种更多的东西恰好不一定要到理论知识的来源中去找,也可能存在于实践知识的来源中。"①

康德认为,同一对象,我们可以从现象和自在之物这两个角度进行理解和划分,"对象作为现象是与它自身作为自在的客体有区别的"②,但是这种划分是消极意义上的。"把对象划分为现相和本体,而把世界划分为感性世界和知性世界,在积极的意义上是完全不能容许的,虽然概念的确容许被划分为感性的和智性的;因为我们不能为后者规定对象,那么这些概念也就不能冒充为客观有效的。"③本体,可以从积极的含义和消极的含义两个方面来理解。"如果我们把本体理解为一个这样的物,由于我们抽掉了我们直观它的方式,它不是我们感性直观的客体;那么,这就是一个消极地理解的本体。但如果我们把它理解为一个非感性的直观的客体,那么我们就假定了一种特殊的直观方式,即智性的直观方式,但它不是我们所具有的,我们甚至不能看出它的可能性,而这将会是积极的含义上的本体。"④

---

① 康德:《纯粹理性批判·第二版序》,邓晓芒译,北京:人民出版社2004年版,第20页。
② 同上书,第48页。
③ 同上书,第232页。
④ 康德:《纯粹理性批判》,邓晓芒译,北京:人民出版社2004年版,第226页。

由于人类不具有智性的直观，因此，我们所能够理解的只能是一种消极意义上的本体。"既然一物之可能性决不能单凭该物的概念不自相矛盾来证明，而只能通过我们赋予它以与之相应的直观来证明，所以当我们要把范畴应用于不被视为现象的那些对象上时，我们就必须以不同于感性直观的另一种直观作基础，这样一来，对象就会是一个积极意义上的本体。既然这样一种直观、也就是智性的直观完全处于我们的认识能力之外，所以就连范畴的运用也决不能超出经验对象的界限，而与感官物相应的固然是知性物，就算我们的感性直观能力与之完全无关的知性物可以存在，但我们的知性概念作为我们感性直观的单纯观念形式却丝毫也通达不了它们那里；因此凡是被我们称为本体的东西，都必须作为某种只有消极意义的东西来理解。"①

可见，康德对于感性直观和智性直观这两种直观方式进行了严格的区别，他认为，如果我们不想把时间和空间弄成一切物的客观形式，"那就没有别的选择，只有使它们成为我们外部和内部直观方式的主观形式，而这种直观方式之所以被叫作感性的，是因为它不是本源的，就是说，不是这样一种本身就使直观的客体之存有被给予出来的直观方式（这种直观方式就我们的理解而言，只能属于那原始的存在者），而是一种依赖于客体的存有、因而只有通过主体的表象能力为客体所刺激才有可能的直观方式"②。又说："假如我想思考一个本身直观着的知性（例如也许是神的知性，它不想像各种被给予的对象，而是通过它的表象同时就给出或产生出这些对象本身），那么范畴对于这样一种知识就会是完全没有意义的。"③再如：时间和空间中的直观方式是"派生的直观（Intuitus derivativus），而不是本源的直观（Intuitus originarius），因而不是智性直观，这种智性直观……看来只应属于原始存在者，而永远不属于一个按其存有及按其直观（在对被给予客体的关系中规定其存有的那

---

① 康德：《纯粹理性批判》，邓晓芒译，北京：人民出版社2004年版，第226—227页。
② 同上书，第49页。
③ 同上书，第97页。

个直观)都是不独立的存在者"①。

对于自我这一对象来说,我们也只能是凭借感性直观认识其现象的一面,而对于其自在之物的一面,则只能借助于智性直观。"凡是通过一个感官而被表象出来的东西,在这范围内永远都是现象,因而要么一个内感官就必定会根本不被承认,要么那个作为内感官对象的主体就只能通过内感官被表象为现象,而不是表象为像它在它的直观若作为单纯自我活动、即作为智性直观时,它将对自己所作的判断那样。……对主体自我的意识(统觉)是自我的简单表象,并且,假如单凭这一点,主体中的一切杂多就会自动地被给予的话,那么这种内部的直观就会是智性的了。在人类这里,这种意识要求对于主体中预先被给予的杂多有内部的知觉,而这种杂多在内心中非自发地被给予的方式由于这一区别,就必须叫作感性。"②

以上的引文和说明,表明康德对自在之物在认识论领域中所具有的消极意义进行了充分的解释。不过,康德是在多种意义上来使用物自身这一概念的,但他对这一概念并没有给予明确的规定和区别。物自身与柏拉图的理念世界是不同的,它不是并列于现象界之外的单独世界。实际上,只有一个同一的世界,只是主体与之相关的方式不同罢了。现象与物自身的区分是在主体之中做出的,并不因此而划分出了物的存在本身。现象与物自身的区别不是有如洛克所做的初性与次性上的经验的区分,也不是有如莱布尼茨所做的混浊知觉与清明知觉上的逻辑的区分,而是一种主观的先验的区分。物自身在康德哲学中是人类认识有限性的外在表现,它所反映的界限不是物的界限而是认识的界限。现象和物自身的关系不是物的关系,而是由主观认识造成的关系。物自身具有最基本的意义,并由此引申出其一般的意义,也就是所谓不可知的东西。就其基本意义而言,它绝对不是构成世界的某种本原,而只是未知世界的一般物而已。根据物自身的基本意义,可以将一般意义统摄的物自身

---

① 康德:《纯粹理性批判》,邓晓芒译,北京:人民出版社2004年版,第50页。
② 同上书,第47页。

所指的各种意义分为两类：第一类强调物自身与感性认识及感觉对象的直接关系，并作为它们的先验原因和基础而发挥作用，这包括感性的物自身、先验对象、本体以及我自身（先验自我），它们共同构成知识的不可知的最终来源，并且总是意味着某种个别的东西，因而总是与对象相关。第二类是世界和上帝，它们用来指经验的总体，对于经验的构成并没有起到什么作用，因而与经验对象是无关的。

感性的物自身主要是指与感性认识直接相关的物自身，即刺激感官而与直观直接相关的某物。先验对象的第一层意义是指现象的不可知原因，这与作为现象的不可知基础的感性物自身是一致的。先验对象的第二层意义表明了它主要是一种形式的东西而非物的存在，它指的是一种先验的规定，并不给我们的感觉提供什么。它是不可知的且并非确定的认识对象，而只是用作某种对象的统一性。与感官直接相关的消极或否定意义的本体，指示的是不可认识的感性物自身。我自身指的是一切思维最后应归属的一个不可知的逻辑主体。世界和上帝则是先验理念，它们对经验认识的唯一作用就是它们具有规范的使用。①

总体上来看，在康德的哲学系统中，"物自身"这一概念是具有双重含义的：一种是知识上的意义，它与对象和认知主体相关；一种是价值的德性的意义，它不涉及对象，而是与价值主体相关。康德实际上并未明朗地认为物自身是一个价值意味的概念，他谈论物自身常常是与事实问题结合起来谈的。在他的知识论思想中，"物自身"的确是一个事实的概念。也就是说，物自身是有知识论意义的，它是一个限制性的概念，是在不可知的意义上被加以使用的，它不是我们所能认识的，处于我们的认识能力之外，我们所能认识的只是我们在经验中所遇到的客体即现象。不过，物自身作为认识的一个前提，它又是必不可少的。因为我们所能认识的现象是我们和"物自身"共同作用的产物。因此，在物自身的这一意义上来讲，它就是罗素所说的物质客体，也就是说，它是造成感

---

① 以上两段关于物自身的两类划分及对物自身具体内容的解释，可以参看韩水法的《康德物自身学说研究》（台北：台湾商务印书馆 1990 年版）"第 2 章：感性认识与物自身"与"第 3 章：不可知世界与物自身"的相关内容。

觉的原因。

此种意义上的"物自身"指的也就是一种客观的物质世界,对于这一世界的存在,康德于《任何一种能够作为科学出现的未来形而上学导论》中曾有过明确的说明:

> 作为我们的感官对象而存在于我们之外的物是已有的,……我们只知道它们的现象,也就是当它们作用于我们的感官时在我们之内所产生的表象。因此无论如何,我承认在我们之外有物体存在。也就是说,有这样的一些物存在,这些物本身可能是什么样子我们固然完全不知道,但是由于它们的影响作用于我们的感性而得到的表象使我们知道它们,我们把这些东西称之为"物体"。这个名称所指的虽然仅仅是我们所不知道的东西的现象,然而无论如何,它意味着实在的对象的存在。①

"物自身"具有知识论意义的另一处明确表达,是出现在《纯粹理性批判》一书中。在此书中,康德详细地讲道:

> 如果一个概念并不含有任何矛盾,甚至还作为那些被给予的概念的边界而与其他的知识相关联,但它的客观实在性却不能以任何方式被认识,我就把它称为悬拟的(Problematisch)概念。一个本体的概念,即一个完全不应被思考为一个感官对象、而应(只通过纯粹知性)被思考为一个自在之物本身的物的概念,是完全不自相矛盾的;因为我们对于感性并不能断言,它就是直观的唯一可能的方式。此外,为了不使感性直观扩展到自在之物本身上去,从而限制感性知识的客观有效性,这个概念又是必要的(因为感性直观所达不到的其余的东西之所以称为本体,正是为了借此表明那些知识不能把自己的领土扩展到知性所思维的一切东西上去)。但最终,我们一点也看不出这样一些本体的可能性,现象领域之外的范围(对

---

① 康德:《任何一种能够作为科学出现的未来形而上学导论》,庞景仁译,北京:商务印书馆1995年版,第50—51页。

我们来说)是空的。这就是说,我们有某种把自己悬拟地扩展到比现象领域更远的地方的知性,但没有能超出感性领域之外给我们提供对象并使知性超出这一领域而作实然的运用的那种直观,哪怕有关这种直观的概念都没有。所以某种本体的概念只不过是一个限度概念,为的是限制感性的僭越,因而只有消极的运用。但这个概念毕竟不是杜撰出来的,而是与感性的限制相关联的,只是不能在感性的范围之外建立某种积极的东西。①

从此段长文中我们可以发现,在康德看来,本体(Noumenon)被称为是或然的,被视为"界限概念"。这些意思均表明本体这一概念对于我们来说只有消极的作用,是用来限制我们的知识领域的。另外,本体处于我们的知识领域之外,因为我们人类并没有"智的直觉"。物之在其本身(自在之物,thing-in-itself)与"智的直觉"只有消极的意义,因为我们虽然能够设想它们的可能性,但是我们却无法理解它们的实义。可见,在康德的哲学中,物自身完全具有知识论的含义,它一方面表示现象之所对,另一方面也表示其界限。李泽厚在《批判哲学的批判——康德述评》中正是看到了物自身的上述含义,所以他曾将康德的"物自身"的意思归结为三点:"一是感性的源泉,二是认识的界限,三是理性的理念;最后由此通向'道德实体'的伦理学领域。这三层意思交织在一起,相互包含和沉浸在'不可知'这个总的含义之中。第一和第三是'物自体'的两个对峙的方面,第二是第一向第三的过渡。"②

可见,物自身在康德哲学中,其首要的和基本的含义是认识中感性材料的来源。正是由于物自体的客观存在,对象才能给我们以刺激,才能为我们的感官所遭遇到,从而才产生我们的感觉。我们的感性、感觉,是独立存在于我们之外的物自体作用于我们的感官而引起的。如果物自体不存在,那么感性无从发生,经验材料不可获得,从而认识便无从获

---

① 康德:《纯粹理性批判》,邓晓芒译,北京:人民出版社2004年版,第231—232页。
② 李泽厚:《批判哲学的批判——康德述评》,天津:天津社会科学院出版社2003年版,第229—230页。

得。于是,此种意义上的物自体实际上是不依赖于我们的意识而独立存在的客观物质世界,尽管在康德的伦理学思想中,"物自身"这一概念也显露出一种价值的意味。

"物自身"的知识与伦理两种含义对于康德的理论来说都是很重要的,一种含义在于说明知识论,一种含义在于说明伦理学,它们并无主次、先后之分。借着"物自体"这一批判哲学中的核心概念,康德才在科学与道德、认识与行为、自然与人之间做出了分别。因此我们反对有的学者依据康德的实践理性优先于思辨理性的立场而做出的如下这一主张:物自身的知识论意义并非是其究竟意义,其提出仅是为了进一步衬托出其伦理学意义,依知识论意义去理解的"物自身"概念在康德的哲学系统中是稳不住的。①

通过结合康德的文本而科学地厘清了"物自身"这一概念,这使得我们认为,牟宗三本人以一个"高度价值意味的概念"来诠释康德具有丰富内涵的"物自身"概念,显然是有偏颇之处的。

牟宗三在阐释物自身的过程中具有某种诱导的意向,"即把问题引向两种实指的对象,一种是事实对象,一种是价值对象;进一步就是取消事实对象而转向价值对象,从而与中国哲学的唯价值立场挂起钩来。因此,牟宗三对康德物自身的根本性的误解就在于,把康德的不可知的物自身理解成可知可识的物自身,并由此指责康德的'不可知'是一种'意义不很明白的预设'"②。于是,牟宗三最终将本来具有事实层面含义的物自身概念,滑转为具有价值层面含义的物自身。牟宗三的价值化的"物自身"完全失去了康德"物自身"概念所本有的不可知的含义,本来涉及"如何而可能的"的物自身,如今却蜕变成"必然可能"的物自身。

也就是说,牟宗三否弃了康德哲学中所赋予物自身这一概念的实在论倾向,认为这只是理论中的不完善和含混不清而造成的误解。他自己

---

① 关于这一主张,可参见李明辉:《当代儒学的自我转化》,北京:中国社会科学出版社2001年版,第44—45页。
② 邓晓芒:《牟宗三对康德之误读举要(之三)——关于"物自身"》,《学习与探索》2006年第6期。

则认为只能从实践、道德方面来加以理解物自身,于是现象与物自身的区别就成为思辨理性与实践理性、知识与道德、科学与人文、自然与自由、为学与为道、见闻之知与德性之知、事实世界与价值世界之间的区别。从而,在牟宗三这里,物自身的不可知的真实内涵即是:我们根本不可以对此以感触直觉与知性范畴来加以接近和认识。

究其实质,牟宗三主要是从中国儒家哲学的立场来诠释现象与物自身的,从而将康德具有认知意义的物自身完全伦理化、价值化了,也就是单纯地从实践理性即道德实体方面来把握物自身,并据此完全将物自身与现象的区分归结为哲学与科学、道德与知识、实践理性与理论理性之间的区分。我们不能从认识论的角度以感性直观和理智思辨来考察道德宗教领域内的物自身,而只能以道德实践的进路对其进行分析。依据这样的逻辑,物自身的伦理化和价值化规定便在所难免了。尽管这样的规定存在不合理之处,我们也必须得承认:牟宗三的这种理论探索,客观地讲,确实对于近现代以来的科学一层论起到了一种纠偏的作用。科学一层论无限地夸大科学知识的客观性与普遍有效性特征,以科学知识来作为衡量、解决其他领域(包括人本身)之认识的唯一有效而合理的手段,从而将科学视为人类对于世界唯一的合法的认知方式。这种科学一层论所带来的一个严重后果即是,将科学看做对人的存在方式的具有永恒意义的东西,从而实际上抹杀了人的存在方式的多样性特征。我们知道,人除了作为认知主体来认识世界之外,还可以作为道德主体来从事道德认识,也可以作为社会主体来从事认识社会的活动。与科学一层论相比,牟宗三在科学理性与技术理性左右现代人思维模式的情况下,能够结合康德哲学中的物自身概念与中国传统哲学所具有的价值之源来重提人文精神的现时代意义,这体现了一名哲学家所应当具有的道德人文关怀情结。牟宗三对于康德物自身概念的价值诠释,表明了科学知识只不过是我们人类存在过程中所拥有的一种特殊的认识和把握世界的方式,除此之外,我们还有其他许多回应世界的合理和有效的方式。

但是,尽管牟宗三将康德物自身概念价值化这种极端的做法,在某种程度上确实为我们提供了对于价值域的某种安排,为我们开显出了一个超验的人文意义世界,但是将康德具有多层丰富内涵的物自身概念单一价值化的做法,显然是不妥当的。康德在"先验感性论"部分所提出的"物自身"概念,"其重要性显然仅在于认识论的范围,要维系住现象与物自身之间的超越的分别。这样的物自身与中国哲学所讨论的心体、性体、道体显然没有任何关连。盖道通为一,本不可视为一对象,也不可视为一个对象的另一面相,根本是另一层次上的问题"[①]。可是如果我们承认康德物自身这一概念所具有的知识论上的意义,那么我们理论上必须得承认:我们人类完全可以运用感性与知性逐步地认知作为对象的物自身。虽然我们也许永远不能在绝对的意义上完全认识它,但是,认识难道不是一个无限展开的过程吗?在某种意义上讲,我们在无限的认识中完全可以对物自身达到一种具有相对意义的"绝对的"的认识。

牟宗三之所以将物自身的认知意义否弃掉而将其道德化,实际上是与他在知识与道德的关系问题上始终重视的是道德而不是知识直接相关的。由于将道德看做是本源的、第一性的,所以才会漠视物自身所具有的认识价值。但是,"物自身"的含义是丰富的,它同时具有知识含义与道德含义,二者并无孰优孰劣的问题。二者均有其独特的适用领地与范围。从根本上讲,谁也制约不了谁,谁也决定不了谁,真可谓井水不犯河水。康德之后的费希特将物自身伦理化的做法,就曾遭到康德本人的严厉批评,认为其误解了自己的思想。而牟宗三依据中国哲学对康德的物自身的价值化伦理化诠释,可以说是对于康德哲学中具有丰富义涵的"物自身"概念的又一次严重的东方式误读。科学主义所体现出来的科学一层论固然不对,但是,道德理想主义所体现出来的道德一元论同样有其不妥当之处。中国传统哲学的一个显著特征是,重视实践而轻视认识、重视道德而轻视知识。具有如此特征的中国传统文化,虽然使得中国哲学始终立足于现实生活的大地,并以人伦日用之常的实践理性精神避免了纯粹抽象的思辨和非理性的宗教迷狂。因此,中国哲学所强调的

[①] 刘述先:《牟先生论智的直觉与中国哲学》,牟宗三先生七十寿庆论文集编辑组编:《牟宗三先生的哲学与著作》,台北:台湾学生书局1978年版,第752页。

对于现实社会人生发生影响的功利主义价值导向、注重知行合一的实践理性精神,自有其不可磨灭的贡献。

但是另一方面,中国哲学的上述特征,也带来了以道德价值而不是以知识的逻辑的东西作为判定理论合理与否的标准。只有那些契合于人伦日用之学,对现实人生社会政治生活发生实际影响之学,才会大放光彩,而远离这种实践理性和现实功利之学,如先秦时期的墨家名学,便只能被历史的潮流所无情地吞没。中国传统哲学重实践轻认知的传统,必然导致了中国哲学一直以来在逻辑学与知识论上不发达,逻辑思维和理智分析上的不足直接影响到科学知识的独立和科学理论的建构。中国自古以来只有技术而没有科学理论,便自然成为了一种事实。

于是,中国传统哲学的现代化是双重的。一方面,要面对当代社会的现实,来赋予中国传统哲学所具有的实践理性精神以新的时代内涵和意义,以完成其创造性的现代转化过程。因为即使是中国传统哲学所提供的实践理性精神,也具有片面化的倾向。实践的广阔内涵往往被归结为道德上的修身与践履,实践成了道德实践的代名词,哲学对于现实社会生活的影响也便停留在修身养性、道德教化、工夫境界方面。因此,这一方面的现代化必须得容纳道德实践之外的社会实践内容;另一方面,要面对历史的传统和当代社会的现实,来赋予中国传统哲学一直缺少的逻辑与知识论方面的内涵。中国传统哲学这两个方面的现代化历程,如果只是以传统儒学为根本的话,显然终究难以实现。当代世界文化的全球化发展,必然决定了中国传统哲学的现代化要采取多元文化主义的立场,任何依然抱守文化本位主义的理论都是一种不切实际的空想。文化本位主义的立场,也只能导致牟先生因为以道德本心良知的自我坎陷来开出科学与民主所带来的诸多尴尬。

牟宗三尽管以康德哲学尤其是其智的直觉思想,在中国传统哲学尤其是儒学的现代化历程中花费了数十年的心思,但公允地讲,他的哲学依然没有彻底摆脱掉文化传统主义的藩篱。他将物自身伦理化,实际上正是源于他从道德本心处来作为理论立论出发点而导致的道德一元论主张,而这一点正是我们所不能赞同的。他继承传统儒学尤其是宋明儒学所主张的德行的优先性,所提出的人首先最关心自己的德行、自己的人品等思想,必然使其哲学陷入泛道德主义的窠臼之中。

第二,以"人虽然有限而可以无限"来论证和解释"智的直觉"是成问题的。

牟宗三由人的有限性谈到人的无限性,由无限性的本心处来谈论"智的直觉",这的确为我们今日思考和处理理想与现实之间的关系,提供了诸多可以利用的思想资源。这体现了对中国传统哲学中所固有的天人合一思想的继承和发扬。中国传统哲学的天人合一特质,表明它与在上帝与人、无限与有限之间划出明确界限的西方哲学有着根本的区别。牟宗三显然是中国传统哲学这一特质的承继者和发扬者。进一步讲,牟宗三依据"智的直觉"而建立了极富创发性的道德形而上学理论,这无疑开启了探究形而上学的某种新的路向,也对西方哲学一直注重以纯粹思辨理性来研究形而上学的传统起到了一种纠偏的作用,从而提供了一种崭新的东方式的解决形而上学问题的途径,提供了对于形而上学合法性的新的论证方式。

但是,我们在这里要问:有限的人如何可以成为无限?有限与无限既然在牟宗三这里体现出的是一种现实与理想的对立,那么具有理想性色彩的人的无限性真的如他所说是可能的吗?何谓理想?理想在其本质的意义上讲,就是不能实现的东西,人的纯粹无限性既然是不能实现的东西,那么谈论它的可以存在可以呈现,便显然并没有什么理性的根据在里头。我们承认无限是有限中的无限,有限是无限中的有限。人,作为现实的存在,他首先既是感性的具体的物质存在物,也是富于理性的精神的存在物,它们均体现出人是一种有限的存在物,是在时间、空间之中的存在物。所谓离开有限性的绝对的人的无限性,只能属于一种体验世界的东西。对体验世界东西的体验,是因人而异的,我们也无法找到一个标准来判定究竟谁获得了具有无限性的心之本体。当然我们依然不否认那种相对的无限,这种无限不是一蹴而就的,而是人类作为一个整体在有限的生存境遇中所无穷地加以实现的一个过程,一种目标。这正是无限与有限、绝对与相对的辩证法。因此,正如刘述先生所言:

中国文化开出天人合一的观念,这是中国文化的一项超越的成就。但在另一方面我们又不能只侧重无限的体现遂忘记讲天人不一,不一不二这才是真正称理的了解。一方面圣人之心岂有异于天地生物之心,故不二;但另一方面,"天地鼓万物而不与圣人同忧",故又不一。忘记讲这一面,则可容易把道理讲得太高,没有照顾到具体现实人生的限制,则又不免堕为玄谈戏论,其流弊不可胜言。我近年来的体会乃特别重视"曲成"的观念,盖创造的过程是一具现的过程,要创造必落实,而落实即是限定。……就在这成物(成就创造价值)的过程中即隐伏一"物化"的堕落的危机。由正面看乃一生生不已的历程,由负面看,此即"无始以来起执"的根源,二者乃是一根而发……道德实践功夫也不能脱离"曲成"的普遍原则。道德的向往可以无穷,而道德的具现则仍不外是限定。①

刘述先此处所言甚有道理,它再次言明了人的道德实践中的无限性终究难以离开人性的现实发展而独立进行,只有充分考量人的感性的现实有限性实际,考量人性现实的非道德的一面,所谓道德境界上的无限性才可能实现。我们既要承认人可以通过自强不息、日新其德的自我创造和自我超越来达到天人合一的崇高境界,同时也应当客观承认和面对人之存在的有限性一面,要敢于直面与人的感性存在相关联的负面人生问题。综观我们的现实人生,其间无疑存在着无限丰富的内涵,我们的人生价值显然也不能仅仅被规约为道德方面的价值,我们的自我价值的实现也同样不能被等同于道德方面的自我完满。众所周知,不仅道德上的心性良知可以成为价值创造的源泉,那些合理的感性欲求同样在价值创造方面发挥至关重要的作用。只要我们能够客观正视现实的人生和生活中的复杂内涵,我们自然会认识到:如果只是高悬地谈论什么道德境界和理想,谈论最高限度的伦理道德,是远远不够的。对于现实社会中的广大众生来讲,建立在人的感性欲求基础上的合理化的最低限度的

---

① 刘述先:《牟先生论智的直觉与中国哲学》,牟宗三先生七十寿庆论文集编辑组编:《牟宗三先生的哲学与著作》,台北:台湾学生书局1978年版,第757页。

伦理道德,似乎更具市场,更能体现人性的基本生命层面。因此,虽然我们应当像牟先生所评判的那样,要看到西方哲学的不足,但另一方面,我们又绝对不能忽视西方哲学家对现实人生的限制方面所做出的深刻反省和阐发。牟宗三的问题是过分看重道德感、德性之知、道德上的知是知非的能力。"如人饮水,冷暖自知"的道德感并不必然会导致道德行为的发生。由知到行的单一推导无论如何取代不了由行到知所体现出来的人性建构中的诸多困境。牟先生注重因智的直觉的道德体验而具有的道德认知的作用,从而强调道德自律的重要性。但是,道德行为的发生事实上又很大程度上受制于由学校、家庭和社会等共同开创的他律性道德。与理想性的、绝对性的、普遍性的道德不同的是,因时代的变化,道德行为的标准也会相应变化。除了普世伦理道德之外,道德又明显具有时代性、社会性、民族性、地域性特征,而即使是所谓普世道德,当前发生在具体运用功能的时候,也会有相应的变化。形而下道德行为对形而上道德之知具有强大的作用。所谓形而上的道德良知与形而下的道德行为之间,根本不存在根本与不根本的问题,而是相得益彰的。牟宗三所倡导的以道德本心下贯而为道德行为,这只能是儒家过分强调道德自律的一个不恰当的生硬主张。

因此,通观牟宗三的道德形而上学,其心性本体论所具有的基本特征便是非结构性与直觉冥会,这样的特征显然与现代社会主流的形式结构化的公共伦理存在着基本的不适应性。在面对中国哲学与西方哲学对决这一境遇时,牟先生所采取的依然是"中体西用"这一早已有之的路向,因此,他强调的是个人自律伦理学,从而未能在私人信仰伦理和公共交往伦理之间,在自律和他律之间,进行有效的互动式考察。以"智的直觉"来言说和建构的私人信仰价值本体论,从当代中国现实社会发展实际情况来看,也完全与中国当代伦理发展和建构实情不相适应。众所周知,在中国实现由传统社会向现代社会转型的过程中,传统儒家德性伦理所依据的社会结构基础和社会心理基础已经不存在,在面对现代的乃至后现代中国社会的时候,如何实现传统儒家伦理的现代性转换,这往往涉及诸多十分复杂的问题,这些问题决不是牟宗三依据"智的直觉"而建构起来的道德形而上学所能解决的。

进一步讲,从现实情况来看,道德上的自律所适合的是能够自律的人,对于那些不能自律而发生社会行为的人,他律也许会有所帮助,而对于那些既不具有自律又不受他律影响的人,则只能诉诸于道德之外的法律来进行有效的束缚。对一个人的现实社会行为方面的道德评价,往往不能采取一概而论的简单处理方式。在某一行为上,一个人是道德的,因为他的行为符合自律和他律性的道德规范;但是,在另外某一行为活动中,他的行为有可能是非道德的。社会上的芸芸众生,想必时时处处以纯粹道德来行为的人是很少的,这正应验了人们常说的"人生在世,难就难在一辈子做好事"。因此,即使是所谓社会中道德上的楷模们,他们也只是在某些方面做得更符合道德并因此而超过一般人罢了,他们绝对不是什么道德上的"完人"。与此类似,社会上的芸芸众生,想必纯粹时时处处以非道德的行为来行为的人也是很少的。因此,即使是所谓穷凶极恶的那些人,他们也只是在某些方面做得更不符合道德并因此而未能达到一般人所具有的道德水准罢了,他们也绝对不是什么道德上不可救药的人。正如汉初儒者董仲舒所言,如以道德来作为划分标准,人性毕竟有"圣人之性""中民之性""斗筲之性"之别。总之,在人的道德存在建构的过程中,存在着极其复杂的问题,任何想在人性建构问题上采取单一的理论来解决问题的理论,都只不过是一种将复杂问题简单化的匆忙之举。

人的现实道德限定与困境无疑向我们昭示出:道德建构除了有心之情感上的认知和体验之外,更需要的是要有良好道德行为培养的一面。它也向我们表明:如果我们由限制而体验道德上的自由与无限,才会真正把握道德自由的真义,这即是所谓"下学而上达"的工夫。对此,刘述先曾讲道:

> 传统的毛病正在其说得太高,以至欠缺了下面的一大截子。而现代人的最深刻的体验即是世界人生本身内部所呈现的"荒谬性"。在这样的情形下,如果用直贯的方式讲"无极而太极""乾元亨利贞",其不能够相应岂不是很自然的?而现代人展示出现实人

生所与的"荒谬"的架构则又是一项重要的成就,此处表现的是一种一无凭依的勇气与担当以及内心的绝望与悲凉,我们一定要在这里看出"无明"的深刻的根源,而后就在无明之中找到"法性"的根源,找到一契机以相应于一充实饱满充满了意义与价值的创造性的世界。故此处当由"存在"入,对于存在情况有一无闪避的赤裸裸的描述,而后再作一存在性的跳跃,打开一个新的精神世界,有所如实的相应,这才对于现代人的灵魂有一种强烈的吸引。现代人在精神上是饥渴的,但又同时表现一彻底批评怀疑的态度,不能盲目接受任何东西。这是现代人的困境,而也即在此乃见到一上升的契机。下学而上达,由现象以逼显本体,再探索本体如何在现象中呈现,这才是对现代人有意义的说法。①

尽管刘述先这里所谈论的涉及我们究竟如何由人的有限的无明存在跳跃到新的精神境界这一重大问题,但他以人的现实存在论上的限制来批判牟宗三过分谈论无限性和理想性的主张,却具有相当的理论上的价值。事实上,正因为人是有限性的存在,所以才决定了他的直觉以及对于直觉方法的运用是有限的。牟宗三以"智的直觉"规约的直觉方法,实际上是一种艺术,它表明一个有限生命的直觉及对于直觉方法的运用,始终应当处于一个不断改进、提高和发展的进程当中。随着一个有限生命的积累越多、学识越增进、涵养越醇熟,那么直觉方法对于他来说才会越加完善。形而上本体的体验和认知,实在不是依据人所不具有的"智的直觉"而能够一蹴而就的。

因此,牟宗三将属于现实世界的人的相对的无限性,与属于体验世界的人的绝对的无限性混淆起来,这是我们所不能赞同的。康德正是科学而合理地把握住了人的有限性与神的无限性之间的区别,因此人与神、"认知"与"神知"、有限与无限之间的区分和对立,始终是他坚持的一个基本立场。尽管在道德实践领域,此种区分和对立似乎表现出某种

---

① 刘述先:《牟先生论智的直觉与中国哲学》,牟宗三先生七十寿庆论文集编辑组编:《牟宗三先生的哲学与著作》,台北:台湾学生书局1978年版,第759—760页。

松动,但是其仍然具有某种不可逾越的性质。牟宗三实际上并没有也不可能超越康德于有限与无限之间所做的区分,他实际上是取消了这一区分,而转向了另一种超越。众所周知,在有限与无限、感性与理性、现象与实在、存在与本质、神与人之间进行二元分立,这一直是西方哲学中一种普遍流行的倾向。因为采取了中国儒学本位的立场,牟宗三过分强调了西方哲学传统在解决有限与无限、感性与理性、现象与实在、神与人辩证关系方面的局限性。德国古典哲学的代表人物黑格尔,便明确地建构起了上述对立范畴之间的有机联系。在绝对精神的辩证发展历程中,实现了有限与无限的有机统一。事实上,即使牟先生所下的只有在中国儒释道中才会有智的直觉这一论断,也因为西方哲学家斯宾诺莎、费希特(Fichte,Johann Gottleib,1762—1814)等人承认人类拥有智的直觉(理智直观、知性直观)而不攻自破。在牟宗三有关"智的直觉"的思想学统中,显然有夸大中西哲学差异的嫌疑。

总之,牟宗三的"人虽然有限而可以无限"的思想背后,实际上隐藏的是一种循环论证。他以"智的直觉"作为"人虽然有限而可以无限"的理论根据,"智的直觉"的存在要求我们自己必须成为"实体"。可是如果我们要成为"实体"或"真我",又得寻求"智的直觉"。这其间所体现出来的正是一种循环论证。抛开循环论证不谈,牟先生以康德自由意志定义无限心,这与中国传统哲学所本有的无限心的意义完全相通吗?通过可以认识本体与物自身的"智的直觉"来推出人虽有限而可具有无限性,这究竟如何而可能?如果"智的直觉"的可能性不能保证,何谈这种推论的合理性? 牟宗三依据人虽有限而可无限,从而以圣人(儒家)、真人(道家)、佛(佛家)取代了上帝,这究竟如何而可能?正如在康德哲学中上帝是一理想的无限体,牟宗三此处所替换的圣人、真人与佛,也当然是一些理想的无限体,它们显然不是普通人所能达到的一种人生最高境界。如此说来,由这些无限体所规定的"智的直觉"便不具有普遍性、绝对性。再有,牟先生依据"人虽然有限而可以无限"这一预设所提出来的两种知识,即由"智的直觉"所成的智知与由"感触直觉"所成的识知的划分,体现出的依然是将道德高悬而将科学知识屈居下位的传统儒家知识论的限制。

第三,以人生境界意义上的超越与存有论意义上的超越间的混淆来谈"智的直觉"是成问题的,这也最终难以解释知识可能性的问题。

牟宗三将前一种超越看做是后一种超越,从而以取消后一种超越的方式而不是予以回答的方式提出了"人有限而可无限"这一核心论题。在他这里,本体成了具有价值意义的本体,物自身成了具有价值意义的物自身,无限性成了具有价值意义的无限性。也正是基于此,他以儒家的工夫论、境界论取代了康德所代表的西方传统中的存有论。客观地讲,基于现实的实践的考察,我们只能承认人是一种于有限中寻求无限的存在物,他有限而不可能成为无限。牟宗三过分看重的是人的境界形态意义上的无限性,并由此而提出人具有"智的直觉",这实际上是一种道德理想主义的再现,这种道德理想主义所含的理想的成分过多,而实际的成分则明显不足,因此其难以实现也就不言而喻了。

如果以牟先生的学说来讲,存在着境界形态的形而上学,那么能否以境界形态的形而上学来诠释康德的"智的直觉"思想?从境界形而上学来看,"为学"不如"为道"(道家),"见闻之知"不如"德性之知"(儒家),"性智"不如"量智"(佛家),不过如何由"为道""德性之知""性智"来下开"为学""见闻之知""性智"?牟先生为了融会贯通形而上学之知和认识论之知,所采取的路向是以形而上学之知来开出认识论之知,这是上达而下开,是牟先生以境界形而上学本体来成就和说明事实知识而不得已的一种生硬安排,其间并无真正令人信服的合理根据。据此,认知的我也只不过是形而上学本心仁体的一曲而成的。由统觉的统一所规定的我思之我"是一个逻辑的我,结构的形式的我。虽不能说成是一个幻结,然对本心仁体言,可以说为是本心仁体之一曲。曲而成此结构的我为的是要成知识。吾人不能只依智的直觉只如万物之为一自体(在其自己)而直觉地知之,因为此实等于无知,即对于存在之曲折之相实一无所知,如是,则本心仁体不能不一曲而转成逻辑的我,与感触直觉相配合,以便对于存在之曲折之相有知识,此即成功现象之知识。即在此知识之必须上,吾人不说逻辑的我为一幻结,而只说为一结构的我,由本心仁体之一曲而成者。(曲是曲折之曲,表示本心仁体之自我坎陷)如是,两者有一辩证的贯通关系。主体方面有此因曲折而成之两层,则存在方面亦因而有现象与物自体之分别。对逻辑的我言为现象、为对象;对本心仁体之真我言,为物自体、为自在相"①。对此,我们很可以问:道德界何以能曲成知识界?本体界何以一曲而成自然界?如何由道德判断曲成认知判断?无知何以能曲成有知?无知一曲的原因究竟是什么?在康德的哲学思想里,所采取的路向正好相反,他正是以认识论来言说形而上学,通过认识论的批判,使得形而上学的领域重新得到了划清。我们所能认识的是经验的领域,在此我们人类可以获得纯粹数学、纯粹自然科学的知识,而对于经验之外的超验的形而上学对象,如上帝存在、自由意志、灵魂不死,则只能放置到实践哲学中去加以处理。通过认识论批判,康德实际上是以负的方法言说了形而上学对象不属于经验的领域。

第四,以"智的直觉"来阐述中国传统哲学的意义和价值是存在问题的。

牟宗三之所以提出人可以有"智的直觉",一个主要的原因就是为了说明中国传统哲学的意义和价值。他认为,人类具有"智的直觉"是全部中国哲学得以稳固而不会倒塌的一个最为基本的理论保证。

> 依康德智的直觉只属于上帝,吾人不能有之。我以为这影响太大。我反观中国的哲学,若以康德的词语衡之,我乃见出无论儒、释或道,似乎都已肯定了吾人可有智的直觉,否则成圣成佛,乃至成真人,俱不可能。因此,智的直觉不能单划给上帝;人虽有限而可无限。有限是有限,无限是无限,这是西方人的传统。在此传统下,人不可能有智的直觉。但中国的传统不如此。②

---

① 牟宗三:《智的直觉与中国哲学》,《牟宗三先生全集》第20卷,台北:联经出版公司2003年版,第259页。

② 牟宗三:《现象与物自身·序》,《牟宗三先生全集》第21卷,台北:联经出版公司2003年版,第5页。

对此,我们首先认为,"智的直觉"并不是人类所能具有的。"智的直觉"的有无,实际上与中国传统哲学的意义与价值是两个问题,它们实际上属于两个不同的领域。中国哲学的独特价值与魅力在于,它是一种境界形态的智慧学,所关涉更多的是生命体验中的事情。显然,作为境界形态特质的中国哲学,是不能够加以理性化处理的,是不能以具有知识意义的"智的直觉"来加以诠释的。以具有知识意义的"智的直觉"来诠释中国哲学,只能破坏它的本真的意义与价值。而且这样来做,往往会忽视中国哲学中所固有的境界论与工夫论相统一的传统。与牟宗三相比,新儒家中的梁漱溟、熊十力等人确实在工夫论上略胜一筹。

另外,牟宗三以康德的"智的直觉"(知性直观)来阐释中国儒学的德性之知更显现出其理论的偏颇。良知之知只代表一种道德的直观,它并不代表康德的知性直观。诚然人类生命之中除了理性之外,并不排斥神妙的呈现或奇迹,但对"神妙的因果性"的论证不可能是"理性的"。在奇迹发生的地方,正是理性终止的地方。以与理性密切相关的康德的知性直观来诠释无法以理性言说的道德良知体验,以可以言说的东西来表达不可言说的东西,这正是牟宗三"智的直觉"思想的内在理论限制之处。

本来牟宗三阐发康德的"智的直觉"思想,一是为了表明中国传统儒释道哲学的当代价值,一是为了弥补康德哲学乃至全部西方哲学的不足。在此,我们已经看到,他以智的直觉来阐发中国传统哲学具有理论的限制,而他力图以智的直觉思想来弥补康德哲学与西方哲学的目的也难以成立。正像我们随文论述的,尽管西方哲学有关"智的直觉"的思想不占据主导地位,但是除了康德之外,我们在康德之前的德国哲学浪漫派思想家,在康德之后的费希特、谢林、黑格尔、胡塞尔等人那里,都可以找到对这一思想的不同论述,相反倒是中国哲学除了牟宗三之外,似乎很少有人能够对"智的直觉"思想进行充分的研究。因此,不是以中国哲学来弥补西方哲学,相反,倒是应当以西方哲学来发展中国哲学。

第五,单一地以直觉而不是兼顾理性来谈论"智的直觉"是有问题的。

牟宗三在对"智的直觉"大谈特谈之余,似乎忘却了"智的直觉"与思或理性虽然有区别但却相关这一重要维度。实际上,只有在思的基础之上我们才能展开直觉活动。"从间接性、中介性上说,思想就是互为中介的逻辑活动;从直接性上说,思想同时又是直觉。二者所指称的是一个思想活动。"①直觉作为一种方法,既是先理智的又是后理智的。"先用直觉方法洞见其全,深入其微,然后以理智分析此全体,以阐明此隐微,此先理智之直觉也。先从事于局部的研究,琐屑的剖析,积久而渐能凭直觉的助力,以窥其全体,洞见其内蕴的意义,此是后理智的直觉。"②这表明,直觉和理智是各有其用而不相背。没有一个用直觉方法的哲学家而不兼采形式逻辑及辩证法的;同时,也没有一个理智的哲学家而不兼用直觉方法及辩证法的。

牟宗三将"智的直觉"看做抵达具有价值意义的物自身的唯一方法和途径,这无疑又架空了直觉与逻辑架构、时空性以及一切思的活动之间的某种关联性,从而也就使得对于对象的物自身一面的体知带有了浓厚的神秘主义色彩。而以"智的直觉"所体知的具有价值意义的物自身,来作为"感触直觉"所呈现知识材料的基础,这又必然使得这样的知识建构自始至终都打上了泛价值主义的烙印。科学知识所要求的事实与价值的二元分离这一基本前提,在此也就必然遭到了无情的破坏。道德优先性的预设,必然使得科学知识在牟宗三的哲学体系中始终难以取得独立的地位,"与实践、道德、智的直觉相比,客观的认知仍然处于附庸的地位,我们于后者只能讲有限不能讲无限,只能讲'俗谛'不能讲'真谛',知识与知性被视为只是道德理性的一种'权用'。他并且站在儒家哲学道德主义的立场上来改造和吸收康德,把康德哲学完全伦理化、道德化了,这不仅在一定程度上消弱和抹煞了康德哲学所本来具有的认识论的意义和价值,而且也将消弱长于知性分析的康德哲学对于重

---

① 王天成:《直觉与逻辑·引言》,长春:长春出版社2000年版。
② 贺麟:《宋儒的思想方法》,见宋志明主编:《儒家思想的新开展——贺麟新儒学论著辑要》,北京:中国广播电视出版社1995年版,第132页。

实践体悟而轻逻辑思维和理性思辨的中国哲学所可能发生的积极影响"①。试想,在我们从事认识活动之初,便以一种价值观来统领我们的认识,那么知识的客观性普遍性如何来加以获取?知识建构过程中的价值中立要求如何来加以保证?将知识价值化的立场无疑阻碍了我们获取客观的科学知识的前进步伐,更何况人是否具有"智的直觉"还存在相当多的可争议之处。

概言之,牟宗三有关"有价值意味的物自身""人虽然有限而可以无限"等思想方面的内在困难,直接导致他所提出的有关"智的直觉"存在的种种论证,终究难以成立。"智的直觉"并非真的如牟宗三所说是人人可以具有的。即使抛开牟宗三"智的直觉"理论所存在的诸多困难,他以康德知性直观思想对于中国传统哲学所进行的现代化尝试,也难以实现。正如有的学者所指出的:"在人类摆脱了对科学和理性的盲目自信和乐观之后,体现古老的东方智慧的传统价值在克服现代化和后现代化社会中出现的某些'人为物化'的趋向、重建'人道之尊'、挺立人的道德主体性、在终极关怀的层面克服'精神的迷失'、重新确立人的理想信念等方面,都生发出了新的意义。但是,这并不等于说传统的价值可以直接成为解决现代社会、人生的种种问题和困扰的灵丹妙药,更不等于说传统的价值不需要经过现代转化的过程就可以成为我们走向未来的动力。"②尽管牟宗三通过对康德哲学中的知性直观思想进行了重新的诠释,对于中国传统哲学进行了某种现代化的工作,但从根本处讲,作为当代新儒家的主要代表,他所进行的工作只是在形式上是现代的,其哲学系统中所贯彻的依然是中学为体、西学为用的传统的、保守主义的价值观,智的直觉只是用来指明建构道德形而上学这一道路的目标,而不是道路本身。如何真正结合当代中国社会发展的时代问题和时代特征,如何有效和合理地吸收利用不仅仅是康德的西方哲学,来真正将中国以儒学为核心的中国传统哲学进行创造性的现代性转换,想必即使是像牟

---

① 郑家栋:《本体与方法——从熊十力到牟宗三》,沈阳:辽宁大学出版社1992年版,第329页。

② 同上书,第355页。

宗三这样杰出的20世纪中国哲学家,也未能从实质的意义上有所贡献,尽管在他有关智的直觉思想理论中不时迸发出创新性的一面。

以上有关牟宗三智的直觉思想的批判性分析,主要是停留在这一理论的内部来进行的,最后,我们将以西方哲学中的直觉主义思想背后所涉及的逻辑与直觉之间的辩证关系为评判标准,从外部对这一理论再进行整体性的批判性分析。

三、牟宗三"智的直觉"中的人学直觉主义之局限

牟宗三站在现代中国的视角,洞悉到了中国传统哲学在建构现代科学与知识上的不足,因此力图将知识与价值、科学与人文统一起来。这样的一种探究是难能可贵的,其间涉及中国传统哲学的现代化问题。但由于中国自古未曾重视理智直觉而更多关心于生存的直觉,于是牟宗三将二者结合起来的做法背后实际上涉及的是中国哲学与西方哲学是否能够真正相容的问题。先秦之后,中国思想家所关注的中心往往在于人及其现实价值的构建,西方哲学则侧重于以人的智慧理性来认识自然。中国哲学与西方哲学在根本处上的本质性差异,似乎必然地决定了我们最终难以化解两种哲学之间的基本矛盾,尽管二者在一定范围内完全有可以相互利用的资源。以此来反观牟宗三依据直觉理论所建构的中西哲学的关联性,便始终存在难以填补的裂痕,这实质上是当代新儒家以道德中心主义来诠释知识与价值所必然造成的一个理论难局。在这样的中西哲学差异的大背景之下,牟宗三不仅难以运用智的直觉思想的阐发来最终化解知识论与人学形而上学之间的根本矛盾,而且即使是在说明科学的知识论领域,他也时常陷入了一种逻辑中心主义的窠臼之中。

自从德国神秘主义哲学家雅克比·波墨(Boehme, Jacob, 1575—1624)提出"神之直观"之后,在德国哲学传统中便开始了直观与推理两种认识路线并存并且相互补充的局面。但是,在对待逻辑与直觉关系问题上,却始终存在两种极端的立场:知识论中的逻辑主义与人学中的逻辑主义。它们或者因重视科学知识的探究而过分强调逻辑,或者因强调

人的人文价值而看重直觉。

哲学不同于科学,但哲学又与科学紧密相联,这种关联重要的一部分内容指的是哲学要为科学提供某种基础,它属于一种对于科学的哲学分析。科学的活动是一种获得知识的活动,其间充满了什么是知识、知识获取的归纳和演绎过程、知识的合理有效性以及真假判定标准等一系列哲学式的问题。在哲学发展的长期传统中,哲学为科学所提供的任务,往往是结合逻辑来承担的。哲学家们或科学家们总是将科学知识活动看做一种逻辑思维的活动,并力图通过建立某种逻辑理论来说明科学知识研究中的规律。于是,哲学发展史中曾长期存在着知识论中的逻辑主义立场。

知识论中的逻辑主义,坚持逻辑与直觉的分离,它以知性逻辑作为思考世界的模式,并持有一种知性思维的态度,它具有两个相互联系的成见:"把思维等同于规律,并进而把认识表象中的联系类比为思维的规律。"① 知识论中的逻辑主义所坚守的逻辑,自从康德以后,便不是指的形式逻辑。因为在认识论的研究者看来,形式逻辑有两大限制:(1)形式逻辑强调的是依据一定的前提和推论原则,来进行有效的逻辑推论以便获得某种结论,但前提的来源及真理性难以得到说明,形式逻辑只能说明已经获取的知识而不能获得新知识;(2)作为逻辑推论所依据的逻辑规律,其本身的真理性在形式逻辑的范围内难以得到说明。

康德所提出的先验逻辑力图避免的就是这种不能获取新知识的传统的形式逻辑。不同于其后的谢林与胡塞尔等将逻辑活动与直观活动统一化的彻底先验论者,康德同时承认逻辑活动与直观活动在认识论中的重要性,但因为思维不能直观、感性不能思维的主张,使得他将直观归属于感性、逻辑归属于思维,依然继承了亚里士多德以来的逻辑与直观二元对立的传统。在他的认识论中,概念与直观、知性与感性始终处于一种因基本分野而又不得不将二者联系在一起的理论张力。对于感性直观,他强调的是感性提供知识材料的功能,感性直观形式也往往被赋

---

① 王天成:《直觉与逻辑》,长春:长春出版社2000年版,第10页。

予认识论的理解。例如,他强调的是感性对于时间的分别作用,而不是感性对于时间的总体领悟作用。但事实上是,如果说感性直观直接以感知的能力即时间的分别能力为基础来形成知识材料,那么,关于自我的生命直觉则是直接以感知综合的能力即领悟时间之为绵延的能力。感性能力不仅构成了人类知识的源泉,也构成了我们对于生命的自我意识。在感知领域,即使是在知识获取的过程中进行感性直观活动,其间也渗透着进行生命感悟的生命直观。"理智直觉无非是以对时间的分别把握为主的对时间的总体把握与分别把握的统一体,而生命直觉则是以对时间的总体把握为主的对时间的总体把握与分别把握的统一体,二者都是'感知之综合'中的两种能力的统一体,只不过侧重点不同而已。"①对于知性直观,康德则将其视作非认知主体的能力而在认识论领域内排除出去。

　　康德先验逻辑的问题在于:因为将直觉与逻辑割裂开来,从而没有达到思维创造活动作为以想象力为机能的直觉活动与逻辑的统一。这一点体现了康德的先验逻辑依然留有传统形式逻辑的痕迹,即仍然脱离思维活动来静态谈论知识。康德的图型和先验想象力"是一个直观的、直觉的知性,或知性的直观;可是康德并没有看见、了解到这点,他没有把这些思想结合起来:他没有理解到,他在这里是把两种认识结合在一起,表达了两者的自在存在。思维、知性仍然保持其为一个特殊的东西,感性也仍然是一个特殊的东西,两者只是在外在的、表面的方式下联合着,就象一根绳子把一块木头缠在腿上那样"②。这样,康德的图型与先验想象力作为直觉活动与知性概念相互外在,而作为概念活动又与感性材料、感性直观活动相互外在。他没有认识到,他的起到联接感性与知性的图型说与先验想象力理论的真实意蕴在于:在认识论中,感性与知性能力、直观与概念活动,在完整的认识活动中是密不可分的,我们根本不能以逻辑分析的方法来将二者本有的联系割裂开来,然后再想办法嫁

---

① 王天成:《直觉与逻辑》,长春:长春出版社2000年版,第60页。
② 黑格尔:《哲学史讲演录》第4卷,贺麟、王太庆译,北京:商务印书馆1978年版,第271页。

接起来。这样的知识论做法,显然是因重视逻辑的意义而使然。

我们知道,逻辑与直觉是密切相关的,在概念的思维活动中,直觉活动始终扮演着重要的角色。那种坚持直觉不能思维、思维不能直观立场的思想家,正是漠视了以想象力为核心的直觉在概念形成过程中的重要作用。康德的"概念无直观则盲",表明了逻辑与直觉的关联性,但二者的联系是以二者的区别为前提而提出来的。康德看到了直觉可以产生概念判断的内容即感性直观或感性形象,但他又未能认识到直觉又可以产生表达形象意义的意象以及相关的理解作用,进而产生概念。康德基于逻辑主义立场,将概念和范畴的产生溯源于传统逻辑的四大判断,认为它们是范畴的发生地。

直觉活动作为一种概念思维,它在概念形成过程中的作用具体表象为:(1)一般意象的产生。意象指的是由想象力产生的表达意义的心理图像。它普遍存在于认识的感性阶段和思维阶段。在这些阶段中,它都表现为形象和意义的统一。意象不仅是一种有直接性特点的形象,同时又体现着对象的本性,这一本性显现为形象的意义。形象和意义的统一在活动上可以归结为表现对象形象的作用和表现对象意义的理解作用的统一。这便是意象状态或意象的直觉状态。牟宗三在《认识心之批判》中所体现出来的与康德相区别的地方在于:他时时刻刻都注重申明意象活动中表现形象的关照活动始终与表现思维的理解活动处于辩证的关联之中,即直觉和思维始终处于统一关系之中。意象又有特殊的和一般的之分。特殊的意象指的是具体时空关系中作为个体的意象,作为概念的雏形,一般意象则是指超越个体事物的一般本质的意象。特殊意象与一般意象在规律层面所具有的统一性,决定了经直觉活动特殊意象可以上升到一般意象;二者在本质层面上的区别,又决定了一般意象的产生活动是一种新质的活动。胡塞尔的本质直观就是对这种活动的一种说明。在谈到本质直观的基础的时候,他说:"凡是作为冲突中的统一体被直观到的东西,都不是什么个体,而是那些相互取消的、在共存性上相互排斥的个体的一种具体的混杂统一;伴随一种特别的具体内容的特别的意识,它的相关项便是在冲突中、在不相容性中的具体的统一。

这种奇特的混杂统一是本质直观的基础。"①在本质直观或对一般性的直观中,"随意多的、个别地被看到的例子所具有的共同之处和共相,都成了直接地并作为它本身而为我们所据有的东西,这完全类似于一个个体的个别之物在感性知觉中为我们所据有那样"②。(2)概念的产生。意象与符号的统一构成了概念。从意象方面来看,概念是一种心理活动,它的实在内容是形象与意义的统一,符号则是含蕴于心理活动中的一个更为抽象的意象;从符号方面来看,概念是符号及符号系统,但它不是空的符号,而是以意象的实在内容为其意义。概念既是包含着符号的意象,也是包含着意象的符号。一切概念及概念活动都是意象或直觉活动,只不过空洞的符号概念是不明证的直觉,而符号与其所隐喻的意象相和谐的真实的概念活动则是明证的直觉。于是,概念的活动并不存在它是否直觉的问题,只存在它作为直觉是否明证的问题。

直觉活动不仅可以作为一种概念思维而在概念形成中具有重要作用,也可以作为一种判断和推论的直觉活动而在概念的发展和分化中具有重要作用。康德在判断理论上采取的是自上而下的路径。他先设定人的知性具有先天的逻辑范畴,其次通过范畴的演绎来论证范畴在判断活动中具有使命题具有普遍必然性的主导作用,然后通过先验想象力将范畴直观化来和感性材料结合起来实现先天综合判断。康德是从判断表抽绎出范畴表,这只是把判断的不同形式归结为不同的先天逻辑规定,并没有对这些逻辑规定的根源做出明证性的描述。于是,康德的范畴作为判断的先天逻辑规定仍然是独断的。尽管康德对范畴进行了先验演绎,但由于范畴与直观的基本分野,其理论说明的只是范畴对直观的先天有效性,而对于范畴本身的明证性问题依然未能加以说明。康德割裂直观与逻辑,这必然导致了他始终未能对直观的明证性、逻辑的明证性进行有效的说明。

与康德不同,胡塞尔反对康德先验逻辑对范畴的独断假定,因而采

---

① 埃德蒙德·胡塞尔:《经验与判断》,邓晓芒、张廷国译,北京:三联书店1999年版,第400页。
② 同上书,第404页。

取的是一种自下而上的机能建构的路径。胡塞尔的先验逻辑是从直觉经验中按照明证性的原则而逐步建构起来的真理系统,他追寻的是逻辑赖以发生的"前谓词经验"。他将判断的明证性分为两个层次。一是在前谓词经验即谓词产生之前的直觉经验中建立起来的原始的明证性,它涉及的是对象自身以及思维内容的被给予性。二是在对象明证性基础上实现出来的明证的谓词判断,也就是谓词判断有效性的条件。据此,胡塞尔实际上是将谓词判断建立在明证性的直觉基础之上。与判断一样,在推论活动中也体现出来直觉的活动。无论是由前提到结论的活动,在推论中逻辑原则的指导作用,还是在推论中对其逻辑性质的自觉意识,其间均体现了统一的直觉活动的作用。不过,胡塞尔所提倡的是与感性直观不同的超感性的直观或本质直观或范畴直观。

总之,直觉与逻辑理论在逻各斯的张力中体现出某种统一,逻辑理论的建构和真理性可以归结为直觉活动,直觉活动的明证性依赖于对象被给予和对逻各斯的把握。逻各斯既是直觉的基础,又是逻辑理论的基础。直觉是以构造活动而显现出来的逻各斯,逻辑理论则是以显现物形态出现的逻各斯。直觉的明证性便是逻辑的明证性,逻辑理论源于直觉的构造,而直觉的构造活动也是遵循原始逻辑的。①

以上述有关逻辑和直觉的辩证关系为标准,无论是在感性领域还是在知性领域,康德认识论中的逻辑中心主义立场均暴露无遗。

在探讨美学问题的《判断力批判》中,康德以先验想象力为理论核心所建构起来的判断力原理,实质上体现出来逻辑原理与直觉原理的结合。但是,这样的一种结合在康德那里是不彻底的。因为康德将想象力看做一种盲目的功能,想象力活动的规律即范畴需要知性加以提供,而知性又是由逻辑所规定的功能,它与由直观构造功能来表征的想象力仍然具有基本的分野。事实上是:"范畴的逻辑规定也就是想象力和直觉活动的逻辑规定,想象力和直觉并不是盲目的、偶然的东西,它和逻辑是

---

① 上述三段思想参照了王天成:《直觉与逻辑》第三章"理智直觉活动的逻辑本性"有关思想,长春:长春出版社2000年版。

合而为一的。逻辑表达的是思维的纯粹规定,而直觉则是思维之活生生的活动。这两者是一种对立统一的关系。"①

总之,尽管康德有关"直观的知性"的论述十分混乱和不清晰,但是他所假定的这种更高的认识能力却预示着克服传统逻辑思维的不足而迈向辩证逻辑思维的一种过渡,后来,在黑格尔那里实现了从知性范畴到理性范畴的过渡,并因此创立了唯心主义的辩证逻辑;另一方面,"直观的知性"既然在康德的思想中是一种非逻辑推理的、完全不依赖感性的认识能力,也便极有可能演变为一种神秘主义认识论的基础,后来,谢林直接非批判性地接受了康德的"直观的知性",将其视作人类认识世界的最高官能,并发展出一种非理性主义的认识论。② 概括起来,康德有关"直观的知性"的论述中既存在理性主义也存在非理性主义的因素,费希特、黑格尔发展了其中的理性主义因素,谢林、叔本华、尼采则发展了其中的非理性主义因素。

康德认识论中的逻辑主义立场,将逻辑与直观割裂开来的致命缺点,后来遭到了费希特的强烈批判。费希特进一步发展了康德的"直观的知性"概念,明确提出了自己的"理智直观"学说,他将康德作为知性的最高原理的自我意识的能动性本身直接当作了一种本源的"直观",即把知性的一种单纯的认识的活动与实践的自由的创造活动合为一体。也就是说,费希特把理智直观与自我活动结合起来进行考察,将理智直观设定为把握自我意识和保证自我本身不再被分裂为有限—无限的一种十分有效的手段。自我应当设定自己为正在进行直观的。因为除了自我赋予自己的那种东西外,任何东西都不会从外面加之于自我。自我的直观能力,最明显地体现在想象力的创造直观对象的活动上,这种能动的直观真正成了感性直观的"原型",甚至一切经验世界都是由此"派生"出来的。总之,我们不是通过概念的推演,而是通过一种理智直观来达到自我对于自己的绝对能动性的肯定的。

---

① 王天成:《直觉与逻辑》,长春:长春出版社 2000 年版,第 62—63 页。
② 相关思想参见梁志学:《德国古典哲学中的"理智直观"》,《哲学研究》1985 年第 4 期。

可见,费希特反对康德以形式逻辑来作为知性概念或范畴的出生地,而主张应将认识活动的主要能力规定为一种创造的想象力,一种"自我在综合中的活动能力(想象力)"①,一种创造表象的主要能力。以正题、反题、合题的辩证过程来规定的想象力活动,体现的是感性(直觉作用)、知性(理解作用)与想象力三者的统一。想象力活动的正题是想象力产生感性形象的活动,这是将感性归属于想象力;想象力活动的合题是想象力将知性及其理解作用归属于想象力。在想象力中间要素的作用下,感性与知性避免了康德认识论中存在的紧张关系,而是处于紧密相联的关系之中。

因此,尽管费希特的理智直观概念主要是继承了康德的思想,但在二人之间又存在一些重要的区别。费希特的理智直观指向的是行动本身,而康德的直观的知性则指向的是存在;费希特的理智直观虽然是构成意识的根据,但却可以与感性直观共存,而康德的直观的知性与感性直观则处于一种分裂的对峙关系;在费希特的知识学中,理智直观成为每一个理性存在者绝对可靠、直接的、无条件的自明性,而理性直观在康德哲学中只为上帝所独有。在费希特的哲学中,理智直观的主要特征是不可推论性,它所具有的构造功能有:它是建立自我关联性的行动方式,是实现有限与无限统一的有力杠杆,是本原行动的深化和补充,是绝对知识的形式。② 这种含义的理智直观,显然不是笛卡尔的作为自我意识的自明性的理智直观,而是一种对自我意识得以可能的本原行动的直观,它是主客同一体,因而是"前反思""前思辨"或"前哲学的"。在这种理智直观中,行动与思维、主体与客体还没有区分开来,这是反思前的我思,是自我意识前的自我意识。于是,在费希特的哲学中,"自我""本原行动""理智直观"表达的实际上是一个东西。

与费希特一样,谢林也对康德割裂逻辑与直观的立场进行了批判。不过,与费希特用《纯粹理性批判》中的"创造性的想象力"来将直观赋

---

① 费希特:《全部知识学的基础》,王玖兴译,北京:商务印书馆1986年,第125页。
② 有关费希特"智性直观"的这几个基本特征,请参看张荣:《费希特的理智直观初探》,《河北师范大学学报》1993年第1期。

予自我意识或知性不同,谢林则是通过《判断力批判》中的自然目的论和有机体学说来使知性(理智)直观化的。谢林讲道:"如果理智确实像它在原始的表象连续序列里那样,本来就同时是原因和结果,而且那一连续序列也确实是一个受到限定的连续序列,那么,这种连续序列就必定会作为机体而成为理智的对象,这就是对我们关于理智何以会直观到它自身是创造性的这个问题的最初解决。"①谢林认为,"只有创造性的直观才把原初的界限移到观念活动里来,而且只有创造性直观才是自我通向理智的第一步"②。不过,创造性直观并不满足于理智直观的层次,它要力图使自身客观化,成为自然、社会历史,要求提升到"艺术直观"。

谢林对理智直观和艺术直观的论述,是从分析自我的活动开始的。自我活动既体现出分析的一面,因为这种活动要遵循形式的同一性原则,也体现出综合的一面,因为这种活动包含着创造性。由自我活动所表征的知识活动是分析与综合的统一,而自我活动即是广义的直觉。这种直觉既是自我构造对象的活动,又是直观这种对象来达到自我和对象统一的活动。自我对对象的构造与自我对对象的直觉理解活动是合而为一的。对象即自我,自我即对象。"自我本身是一种同时创造它自身(作为对象)的知识活动。理智直观是一切先验思维的官能。因为先验思维的目标正在于通过自由使那种本非对象的东西成为自己的对象;先验思维以一种既创造一定的精神行动同时又直观这种行动的能力为前提,致使对象的创造和直观本身绝对是一个东西,而这种能力也正是理智直观的能力。"③在直觉中,自我与其构造的对象是一种对立面的综合关系。由于对象就是自我,于是自我和对象的综合即是自我和自我的同一关系,也就是自我的分析活动。直觉活动是分析与综合统一的活动,借助理智直观的原始活动所产生的哲学的第一原理即是"自我＝自我"这个命题,它表明了作为创造者的自我同作为被创造者的自我之间的这

---

① 谢林:《先验唯心论体系》,梁志学、石泉译,北京:商务印书馆1976年版,第150—151页。
② 同上书,第91页。
③ 同上书,第34—35页。

种同一性,但此命题决不是一个同一命题,而是一个综合命题。"通过自我=自我这个命题,A=A这个命题就变成了一个综合命题,而我们也就发现了一个点,在这个点上,从综合知识直接产生出同一知识,从同一知识直接产生出综合知识。……因此自我=自我这个命题也一定表达出了一切知识的原理,因为这一命题正是唯一可能的同一而综合的命题。"①

在通过自我而展开的有关不同直观的论述中,谢林强调了直觉的认识论和直觉的辩证法,坚持的是直观的、描述的而不是逻辑的、反思的立场,他将康德的"直观的知性"这种认识能力称之为"理智直观"。不过,他所重视的直觉在其思想中是有不同层次的。规范的直观(概念的直觉生成论)、创造性直观、美感直观或艺术直观。对于后两种直观的重要性,谢林指出:"假如终究有这样一种直观,它以绝对的同一体,以本身既不主观也不客观的东西为对象,假如我们为了这种只能是理智直观的直观而诉诸直接经验,那么,这种直观在没有一种普遍的、公认的客观性时,究竟又何以能客观地、即无可置疑地确立起来,而不使人觉得是以纯粹主观的幻想为依据的呢?理智直观的这种普遍承认的、无可否认的客观性,就是艺术本身。因为美感直观正是业已变得客观的理智直观。"②又说:"整个哲学都是发端于、并且必须发端于一个作为绝对本原而同时也是绝对同一体的本原。一个绝对单纯、绝对同一的东西是不能用描述的方法来理解或言传的,是绝不能用概念来理解或言传的。这个东西只能加以直观,这样一种直观就是一切哲学的官能。但是,这种直观不是感性的,而是理智的;它不是以客观事物或主观事物为对象,而是以绝对同一体,以本身既不主观也不客观的东西为对象。这种直观本身纯粹是内在的直观,它自己不能又变为客观的;它只有通过第二种直观才能变为客观的。而这第二种直观就是美感直观。"③因此,在谢林的整

---

① 谢林:《先验唯心论体系》,梁志学、石泉译,北京:商务印书馆1976年版,第37—38页。
② 同上书,第273—274页。
③ 同上书,第274页。

个哲学体系中,理智直观和美感直观都很重要,它们是这个体系的两个顶端。"一个顶端以理智直观为标志,另一个顶端以美感直观为标志。对于哲学家来说是理智直观的活动,对于他的对象来说则是美感直观。"①由于理智直观纯粹是哲学家在哲学思考中采取的特殊精神方向所必需的,因此它不会出现在通常意识里;而美感直观由于无非是普遍有效的或业已变得客观的理智直观,因此至少能够出现在每一意识里。美感直观,成为谢林先验哲学中最高级的阶段,它更突出了直观的创造性。正是在艺术创造和美感中,主体与客体才达到了彻底的同一。但是这样来理解的理智直观已经成为美学方面的思想,而不是什么知识了。但是如果理智的直观要想真正成为理智的,必须得成为绝对的知识。因此,黑格尔批判道:"如果理智的直观真正是理智的,那就要求它不仅仅是像人们所说的那种对永恒事物和神圣事物的直接的直观,而应是绝对的知识。这种还不能认识自身的直观只是一个开端,但却被当作据以出发的绝对前提。它本身只是直观着的直接的认识,而不是自我意识。或者也可以说,它什么也没有认识,它所直观到的东西并不是一个被认识的对象,而乃是——最多可以说——美的思想,但不是知识。而理智的直观是被认识到的,首先由于对立的东西,尽管每一面是从另一面分离开的,一切外部的现实是被认识到作为内在的。"②

总体看来,"理智直观"在谢林哲学中的一个基本特征即在于:它本身不是客体化的行为,它自己没有对象,这是因为"绝对的同一"不是对象或客体。同时,谢林比康德进步的是,将康德视作逻辑谬误的辩证矛盾看做理智创造的内容,看做事物发展的源泉,而比费希特更进一步的地方则在于将美学中的"艺术直观"或"美感直观"与哲学中的"知性直观"结合起来,并以此来谈论如何建构先验的唯心论体系。不过,与康德相比,在作为认识工具的"理智直观"的问题上,他比康德走得更远了。一方面,康德曾经将"直观的知性"看做把握有机界的矛盾的认识

---

① 谢林:《先验唯心论体系》,梁志学、石泉译,北京:商务印书馆1976年版,第278页。
② 黑格尔:《哲学史讲演录》(第4卷),贺麟、王太庆译,北京:商务印书馆1978年版,第376—377页。

能力,仅仅认为它是非逻辑推理的,而谢林则进一步将"理智直观"视为把握"绝对同一性"的最高哲学官能,并认为这种官能只能意会而不能言传。另一方面,在康德看来,"直观的知性"是作为克服自然科学与自然哲学的认识论难题的解法而提出来的,他只是说它是一种更高的认识能力,但并没有说它是科学家与哲学家不曾拥有的,而在谢林看来,"理智直观"则成了一种解决一切矛盾的"神奇才能",因而只是为艺术天才所拥有的。①

与康德、谢林不同,黑格尔从知性范畴过渡到理性范畴,从传统逻辑过渡到思辨逻辑,他从积极方面批判地继承了康德的"直观的知性"中所存在的合理内容,但同时也指出了康德此概念所具有的主观主义和不可知论的性质,并认为康德没有走向客观辩证法与思辨逻辑,并最终陷入"非此即彼"的对立思维方式中。再有,黑格尔并没有像康德与谢林那样把知性思维与高于知性的思维方式完全对立起来,而是坚持了直接知识与间接知识、辩证逻辑与知性逻辑辩证统一。

例如,黑格尔在《逻辑学》中便谈到了在康德认识论中所没有的理智直观的价值。"直观并不单纯被了解为感性的东西,而且也被了解为客观的总体,在这种情况下,它就是知性的直观,即它并不以那在其外在存在中的实有为对象,而以在实有中不消逝的实在和真理那样的东西为对象。"②不过,尽管理智直观强调直接性,"但是它所说出来的东西,都比单纯直接性要更多一些,那是一个具体物,一个自身包含着各种规定的东西"③。很明显,谢林的理智直观"缺乏逻辑发展的形式和进展的必然性",因此也就"丢掉了逻辑的东西和思维"④。与此不同,黑格尔更多强调了理智直观与逻辑规定之间的根本性联系,他以辩证逻辑凸显出思维创造活动的逻辑与直觉活动的创造机制,以此批驳了传统形式逻辑仅

---

① 相关思想参见梁志学:《德国古典哲学中的"理智直观"》,《哲学研究》1985年第4期。
② 黑格尔:《逻辑学》下卷,杨一之译,北京:商务印书馆1976年版,第279页。
③ 黑格尔:《逻辑学》上卷,杨一之译,北京:商务印书馆1966年版,第64页。
④ 黑格尔:《哲学史讲演录》(第4卷),贺麟、王太庆译,北京:商务印书馆1978年版,第371—372页。

仅关涉思维形式,先验逻辑割裂逻辑与直观的理论症结。他虽然反对偶然的、静观的、非概念的直观,但对于那种具有内在必然性的、能动的、概念基础上的直观,他是完全赞同的。对于理智直观积极意义的接受,使得黑格尔将理智直观(智性直观)上升为一种"理性的直观"。

通观康德之后德国古典哲学家的理论,我们发现,他们都从不同的角度谈论了为康德在认识论中未曾加以肯定和细致论说的理智直观思想,他们的思想都表明了我们的知识创造活动是逻辑的、思辨的与直觉的、心理的活动的统一。在德国古典哲学家之后,在哲学知识论的研究中曾一度出现了所谓的直觉主义认识论的运动。例如,在胡塞尔那里,直觉的明证性成了认识论的核心概念,直观或直觉的原则被当做其哲学"原则之原则"。"每一种原初给与的直观都是认识的合法源泉,在直观中原初地(可说是在其机体的现实中)给与我们的东西,只应按如其被给与的那样,而且也只在它在此被给与的限度之内被理解。"[①]

这种直觉主义认识论也广泛地存在于认知心理学、科学认识论、思维和脑科学当中。这种广泛的直觉主义认识论运动,表明了诸多思想家已经认识到因强调逻辑而忽视直觉的逻辑中心主义的制限,从而强调了直觉在认识创造活动中的重要作用,并以直觉为出发点进行知识的构建。

由于牟宗三在早期的认识论研究中主要依据的是康德的知识论思想,因此他的理论陷入一种康德式的知识论中的逻辑主义,便在所难免。尽管他因为吸取了怀特海、罗素等现代数理逻辑的成果,从而使得他的逻辑主义与康德的有所不同,但是他在《觉知底因果说与知识底可能说》《认识心之批判》中,其思想主体持有的依然是以逻辑来诠释知识的立场。

当然,即使是在早期的逻辑主义知识论研究中,牟宗三依然受到康德知识论思想的极大影响,也谈到了感性与理性直觉(直观)的重要性。他认同下面的主张:人的认识活动始于一种统一的直觉,一种生动的直

[①] 胡塞尔:《纯粹现象学通论》,李幼蒸译,北京:商务印书馆1992年版,第84页。

观。成就知识必须得首先成就概念,因而认识活动必须得从这种统一的直觉出发,通过抽象或分解直觉内容,从而将直觉内容归结为不同的概念规定。但是这种思维的抽象或分解活动不是一个独立生动的直观或直觉的活动,我们获取知识的活动总是伴随着直觉的综合统一性。对这一主张的认同,似乎使得牟宗三在探讨认识论的时候往往没有忽略感性与理智直观的重要性。但这种对直观的重要性的强调,并没有受到与知性逻辑同等的重视,它往往是处于背景中的东西。牟宗三知识论中的逻辑主义依然存在。

另一方面,牟宗三在行文中同时因受中国哲学与康德知性直观思想的影响而认为,在理性直觉背后存在着道德本心之直觉即生命直觉的作用。这种道德本心之直觉,往往在牟宗三诠释知识的终极问题时以神秘主义的方式被抬了出来。随着牟宗三后来对康德知性直观的进一步研究,随着他对中国哲学深入细致的分期研究,他渐渐以宋明心学的道德本心来建构一种道德的形而上学。但是,充其量牟宗三以道德为入路进行的形而上学建构,如果可能的话,也只能是众多形而上学建构之路的一条。除此之外,我们还可以从自然的角度建构自然的形而上学,从生存论的角度来建构生存论的形而上学,从物质的角度来建构唯物主义的形而上学,从实践论的角度来建构实践的形而上学,等等。那么,这些形而上学究竟哪一个更符合真理的标准呢?在牟先生看来,显然他提出的"道德的形而上学"更具合理性,他并且以此来说明儒家思想中的内在性(道德性)与超越性(形上性)之间的关系。

牟宗三的"道德的形而上学"无疑是倡导一种内在超越之学,除他之外,有许多中国哲学家也坚持这一观点。在方东美的《原始儒家道德哲学》《生生之德》中,便提出要结合"超越形而上学"与"内在形而上学"这两个方面来谈形而上学,在钱穆的《文化学大义》中,则提出要结合"外的宗教精神"与"内的道德精神"来谈形而上学,而余英时在《从价值系统看中国文化的现代意义》这篇长文中,则直接提出"内在超越"思想,并将其与"外在超越"思想进行了严格的区别。可是,我们如何能够由内在到超越、由有限到无限呢?牟宗三抬出了可以提供道德上的自由自律意志的心之本体。形上的心体是即内在即超越、即存有即活的、即道德即宗教的。进一步,他采取所谓"逆取之路"由德性开出知识,因为道德本心具有生命的"智的直觉",它有如绝对理念式的为了完成自身而不得不外化,从而必需得建构起知识、科学、事实的世界。牟宗三最终以具有无限性特征的道德心开出了存有论。但此处的问题是,将存在隶属于道德,将宇宙之真统一于伦理之善,由心体性体达至道体理体,由道德哲学达至"道德的形而上学",这究竟如何而可能?与牟先生不同,我们更主张采取顺取之路去由知识的理路来建构道德的世界,由自然的、科学的、实践的形而上学来形而上地言说道德问题。

通观牟宗三的知识论,始终存在着逻辑与直觉、理智直觉与生命直觉的深刻矛盾。牟宗三即使后来提出了"良知的自我坎陷"说,也依然未能最终化解掉这些矛盾,他的知识论从总体上讲依然坚持逻辑与直觉的根本分离,也依然持有一种知识论的逻辑主义立场,尽管不是强的而是弱的一类。

在处理逻辑与直觉关系时,另一种极端的立场就是人学中的直觉主义,它主张如果我们要想把握住人的本真存在和价值,便不能停留在逻辑的范围之内或者应当最终放弃逻辑的把握,因为只有生命的直觉才是洞悉人生真蕴的根本方法。生命理解中的人学直觉主义同样具有两大成见:"把逻辑看作对人的离间与限制,并进而把对象化的活动看作人所以被分裂离间的根源。"[①]与知识论中的逻辑主义一样,人学中的直觉主义依然坚持逻辑与知识的二元分立,对知识活动进行了片面的、知性的理解,也是将知识活动看作是一种单纯的知性分析活动,只不过是与知识论的逻辑主义主张知识的建构是由非直觉的知性逻辑完成的不同,人学中的直觉主义主张知识的消解应当由非逻辑的生命直觉来完成。

人学直觉主义的典型代表是柏格森。在《时间与自由意志》中,他区分开表象的与本真的两种自我、分析的与直觉的两种认识事物的方法、理智的与体悟的直觉,对于由绵延规定的本真自我的认识,不能够借

---

① 王天成:《直觉与逻辑》,长春:长春出版社2000年版,第15页。

助成就逻辑与知识的向外的空间直觉与理智直觉活动来认识。也就是说,直觉在柏格森这里具有两种,一是理智的直觉,它是向外的、通过时空表象成就知识对象的直觉,一是体悟的直觉,它是向内的、非对象化的、与纯粹绵延交融共变的直觉。后来,柏格森的生命直觉思想,在狄尔泰的生命体验、尼采的酒神精神、海德格尔的存在之思等思想中,都有充分的体现。

当然,在牟宗三的"智的直觉"中,我们找到的也是这种生存的直觉,尽管牟宗三赋予它以中国式的解释。但即使是重视生存的直觉,也不能据此就抬高和重视向内的生存直觉。按照上文贺麟有关生存直觉类型的划分,生存的直觉有两个类型:向外观认的生存的直觉和向内省察的生存的直觉。这两种关于生命、价值的方法,在宋明理学家当中一直都是十分重要的方法。朱子的直觉法重视的是向外体认物性,读书穷理。但是在宋儒学者看来,"物我一理,才明彼即晓此,合内外之道也"①。于是,用理智的同情向外穷究钻研,正是为了了解自己的本性。同理,陆九渊和王阳明注重以向内反省的直觉法来回复本心,"教人回复本心,贵在指点,提醒,启发。要想自己回复自己的本心,则在于体验,省察,反思,反求。使本心勿为物欲所蒙蔽戕贼,而致放失"②。但是,向内反省而回复本心,这也正是为了了解物理。所以,朱陆在道德知识或价值知识的认识中,都运用了直觉的方法,只是他们二人的着重点和得力处不同。陆象山注重向内反省以回复本心,朱子注重向外体认以穷究物理。究其实质,无论是朱熹的直觉法,还是陆王的直觉法,最终都是力图在人生价值的求索中达到心与理合一、个人与宇宙合一的神契道德精神境界。从根本处讲,两者的方法是殊途而同归。牟宗三先生因重视智的直觉,从而将陆王的直觉法看做唯一合理的方法,不免有失绝对、片面和武断。"朱子格物的工夫所欲达到的非与物相接或与物一体的先理

---

① 程颢、程颐:《河南程氏遗书》卷十八,见《二程集》,王孝鱼点校,北京:商务印书馆2004年版,第193页。
② 贺麟:《宋儒的思想方法》,见宋志明主编:《儒家思想的新开展——贺麟新儒学论著辑要》,北京:中国广播电视出版社1995年版,第140—141页。

智的神秘的感性的直觉境界,而乃是欲达到心与理一的后理智的理性的直觉境界。"①直觉的方法包括两个方面:先理智的直觉和后理智的直觉。从实质上讲,先理智的直觉,只是经验而绝对不是方法。后理智的直觉,既是经验又是方法,此时,"方法与经验,一而二,二而一,敏锐的思想与亲切的经验合一,明觉精察之知与真切笃实之行合一,为直觉法或体验法之特色。盖方法据界说必是后理智的,任何方法均起于理智之使用"②。于是,直觉方法的本质为理智的同情,也就是后理智的同情。据此,我们可以说,由于陆王更为重视的是直觉方法两个方面中的第一个方面即先理智的直觉,所以,与易陷于神秘主义之中的陆王直觉法相比,朱子的直觉法因重视直觉方法两个方面中的第二个方面即后理智的直觉,因此反而凸显出了自身的高明、精到与平实之优长。

知识论中的逻辑主义与人学中的直觉主义的成见,都可以最终溯源于西方哲学传统中对于人的精神的二元理解。例如,柏拉图将人的灵魂分为理性灵魂和非理性灵魂,它们分别是知识智慧与意志情感的来源。直觉与逻辑、理性与非理性的二元分解,造成了西方传统中始终存在的逻辑主义与直觉主义的对峙。

牟宗三认识论的研究深受西方哲学家康德思想的影响,而康德依然是一个持有上述二元对立立场的典型哲学家,因此,牟宗三在利用康德思想来谈论知识论问题的时候,依然继承了康德所保有的以逻辑来解释知识的逻辑主义立场,例如当他分析知性的逻辑性格时。当牟宗三在诠释中国哲学精神之时,他的理论重心又倾向于生命良知的直觉。为了化解生命直觉与知性逻辑的矛盾,他所提出的"上学而上达"的良知自我坎陷说,无疑并没有真正化解二者之间的矛盾,反而既无法合理说明知识的建构,也无法真正把握中国哲学的精神。他的知识论背后隐藏的是,以德性良知来开出科学知识,尽管他一再提出这种开出不是直接的而是间接的,其间充满了曲折,但终究陷入了道德中心主义的窠臼。这

---

① 贺麟:《宋儒的思想方法》,见宋志明主编:《儒家思想的新开展——贺麟新儒学论著辑要》,北京:中国广播电视出版社1995年版,第151—152页。
② 同上书,第155页。

与早期所持有的知识论中的逻辑主义立场相比,显然是一种退步。这是牟宗三力图站在中国哲学的立场来涵盖西方哲学中的知识论思想的一次不成功的尝试,它体现了当代新儒家知识论的一个基本理论制限。

逻辑与直觉的二元分立,显然并不符合知识论与人学的研究。事实上在众多哲学家当中,因重视逻辑和知识而完全抛弃直觉的纯粹逻辑主义者,或者因重视直觉和生命而完全抛弃逻辑的纯粹直觉主义者都是很少见的。例如,亚里士多德便将认识分为推论的和直觉的两类,推论追寻的是逻辑规则,可是推论所依据的最终前提却不能诉诸于推论而只能诉诸于直觉。这样的知识论立场,在现代哲学家罗素的思想中,也完全得到了继承。

总之,如果我们能够辩证地把握逻辑与直觉之间的丰富关系,那么,牟先生有关"智的直觉"思想中所体现出来的人学直觉主义的限制,便会昭然若揭。他是一位前理智的直觉主义者,倡导的是以一种直觉的方法来进行问题的研究,他的"智的直觉"思想是将"智知"看做第一位的,这是不是有奢谈直觉的重要性而忽视理性的重要性的嫌疑?是不是未能客观把握后理智的直觉?同时,有了逻辑与直觉辩证关系的客观阐发,我们也会看到:牟先生因为采取了人学直觉主义的立场而提出的"良知自我坎陷"所存在的种种理论限制,也会明晰地呈现在我们的面前。

最后,我们将以黑格尔的一段话来结束我们对于牟宗三"智的直觉"思想的考察。黑格尔曾讲:

> 如果有人想知道一条通往科学的康庄大道,那么最简便的捷径莫过于这样的一条道路了:信赖常识,并且为了能够跟得上时代和哲学的进步,阅读关于哲学著作的评论,甚至于阅读哲学著作里的序言和最初的章节;因为哲学著作的序言和开头,是讲述与一切问题有关的一般原则,而对哲学著作的评论,则除介绍该著作的经过之外还提供对该著作的评判,而评判既是一种评判,谈论的范围,就甚至于超越于被评判的东西本身以外去。这是一条普通的道路,在这条道路上,人们是穿着家常便服走过的,但在另外一条道路上,充

满了对永恒、神圣、无限的高尚情感的人们,则是要穿着法座的道袍阔步而来的——这样的一条道路,勿宁说本身就已经是最内心里的直接存在,是产生深刻的创见和高尚的灵感的那种天才。不过,创见虽深刻,还没揭示出内在本质的源泉,同样,灵感虽闪烁着这样的光芒,也还没照亮最崇高的苍穹。真正的思想和科学的洞见,只有通过概念所作的劳动才能获得。只有概念才能产生知识的普遍性,而所产生出来的这种知识的普遍性,一方面,既不带有普通常识所有的那种常见的不确定性和贫乏性,而是形成了的和完满的知识,另一方面,又不是因天才的懒惰和自负而趋于败坏的理性天赋所具有的那种不常见的普遍性,而是已经发展到本来形式的真理,这种真理能够成为一切自觉的理性的财产。①

牟宗三先生在哲学探究的早期阶段,往往走的是黑格尔自己所提倡的第三条道路,即以概念和理性的思辨来获得普遍性的知识,来谈论哲学中的逻辑学和知识论。但是,随着牟先生不断将哲学研究的重点转向中国传统哲学的诠释中,转到通过中西哲学的比较来言说儒家哲学的优越价值的时候,他的哲学之路则更多的是采取了黑格尔所讲的第二条道路,这尤其体现在当他以中国传统哲学中具有神秘主义的心性体验、良知呈现来理解康德的"智性直观"思想的时候。因此,黑格尔对哲学探究的第二条道路所作的批判,同样也适合于牟先生的"智的直觉"思想。

---

① 黑格尔:《精神现象学》上卷,贺麟、王玖兴译,北京:商务印书馆1979年版,第48页。

第十章　唐君毅:超越的反省法

从近代的西学东渐开始,中国哲学的现代化也因此拉开了帷幕,哲学家们积极努力地试图融会贯通中国传统哲学与西方哲学以进一步建构适应新时代需要的哲学思想体系。

哲学方法的现代化是哲学现代化很重要的一个方面,到 20 世纪 20 年代,有些现代哲学家已经自觉地意识到中国传统哲学的方法论意识不强,缺乏系统深入的哲学方法论,因此系统地引进西方的哲学方法论也便成为中国现代哲学家努力的方向。无疑,分析方法在西方哲学,尤其在西方现代哲学中有着持久的影响,然而在现代,直觉的方法也获得了长足的发展。柏格森就是这一方法论的主要代表。不用说,梁漱溟、唐君毅等人受其影响,也认为中国传统哲学方法就是直觉方法。而且他们还进一步指出,中国传统哲学家们提倡的直觉方法往往与其关于精神生命的哲学是融会贯通的。

一、直觉之界说

20 世纪初以来,由于科学的突飞猛进,成绩辉煌,西方哲学家受其影响,也在积极地运用科学方法以解决哲学领域内的问题。伴随着西学东渐的进程,此种风气也同样以强劲的势头影响着中国现代哲学界。于是,科学的方法也被中国现代哲学家应用到哲学问题的研究,这是中国哲学从传统向现代转型的必然结果。此处所谓的科学方法当然不只专指用于自然科学领域内的种种实证科学的方法,也同样指称那些可以应用于哲学研究领域的诸种方法,如分析方法、归纳法、辩证法、数理逻辑方法等。显然上述的种种方法均带有强烈的自然科学色彩。由于哲学家们纷纷地运用这些方法来研究、分析哲学问题,所以这些方法无疑也可以被称之为哲学方法。① 应该承认,科学的方法自有其不可抹杀的巨大的优点。在此也需指出的是,任何方法也不可避免地有其缺陷。上述方法论自身的缺陷在于它们必须借助于语言、概念或语词对研究对象做外在的、形式的、零打碎敲的研究。而且这样的研究越系统、越深入,也就越具有形式化的特点,因此离实际存在的事物也就越是遥远。其必然的结果便是,不仅将对象与研究对象的主体打成两橛,进一步通过这些方法得到的认识结果也与外在的对象有着性质上的差异。这样的研究方法虽然也能在很大的程度上反映客体的某些属性,但却不可能引领认识主体达到外在的实在,得到只是实在的表象。又有甚者,如果我们以这样的方法来研究人内在的精神生活或生命,那么我们自然而然会发现,这样的研究简直是盲人摸象。因此,以心理学、生物学、人文学科等学科为背景的哲学家都在积极努力试图抛弃上述带有实证性的科学研究方法,而竭尽全力提倡直觉方法,认为只有直觉的方法才能够引领我们直接走入研究对象的内部,做全面深入系统直接的体悟或直接认取。尤其是要进入形而上学最为核心、达至伦理道德理想的层面,必须要借助于所谓的直觉方法。直觉作为哲学的方法有两个层面的含义。一种是纯感性直觉;另一种是心灵直觉。只有心灵直觉才能把握真实存在。

直觉的第一层含义,即与科学的方法(理智)相对立的纯感性的直觉。将直觉理解为纯感性直觉的哲学家往往在"本能"和"情感"的意义上使用"直觉",他们极端排斥理智,认为只有直觉才能解决形而上学和人生观的问题。

直觉的第二层含义,即更广义层面上的所谓心灵直觉。直觉在这个层面上并不排斥科学的方法(理智),直觉既不偏向于理智也不偏向于本能(第一层含义的直觉),直觉希望能克服二者的缺陷,在更高的层面上实现科学的方法和哲学方法的融合。比如柏格森,"因为一个谢林、

---

① 参见《张岱年文集》第3卷,北京:清华大学出版社1992年版,第59页。

一个叔本华以及其他人已经借用了直觉这个词,他们或多或少地把直觉同理智对立起来,人们会认为我们在这里也会运用与此相同的方式……他们的直觉并不首先致力于寻找真正的绵延。"① 柏格森认为把直觉片面理解为与理智对立的本能和情感(纯感性的直觉)是非常肤浅的。理智不仅不是哲学领域错误的根源,而且理智还在哲学(形而上学)中占有一席之地。这一层含义的"直觉"不仅仅包含本能,还包含理智,"所谓直觉,就是一种理智的交融。"② 而所谓"理智的交融",实际上是理智与本能的交融。直觉虽依赖于理智,同时高于理智。心灵直觉依靠同情的理解来把握"绝对"。对于人类而言,"同情"是我们了解其他人乃至其他生物的最佳方式:"直觉在我们与其他生物之间建立了同情性的通讯,并且扩大了它带给我们的意识,而将我们引入了生命本身的领域,这个领域互相渗透,进行着无穷无尽的创造。"③

唐君毅也认为直觉不外乎两种含义:"或为着重超越一般经验之一种神秘经验之直觉主义,如宗教上所谓神秘主义。或为重吾人之日常生活中之直觉者,而此直觉,则或为价值之直觉,亦或为纯知识意义之直觉。"④ 具体将直觉分为九种:第一种直觉为"亲知之直觉",是人在没有反省自觉之前,在语言运用之前,内在于活动中的无直接知识意义的经验的直觉;第二种直觉为"理性直觉的原始形态",对"亲知之直觉"加以反省才发现共相的存在;第三种直觉为"自觉的理性直觉",自觉共相之为共相;第四种直觉为"兼通理性与经验的直觉",自觉用共名预期指示事物,是一切假设和知识的证实阶段必须的直觉;第五种直觉"只知某一经验事存在,而不知其内容的直觉",比如忘了朋友托的事情是什么,后来朋友又说一次,想起来了就豁然开朗,这就属于第五种直觉;第六种直觉是"分别经验事之间区别的直觉",这种直觉与诸经验事不在同一

---

① Henri Bergson, *La pensee et le mouvant*, in Oeuvres, Paris: PUF, 1959, p. 1271.
② 柏格森:《形而上学导言》,北京:商务印书馆1963年版,第3—4页。
③ 柏格森:《创造进化论》,北京:华夏出版社2000年版,第151页。
④ 唐君毅:《哲学概论(上)》,《唐君毅全集》第21卷,台北:台湾学生书局1991年版,第389页。

层次,可以说其属于理性的直觉,此种直觉在形上学上亦有其深奥的意义;第七种直觉为"因果连锁之直觉",这种对于经验事历程的始终相涵的直觉,属于人经验中因果连锁的直觉,包含为因之事与为果之事的区别,也包含为因之事如有一向性以向为果之事;第八种直觉为"生命经验之前后连续渗透之直觉";第九种直觉为非常人所能有的"对上帝或神秘境界的直觉"。

纵观中外哲学史,哲学家们对直觉的界说真可谓是见仁见智,莫衷一是。他们常常在上述两个层面上对直觉的含义发生混淆和争论,其实很多争论可能是不必要和无意义的,因为他们没有意识到自己是站在不同的语境里在就直觉这一话题进行对话的。厘清了上述直觉的两层含义对于我们在下面讨论唐君毅关于直觉的论述是至关重要的。

二、直觉方法与科学方法之关系

伴随着哲学现代化的进程,现代中国哲学已经开始有了自觉的方法论意识,现代中国哲学史上哲学方法论呈现了百家争鸣的景象。现代中国哲学家们特别是现代新儒学代表人物出于对传统儒家哲学的情感,都很重视直觉。但他们所谓的直觉其实也有两层含义上的不同。

梁漱溟、熊十力等将直觉和理智完全对立起来,是在纯感性直觉的含义上使用"直觉"一词的。梁漱溟提出,中国哲学和文化不同于西方哲学和文化的地方是重直觉的传统,是一个与西方以理智向外求知不同的传统,他们推崇直觉方法,贬斥理智的方法或别的科学的方法;熊十力"反求实证"的哲学方法与直觉的方法是相通的,他认为要把握本体,只能用反理性和非科学的哲学方法,即"反求实证"的方法,这是一种内在的内心体验。熊十力集中在形而上的领域讨论直觉,和梁漱溟一样,他把"直觉"和工具理性或分析理性对立起来。

贺麟、冯友兰等试图将科学的方法(理智)和哲学的方法(狭义的直觉)融合的观点,是更广义含义上的直觉,只不过他们有的已经不再使用"直觉"这个词,冯友兰称之为"真正的形而上学的方法",唐君毅称之为"超越的反省法"。贺麟则分别了理智前的直觉和理智后的直觉,注意到把直觉和理性结合起来。并且视直觉为达到真实存在的唯一方法;冯友兰认为,真正形而上学的方法有两种,这就是"正的方法"和"负的方法",冯友兰将直觉视为可以与逻辑分析互补的方法,即所谓"负的方法"。他主张从正的逻辑分析的方法开始,而至负的直觉的方法结束,进而把负的方法表达的否定的观念也放弃,由此得到"真正的神秘主义",达到哲学的最后顶点。贺麟、冯友兰等将直觉看做达到哲学最高顶点的方法,但他们并不排斥理智的方法,将理智和直觉相结合,可谓更胜一筹。张岱年的"所谓神秘方法,实非思维方法。哲学方法,就其为思维方法而言,实与科学方法并无根本不同"①。也是对这一观点的不同表述。哲学和人生观要走上正确健康的发展道路,建立健全完备的知识体系,一定要运用科学的方法。

对直觉的方法与科学的方法的关系,唐君毅也有过精辟的论述,他不局限在直觉的哪一层具体的含义,而是跳出来,从高屋建瓴的视角,对直觉的方法和科学的方法做出了较为公允的评价。唐君毅指出,科学的方法和直觉的方法这两者的关系问题不是自古就有的,最早是在西方的18世纪才开始讨论这两者的关系问题。关于二者的关系历来有两种观点:一是区分二者,对二者进行明确的划界,代表观点有孔德的区分玄学的方法和实证哲学的方法的看法;又如斯宾塞认为这两种方法在原则上并无差别,如有差别也是在应用范围的观点;二是认为两种方法无实质的区别,代表观点是罗素、洛克、贝克莱、休谟、康德"哲学思维与科学思维之皆依于逻辑,以求说出的语言之意义之清楚确定,则并无不同"②的观点。

科学精神的巨大功用在于使人能了解客观世界,并改变世界。但与

---

① 张岱年:《张岱年文集》第3卷,北京:清华大学出版社1992年版,第59页。
② 唐君毅:《哲学概论(上)》,《唐君毅全集》第21卷,台北:台湾学生书局1991年版,第219页。

唯科学主义不同的是,唐君毅先生看到了科学本身的限制。一是由于科学与宗教、道德、艺术等有根本的区别,所以科学家可以对人类的风俗、伦理、道德、宗教作科学的研究,但此科学的研究本身不是道德和宗教;二是科学能发现客观世界的规律,但科学的态度中往往只注重通过对客观规律的把握来获得未来经验知识,客观规律其他方面的功用往往被忽视;三是完全认识客观世界并完全达到预测未来经验或改造事物的目标,在现实中是不能实现的。通过分析科学的闲置,唐君毅先生认为,科学的理智分析,虽能在一定程度上反映客体的某些属性,但却不可能达到真实全面的程度,必然要归至绝对的怀疑主义和虚无主义。这是因为:首先,理智的分析都使被分析的东西暂时破碎,恢复破碎需要心灵对其进行整合。可是,如果这种分析是绝对的分析,则这种整合就是不可能的。其次,理智分析往往都是层层递进,这种不断的追问使我们的心灵永无真正的落脚处。唐君毅先生指出,为了避免科学自身的限制,为了避免科学应用中给人类带来的灾难甚至毁灭,为了避免归至无休止的怀疑主义和虚无主义,科学必须要以仁心为主宰。唐君毅先生所谓的仁心,即哲学心灵。仁心之所以能为科学知识的主宰,不仅在于"人在不同时空的价值意识,可能只偏于某一方面,而蔽于另一方面。而人之仁心则要求补其所偏,而彰其所蔽"[1]还在于仁心还是判断一切价值意识高下的良知根源。唐君毅先生在科学浪潮的席卷下,不但没有被冲昏头脑,反而用超越和批判的眼光看到了科学和理智的弊端,他明确地把超越的反省视为一切哲学方法的核心,认为只有超越的反省法才能够引领我们直接走入研究对象的内部,作全面深入的直接体悟或直接认取,充分体现了新儒家们对传统文化(包括直觉方法)所包含的绝对价值的捍卫。

---

[1] 唐君毅:《中国人文精神之发展》,桂林:广西师范大学出版社2005年版,第123页。

三、唐君毅"超越之反省"的哲学方法

在直觉理论上,梁漱溟的看法曾对唐君毅产生过较大的影响。唐君毅年少时就阅读过梁漱溟的《东西文化及其哲学》一书。梁漱溟此书以直觉来解读儒家思想。此书关于直觉的论述对唐君毅颇有启发。但他又对梁漱溟的"直觉"说有着某种不满。他认为,如果直觉完全是主观的,那么直觉也就靠不住。如事事皆凭直觉,哪里还有什么道理可言?其时,他还是觉得,相比而言,理性仍然是靠得住的。不过,随着年龄的增长,思考的不断深入,唐君毅也就逐渐地把直觉的地位摆得越来越高。唐君毅先生曾讲过这么一段话:"在我年轻的时候,很不能接受,我觉得直觉的东西最靠不住。直觉完全是主观的,我觉得理性是靠得住的,直觉靠不住,我不能接受。但不能接受的东西,我仍然把问题摆在心中,后来岁数越大了,我把直觉的地位一步一步的摆得越高。"在唐君毅的哲学里面,其"直觉"一词是在纯感性直觉的含义上使用的,其"超越的反省法"才是所谓"心灵直觉"。

(一)综摄会通的方法论

唐君毅的哲学方法论是以超越的反省法为基础的内含直觉法、发生论的方法、纯理的推演法、比较法、批判法、辩证法、逻辑分析法与超越的反省法等8种哲学方法综摄会通的哲学方法论。其有自觉的方法论融合意识,推崇超越的反省法,轻视科学方法,但也反对把一切方法都还原到超越的反省法,唐君毅指出:"吾人不能以超越的反省法,为唯一之哲学方法,而必须兼肯定其他哲学方法与超越的反省法之并在,以各成其为哲学方法之一种。不能以各种哲学方法皆须设一意义之超越的反省法,而并名之为超越的反省法,谓只有此一种哲学方法之存在。"① 而且

---

① 唐君毅:《哲学概论(上)》,《唐君毅全集》第21卷,台北:台湾学生书局1991年版,第219页。

他还指出,哲学方法虽然有各种的不同,但最终的目标是相同的:"成就我们对于各种知识、存在与价值之贯通关联之认识或自觉。"①

(一)直觉法。唐君毅这里的直觉即"纯感性的直觉"。他指出,把直觉法看成主要哲学方法的哲学家,多认为哲学方法与科学方法有根本的不同。这种直觉论有两种类型:柏格森的"动的直觉"和胡塞尔的"静的直觉"。以柏格森为代表,尼采、倭铿等以直觉为根本的哲学方法,区分科学的认识与哲学的认识。柏格森指出,"认识事物之方法,一为位于事物之外,而以固定的理智概念对事物,不断加以概念之规定,此为对事物加以并排化或空间化之认识。此乃终不能把握事物之本身者,是为科学的认识。一为人之投入事物之内,而同情的了解或直觉其非固定的概念所能把握之内在运动或内在生命,由是以直达于事物之本身,此为哲学之认识"②;以胡塞尔为代表的以直觉为根本的哲学方法,认为真正之哲学方法,即现象学的哲学方法,它区别于一般的科学方法在于:"一般科学皆以实际存在者,为其研究之对象,其所用概念之来原,固亦本于人对于各种法相之直觉——因每一概念皆是对一法相之直觉的把握,如方之概念即把握方,圆之概念即把握圆。但一般科学只应用已成之概念以说明存在;而哲学则当直接寄心灵于无限之法相之世界,以其心灵之光,去照耀发现无限之法相(此中包括心灵之'如何如何'去照耀'如何如何'本身之法相,此为胡氏所谓纯粹现象学所研究之核心)因而可能对哲学心灵而呈现之法相与概念,遂远较一般科学中所已用之概念为多。"③将实际存在的世界用括号括住,免于心灵之光向外沉陷。现象学主义之方法,即是发现照耀各种超越的法相之超越的意识如何成为自己透明,以使关于法相的真理直接呈现,而成为自明之方法。唐君毅指出,直觉主义之"对于法相之直觉先行,而后赋此语言一更充实之意义"④与

---

① 唐君毅:《哲学概论(上)》,《唐君毅全集》第 21 卷,台北:台湾学生书局 1991 年版,第 219 页。
② 同上书,第 194 页。
③ 同上书,第 195 页。
④ 同上书,第 196 页。

分析哲学之"以分析语言之意义为事之哲学任务"形成反对。

（二）发生论的哲学方法。唐君毅指出："凡在知识中,注重知识之心理的起原,或知识在生物进化历程中,社会历史之发展历程中之如何出现,及其出现后对此等历程之促进的功用,以论知识之价值者,皆是采发生论的观点。"①用发生论的观点论存在,为的是着重说明后来存在的事物如何由以前存在的事物发生而来,而或归于在时间上宇宙最早出现的存在。发生论之哲学方法的目标"在寻求时间上之先在者,以说明在后者之所以发生"②。唐君毅指出,发生论的哲学方法,不同于历史的方法,但近于历史文学的方法,与科学的方法（理智）不同,属于哲学的方法。"然此在先者,却并非必已见于历史之记载者,而恒是由人之推想,以设定其存在者,故为哲学而非历史。然吾人却可以说此种哲学方法为近历史方法的。此与重直觉之哲学方法,为近文学艺术者,同非直接以综合科学知识,或分析科学之语言或概念为事之哲学方法。"③

（三）纯理的推演法。关于此种方法,唐君毅指出其与发生论的哲学方法相对,纯非历史的方法,"纯然是一由概念引出概念,由思想引出思想,由一命题引出另一命题,然又非被认为或自认为,只是纯思想上语言上的逻辑推论者;而是被认为或自认为,具备知识上、存在上或人生论上之客观的真理价值者"④。此种纯理的推演法的代表人物是斯宾诺莎和莱布尼茨。斯宾诺莎认为一切历史事件前后相承而发生,皆必然的如此如此发生,如三角形内角和为180度,并无流变,其哲学系统,也自认为纯由若干自明之公理,必然如此如此地推出而成。莱布尼茨则以一切真命题皆为分析命题而认为："一切真命题中之宾辞之意义,均涵于主辞所指之存在事物之概念中;故吾人若能如上帝之把握一存在事物之概念之全部内容,则吾人对此存在事物之一切真知识,即皆为可由此概念

---

① 唐君毅:《哲学概论（上）》,《唐君毅全集》第21卷,台北:台湾学生书局1991年版,第197页。
② 同上书,第198页。
③ 同上。
④ 同上书,第198、199页。

中直接分析而出,推演而出。"①但其指出人不能像上帝那样全知全能,但人的灵魂不朽,其论证灵魂不朽的方法即是纯理的推演方法,莱布尼茨的论证大致如下:灵魂不是物理的,不是物理的不占空间,不占空间就不可分解,不可分解就不可毁灭,不可毁灭就是不朽。唐君毅指出此种纯理的推演法最早可以溯源至柏拉图和圣多玛,柏拉图对范畴之关系的理论论述,就是依纯理的推演法而成;圣多玛由上帝为完全的有,从而推其至善、全知、全能等属性的方法也是纯理的推演法。唐君毅非常重视纯理的推演法,指出:纯理的推演法作为一非经验的、超历史的思想方法,暂且不提其性质如何、价值如何,但其却是人类很重要的一种哲学方法。

(四)比较法。唐君毅认为,比较法本是人之最原始最自然的思想方法。从其与发生法的关系上看,"用比较法和发生法研究哲学,都是把哲学思想当作一存在的对象看"②。但比较法和发生法的着眼点不同,发生论的哲学方法着眼点"在一哲学思想所由生之后面的历史背景"③;而比较法的着眼点"则在一哲学思想之本身之内容或系统,与其他哲学思想之内容或系统之异同"④。从其与抽象法之关系看,抽象法都是后于比较法的。做了各种比较之后,对于比较法的地位,唐君毅指出,在不同的学科领域比较法的地位也不同。具体情况如下:第一,在一般自然科学中,不太受重视。因为"在一般科学中,人常由不同事物之比较,得其共同原理后,即本原理以说明事实,而可不再重视比较研究之法"⑤;第二,在生物科学、社会科学、历史科学、文化科学之价值尤大;第三,在哲学领域的价值也大。因为"在人类各种思想中,我们又可说,只有哲学家之哲学思想,最是个人自成一系统者。故我们说哲学著作之各

---

① 唐君毅:《哲学概论(上)》,《唐君毅全集》第21卷,台北:台湾学生书局1991年版,第199页。
② 同上书,第201页。
③ 同上。
④ 同上。
⑤ 同上。

成天地,有如文学。因而我们研究人之其他科学思想,我们尚可只重在前后相承之迹者,而研究人之哲学思想,则必就其各为具体之个体存在而比较之。如将各哲学家集成各哲学派别看,则当就各哲学派别,作比较研究。而我们在把一时代之哲学,一民族之哲学视为一整体时,我们亦可从事各时代各民族哲学之比较研究。然此各种比较研究,在哲学上之所以较为重要者,仍因哲学思想之各有具体的个性而来"①。关于比较法之价值,唐君毅指出:一是对比较对象而言。通过比较能使比较对象的同异都得以显现,"同以异为背景,而同益彰其同;异以同为背景,异亦更见其异。由是而使同异皆得凸显,而所比较之对象之具体的个体性,亦皆得凸显"②;二是对比较者而言。比较法的价值在于它能使比较者成一高于所比较之哲学思想之一更高的哲学思想,"吾人之从事对哲学思想之比较研究,亦即使吾人之哲学思想本身,升进为能综合所比较之哲学思想,以成一更高之哲学思想者"③。

(五)批判法。批判法是"一种从看我们之某一类知识之有效性的限制,或某一类思想之有无成果,或某一种认识机能之是否适合于某对象;于是对于我们之知识思想或认识机能之价值,重加以估定批评,以重安排判别其应用之适合范围的方法"④。批判法的哲学方法就是审核我们已有知识的有效性,把向某一方向进行的不能有成果的思想转向,是不同思想都向其有成果的方向进行,使不同的知识和观念信仰各得其可能有效的范围。唐君毅指出,批判法的代表人物是康德,其限定先验范畴的应用范围只能是可能的经验世界,此范围之外关于物自身的知识不是纯粹理性起作用的上帝是否存在、灵魂是否不朽、意志是否自由等形而上问题,必须在依实践而有的道德生活中加以设定,进而被我们信仰。因此康德所谓批判法,"即不外对于我们之知识思想或认识机能之价

---

① 唐君毅:《哲学概论(上)》,《唐君毅全集》第21卷,台北:台湾学生书局1991年版,第202页。
② 同上。
③ 同上。
④ 同上书,第203页。

值,重新加以估定批评,而重新安排判定其应用适合之范围之方法"①。

（六）辩证法。辩证法作为一种思维方法自古就有,但在西方近代由于黑格尔及后来马克思的应用而盛行。在西方辩证法远源于赫拉克利特,其为学则初倡于柏拉图,近代则由康德,经费希特、谢林之辩证论,然后成黑格尔之辩证法;而在东方,中国之老子、易经及印度之新吠檀多派于佛学之大乘空宗都是辩证法典型代表。唐君毅指出,辩证法的意义有很多种,大致如下:第一,柏拉图之辩证法:由人与人谈话对辩,而逐渐证明发现一片面或不适切之观念,与真理或全体之实在不相合,遂逐渐移向一较合真理或全体实在之观念之法。第二,康德之辩证法:发现一问题之正反二面之主张,皆似可因对方之不能成立,而反证其成立,实则又皆不能决定的成立。因而知吾人对此问题,不能真有所决定,进而知此问题原不当如是问。第三,黑格尔之辩证法:"任一'正面'之观念或存在,皆涵其'反面'之观念或存在,而'反面'之观念或存在,又涵其'反面之反面'或'合'之观念或存在。因而吾人可由一正面之观念或存在,以推至其反面与反之反或合。"②第四,印度之新吠檀多派、大乘空宗之辩证法:一切正反二面之观念,皆相对而相销,因而使正反二面之观念,皆归于化除。第五,中国易传老庄之辩证法:把一切相对者皆看成相反而又相成、相灭者亦相生。第六,中西正宗人生哲学及宗教哲学各派别对辩证法的理解:以正面之人生价值宗教道德价值,恒通过一反面者之否定而成就之。第七,中国之历史哲学及黑格尔、马克思及斯宾格勒等人的历史观中对辩证法的理解:认为历史之进行,依正反之迭荡波动之历程而进行。唐君毅指出这种历史观上的辩证法可归于历史之循环论,亦可归于历史之不断升进论。

列举分析了古今中西辩证法的各种意义之后,唐君毅指出,各种辩证法虽然不同,但其指出了各种辩证法的共同特征,"皆同可谓为要求人之思想由一面移至其能补足之之一面,以升进于全面之思想之认识,

---

① 唐君毅:《哲学概论(上)》,《唐君毅全集》第 21 卷,台北:台湾学生书局 1991 年版,第 203、204 页。
② 同上书,第 204 页。

并接触全体之实在或真理之方法"①。

（七）逻辑分析法。关于超越的反省法与逻辑分析法的关系，唐君毅指出是包含与被包含的关系，因为逻辑分析的活动本身，是超越的反省法之一形态，即逻辑分析活动本身预设超越的反省之活动。"然超越的反省之活动之形态，却并不限于逻辑的分析之一形态，超越的反省之活动，亦不必然预设逻辑的分析之活动。"②逻辑分析包括一般逻辑分析（以前）和现代逻辑学，现代逻辑学比一般逻辑分析的领域扩大了，"一切所谓逻辑类型之理论，语言与存在事物关系之分析，逻辑与数学及科学之关系之分析"都不是以前逻辑分析研究的内容。一般的逻辑分析和超越的反省法的不同还在于，前者只涉及语言或知识之意义之分析；而后者则可涉及认识本身之存在与价值。但无论是哪种逻辑理论都依于我们超越的反省，而且各种逻辑分析，都预设我们所谓超越的反省。

（八）超越的反省法。唐君毅把超越的反省法看成一切哲学方法的核心，唐君毅指出，超越的反省法即对于我们之所言说，所有之认识、所知之存在、所知之价值皆不加以执着，而超越之；以翻至其后面、上面、前面或下面，看其所必可有之最相切近之另一面之言说、认识、存在、或价值之一种反省。唐君毅举了好多诸如自我相关性悖论、笛卡尔怀疑论、王阳明之知不善即是良知等例子都是超越的反省法的具体运用，指出虽然一般的情况都是由一面之理，去认识相反一面之理，但也有例外。比如笔墨纸砚存在，我们觉其在一空间中，两者就没有相反。关于超越的反省法的作用，唐君毅提出了著名的"补偏成全，由浅至深，去散乱成定常"，进而提出该法的目的就是求贯通关联的哲学方法，兼辩证法与批判法之精神融汇而成的哲学方法。

（二）超越的反省法与其他哲学方法的关系

关于超越的反省法与其他哲学方法，唐君毅指出各种哲学方法，无

---

① 唐君毅：《哲学概论（上）》，《唐君毅全集》第 21 卷，台北：台湾学生书局 1991 年版，第 205 页。

② 同上书，第 210 页。

不在一义上预设我们超越的反省法：

（一）斯宾塞式之"综合科学知识系统，以成哲学知识系统"之方法之运用，预设超越的反省法。因为"人之由一科学之范围中翻出，而转向至另一科学范围，亦即必自原先之所反省者超出，而另有所反省。而人亦唯此不断之超越的反省，人乃能由第一科学、至第二科学、至第三科学……以综合科学知识成哲学知识"[1]。

（二）柏格森式之动的直觉法，预设超越的反省法。因为人由一般之理智的观点看静的事物转至由直觉的观点去看动的事物，是一种由理智式认识超出来从事直觉式之认识，因此需要超越的反省法；在有此超越之后"必须再以譬喻式之言语，或其他言语，加以说明；则人又须超越此直觉之本身，以移向适合的言语之寻求与运用。而此等寻求，仍是一反省之事"[2]。

（三）胡塞尔之静的直觉法，预设超越的反省法。因为此种直觉法将人之纯粹意识所对之法相的现实存在性，加以括住，从而"使吾人之认识能力，由直接所对者之现实存在性中拔出，而将此直接所对者在现实存在上之牵连，暂加以一刀两截；而将常识心灵中，关于此直接所对者之现实存在性与其牵连之认识，加以超越"[3]。

（四）纯理的推演法，预设超越的反省法。因为此派之哲学家必须先立足于一般之知识，然后向上层层翻溯，或向内层层剥落，否则不能将诸前提原理作为推演之根据，这需要超越的反省；之后引申其含义去解释具体事物时，也至少要超越此前提原理之原始的表现方式。此也需要超越的反省法，因此预设了超越之反省法的存在。

（五）发生法与比较法，皆预设超越的反省法。发生法重视由人之知识思想本身之反省超越，从事思想知识本身之存在的起原和存在的历史背景之关系之反省；比较法则重视由一思想或思想系统本身之超越，

---

[1] 唐君毅：《哲学概论（上）》，《唐君毅全集》第21卷，台北：台湾学生书局1991年版，第213页。
[2] 同上。
[3] 同上书，第214页。

而从事其与其他思想或思想系统之或同或异之关系之反省。但此两者中之超越的反省法区别于其他哲学方法中之超越的反省法在于:发生法和比较法以具体存在之知识思想,与具体存在之其他事实或其他知识思想之关系为对象;而科学的综合法和逻辑分析法则以已成知识和已成语言为对象;而二种直觉法则以直觉所对之一般的生命性质或法相为对象。

(六)批判法与辩证法,也预设超越的反省法。批判法与比较法与其他哲学方法的不同在于:"其以发见各思想知识之不同的有效性之限度,与不同的思想知识之互相转化消融之关系为事。此中人必须有一涵盖各思想知识之心灵之直接呈现。"①人在用批判法与辩证法时与人在用发生法比较法时不同,后者把其研究之思想定为一存在的对象,而求其如何发生及其与其他思想的关系如何,而人在用批判法和辩证法时,则人所重者,乃观一思想之价值。因此人在运用批判法和辩证法时,所研究之各种思想都被纳入研究者之哲学心灵之主体自身了,各思想之隔离对峙没有了,都显其贯通关联性于心灵主体之前。因此批判法于辩证法预设超越的反省法。但他们也有不同,即运用形态上不同,超越的反省法的运用形态,"并不限于作批判的思维与辩证的思维,即不必须是有所批判而后存在,亦不必须是循正反之历程进行者。而可只是由一低级的思想,至此思想所依之一更高一级之思想之升进,此升进,可纯是正面的思想之伸展"②。故人之超越的反省法,可以不为解决问题而自动地升起。超越的反省法之要点在于:一思想的所依所根,即能思想之吾人的心灵主体及吾人之人生存在自己。"吾人能一度反省吾人之心灵主体,及吾人之人生存在自己,吾人即可有更高一层次之思想孳生。只须吾人不泯失此主体及人生存在自己,并不断反省,则此更高一层次之思想之孳生,乃在原则上可继续不穷,而新新不已者。"③

---

① 唐君毅:《哲学概论(上)》,《唐君毅全集》第21卷,台北:台湾学生书局1991年版,第215页。
② 同上书,第216页。
③ 同上。

综上，唐君毅指出，"凡在我们能超越一认识、一存在、一价值、以及于其他认识，其他存在，其他价值之反省处，均有一广泛意义之超越的反省。"①即一切哲学方法的运用，皆预设一超越的反省。可见，超越的反省法是唐君毅哲学方法论的基础。

四、唐君毅超越之反省法与其哲学体系之关联

纵观唐君毅先生学术思想的心路历程，不难看出，唐君毅先生思考一切问题的出发点是心之本体（即所谓道德自我或道德理性或生命心灵），唐君毅先生"超越的反省法"指向对心之本体的存在的体悟，而不是执着于某一特定认识物件，属于心灵的直觉。同时，他又把超越的反省方法与西方近代哲学方法接通起来，认识超越的反省法既可与其他哲学方法相结合，也可以暂时隐于其他哲学方法之中。这实质上使超越的反省方法具备了综摄、融通的新气象，显示了唐君毅先生哲学思维的巨大张力，这便是我们所见到的唐君毅先生哲学精神的包容性与开放性，它是依于心之本体的超越的反省法所成就的，也就是说，它直接导源于本体思维方式。其哲学方法论同其心本体论是一脉相承、不可分割的，主要表现在：

（一）超越的反省法系唐君毅先生哲学体系建构的方法

唐先生在《生命存在与心灵境界》一书中，建立生命心灵九境（或多境）之存在，与其作层层超越反省的思维方式是分不开。唐先生在《中国人文精神之发展》一书中，强调儒家的反求诸己的精神，要人不好一往向外用批评（但并不是主张不批评，而是不"一往"地批评），此反求诸己的精神，实际上亦是由超越的反省而来的心灵归于内敛，由此超越的

---

① 唐君毅:《哲学概论（上）》,《唐君毅全集》第21卷,台北:台湾学生书局1991年版,第216页。

反省而来的内敛,即生沉潜博厚,足以容物载物。①

(二)超越的反省法离不开哲学心灵

唐君毅先生在其哲学方法的论述中提出了"哲学心灵"这一概念,他指出,超越反省法的贯通关联离不开"哲学心灵"的超越性、亲和性、虚与灵的特性。首先,哲学心灵具有超越性。哲学心灵与其要贯通关联的对象一定不在一个层级;其次,哲学心灵对所贯通关联者有一亲和性,这是一种"求对于一切知识存在与价值,皆求如其所如的加以自觉,加以认识之性"②;再次,哲学心灵具有"虚与灵"的特性,"虚言其无所不超越,灵言其无所不贯通关联"③。唐君毅先生指出哲学心灵虚灵而不昧,因此可以对贯通关联的对象"执一而发百"(分析)、"执一以概百"(综摄)。哲学心灵有三个方向的活动,始于"感觉之直觉"。首先,由外向的"感觉之直觉"而建立"我外之他","此觉始于吾人之生命存在之一自己开朗,而自呈现一虚,以直接摄一境相,而与之感通者,为感觉之直觉。此感觉之直觉之直向于其所感,即外向,而为外感觉。循外感觉之方向,而建立我外之其他人物之世界"④。其次,由内向"直感直觉"而建立经验的我。这一直觉为内感觉,是向外的"感觉之直觉"的逆转。"就此内感觉生起之际言,其本身亦是直感其有感,而为一直感直觉。循此内感觉之方向,而建立经验的我。"⑤此内感即已是感其所感,觉其所觉之自觉,自觉包涵向自、向内之自感,亦包涵向他、向外之感他人他物,觉他人他物。而此自觉之活动,即为一划分内外、自他二方向之世界之原始之活动。佛家所谓意识之分别心也。然此自觉之活动之分别内

---

① 刘国强:《谁是一厢情愿的了解——对林毓生教授批评唐君毅先生的哲学之确定看法》,西祠胡同网,http://www.xici.net/d189744824.htm,2013年6月13日。
② 同上。
③ 唐君毅:《哲学概论(上)》,《唐君毅全集》第21卷,台北:台湾学生书局1991年版,第220页。
④ 唐君毅:《生命存在与心灵境界》,《唐君毅全集》第23卷,台北:台湾学生书局1991年版,第75页。
⑤ 同上。

外自他,此活动即同时自开为二方向之活动。此二方向之活动,以内外、自他之世界,为其所向、所感、所觉,亦为其所分别统摄。再次,由向上的"超越的直觉"而建立超越的我。超越的自觉能从其自觉的内、外、自、他之世界,向上超拔而起。"越过此内外、自他之所觉所感,而回向于其自身者。此回向,可谓此'觉'由分向其所觉、而居下层之内外自他,更升腾,以自折回于自己之一曲转,以向于其自身,而自见其为一能统摄综合者。然克就此自见或自觉其自觉之活动自身而言,亦是一直觉。此可称为超越的直觉。循此超越的直觉之方向,而建立超越的统觉或超越的能觉中之超越的我。"①

(三) 超越的反省法是本体(哲学心灵)的思考方法

唐君毅先生认为,超越反省的精神是人生智慧的源泉。"你当知道人心灵之深度,与他忍受苦痛之量成正比。"②这里所要说明的是,人在忍受痛苦时对自己作超越的反省,就发现了心灵的深度。唐君毅先生通过超越的反省,展现了人生更大的空间、更多的意义与更丰富的价值,而超越的反省又是以本心出发而有的一种思考方法。

(四) 超越的反省为哲学心灵之用

在《道德自我之建立》一书中,唐君毅先生对心之本体的存在的论证,还是通过超越的反省来实现的。在他那里,心灵本体是一个无法被外在地证明、不能成为知觉的物件、不能成为客体而被认知的存在,人只可从不断的超越反省活动中去体认,而这种不断的超越反省、不断的自觉,也就是心灵的本性。所以,唐君毅先生的超越反省法天然地与心之本体相关联,或者说,在唐君毅先生哲学里,心灵具有自觉性、超越性与无限性,而超越的反省正是此心灵本性之用。

当唐君毅先生把心之本体的观点导入其人文精神论时,超越的反省

---

① 唐君毅:《生命存在与心灵境界》,《唐君毅全集》第23卷,台北:台湾学生书局1991年版,第75页。

② 唐君毅:《人生之体验》,桂林:广西师范大学出版社2005年版,第31页。

就很自然地成为其本体思维方式的一种表现。唐君毅先生十分肯定科学及科学精神的巨大功用。在唐君毅先生看来,科学精神"是一种超越人自己已有经验之限制,而对客观世界本身内部之构造作理论或假设,而从事观念之探险的精神。"①

五、张岱年与唐君毅哲学方法比较

张岱年与唐君毅均提倡多种哲学方法的并行不悖,但二者也有根本的不同,唐君毅以超越的反省法为重点;张岱年以逻辑分析法为重点,下面就深入地比较一下唐君毅和张岱年哲学方法论的异同。

(一)张岱年哲学方法论

哲学方法论上张岱年自称自己主张一种方法论上的多元主义。他说"哲学上方法不一(如只承认自己所喜用的一方法为方法,否认别人的方法为方法,则正如不承认别派哲学为哲学一样,这只是武断的,无谓的),我以为不妨主张一种方法论上的多元主义,即兼纳诸法在可能范围内并用之"②。但他又强调多元一定要本末轻重,多中当有一,和唐君毅不同,张岱年认为基础的方法应当是逻辑解析。他认为,逻辑解析在各种方法中不能不说是最根本、最基础的方法。关于逻辑解析在诸多哲学方法中的重要地位,张岱年指出:"逻辑解析可以说是二十世纪初以来在哲学中最占优势的方法,而也是最有成效的方法。多数第一流的哲学著作全是用逻辑解析法写成的。逻辑解析对于哲学实可以说有根本的重要。如欲使哲学有真实的进步,更不能不用解析。"③

在其30年代写的《逻辑解析》一文中,张岱年指出哲学的方法包括逻辑解析的方法、辩证法和直觉法;几乎在其同时代稍晚写的《天人五论》之一的《哲学思维论》中,他又指出了三种哲学特有的方法:体验、解

---

① 唐君毅:《中国人文精神之发展》,桂林:广西师范大学出版社2005年版,第123页。
② 张岱年:《张岱年全集》第1卷,石家庄:河北人民出版社1996年版,第181页。
③ 同上书,第177页。

析、会通。此外在该书中还介绍了形式逻辑(演绎法)、归纳法和辩证法。因此,张岱年的哲学方法多元论是以逻辑解析为重点,包括体验、解析(哲学上特有的)、会通、逻辑解析、辩证法、归纳法、演绎法、直觉法在内的哲学方法多元论。

（一）**逻辑解析法**。关于逻辑解析法在张岱年哲学方法论中的重要地位和作用,前面我们已经论述。逻辑解析对于哲学是根本重要的,哲学要有真正的进步就离不开逻辑解析。关于逻辑解析的性质,张岱年指出,同其他方法一样,逻辑解析也是活的,不是呆板的,有伸缩性,是发展的。逻辑解析法的根本态度是"谨慎的态度,小心的态度,惟求真知,永不敢自慰已得真知"[①],可以说逻辑解析的根本态度是反对悬想。逻辑解析的对象,不是事物和东西,而是概念、命题,或者说是思想、意谓。张岱年指出,人们常常对逻辑解析有一种误会,即是认为逻辑解析是将一整个的东西拆散、割裂。以致将活的化为死的,把整个的化为破碎的,把有机的化为机械的。而这是一种误解,逻辑解析并不是把什么整个的拆散、割裂,而是把不同的意谓分别开,把混淆的语言弄清楚。逻辑解析的目的就是祛除混淆的意谓。

（二）**归纳法、演绎法和辩证法**。张岱年认为辩证法与演绎及归纳是三个基本的思想方法。

张岱年指出逻辑分为二大类:形式逻辑和方法论。形式逻辑,即演绎法。方法论亦可分为二支,即归纳法与辩证法。张岱年指出,归纳乃发现一类现象之规律之方法,亦即由特例推定其通则之方法。"辩证法乃是考察事物之全貌以发现事物之变化规律之方法,亦即,考察一历程内之诸要素与其一切相互关系,以及其对于历程以外之其他要素之一切关系,而寻求历程之内在的变化根源,厘定历程之发展规律,以达到对于历程所含之诸现象之全面的理解。"[②]演绎法属于形式逻辑之范畴。作为形式逻辑的演绎法,分为亚里士多德创立的逻辑和西方现代的算理逻

---

① 张岱年:《张岱年全集》第1卷,石家庄:河北人民出版社1996年版,第178页。
② 同上书,第28页。

辑(数理逻辑)两类。演绎法在人类思维中有着重要的作用。传统演绎逻辑,以同一律、矛盾律、排中律为思想三律,为演绎之基础。

对于辩证法,张岱年也是非常重视的,他把辩证法看成是逻辑解析以外另一非常重要的哲学方法。他在《天人五论》中专辟二章讲辩证法,还自觉地运用辩证法探索诸种哲学问题。并在其著作中不厌其烦地肯定辩证法的重要地位和重要作用。如"辩证法是宇宙大法""辩证法既是宇宙的规律,也是一种科学方法。它不仅能指导人们研究客观世界,还可运用到生活中去""你愈能运用辩证法你的生活就愈好,也愈有价值""生活是充满了矛盾的,辩证法是解决矛盾之大法,故辩证法是生活之指针"[①]等等。可以说,张岱年对辩证法的重视来自他对唯物论的重视,而不是他多元哲学方法论体系的本身需要。在哲学理论上他将逻辑分析法、理理想主义和唯物论相结合,创立了解析唯物论(新唯物论),而且他还用逻辑分析法将辩证法的基本原则形式逻辑化,总的来说,关于逻辑解析和辩证法(形式逻辑和辩证逻辑)的关系,张岱年主张在逻辑解析法厘清唯物辩证法的基础上,强调二者的结合。因此,我认为张岱年多元哲学方法的基础仍然是逻辑分析法无异。

归纳法的基础不能是演绎,更不可能是归纳,只能是实践。归纳的过程实际上可分两步:确立以其所经验之例证为范围的普遍命题;以此命题推之于未来的经验。而归纳之应用,张岱年认为通常有六步:问题之解析、现象之观察、假定之设定、假定之演绎、假定所涵蕴之经验命题之试验、规律程式之成立。归纳的要诀在于观察与试验,而假定的设立有时依靠偶然的灵感。

归纳法和辩证法的区别与联系。张岱年做了系统的总结:第一,归纳研究一群相类的现象,由其若干例证,以推定其通则。辩证法则系研究一群不必相类而相互关联之现象,勘察其相互间之一切关系。而达到关于现象之系统的认识。第二,归纳以无成见的观察现象开始,辩证法则依凭若干已知的基本原则而进行,以此种基本原则为观察现象之指

[①] 张岱年:《求真集》,长沙:湖南人民出版社1985年版,第70、71页。

针。第三,归纳之结果,为一规律程式;辩证法之所得,而系关于现象之发展历程之深刻的理解。第四,归纳注意同类的个别现象而不注意一现象与其邻近或连接之异类的个别现象之相互关系,故在归纳,现象之隔离为必需。辩证法则持重一现象与其邻接的异类现象之关系,反对现象之隔离,而寻求一现象之一切现实关系之系统的解释。第五,归纳始于无成见的观察,然对于现象仅以朴素的眼光观察之,常不易有所得。实不若根据过去之经验,即以已得的规律知识为指导原则观察现象,然后可以发现其不易见之隐微。别于归纳之观察,辩证法之观察可称为寻察。第六,辩证法之基本原则皆为关于变化之原则。此诸原则,实由归纳得来。辩证法之为术,可谓执所已知之变化规律以观测变化。第六,归纳之应用,实以易于重现即屡屡发生的现象为主要范围。因其所考察的现象易于重现,故可获得多数之例证,而比较勘定其共通的常则。辩证法之应用,则系针对不能重现或不易重现的现象。对于一而不再或必经极久之时间方可重复之现象,归纳法实无从应用。如宇宙大化历程即物质演化历程,及社会发展历程即人类历史,皆非重复屡现的。设欲求其规律,实唯有运用辩证法。①

张岱年认为,演绎法为用名立辞之方法,归纳法为发现一般重复屡现的现象之规律之方法,辩证法则为勘察独特而不易重复的演化历程之内在的发展规律之方法。此三者实各有其适用范围,而全然不相冲突。

(三)**直觉法**。"即直接冥会实体,或谓入于实体中而觉之,不假耳目,不假推论,而直会实体之真相。"②张岱年认为直觉可分两种:即物的直觉和内省的直觉。而直觉的价值问题一直众说不一,但张岱年认为直觉也并非完全没有任何意义:首先,人常有忽然之觉悟。此中直觉近于诗人画家之灵感,在知识之发展上有重要作用,然此种直觉还是要有待于经验与思维。即经验积久之后,常忽有所悟;思维积久之后,常忽然贯通。其次,人自己乃是实在之一部,人虽不能直接觉识全部实在,但能对

---

① 张岱年:《张岱年全集》,第3卷,石家庄:河北人民出版社1996年版,第28页。
② 同上书,第29页。

于实在之大海中之一粟,有真正之自觉。此种自觉,是纯正的,是重要的。但人之自觉,不可推广以概括非人之物。张岱年强调,直觉固有其功用,但不可完全依赖它。

(四)**体验、解析**①**、会通**。体验是指用身体实际之经历而考察之。身体之实际经历是指人亲身的实践活动。至于解析,对于哲学思维是必须的,因为哲学最深厚的基础在于经验,哲学又以基本概念和范畴为主要内容,因此哲学思维离不开对经验和名言之解析。经验解析是指对经验的现象之解析,包括经验所含的要素之辨别、诸要素之间的关系之察识以及一现象与他现象的异同之辩识。名言解析包括名词意谓(意义)之解析、命题意谓的厘清之解析、问题意谓的厘清之解析和论证层序的辨别之解析四类。哲学与具体科学不同,它是研究宇宙之大全和普遍规律,因此哲学思维离不开它特有的会通方法。会通是与解析相对的一种方法。

(二)对唐君毅与张岱年哲学方法异同的反思

与唐君毅和张岱年在哲学方法多元论基础上的分歧相关联,在哲学方法上还表现了诸多的不同:

(一)张岱年力图把多元论的重点(逻辑解析)和唯物论结合,并创立了解析的唯物论;而唐君毅则把多元的重点(超越的反省法)受控于哲学的心灵。

(二)他们二人都反对各种哲学方法的相互还原论,而主张哲学方法的多元论,但他们处处表现了他们各自对其重点哲学方法的偏爱,如

---

① 关于《逻辑解析》一文中的"逻辑解析"方法和其《哲学思维论》中哲学特有的"解析"方法的关系问题,张岱年没有系统说明。如果说后文中的解析是哲学特有的,与前文的逻辑解析没有交集,也不妥,因为我们不难发现在关于"解析"之"名言的解析"的论述中,相当一部分谈的就是"逻辑解析",因此二者是相关的;但是关于"解析"与"逻辑解析"的关系,张岱年却一直没有正面解答过,或许他根本没有拿此个问题来看,虽然在《逻辑解析》一文中,他曾指出,"逻辑解析"也可以简称为"解析",但《哲学思维论》中"解析"之"经验的解析"却不是"逻辑的解析"。因此在张岱年先生《哲学思维论》中"解析"之"名言的解析"、经验之解析,与《逻辑解析》中的"逻辑解析"的关系问题上要引起注意。

张岱年力图把辩证法甚至各种哲学方法形式逻辑化;唐君毅则力图证明一切哲学方法均预设超越的反省法。

实际上,哲学方法还可以包括更多的方法,但唐君毅和张岱年都没有给予明确的说明。事实上,哲学方法也不是一成不变的,它是一个动态的发展过程。正如欧阳康所说:哲学研究对象的复杂性,主体的差异性和过程的多阶段性,决定了研究方法的多样性,如辩证方法,唯物主义方法,以及分析与综合、归纳与演绎、抽象与具体、逻辑与历史等方法,等等。此外,我们又可以向各门具体科学借用一些行之有效的方法,诸如信息方法、控制方法、系统方法、数学方法、比较方法相似法、模拟法、模型法、图表法等。①

通过分析比较唐君毅和张岱年在哲学方法多元论上的诸种差异,我们会发现这种差异背后很多深层的值得我们思索的东西。不同的哲学方法多元论体现了两位哲学家的不同哲学气质。张岱年深受首先引进罗素哲学的其兄张申府的影响,开始研读罗素和摩尔的哲学,并用逻辑解析的方法进行哲学和哲学史的研究,其著名的《中国哲学史大纲》就是用逻辑分析的方法,对中国哲学史上的概念、范畴条分缕析,而诞生的伟大杰作;而唐君毅作为现代新儒学的代表人物,则对传统儒家思想充满了深厚的感情,因而在其哲学方法多元论对哲学心灵和超越的反省法的论述中到处都洋溢着温情默默的终极关怀,与其心本体论、人生哲学论、道德哲学论、宗教哲学论是一脉相承的。

哲学家不同的哲学气质,我们无法给予价值上的评判,哲学方法多元论的不同主张也是同样。我们无须去讨论何种多元哲学方法论体系更完备,而只需看到这种差异是哲学转型时期传统与现代之争的必然结果足矣。

---

① 欧阳康:《哲学研究方法论》,武汉:武汉大学出版社1998年版,第66—77页。

参 考 文 献

[1] 〔法〕艾玛纽埃尔·勒维纳斯著,余中先译:《上帝·死亡和时间》,三联书店1997年版。

[2] 〔德〕柏格森著,吴士栋译:《时间与自由意志》,商务印书馆1997年版。

[3] 〔德〕柏格森著,肖聿译:《创造进化论》,华夏出版社2000年版。

[4] 《本雅明文选》,中国社会科学出版社1999年版。

[5] 蔡仲德:《冯友兰先生年谱初编》,河南人民出版社1994年版。

[6] 陈平原:《中国现代学术之建立——以章太炎、胡适之为中心》,北京大学出版社1998年版。

[7] 陈少明、单世联、张永义:《被解释的传统——近代思想史新论》,中山大学出版社1995年版。

[8] 陈卫平、施志伟:《生命的冲动——柏格森和他的哲学》,上海三联书店1988年版。

[9] 陈迎年:《感应与心物——牟宗三哲学批判》,上海三联书店2005年版。

[10] 程志华:《牟宗三哲学研究:道德的形上学之可能》,人民出版社2009年版。

[11] 方东美:《生生之德》、《科学哲学与人生》,台湾黎明文化股份有限公司2005年版。

[12] 冯友兰:《中国哲学简史》,北京大学出版社1985年版。

[13] 《佛学大词典》,台湾佛光出版社1988年版

[14] 〔德〕伽达默尔著,洪汉鼎译:《真理与方法——哲学诠释学的基本特征》,上海译文出版社1999年版。

[15] 〔德〕伽达默尔著,夏镇平、宋建平译:《哲学解释学》,上海译文出版社1998年版。

[16] 高瑞泉主编:《中国近代社会思潮》,华东师范大学出版社1996年版。

[17] 葛兆光:《中国思想史 第一卷 七世纪前中国的知识、思想与信仰世界》,复旦大学出版社1998年版。

[18] 〔德〕海德格尔著,孙周兴译:《在通向语言的途中》,商务印书馆1997年版。

[19] 〔法〕海然热著,张祖建译:《语言人——论语言学对人文科学的贡献》,北京大学出版社2012年版。

[20] 贺麟:《五十年来的中国哲学》,辽宁教育出版社1989年版。

[21] 贺麟:《哲学与哲学史论文集》,商务印书馆1990年版。

[22] 〔美〕赫施著,王才有译:《解释的有效性》,三联书店1991年版。

[23] 《胡适文集》,北京大学出版社1998年版。

[24] 黄见德、王炯华、徐玲、毛羽:《西学东渐史(1840—1949)》,武汉出版社1991年版。

[25] 〔美〕杰西·格雷科里·卢茨著,曾矩生译:《中国教会大学史1850—1950》,浙江教育出版社1988年版。

[26] 〔德〕康德著,邓晓芒:《纯粹理性批判》,人民出版社2004年版。

[27] 〔德〕康德著,邓晓芒译:《判断力批判》,人民出版社2002年版。

[28] 〔德〕康德著,韩水法译:《实践理性批判》,商务印书馆2001年版。

[29] 〔德〕康德著,苗力田译:《道德形而上学原理》,上海人民出版社2002年版。

[30] 《康德著作全集》,中国人民大学出版社2007年版。

[31] 〔英〕康蒲·斯密著,韦卓民译:《康德〈纯粹理性批判〉解义》,华中师范大学出版社2000年版。

[32] 劳思光:《康德知识论要义新编》,香港中文大学出版社2001年版。

[33] 劳思光:《新编中国哲学史》(上三),台湾三民书局1987年版。

[34] 黎难秋主编:《中国科学翻译史料》,中国科学技术大学出版社1996年版。

[35] 李文阁、王金宝:《生命的冲动——重读柏格森》,四川人民出版社1998年版。

[36] 李泽厚:《中国现代思想史论》,安徽文艺出版社1994年版。

[37] 《梁漱溟全集》,山东人民出版社1989年版。

[38] 林瑞生:《牟宗三评传》,齐鲁书社2009年版。

[39] 刘爱军:《"识知"与"智知"——牟宗三知识论思想研究》,人民出版社

2008年版。

[40]〔美〕鲁道夫·阿恩海姆著,滕守尧译:《视觉思维:审美直觉心理学》,光明日报出版社1986年版。

[41]〔英〕罗素著,马元德译:《西方哲学史》,商务印书馆1991年版。

[42]〔法〕米歇尔·福柯著,谢强、马月译:《知识考古学》,三联书店1998年版。

[43]闵仕君:《牟宗三道德的形而上学研究》,巴蜀书社2005年版。

[44]〔法〕莫里斯·梅洛—庞蒂著,杨大春译:《哲学赞词》,商务印书馆2000年版。

[45]《牟宗三先生全集》,台湾联经出版公司2003年版。

[46]钱锺书:《管锥编》,中华书局1986年版。

[47]商务印书馆编辑部编:《论严复与严译名著》,商务印书馆1982年版。

[48]尚新建:《重新发现直觉主义——柏格森哲学新探》,北京大学出版社2000年版。

[49]〔日〕实腾惠秀著,谭汝谦、林启彦译:《中国人留学日本史》,三联书店1983年版。

[50]汤忠钢:《德性与政治:牟宗三新儒家政治哲学研究》,中国言实出版社2008年版。

[51]唐君毅:《中国人文精神之发展》,广西师范大学出版社2005年版。

[52]《唐君毅全集》,台湾学生书局1991年版。

[53]王天成:《直觉与逻辑》,长春出版社2000年版。

[54]王兴国:《牟宗三哲学思想研究:从逻辑思辨到哲学架构》,人民出版社2007年版。

[55]王兴国:《契接中西哲学之主流——牟宗三哲学思想渊源探要》,光明日报出版社2006年版。

[56]〔美〕威廉·巴雷特著,段德智译:《非理性的人——存在主义哲学研究》,上海译文出版社1992年版。

[57]夏晓虹编:《梁启超文选》,中国广播电视出版社1992年版。

[58]《熊十力全集》,湖北教育出版社2001年版。

[59]徐友渔、周国平、陈嘉映、尚杰:《语言与哲学——当代英美与德法传统比较研究》,三联书店1996年版。

[60]许纪霖主编:《二十世纪中国思想史论》,东方出版中心2000年版。

[61]〔法〕雅克·德里达著,汪堂家译:《论文字学》,上海译文出版社1999年版。

[62]《严复集)》,中华书局1986年版。

[63]杨泽波:《牟宗三三系论论衡》,复旦大学出版社2006年版。

[64]杨祖陶、邓晓芒:《康德〈纯粹理性批判〉指要》,北京:人民出版社2001年版。

[65]殷小勇:《道德思想之根——牟宗三对康德智性直观的中国化阐释研究》,复旦大学出版社2007年版。

[66]〔日〕约瑟夫·祁维理著,吴永泉、陈京璇、尹大贻译:《二十世纪法国思潮——从柏格森到莱维·施特劳斯》,商务印书馆1987年版。

[67]张东荪:《创化论》,商务印书馆1920年版。

[68]张东荪:《知识与文化——张东荪文化论著辑要》,中国广播电视出版社1995年版。

[69]张君劢、丁文江等著:《科学与人生观》,山东人民出版社1997年版。

[70]郑家栋:《本体与方法——从熊十力到牟宗三》,辽宁大学出版社1992年版。

[71]周春生:《直觉与东西方文化》,上海人民出版社2001年版。

[72]朱维铮、蔡尚思编:《中国现代思想史资料选编》(一),浙江人民出版社1982年版。

[73]左玉河:《张东荪传》,山东人民出版社1998年版。

[74]邓晓芒:《康德的"智性直观"探微》,《文史哲》2006年第1期。

[75]邓晓芒:《牟宗三对康德之误读举要(之二)——关于"智性直观"》,《江苏行政学院学报》2006年第1、2期。

[76]邓晓芒:《牟宗三对康德之误读举要(之三)——关于"物自身"》,《学习与探索》2006年第6期。

[77]邓晓芒:《牟宗三对康德之误读举要(之四)——关于自我及"心"》,《山东大学学报》2006年第5期。

[78]邓晓芒:《牟宗三对康德之误读举要(之一)——关于"先验的"》,《社会科学战线》2006年第1期。

[79]贡华南:《智的直觉何以可能——试论牟宗三对形上方法论的重建》,《学海》2002年第2期。

[80]郭大为:《论费希特的理智直观》,《哲学研究》1998年第3期。

[81] 梁志学:《德国古典哲学中的"理智直观"》,《哲学研究》1985年第4期。

[82] 倪梁康:《"智性直观"在东西方思想中的不同命运》,《社会科学战线》2002年第1、2期。

[83] 倪梁康:《康德"智性直观"概念的基本含义》,《哲学研究》2001年第10期。

[84] 钱智修:《现今两大哲学家学说概略》,《东方杂志》第10卷第1号。

[85] 吴康:《柏格森哲学》,1921年5月《哲学杂志》创刊号。

[86] 徐瑾:《从"智的直觉"论牟宗三对康德批判哲学的批判》,《孔子研究》2007年第6期。

[87] 徐瑾:《牟宗三真的"误读"康德了吗?——就"智性直观"与邓晓芒老师商榷》,《江苏行政学院学报》2007年第2期。

[88] 杨俊杰:《论谢林的智性直观》,《福建论坛》(人文社会科学版)2006年第3期。

[89] 尤西林:《智的直觉与审美境界——牟宗三心体论的拱心石》,《陕西师范大学学报》(哲学社会科学版)2008年第3期。

[90] 张弘、夏锦乾:《科学理性的命运与范式迁移——20世纪中国学术现代进程的一个回顾》,"世纪中国"网络资料库,2000年11月14日。

[91] 张荣:《费希特的理智直观初探》,《河北师范大学学报》1993年第1期。

[92] 张毅:《智的直觉与中国艺术精神》,《文艺理论研究》2004年第3期。

人名索引

A

巴门尼德（Parmenides of Elea） 261
柏格森（Henri Bergson） 2,4,7—12,
　14—17,21—26,28,29,31,33—38,
　40,41,43,45—71,76,81,84,92—
　98,103,106,107,113,121—123,
　125,126,129—131,162,168—177,
　217,223,229,249—252,271,272,
　279,280,287,289,299,390,391,
　395—397,402,408
柏拉图（Plato） 5,125,145,231,249,
　262,273,281,293,317,357,392,
　404,406

C

蔡元培 85—87,89,139,140,206
陈白沙 137,138

D

戴震 244,268
邓晓芒 298—300,304—310,312,
　314,317,319,326,327,332,333,
　342—344,348,353—356,360,
　361,379
笛卡尔（Rene Descartes） 146,150,154,
　157,272,277,279,281—283,285,
　315,383,407
杜威（John Dewey） 10,11,35,39—
　42,48,165

F

方东美 2,3,11,12,222—228,230—
　239,241—250,253—267,269—
　271,389
费希特（Johann Gottlieb Fichte） 299,
　308,363,370,373,382,383,386,406
冯友兰 2—4,8,11,18,20,31,39,40,
　48,77,141,151,152,159—171,
　173—210,223,271,398,399

G

伽达默尔（Hans-Georg Gadamer） 34,
　37,42,74,75

H

海德格尔（Martin Heidegger） 83,155,
　157,273,287,288,291,293,308,

339,391

赫拉克利特(Heraclitus) 5,261,406

黑格尔(Georg Wilhelm Friedrich Hegel) 1,219,230,261,286,287,293,299,302,303,308,309,370,373,378,382,386—388,393,394,406

洪谦 187—195

胡塞尔(Edmund Gustav Albrecht Husserl) 272,285,288,308,317,373,377,379—381,388,402,408

胡适 32,35,39—43,45,47,48,77,79,86,88,89,132,222

J

金岳霖 149,151,160,161,164,184,187,188,196,197,201

K

卡西尔(Ernst Cassirer) 274

康德(Immanuel Kant) 1,4,9,12,64,114,115,129,144—147,219,223,234,238,241,251,259,271,277,279,285,289—301,303—329,331—344,346—348,350,353—364,369—375,377—383,385—389,392,394,399,405,406

孔子 16,32,86—89,91,92,123,124,126,127,129,130,134—136,216,229,236,239,240,246,262,266,320

L

老子 12,236,238,239,242,246,256,257,260,262,263,266—268,275,276,290,295,406

梁启超 29,32,75,78,83

梁漱溟 1—4,9,11,12,18,33,35,37,38,40,42,45,48,79,84—133,139,216—218,222,223,228—230,252,271,277,373,395,398,400,401

列维·布留尔(Lucien Lévy-Bruhl) 273

林宰平 64,65

刘叔雅 35,45—49

刘述先 363,365,366,368,369

陆象山 138,220,292,391

罗蒂(Richard Rorty) 150

罗素(Bertrand Russell) 6,10,11,22,40,58,121—123,127,131,167,175,181,184,196,209,232,233,291,292,358,388,393,399,418

洛克(John Locke) 146,150,272,283—285,357,399

M

蒙太古(Richard Montague) 165

孟子 90,129,137,240,245,266,269,292,329,330,350

牟宗三 2—4,12,18,253,271,277,289—295,297—303,310—326,328—334,337—354,361—367,369—376,379,388—394

N

尼采(Friedrich Wilhelm Nietzsche)

23,57,231,251,271,272,287—289,
382,391,402

倪梁康 285,299,308,309,311—313

Q

钱智修 10,34—37,40,42—48

S

叔本华(Arthur Schopenhauer) 37,93,
251,271,272,288,289,382,397

斯宾诺莎(Baruch de Spinoza) 146,
208,219,220,272,283,370,403

苏格拉底(Socrates) 5,145,164,169,
231,281

T

谭嗣同 204

唐君毅 2—4,271,395,397—413,
417,418

W

王心斋 87,88,90,92

王阳明 138,212,213,215,279,316,
332,391,407

维特根斯坦(Ludwig Wittgenstein)
14,177,181

X

西田几多郎(にしだきたろう) 292,

299,308

谢林(Friedrich Wilhelm Joseph von
Schelling) 272,285,292,299,302,
303,308,309,373,377,382—387,
396,406

熊十力 2—4,8,18,134—145,147—
152,157—160,187,195—197,252,
253,271,277,291,342,373,374,398

休谟(David Hume) 146,186,272,
285,399

Y

严复 31,32,73,74,76,80

Z

詹姆斯(William James) 50,165,170,
171,174

张岱年 8,184,185,187,192,223,
396,399,413—418

张东荪 25,26,30,43,46,48—51,55,
56,58—60,63,65,67,68,70,72—
74,76—79,82,83,222

张君劢 4,64,65,222

张载 156,157,260,266,291,292,
302,316,331

朱熹 212,213,215,220,260,267,
279,391

庄子 156,239,257,266—268

术语索引

本能　32,62—64,70,76,81,83,94—97,100—103,122,124—126,128—131,133,151,166,175,213,235,237,239,248,249,252,278,314,329,335,396,397

本体　35,49,67,113,114,117,118,121,129,142—152,157—160,187,195,196,212,222,229,230,241,242,244,246,250,253,258,259,267,269,270,275,283,287,289,291,302,303,305,308—312,315,317,320,321,324—329,333,334,339,340,343,344,346—349,355,356,358—360,365,367,369—371,374,390,398,410,412,413,418

本体界　48,49,238,293,295,302,314,334,350,351,372

本心　14,129,143,147,152,195,220,252,280,291,292,296,297,313,318—325,329—334,337,338,345—347,349,351,352,364,365,367,371,372,389—391,412

本质直观　285,288,379—381

比量　106,109—113,115—117,120,121,127,130—132,295

辩证法　1—3,70,218,222,223,302,303,326,365,374,385,387,395,401,406,407,409,413—416,418

超越的反省法　2,395,399—401,407—413,417,418

诚明　291,292,296,316,329

创造　15,25—27,36,41—43,45,48,49,52,62,63,73,94—99,124,125,134,140,164,210,223,226,236,238,241—247,249,252—259,266,298,300—303,305,308,310—312,314,320,321,324,325,330,333,342,347,364,366,369,375,378,382—388,397

道德　2—4,12,20,26,33,100,103,139,145,160,186,188,191,205—207,212,215,217,218,223,228,229,233,237,239,240,243,246,250—253,258,267,268,270,271,275,277,291—294,296—298,302,305,311—313,316—339,342,345—348,350—352,360—376,389—392,396,400,405,406,410,412,418

道德界　295,320,321,323,325,328,372

道德情感　228,230,322,326,332—338
道德形而上学　12,18,293,312,313,319—321,325,327,328,334—339,365,367,368,375
道德自律　327,333,338,367
德性之知　47,48,291,292,298,316,324,346,362,367,371,373
点化　224,226,246,248,250,259,265
对偶　69,79—81,388
二元对立　14,22,44,231,237,250,377,392
翻译　7,9,24—29,32,35,37—40,42—52,55,59,60,65—68,71—83,277,285,291,298—300,317,319,353
方法论　2—5,7,12,20,21,23—25,39,45,48,49,60,61,64,122,123,150,157,158,161—163,166,169,174,184,186,193,197—199,211,219,221—223,230,235,236,250,302,395,396,398,401,410,413—415,418
非量　106,111—113,116—121,127,130—133
分析哲学　1,10,11,115,150,166,167,176,178,182,185,186,193,194,196,199,396,403
佛学　37,38,59,60,79,85,86,88,90—92,131,134—136,138—140,233,239,406
符号人　237,238,241
负的方法　2,18,20,151,152,162,183,193,199—201,223,372,399
感觉　11,15,62,64,87,98,99,102,103,106—114,116—118,120—123,126,132,140,151,158,173,184,192,209,213,216,217,221,224,225,231,233,234,247,249,250,259,276,282,283,286,300,319,320,332,336,337,343,358,360,411
感性　144,153,219,221,234,258,259,270,272,274,278,279,283,285,289,292,296,300—302,304,306,310,314,319,322,326,330,331,333—338,340—345,347—349,351,354—360,363,365,366,370,377—383,385,387—389,392,396—398,401,402
感性直观　259,277,285,303—305,309—311,313,314,331,343,344,354—357,359,362,377—379,381—383
共相　110,206,209,210,279,283,380,397
含情契理　224,226—228,230
后理智的直觉　20,211,218—221,374,392,393
价值　1,13,34,35,48,70,91,97,100—103,126—128,134—136,149,151,160,161,175,182,192,205—207,212,213,215,222,223,225—227,232—235,237,239—244,246—248,250—255,257—259,263,267—270,272,279,280,286,288,291,302,312,313,316,325,327,339—342,344,350,353,354,358,361—364,366,

367,369,371—377,387,389—391,
394,397,400,402—407,409—412,
415,416,418

见闻之知 47,292,316,346,362,371

接着讲 139,164,181,186,210

进化 1,25,26,31—34,36—39,41—
43,45,52,55,58,62—64,69,77,93,
95—98,101,106,125,126,130,137,
172,229,249,251,252,397,403

经验事实 115,151,167,178—183,186,
188,190,193,197,201

境的认识 224—227

境界 2,3,14—18,20,94,101,127,
137,143,151,152,157,158,160,161,
176,177,191,192,194,199,201,
204—210,216—218,220,221,223,
227,235,236,239,241—248,250,
255,265,266,268,279,287,288,311,
321,324,328,329,338,348,349,352,
354,364,366,369—371,373,391,
392,398,410—412

觉解 9,75,79,103,127,207,208,312

觉悟 2,20,134,138,144,157,158,
195,416

科学 2—9,12,14,15,17—22,29,32,
33,36,44,53,57—59,61,62,65,75,
77,78,80,87,97,103,106,113—115,
119,121,141,142,144—148,151,
157,158,166—169,171,172,174—
176,179,182,184,187,189—195,
197,203,205,215,217,219,222—
225,227,230,232—238,241,246,
249—252,259,262,265,267—270,
279—281,284—286,291,303,304,
309,311,312,328,329,342,346,
359—364,369,370,372,374—377,
387,388,390,392—396,398—400,
402—405,407—409,413,417,418

科学方法 8,9,17,18,20,58,121,122,
142,158,168,171,172,175,176,184,
193,216,220—222,232,276,395,
398,399,401,402,415

空间 9,27,51,53,55—60,62,64,70,
73,102,142,155,157,170,172,181,
225,246,252,253,257,259—261,
263,264,266,304,343,354,356,365,
391,402,404,407,412

理世界 181,206

理性 2,3,5—7,14—16,20—25,32—
34,36,44,47—50,57—60,63—65,
67,76,80—82,93,94,114,115,125,
126,130,131,133,139,144,145,147,
151,170,175,179,200,216,218,219,
221,223—227,233,236—238,240,
243,245,246,250—253,258,259,
262,270,272,273,278,280—285,
287—289,293,299,302—306,309,
310,312—315,319,321,322,325—
328,330—339,342,343,346,348,
352,354—356,359—365,370,373—
377,381—383,387—389,392—394,
397—399,401,405,410

理性人 237,238,240,241

理智 1,3,15,16,22,40,61,94,97—

99,101—103,109,110,112—125,
127,128,130—133,142—144,159,
169,195,208,211,217—221,223,
225,229,233,237,249,272,276,277,
279—281,283,285—288,292,299,
300,302—304,319,320,340,353,
362,364,370,374,376,378,381—
392,396—400,402,403,408

良知坎陷　302

量智　144,147,150,152,158,159,195,
196,277,371

逻辑分析方法　6,10—12,131,151,
162—167,169,175—178,181—186,
192,193,196—199,201,206

绵延　22,23,33,34,37,42,43,51—53,
55—61,64,66,70,71,77,79,113,
121,126,173,229,230,242—244,
252—255,260,261,263,279,378,
390,391,397

民主　18,20,22,115,174,270,291,364

明觉　214,292,298,311,313,315,316,
322,323,329—332,334,337,339,
341,344—346,348,392

明证性　380,381,388

批判法　401,405,407,409

前理智的直觉　20,218,393

情的蕴发　224,226,227

情感　3,6,99,100,102,103,113,114,
120,128,133,217,228,229,239,248,
250,274,288,326,332—336,338,
368,392,394,396—398

情理　12,18,101,104,105,133,224,

227,228,280,333

人生境界　4,8,18,20,161,176,177,
193,197,201,371

人生意义　95,96,100

人文主义　235,236,242,245,288

人学　177,204,286—288,312,376,
390,392,393

仁体　291,292,296,318,320—325,
329—332,334,345,371,372

儒学　9,87,88,91,92,119,136,139—
141,143,252,260,272,280,291,292,
297,324,342,346,347,351,361,364,
370,373—375,391,392,398,418

神性人　237,238,241

生活　3,15,18,22,30,31,36,37,39,
42,44,71,74,80,85,88,91—94,96—
103,112,113,115,121,122,124—
128,132,136,137,142,145,157,173,
191,195,202,204,207,211,216—
218,224,228,229,233,239,251,252,
265,272,274—276,279,302,303,
318,352,363,364,366,379,396,397,
405,415

生命　1,3,4,6,8,9,11,12,15—19,22,
26,36,52,58,62—64,84,85,90—
103,111—113,118,120—126,128—
132,134,135,137,143,153,154,160,
169—172,175—177,209,217,222,
223,227—233,235,236,238—259,
262,263,265,266,268,270,272,277,
279,288,289,292,311,312,336,354,
367,369,373,378,389—393,395—

398,402,409—412
生命本体 123,216,250,257
生命冲动 63,93,95,251,252,272,289
生命意识 270
圣人 99,125,186,194,206—208,240,
241,246,247,256,268,348,366,
368,370
时间 9,11,22—34,36,39,41,45,46,
51—61,64,66,70,77,97,107,108,
126,137,143,152,155,157,161,170,
172,173,181,196,214,225,229,230,
246,252—254,258—264,266,278,
288,293,303,311,318,343,347,354,
356,365,378,390,403,416
实验主义 106,165
视域 34,37,38,41,58,75,78,79,
266,294
唯识学 4,93,103,105—111,114—
117,120,127,136,138—141,223
维也纳学派 150,167,176,178,181,
182,184—199,201
无限 33,52,63,85,102,129,137,142,
160,170,177,209,240,241,243,244,
247,249,253,259,264,265,294,295,
306,313,316,318,320—325,329,
330,333,339,341,342,346—352,
354,362,363,365,366,368—372,
374,375,382,383,389,390,394,
402,412
物自身 271,293,295,297,298,300,
309,312—314,316,323,330,332,
337,339—349,351,353,354,357—

364,370—372,374,375,405
现量 106—109,111—113,116—118,
120,127,130—132
现象 1,4,11,14,18,22,24,26,28,32,
38,49,57,58,60,65,113,121,142—
144,156,169,172,180—183,199,
232,234,238,241,251,259,262,265,
267,268,271,273,276,278,285,287,
288,293,295,296,300,302,303,
306—310,312—314,316,323,332,
337,339—351,354—360,362,363,
369—372,388,394,402,414—417
心体 292—294,296,298,300,302,
311,316,320,323,324,326,328,329,
331,333,334,363,390,398
新实在论 165,166,175,184,193,194,
199,209
形而上学 3,15,18,26,33,45,64,66,
89,104,105,113—119,121,126,145,
146,151,167,171,174,178,180,182,
183,186—200,209,216,223,249,
251,252,271,277,279,281,286—
288,293,301,305,309,320,321,
324—329,333—335,337,338,340,
342,346,349,350,359,365,371,372,
376,389,390,396,397,399
性体 292—294,296,318,320—324,
326,328,333,334,363,390,394
性智 144,150,152,157—159,195,
277,371
艺术 5,15,44,98—100,111,132,164,
186,217,218,221,237,243,248,249,

265，267—270，274，285，289，296，303，312，369，384—387，400，403

意欲 55,93,94,101—103,252

有限 12,13,56,57,85,129,141,142,159,160,163,164,166,177,181,195,224,225,227,231—235,238,239,241—244,246—250,253,255,256,258—267,269,270,294,297,301,313,316,318,321,322,324,325,329,339,341,347—352,354,357,365,366,369—372,374,375,382,383,389

宇宙 15,33,37,84,93—96,106,113,117,119,121,123,125,140,142—145,147,170,174,195,203,204,206—209,220,222—230,232—236,238,241—247,249,250,252—255,257—270,302,324,325,330,390,391,403,415—417

语法结构 45,69,70,80—82

语境 22,25—27,29,34,35,42,45,50,53—55,60,61,64,69—71,74—80,82,311,398

语言形态 78,81,83

欲望 23,30,43,85,90,99,100,226,227,239,241,302,320,326,334

圆而神 303,341

照着讲 139,164,181,210

真的时间 41,48,49,229

真的自己 2,134,144,152,157—159,195

正的方法 2,20,151,152,162,183,199—201,210,399

知识 5—7,15,17,22—24,26—31,33,34,38—41,46—48,62,64—66,70,71,73,77,78,81,82,85,86,97,99,103—105,112—115,120,122—125,127,130,131,141,142,144—150,153,158,163—166,168,169,173,175,178,189—197,199,201,203,204,206,207,209,212,214,216,218,219,224,230,232,233,237,239—241,250,259,278—286,288,298,301,303—305,307,309,312,328,340,342—346,348,354—356,358,364,370—378,383—394,397,399,400,402,403,405,407—409,411,416

知识分子 28—30,71—73,76,77,80,89,174,194

知识界 26,41,63,372

知识论 49,104—106,108,114,115,141,145—153,157,159,160,195,196,203,204,211,215,235,280,284,285,288,294,304,309,312,313,352,358—361,363,364,371,376,377,379,388—390,392—394

知行合一 211—216,364

知性 13,146,219,266,281,285—287,292,293,295,299—307,309,310,314,318—320,331,340,342—344,347,349,351,353—356,359,360,362,363,370,373—375,377,378,380—387,389,390,392

直觉 1—4,7,9—12,15—23,33—35,37,38,42—49,51,54,61—71,81,82,92,94,101—103,111—113,116,

118—133, 158, 162, 168, 169, 171, 173—177, 211, 212, 216—223, 229, 235, 238, 249, 250, 252, 271—281, 283—295, 297—303, 306, 307, 311—313, 317, 318, 323, 328, 329, 331, 340, 341, 343, 345—347, 352, 353, 362, 367, 369—371, 373, 374, 376—385, 387—393, 395—403, 408—414, 416, 417

直觉方法　2—4, 8, 10, 12, 14, 17, 18, 20, 21, 121, 122, 159, 161—163, 167—169, 171—177, 200, 218—221, 223, 270, 272, 280, 287, 369, 374, 392, 395, 396, 398, 400

智的直觉　2, 9, 12, 65, 129, 145, 152, 158, 271, 277, 289—303, 309, 311—319, 321—325, 328—332, 334, 339—342, 344—349, 351—354, 360, 363—367, 369—376, 390, 391, 393, 394

智性直观　289, 292, 298—300, 303—306, 308—315, 317, 353, 356, 357, 383, 388, 394

重言式命题　182, 192

自然　3—7, 14, 15, 22, 23, 31, 32, 36, 43, 48, 49, 54, 72, 73, 81, 82, 84, 85, 88—90, 93, 96, 97, 101, 102, 114—116, 119, 123—125, 127, 131, 132, 142, 144—148, 153—158, 166, 168, 169, 205—207, 211—213, 220, 222, 224, 228, 230—238, 240—252, 255, 258, 262, 266, 268—270, 273, 276, 280, 281, 285, 286, 295—297, 303—307, 309, 314, 319, 320, 323, 328, 329, 335, 336, 346, 347, 349—351, 353, 361, 362, 364, 366, 368, 372, 376, 384, 387, 389, 390, 395, 396, 404, 413

自然人　236, 237, 240, 241

自由意志　26, 27, 45, 51—54, 64, 115, 252, 308, 309, 314, 319, 320, 322—324, 326—328, 331, 333, 334, 370, 372, 390

宗教　57, 87, 104, 114, 194, 202, 204—206, 217, 218, 223, 224, 230, 231, 235, 236, 238, 241, 243, 247, 252, 268, 279, 294, 312, 342, 348, 362, 363, 389, 390, 397, 400, 406, 418

后　记

多年来,我的学术研究集中在中国传统哲学、中国现代哲学与知识论。当然,重点在知识论与中国现代哲学。我的研究特点在于对哲学问题的浓厚兴趣和积极探索。而对中国现代哲学所涉及的形而上学、知识论等方面的问题,本人尤其有巨大的兴趣。对问题研究的过度关注经常使我不太关心历史事实层面的东西。比如我研究金岳霖,注意的是他的哲学思想,而对于他的生平及其生活中的逸闻趣事却毫无兴趣。同样,我写过不少研究冯友兰的文章,对于其生平却也关注得很不够。不用说,这样的研究进路自有长处,然而不可否认的是,其短处也不少。近年来,我注意到自己研究方向上的这一不足,所以逐渐开始考虑,如何将对哲学问题的研究与中国现代思想历史的思考结合起来。记得2006年秋季学期,我开始阅读梁漱溟的著作。梁漱溟最有影响的著作应该就是他的《东西文化及其哲学》一书。此书启用"直觉"概念来解读儒家思想传统的特色。这引起了我对于直觉思想及其方法的兴趣。由此也就使我进一步关注梁漱溟直觉思想来源之一的柏格森思想。于是,我搜罗了柏格森的主要著述,以供自己系统阅读。

其实,我对直觉思想的兴趣早在1989年下半年就有,记得那时写了一篇《试论中国传统哲学思想的直觉思维方式》。2002年写作《哲学是什么?》一书时,也曾撰写了关于直觉思维的一节。但自己平时最为关注的却始终是分析方法在哲学领域中的运用。但是,由于阅读梁漱溟、柏格森而再度引起我对直觉思想及其方法的兴趣。

事有凑巧,2007年的7或8月间正当我在研读梁漱溟、柏格森等人的著述时,不意接到了华东师范大学中国现代思想研究所杨国荣教授的电话，询问我有无兴趣接手来做"中国现代直觉论与直觉主义的研究"这样的课题。由于上述的种种背景，当时我不加考虑就欣然接受了这一邀请，而没有考虑到做这样的课题可能会有的种种问题和困难。2008年上半年此一课题立项，项目批准号为07JJD720038。

　　直觉论或直觉主义在中国现代不能说有"一以贯之"的传统，但由于历史的、文化的等方面的原因，却可以说有着绵延不绝的巨大影响，许多现代思想家，如从梁漱溟直到新儒家，几乎都对直觉及其思想情有独钟。历年来，我对中国大陆的新儒家较有兴趣，对港台新儒家的思想虽有了解，却没有深入的研究。港台新儒家在思想体系的建构上可能较大陆的要来得深入些系统些，然其理路却是相通的，即站在儒学传统的立场上来接纳和吸收西学。要研究现代直觉论不得不考虑这些人对直觉思想的解读。于是，中国现代直觉论的课题已经不是我一个人所能够完成的。正是基于这样的考虑，我在申请此一课题时，组织了一个课题研究团队，共有六位学者。第二章便是由赵嘉完成的。赵嘉女士在北大攻读硕士学位时研究的对象就是柏格森思想在中国。她的硕士学位论文得到了评委很高的评价，认为这样高水平的论文不少教授都写不出来。就是在此学位论文的基础上，她又进一步加工提炼，成就了本研究课题的第二章。第八和第九章是关于牟宗三"智的直觉"的，此章是由刘爱军博士撰写的。刘爱军教授在北大哲学系攻读博士学位时研究的对象即是牟宗三的认识理论，对于牟宗三哲学思想有着深入系统的把握，其论文深得答辩委员的好评。本课题关于牟宗三直觉思想的研究的篇幅较大，有两个章节，实在是因为在中国现代思想史上牟宗三关于直觉思想最为系统深入，而刘爱军教授对之所做的分析、研究也颇为深入，很有新意。第七章关于方东美的直觉思想的研究是由刘颖博士完成的，第十章关于唐君毅的直觉思想是由马亚男博士撰写的。她们在北大攻读博士学位时研究的对象分别是方东美的人生论哲学思想和唐君毅的知识论思想，对于方东美和唐君毅的直觉思想也有着独到深入的体悟与研究。此外的第一章导论，第三章、第四章、第五章和第六章是由我撰写的。

当然，我首先得感谢上述各位协助我完成此一课题。

由于本书是由不同的学者个体完成的，且各位学者的思考和学术背景的差异，所以行文、研究的视角、风格等各不相同，也没有必要强求统一。我只是在文章的标题及某些地方稍作了些调整及润色的工作。

而且究竟何为直觉或直觉主义是一个颇为感觉困难的大问题。本书所研究的那些思想家对直觉的解读也是人言人殊。直觉本身很难定义，这本就在情理之中。但是有一点是可以清楚的，这就是直觉及其方法是完全不同于科学的或分析的方法的。科学的或分析的方法追求的是清楚明晰，而直觉或直觉方法反对的就是这样的清楚明晰。直觉及其方法的这一特性给我们的研究带来了极其巨大的困难。正是由于这样的困难，所以本书各章对直觉的看法上会有不小的差异。尽管如此，本研究成果仍尽其所能描绘出直觉思想在中国现代思想史上的演变和发展的线索。

胡 军

2011年7月8日星期五

于北京东方太阳城